マルコ福音書をジックリと読む
そして拓かれる未来の道へ

山口里子

JN078584

YOBEL,Inc.

聖書書名と
略記（　）内表記

旧約聖書

創世記　創
出エジプト記　出
レビ記　レビ
民数記　民
申命記　申
ヨシュア記　ヨシュ
士師記　士師
ルツ記　ルツ
サムエル記上　サム上
サムエル記下　サム下
列王記上　列上
列王記下　列下
歴代誌上　歴上
歴代誌下　歴下
エズラ記　エズ
ネヘミヤ記　ネヘ
エステル記　エス
ヨブ記　ヨブ
詩編　詩
箴言　箴
コヘレトの言葉　コヘ
雅歌　雅
イザヤ書　イザ
エレミヤ書　エレ
哀歌　哀
エゼキエル書　エゼ
ダニエル書　ダニ
ホセア書　ホセ
ヨエル書　ヨエ
アモス書　アモ
オバデヤ書　オバ
ヨナ書　ヨナ
ミカ書　ミカ
ナホム書　ナホ
ハバクク書　ハバ

ゼファニヤ書　ゼファ
ハガイ書　ハガ
ゼカリヤ書　ゼカ
マラキ書　マラ

旧約聖書続編

トビト記　トビ
ユディト記　ユディ
エステル記　エステ（ギ）
マカバイ記一　Ⅰマカ
マカバイ記二　Ⅱマカ
知恵の書　知恵
シラ書〔集会の書〕　シラ
バルク書　バル
エレミヤの手紙　エレ手
ダニエル書補遺　ダニ補
　アザルヤ
　スザンナ
　ベルと竜
エズラ記（ギリシア語）
　エズ・ギ
エズラ記（ラテン語語）
　エズ・ラ
マナセの祈り　マナ

新約聖書

マタイ福音書　マタイ
マルコ福音書　マルコ
ルカ福音書　ルカ
ヨハネ福音書　ヨハネ
使徒言行録　使
ロマ書　ロマ
Ⅰコリント書　Ⅰコリ
Ⅱコリント書　Ⅱコリ
ガラテヤ書　ガラ
エフェソ書　エフェ
フィリピ書　フィリ
コロサイ書　コロ
Ⅰテサロニケ書　Ⅰテサ
Ⅱテサロニケ書　Ⅱテサ

Ⅰテモテ書　Ⅰテモ
Ⅱテモテ書　Ⅱテモ
テトス書　テト
フィレモン書　フィレ
ヘブライ書　ヘブ
ヤコブ書　ヤコ
Ⅰペトロ書　Ⅰペト
Ⅱペトロ書　Ⅱペト
Ⅰヨハネ書　Ⅰヨハ
Ⅱヨハネ書　Ⅱヨハ
Ⅲヨハネ書　Ⅲヨハ
ユダ書　ユダ
ヨハネ黙示録　ヨハ黙

目　次

はじめに

　人はたった一度の人生なら、真理を求めて生きたいと私は思いました。そのためには人間が作ったものを絶対化せず、どんな学問・思考も真実な面と不完全な面があると意識して、学び続けたいと思いました。

　こんな思いを持って教会に通い続けて、さらに神学校で学びました。そこで特に気になったのは、歴史の中で実際に生きたイエスと、聖書に書かれたイエス・キリストと、ずっと後に作られた「教義」との間には、大きなギャップがあるということです。

　こういう現実に直面して私が思ったこと：歴史に生きたイエスはどういう人だったのか？　まさにいのちがけで、どういう状況でどういうことを語って行動したのか？　どういう道を拓くことを願って生きようとしたのか？　それを知ろうとしないでイエスを尊重すると言えるのか？　そもそも、諸福音書をはじめ聖書の著者たちは、自分たちの状況・神学に基づいて「イエス・キリスト」を描いている。では、どうしたら歴史に生きたイエス自身を学んでいけるのか？

　そうした中で知ったのは、このような思いを持って世界中の聖書学者たちが長年これを探求して来ました。考古学、言語学、歴史・政治・経済・社会・文化学など様々な学際的な情報を得つつ、それぞれの場で学び、情報を共有しながら学びを進めて来たのです。

　そして、聖書は古代ピラミッド社会で、様々な口頭伝承・記述伝承が収集・選択・編集されたものだと認識されました。それが神観・キリスト観・人間観・世界観にどのような影響を持ったのかということにも、きちんと向き合うことが大事だと思われるようになりました。つまり、肯定的な面だけでなく問題点にも真摯に向き合うことこそが、これからの未来の

道をどう拓いて行くかという課題に繋がると思われるのです。

　ただ、こういうことには近道はなく、地道な作業の積み重ねが必要です。ですから私は、様々な人生経験を持つ人々と共に学びを深めて行きたいと願い、連続公開講座を持って来ました。[1]

　具体的には、正典にある最初の福音書と言われる「マルコによる福音書」を少しずつ読み進めます。基本的には、それぞれの箇所で原語や学際的な聖書学情報を共有し、「解放の神学」からの多様な情報も紹介します。こうしてマルコ福音書の読解を通して、マルコが伝えようとしたこと、その基にあったイエス自身が語ったことと行動したこと、当時の人々のこと、そして私たちの人生なども、一緒に思い巡らそうとします。

　“温故知新”のような学びを通して、一つの解釈を絶対化せず、“信じない”自由も尊重し合う、そんな楽しく刺激的な学びをしたいです。

　ところで、この本は「注」が多いです。ですから「本文」を中心に読み、「注」は興味のある部分だけを読んで、結構です。ただし、様々な参加者の「声」だけは、すべてしっかり読んでいただけると嬉しいです。[2]

1　この本の土台は、恵泉女学園大学公開講座「マルコ福音書を読む」（2014-2016年度）、日本クリスチャン・アカデミーと早稲田奉仕園共催公開講座「マルコ福音書をジックリと読む」（2018-2023年度）。そして、これらの講座で参加者が応答した「声」のごく一部も（ご本人の承諾で）無記名で紹介。私自身、多くの方々から豊かに学ばせていただいたと深く感謝しており、それをほんの少しでも読者の方々と共有したいからです。

2　種々の「**解放の神学**」について、語弊を恐れずに簡略化して言います：**フェミニスト神学**（男中心縦社会＝父権制の社会・精神構造に抵抗して、様々な「女性たち」の視点から学ぶ）、**ポストコロニアル神学**（西洋白人中心による植民地主義の社会・精神構造に抵抗・脱出する視点から学ぶ）、**クィア神学**（異性愛主義に抵抗して、多様な性的少数者の視点から学ぶ）、**障碍の神学**（様々な「障碍」に関する視点から学ぶ）、**環境の神学**（人間中心主義を反省し、すべてのいのち・環境への視点から学ぶ）など。これらを、「当事者」に限らず共に新しい解放への道を望む神学（Cf. 山口里子『新しい聖書の学び』pp.181-184。『イエスの譬え話』① pp.16-17）。

　　ちなみに、一般的に「障害」を「障がい」と書くようになりましたが、私は「障碍」と書いています。「碍」は「妨げる・つまずかせる石」を暗示させる漢字で、

「障碍」は人にも社会にも有るということに意識を持って関わることが大事だと思うからです。

　そしてこれらの神学では「**疑いの解釈学**」を実践します。これは、人間が作ったものを絶対化せず、エリート男性中心の歴史遺産を客観的に正しいと決めつけず、むしろそういう視点から無視・排除されたものを探求し、意識向上を持って分析・解釈する学びです（Cf. エリザベス・シュスラー・フィオレンツァ『石ではなくパンを』pp.54-64。Amy-Jill Levine, "Hermeneutics of Suspicion"）。

　なお、**聖書**については、「旧約聖書」・「新約聖書」を、「**ヘブル語聖書**」（Hebrew Bible）・「**キリスト教証言書**」（Christian Testament）と呼びます。他の宗教が正典として使い続ける書物を「旧約」と呼ぶのは不適切として呼び方が変えられたのです。そして日本語では「ヘブライ」と使われますが、それはギリシャ語読みで、「ヘブル」が原語に近いので、私はこの読み方を使います。「ヘブル語聖書」のギリシャ語訳は「LXX」（70 **人訳聖書**）として使われます（注 14）。ちなみに「ヘブル」の語源は、「境界線を越えた人・（社会の）落ちこぼれ」で、1 つの民族でなく、古代ピラミッド社会の周縁で「寄り合い民族」として形成された人々です（Cf. 山口里子『新しい聖書の学び』p.34, 187）。

　そしてキリスト教中心の表現「BC」と「AD」の代わりに、「**BCE**」（Before Common Era: **共通暦前**）、「**CE**」（Common Era: **共通暦**）の表現を使います。また、「**Cf.**」（confer：**参照**）の表現を使います。

　キリスト教証言書を学ぶ時には、**原語の庶民ギリシャ語コイネー**をなるべく直訳します。その単語の意味・説明は、色々な文献も含めて基本的に『新約聖書ギリシャ語小辞典』（織田昭編、大阪聖書学院、1965）を使います。また、各単語のテキスト箇所を数々紹介する時は、写本によって少し異なる所がありますが、*A Concordance to the Greek Testament*（Morton, W.F. & A.S. Geden eds., Edinburgh: T&T Clark, 1970）を基にします。聖書の日本語訳を見る時には、『聖書協会共同訳聖書』（日本聖書協会、2018）を使います。

　聖書を含め古代の言語は、**男性中心言語**です。これは「**男性形＝標準形**」「**女性形＝派生形**」として、性別を限定しない「標準形」が「男性形」と同じで、「女性」のみに限定する時に「派生形」が使われます。それで、人間の標準は男性という感覚を染み込ませると同時に、一般的に「人」が語られても、まず「男性」イメージになり、「女性」「男でない者」を不可視化する言語です。聖書を読む時に、この点に注意します。山口里子『虹は私たちの間に』p.20。

　参考として：キリスト教証言書を中心とした聖書の言語・翻訳などに関して：田川建三『書物としての新約聖書』。正典に入れられなかった様々な書物も含めて、フェミニスト神学視点からの紹介に関して特に：エリザベス・シュスラー・フィオレンツァ編『フェミニスト聖書注解：聖典の探索へ』。

　聖書翻訳に関してもう一つ留意したいこと：ウィリアム・ティンダル（William Tyndale. 1494-1536）は、聖書は誰でも日常語で読めることが大事と思い、聖書を原語ヘブル語・ギリシャ語から最初に英訳。けれどそれが原因で、迫害のためイギリス→ドイツ→ベルギーに逃亡生活しつつ 1526 年から出版を続けて、逮捕・処

*私の留学体験:

　私がこういう学びを始めた時のショックを共有していただきたいと思います。私は若い時に日本の神学校で学びましたが、40歳を過ぎてアメリカ留学して神学校での学びが始まると、予想を遥かに超える驚きの連続でした。それまでの学問的知識や信仰理解が足元からガラガラと崩れ落ちていき、立っていられない大地震に襲われたようで、底知れぬ混沌の中に突き落とされていく感じでした。

　例えば、キリスト教の聖書正典・教義も、長い年月を越えてつくられ変更されてきました。キリスト教は、「キリストは不変」と言いますが、歴史を通して世界中の教会が各々の政治・経済・文化状況の中で、「キリスト」を「理想の指導者像」として描いて来ました。つまり「イエス・キリスト」理解は、歴史の流れの中で地域によって変化されてきました。そして長年教会に通って来た私は、意識せずに思い込みをしてきたと、愕然としました。

　けれど、そんな中で段々と強くなった思いがあります。この学びを続ける時、ガラガラと崩れ落ちるのは、結局は人間が作り上げてきたものであって、神ではない。世界中の人々が真実を求めて協力して誠実に学び続ける時、それによって本当の神が崩されたりはしない。むしろ時代の産物が剥ぎ取られて、真理が残っていく。だから安心して学び続けたらよい。というより、もはや目を閉じることはできないと、覚悟を決めました。

　その上、日本で知らされなかった世界の様々な女性たち・性的少数者たちなどの学問情報を学びつつ、そういう人々と直接会って人生経験も聞かされて、私は深く感謝しました。そしてこのような思いを持つ人々と共に

刑死されました。後に、1611年「欽定訳（King James Version）」の「新約聖書」は大半が彼の訳文そのままで出版されて高く評価されました。人は、時代状況に逆らって新しい行動を起こす時に、攻撃されることが少なくないです。でもそのおかげで、歴史を通して様々な道が拓かれて来ました。こういうことも意識していきたいです（Cf. 川畑泰,Tai Kawabata, "A martyr's memory heals old wounds"）。

学び続けて、私は解放感を与えられました。ですから、こういうことに関心を持つ皆様と共に学び、思いを分かち合うことを願います。[3]

＊現代の聖書学的・倫理学的吟味：

聖書を「神の教え」と絶対化することも、特定の聖書理解を唯一正しいとすることも、学問的に不可能なだけではありません。これは思考停止で、ファンダメンタリズムやカルト宗教化、そして戦争への道にも繋がるリスクがあります。ですから、こういう意識を持って様々な情報を共有しながら人々と学び合う聖書解釈は、個人の尊厳・自由と世界の正義・平和にもだいじです。

・「信じない自由が守られないと、信じる自由は守られない」（西川重則）[4]。

・「情報の交換が確保されていることが、知識を高め真理を発見するのに不可欠である」（憲法学者　奥平康弘）[5]。

3　山口里子『いのちの糧の分かち合い』p.18。「フェミニスト神学のイエス研究」、『新しい聖書の学び』pp.7-17、『イエスの譬え話』① pp.192-197、② pp.237-243。「キリスト教の『核心』を受け入れなくて『クリスチャン』と言えるか？」。Satoko Yamaguchi, "Re-Membering Jesus: A Post-colonial Feminist Remembering".

4　西川重則、政教分離の侵害を監視する全国会議。

5　奥平康弘『なぜ「表現の自由」か』（東京大学出版会、1988）p.18。

マルコ福音書

　古代は、ほとんどの人々が字の読み書きに無関係な生活で、話を聞いて語り伝える「口頭伝承」の世界でした。そのような中で、「マルコ福音書」も庶民の口頭伝承を収集・選択・編集して、当時の「語り部」の語り方で、物語が作られました。

　当時「著作」は、基本的に複数の人々の共同作業で物語を口頭で作成し、字を書くことが出来る人がそれを書きます。「著者」とされる「マルコ」は便宜上の名前です。「マルコ」著者たちは、イエスの約2世代後に色々な口頭伝承を聞いて、CE（共通暦）70年頃に物語作成。その後、他の諸福音書が書かれた後で、早くに口頭で作成された「マルコ福音書」も書き残したいと、1世紀末近くに記述されました。書かれた場所は、学者たちで意見が異なり不明です。初めはタイトル無しで、その後『マルコから』とされました（「福音書」の言葉が付加されたのは4世紀です）。[6]

6　1世紀のユダヤ人の95-97%は識字力無しで読み書きを知らず、イエスもそうで、律法を初め先祖からの伝統も周囲の文化も、口頭伝承で学んだと思われます。そしてイエスは、色々と語ったけれど自分で書いたことはなかったと理解されます。それでイエスの言葉・話が口頭伝承として語り伝えられました。マルコが福音書に収集・編集したと理解される元の伝承は、「前マルコ伝承」というように呼ばれます。

　　口頭文化・伝承の世界では、データ的に正確な「事実」表現でも、抽象的な表現でもなく、伝えたいことを聞きやすく記憶しやすいように、わりと具体的表現を使って象徴的な語り方がされます（例えば、「3日後」は、「24時間x3」という正確な時間でなく、「近いうちに」という意味です）。こうして福音書の物語も、歴史的な描写よりも、当時の文化的・象徴的な表現で編集・創作されています。このような口頭伝承から記述文書が作られる世界で、書かれた事柄のものが、どの程度、歴史的に実際に起きた出来事の描写に近いか否か、その判断は簡単ではありません。こうした学びの背景には、まさに山積みの学際的な研究があります。そうして、多くの学者たちが、実際に生きた「歴史のイエス」研究に基づく、イエスの言葉・行動・生き方などの特徴と、福音書著者たちのそれぞれの言葉使い・

福音書に使われた言語はギリシャ語ですが、当時「価値ある書」と思われる物（政治・歴史・哲学書など）には使われない庶民ギリシャ語コイネーです。イエス時代は、「ギリシャ語＝高貴、アラム語＝低俗」と思われていました。そんな中でユダヤ人たちの多くはアラム語が日常語でした（BCE6-4世紀頃からヘブル語を分からない人々が増えてきて、律法もアラム語翻訳に）。実際、イエスの話の多くはアラム語で記憶・伝達されていき、福音書にもアラム語的な表現が混ざっています。そしてアラム語を含むセミ系（Semitic）言語とギリシャ語の文体は異なります（例：アラム語＝「完了形〔過去のこと〕」と「未完了形〔これからのこと〕」。ギリシャ語＝「過去形〔アオリスト形〕」と「未完了形〔過去から続いていること〕」と「現在形」と「未来形」）。その影響で、マルコによる翻訳のギリシャ語コイネーは、妙な文体が多いです。

　そしてアラム語にも様々な方言がありましたが、ガリラヤ・サマリア・ユダヤの地方では少し異なるアラム語方言でした。特にガリラヤ方言は、母音も子音も発音が混乱を招きやすく嘲笑されていました（「ロバ・ワイン・羊毛のどれを言っているのか？」などと）。

　イエスの家族は、ガリラヤ地方の小さな村ナザレに住んでいました。庶民は子ども時代から親の仕事を見習うのが通常で、イエスは木工職人の父ヨセフと一緒に都市セッフォリスなどに通って働きました（Cf.6:1-6）。それで、様々な人々が使っていた庶民ギリシャ語コイネーも使っていたはずです。そしてイエスの周りのガリラヤ人たちも単純なコイネーを使ったと

神学・背景事情などを、綿密に分析・議論し考え学び合って来ました。山口里子『新しい聖書の学び』pp.18-31。Hans Leander, *Discourses of Empire*, pp.152-155。
　ちなみに聖書学会では、マルコが編集したイエスの言葉・行動は実際に歴史に生きたイエス自身のものとは、度々大きく異なるので、真剣に向き合うべきと指摘され続けています。ですからこの本では、イエス自身の生き方に対するマルコの編集に、批判的に対処しています。けれどこれは、マルコの編集をたんに否定することではありません。むしろ、それぞれの時代背景などにも注意を向けて、キリスト教の後の歴史や現代の私たちの状況に対しても一緒に考えていきたいです。Cf. 山口里子『イエスの譬え話1』p.193-195。

思われます。そんな中でイエスは基本的にアラム語で話し、時にコイネーで話したと思われます。[7]

　マルコは、当時の語り部の典型的な技法で話が繋がれています。まず「そして」の繰り返し（余りに多いので、日本語訳では削除される場合が多いです）。また、３つ組も（３人、３回、３段階など）。マルコが多く使う「**サンドイッチ技法**」（１つの話の中に、別の話を挿入する話し方）もその１つです。

　物語で頻繁に使われる「そして」（kai）は、「次に」という時間的順番ではありません。そもそもマルコはイエス死後の様々な口頭伝承を聞いて集め、それらの話の時間的順番は分かりませんでした。それでマルコは、人々が分かりやすく記憶しやすいイスラエルの文化的記憶を用いて物語を進行させました。ところが後の時代に、「そして」が「次に」という順序のイメージで受け取られ、イエスの生涯の出来事がそのような順番で起きたかのように誤解されて来ました。[8]

　こうして、マルコ物語が「路傍伝道」・「１人芝居」のような感じで語ら

7　このように、歴史に生きたイエス自身は日常アラム語で生活していましたが、後の時代に、「ギリシャ語＝キリスト教、アラム語＝異教ムード」に変えられました。Richard Horsley, *Text and Tradition*, pp.203-207.

8　古代口頭文化の世界では、プロの語り部にはマルコ福音書は簡単に覚えて語れると言われます。現代の聖書学者ローズ（David Rhoads）が、それを真似して実際にマルコ福音書を始めから終わりまで「１人芝居」のように聖書学会で語ったのを、私も見て聴いたことがあります。

　マルコ物語の進め方について、イスラエルの伝統的記憶を用いた解釈の１例：①イエスは呼びかけを受け、荒れ野での試練を通して、イスラエル刷新をガリラヤでスタート（1:16-3:35）。神の国の神秘をパラブル（譬え話）で教える（4:1-34）。②イエスは、モーセやエリヤのようにイスラエルの刷新を続け、モーセのように海を渡り荒れ野で群衆の共食を司る（4:35-8:21/26）。マルコ福音書で、「ガリラヤ湖」がいつも「海」と語られるのはそのため。そしてエリヤがエリシャを招いたように、イエスは「12人」を招き、癒しを実践する（1:16-20. 3:13-19. 6:7-13）。「メシア」と呼ばれた若いダビデの伝承も、抑圧的支配者に大胆に敵対して迫害されたエリヤとエレミヤの伝承も、イエスに活用する。③イエスは自分の役割を討論し、モーセのように契約の掟を朗唱して、契約を更新する（8:22/27-10:52）。④神の裁きの宣言（11:1-13:1-2）・未来への話（13:3-37）。⑤イエス生涯の最期（14-15）・結び（16:1-8）。Horsley, *Text and Tradition*, pp.292-294.

れた時、当時の人々は、イスラエルの1人の英雄物語として聞いたと思われます。そしてマルコだけでなく、諸福音書の物語は、当時の広いヘレニズム世界の大衆文学との共通点も多いと言われます。また、ギリシャ古典の英雄伝とも似ていて、語られる「英雄」の典型的な要素22の内、福音書のイエスには17の要素が含まれていると言われます。こうして、当時の広範な聴衆にアピールできるように語られたでしょう。[9]

　最後に注意しておきたいことがあります。マルコはユダヤ教の多様なグループをイエスの「敵」のように繋げて編集して描きました。このことが反ユダヤ主義の偏見に繋がります。ですからユダヤ教のグループの人々のことを読む時に、歴史的事実としてではなく、マルコ編集による物語として読むことが大切です。それと共に、日本語で「律法学者」と一律に翻訳されている言葉は歴史的に不適切な誤訳と思われます。それで、この本では原語に近い「書記」と呼ぶことにします（注225）。

　このような背景も心に留めて、マルコ物語を少しずつ学んでいきましょう。[10]

9　山口里子『マルタとマリア』pp.183-187。
　　「ヘレニズム世界」について：「ヘレニズム」という言葉は、ギリシャのアレクサンダー大王からローマのコンスタンチヌス皇帝に至るまでのBCE 3世紀−CE 3世紀の期間に、ギリシャ語「ヘレネース（ギリシャ人）」の文化を中心に諸民族の文化が混ざり合った文化の地中海周辺世界。イエス時代は、このような広範囲のヘレニズム文化の世界で、政治的にはローマ帝国支配下。山口里子『マルタとマリア』p.77。
　　日本語訳の問題点：マルコは、イエスこそが真に偉大な指導者・英雄として人々に伝えるように福音書の物語を作ったと理解されます。しかしそれにしても日本語訳は、原語のギリシャ語とは比較にならないほど強い上下関係を表現しています。つまり日本語訳では、イエスだけに敬語を使い続けて上下関係を強めています。さらに、元のギリシャ語で「イエス」という言葉が使われていない所でも、日本語訳ではかなり多く付加して使われ続けています（英語訳では原語に合わせています）。マルコ福音書の全体で「イエス」という言葉は、原語ギリシャ語では81回ですが、日本語では350回です。こうして日本語訳を読み続けると、イエスの伝道活動のイメージが原語とはかなり変えられており、私たちはこの点も注意して読むのが必要でしょう。

＊「歴史のイエス」研究・「社会科学的聖書注解」などについて：

　アメリカで始められた国際的な聖書学会の中から生まれた「歴史のイエス」研究では、イエス生涯の背景として、西洋と異なる地中海世界に注意を向けてきました。これは大切な視点です。けれども、その広い世界の中で、ガリラヤ地方の特徴に余り注意を向けませんでした。さらにイエスは当時の常識から外れるような生き方をしていたことなどにも、しっかり注意する必要があると批判が出されて、展開されて来ました。

　さらに、「社会科学的聖書注解」のようなものは、中東の様々な人々から強い抗議が出されました。現代の西洋白人エリート男性優越主義の価値観に基づき、「西洋」対「非西洋」、「男」対「女」など二元論的な視点で、古代地中海世界の民族・文化・ジェンダーに対する強い偏見差別を、まるで客観的な科学情報のように述べるという抗議です。私たちは聖書を読む時に、その背景世界を決めつけずに学び、誤解・偏見を再生産しないように意識して学んで行くことが大切でしょう。[11]

10　**参加者の「声」：**
　　＊マルコ福音書には、なぜイエス誕生の話がないのですか？　⇒私の応答：当時の「英雄伝」では、大まかに言って、①誕生から始まるのと、②大人になって公的活動を始める時からのがありました。マルコは②の形式を選んだようです。山口里子『新しい聖書の学び』pp.107-108。
　　＊原語で読めないので、訳語で読むしかなく、範疇が狭まると思います。⇒私の応答：確かに原語で読むことは大切です。ただ、原語で読めば必ず正確に理解できるとは言えません。本田哲郎さんは「低みから見直す」を大切な基準としますし、私も同感です。それと共に、どのような面で「低みから見直す」か、人はそれぞれ異なり不完全でしょう。ですから、やはり、背景・経験・視点が様々に異なる人々と共に学び合うことが大事だと思います。山口里子「フェミニスト神学から：山口里子 x 本田哲郎」。

11　参照：Sean Freyne, "Galilean Questions to Crossan's Mediterranean Jesus", pp. 63-91. Leif E. Vaage, "Recent Concerns: The Scholar as *Engage*", pp.181-186.
　　ちなみに、「西洋白人世界」だけでなく、アジアでも二元論的な差別感を私は強く感じて、「第1回アジア聖書学会」（2008年）の基調演説で、民族・身分・性別などの二元論を越えた包含的な想像力を持って聖書学を展開することが大事だと話しました：Satoko Yamaguchi, "From Dualistic Thinking toward Inclusive Imagination".

地中海

ガリラヤの地図：山口雅弘『ガリラヤに生きたイエス』（107頁）

マルコ福音書をジックリと読む —— そして拓かれる未来の道へ | *17*

プロローグ (1:1-13)

マルコ福音書の始まりの言葉 (マルコ 1:1)

　原語のギリシャ語コイネーを直訳すると、「初め、福音の、イエスの、キリストの［息子の、神の］」。

　・「初め」（アルケー:archē）：初め・源・始まり、（王などの）支配・統治、その権威。つまり「アルケー」は、単に時間的な「初め・始まり」の意味だけでなく、ものごとの「源」であり、「統治・権威」の意味合いを持ちます。マルコはこの「権威」の意味合いを持つ「アルケー」を、「始めに」とか「〜を始める」という言い方で、福音書の始めからずっと多く使い続けます。

　・「福音」（ユゥアンゲリオン:euaggelion）：良い知らせ。ヘブル語聖書では、「良い知らせ」は神の救い・統治の到来（イザ 40:9. 52:7. 61:1 など）。ローマ帝国では、戦争の勝利などと共に、初代皇帝アウグストゥス（生 BCE63/ 在位 BCE27-CE14）の誕生日が世界にとっての「良い知らせ」と布告されるようになります。

　・「イエス」（Iēsous）：ヘブル語「ヨシュア」（「ヤハウェは救い」）のギリシャ語訳。この名前は多く使われました。

　・「キリスト」（christos）：ヘブル語「メシア＝油注がれた者＝王」のギリシャ語訳。イスラエルでは王の任命に預言者による「油注ぎ」の儀式があり、それで「王（指導者）」がこう表現されるようになりました。

　・「神の息子」：BCE（共通暦前）3千年頃から支配者の尊称として使用。地中海周辺世界全体で、王は「神の息子」「神」。イスラエルの王も「神の息子」「神」と呼ばれていた可能性があり、イスラエル人たちも「神の息子たち」と呼ばれて、神に選ばれ守られている人々の意味です。ヘレニズ

ム世界では、この言葉は支配者・英雄で、イエス時代には第1に「ローマ皇帝」の称号でした。ただしここでは「神の息子」という言葉は、古い良質の「写本」にはありませんでした。この表現を、（写本を書き写す）写字生たちが書き落とす可能性は少なく、後からの付加と理解されています[12]。

「バプテスマのヨハネ」

（**マルコ 1:2-8**/ マタイ 3:1-12/ ルカ 3:1-9, 15-17/ ヨハネ 1:19-28）

　マルコは、最初の言葉を「アルケー（初め・源・権威）」（1:1）で始め、これこそが「福音」の源・権威であると宣言して、すぐ聖典を「引用」します。ほとんどの人々が字の読み書きを出来ない口頭文化の世界では、「書かれたもの」（scribed）は「（権威ある）聖典」（scripture）とほぼ同義語であり、その「引用」は権威の立証になります。ただしマルコは、「イザヤ」に「このように書かれている」と言いますが、マラキ書とイザヤ書を合わせたものです（1:2-3）。マルコの聖典引用は、ここだけでなく、ヘブル語聖書の最良の写本と一致せず、広く知られていた民間の口頭伝承の記憶からと思われます[13]。

12　Willem S. Vorster, "Gospel, Genre". Boring, Berger, Colpe eds., *Hellenistic Commentary to the New Testament,* p.169. Jarl Fossum, "Son of God". Deirdre J. Good, "Son of God". Ched Myers, *Binding the Strong Man*, p.123. Leander, *Discourses of Empire*, pp.185-199. Helmute Koester, *Introduction to the New Testament 2*, pp.44-49. 笠原義久『新約聖書入門』pp.28-29。
　　「福音書」という言葉が最初に使われ出したのは、恐らく2世紀後期「ディダケー」（Didachē. キリスト教の教え）15:3-4. 2Clement 8:5. Martyrdom of Polycarp 4:1）で、4世紀に「樹立」。「福音書」は、正典ではイエス生涯に関する物語ですが、正典外のものにはイエス語録・奇跡の話などの集めもあり、1つのジャンルと呼ぶことが出来ない多様性があります。
　　・「福音・福音書」（**ュゥアンゲリオン** *euaggelion*: gospel = good news）：1:1, 14, 15. 8:35. 10:29. 13:10. 14:9。
13　Myers, *Binding the Strong Man*, pp.92-93. Horsley, *Text and Tradition*, pp.143,

「見よ、私は使者を使わす（遣わす）。そして彼は私の前に道を備える」
（マラ 3:1）。

「ヤハウェ（いのちの神）のために荒野に道を備え、私たちのエロヒーム
（神）のために荒地に広い道を通せ」（イザ 40:3）[14]。

　そして「バプテスマのヨハネ」が荒野に現れて、多くの人々が彼のもと
に来て、ヨルダン川で「バプテスマ」（浸礼・洗礼 baptisma ← baptizō 浸す）
を受けました。「荒野」は、社会構造・システムの「外」の象徴。荒野に
出て留まることは、親族関係からも世間一般からも、「出る」ことを象徴
します。「ユダヤ全土」（1:5）は、エルサレムを囲むパレスチナ南部地方
で、ほとんどの人々が農民と非エリート市民です。
　バプテスマのヨハネは、祭司の家系に生まれました。父はエルサレム神
殿に仕える祭司（交替で祭儀を執行する下級祭司）。ヨハネはその仕事を継承
せず、宗教的・政治的体制を支える神殿勢力に対して批判的な立場で、荒
野に出たようです。CE（共通暦）28 年頃にヨハネはユダヤの預言者とし

235.

14　神の名「**ヤハウェ**」（YHWH=Yahweh）という言葉は、日本語では「主」と訳さ
　れていますが、語源は「いのち」（生命・生きる者・生かす者・居続ける者）であ
　り、「いのちの神」と訳すほうが適切です。ヘブル語聖書では、神に様々な名が使
　われていますが、「ヤハウェ」が最も多いです（「ヤハウェ」6 千回、「エル」「エ
　ロヒーム」などエル系の名は合計で3 千回弱）。一方、「主（アドナイ）」という言
　葉は余り使われていません。
　　こうした状況で、圧倒的に多く使われた「ヤハウェ（いのちの神）」が、ギリ
　シャ語に訳された時に「主（キュリオス kyrios）」にされました。それによって神
　のイメージが大きく変わりました。特にヤハウェは、性別を越えつつ女性イメー
　ジも強かったのですが、「主」（標準形＝男性形）に置き換えられることで、神は
　男性イメージに変えられました。山口里子『新しい聖書の学び』pp.78-91。
　　ヘブル語聖書のギリシャ語訳（LXX）は、BCE 3 世紀頃にエジプトのアレクサン
　ドリアで 72 人によって訳されたと伝えられたもので、ラテン語「70」の「LXX」
　を使われた表現です。当時、ユダヤ人たちもヘブル語が分からない人々が多くな
　り、また、イスラエルの優れた聖典を広い世界の人々に知られたいと望んで、「(古
　典）ギリシャ語」に翻訳されたと理解されます。Cf. 土岐健治『初期ユダヤ教と聖
　書』pp.61-65。

て、それまでとは全く異なる、1度だけの「バプテスマ」の儀式を、まさに主体的に自分自身の責任でユダヤ人たちに実践しました。[15]

　福音書に書かれているバプテスマのヨハネの衣装「らくだの毛衣」と「革の帯」は、預言者エリヤを想起させます。エリヤの再来は「終わりの時」（世界の終末での、神の裁きの時）の徴と考えられていました（王下 1:8. マラ 3:1, 5, 23）。ヨハネは「神の到来と裁きの時の接近」を預言し、その準備として「メタノイア」（回心・根底からの方向転換）と「バプテスマ」を語りました。これはヘブル語聖書の偉大な預言者たちのメッセージにも繋がります。

　ヨハネは、神の霊を注ぐ「より力ある者」がもうすぐ来て、自分は先駆者だと述べました。「後から来る者」はヘブル語聖書時代から語られて来た「メシア」。それで、先祖から長年待望されて来た「神の国」（basileia バシレイア）が接近していると伝えます。ただし彼は、後から来るメシアが誰なのかは知りませんでした。

　当時、人々は罪の許しのために、エルサレム神殿へ規定の奉献を繰り返し行なうよう教えられていました。これに対してヨハネは、誰でも1度だけバプテスマを受けて神を信じて生きるようにすれば、全ての罪が許され神の国に入る準備が与えられると、告げました。これはヨハネの偉大な「発明」と言われます。[16]

15　ルカ福音書では、バプテスマのヨハネの誕生物語がイエス誕生物語と組み合わせて語られています（ルカ 1:5-80）。ユダの町の祭司ザカリアとエリサベトの息子ヨハネの話は、口頭伝承が基にあったかも知れませんが、ここのテキスト全体はルカの創作・編集物語です。ただ、歴史的にバプテスマのヨハネは祭司の息子であった可能性が高いと言われています。John P. Meier, *A Marginal Jew* 2, p26.

　「預言者」とは、神のメッセージを預かって人々に伝える使命を持って派遣された者、というような理解で、BCE1 世紀〜 CE1 世紀は、預言の時代とも言われます。ヘレニズム世界で、ジェンダーを越えて多くの宗教の伝道活動・預言運動が盛んで、ユダヤ人たちも同様に積極的に参加しました（注 328）。イエスも、そのような預言者の1人として発言・行動したと理解されていたと思われます。山口里子『マルタとマリア』pp.109-137。

16　Marcus J. Borg, *Jesus a New Vision*, p.40. John Dominic Crossan, *The Historical Jesus*, pp.230-232.

日本語で度々「罪の許し」と訳されている「罪」（hamartia 複数形）は、当時ギリシャ語で書かれたものでは、通常「負債・借金・借り・負い目の数々」で、その「許し」（aphesis ← aphiēmi 去らせる・置き去りにする・放免・免除する）は「負債の免除」とも理解される表現です。ここでも「罪」（複数形）は、貧しい生活で負債の返済や規定の奉献などをきちんと出来ない「諸罪」です（1:4, 5）[17]。

　当時、エルサレム神殿を中心にした宗教指導体制そのものが、ローマ帝国の手先になって、人々を「奉献」の形で搾取していました。それで、ローマ帝国植民地支配下で搾取・抑圧され貧しく苦しめられている人々、中でも圧倒的多くの庶民が、さらに罪悪感と恥で苦しめられていました。

　そのような状況において、バプテスマのヨハネは貧しい人々の側に立って、神殿に対する非暴力抵抗の実践をしたと言えます。つまり、「神は、貧しい人々を搾取する献げ物など喜ばないし要求もしない。献げ物が出来なければ神の罰を受けるなんてことはない。そんな心配はしないで、むしろ神観も生き方も根底からメタノイア（回心）をして、慈しみと正義の神を信頼しましょう。それだけで神は受け入れてくださる」ということを、神からのメッセージとして伝えたと言えます。

　バプテスマは、諸罪の許しのためと、メタノイアの儀式です（1:4）。「メ

　　当時、「神の国（統治・領域）」実現のために、武力的な「メシア運動」と、非武力の「預言運動」がありました。武力的なメシア運動は、ローマ帝国から独立して自分たちの「王」（メシア）を持つ国を実現する目的を持っていました。バプテスマのヨハネもイエスも、そのような武力的な闘いを持とうとせず、非武力による「神の国」の預言運動を実践したと思われます。山口里子『マルタとマリア』pp.109-111。

17　「主の祈り」（マタイ 6:12. ルカ 11:4）でも、「罪」は複数形で述べられています。これは「罪」より「借金・負債」と訳されるほうが、適切かも知れません。当時、借金の利子はとてつもなく高くて、返金を終了できない人が多かったと思われます。山口里子『いのちの糧の分かち合い』pp.65-66。『イエスの譬え話』① pp.57, 77。

タノイア」（*metanoia*）は、「思考・生き方の根本的な方向転換」の意味です。これは例えば、自分は汚れた罪人で神からも受け入れられないと思い込まされた人々が、神は自分をそのまま受け入れてくださるというように、神理解・自己理解を根底から変えられ、神を信じて自分なりの生き方で生きるように方向転換されるというような意味を持ちます。

　ですから、搾取され困窮化された民衆は、心底から解放され救われる預言でした。そんな中でバプテスマのヨハネは、圧倒的多数の貧しい民衆の間で大人気になったのです。ただし、「全て」「全員」という表現（1:5）は、誇大広告的なマルコ表現の特徴です。けれど、常識から脱して新しい道を拓くことは、権力層から敵視されると、バプテスマのヨハネ自身、覚悟を持って行動を起こしたと思われます。[18]

18　Crossan, *The Historical Jesus*, pp.230-232. Meier, *A Marginal Jew* 2, p.40. W. Barness Tatum, *John the Baptist and Jesus*, pp.107-157.

　ちなみに、ヘブル語聖書時代から神理解も律法理解も多様にありました。ですからエルサレム神殿の祭司の家庭で育ったバプテスマのヨハネは、権力を持つ人々の教えに対して疑問や批判を深めたかも知れません。もちろん決めつけられませんが、彼はそういう思いの中で、1回だけのバプテスマを「発明」して実行していったのではないでしょうか？　そしてもしかして、バプテスマのヨハネより前にも、「たとえ献げ物が出来なくても、神は受け入れてくださる」と信じた人々はいただろうと私は思います。けれども圧倒的多数の人々を「大丈夫」と信じさせたのは彼で、それだけのカリスマ性もあったので、民衆の大人気の預言者「バプテスマのヨハネ」と呼ばれることになったと考えられます。なお、エルサレム神殿・神殿税・祭司たちに関して：山口里子『イエスの譬え話』② pp.21-25, 41-51。

　また、ヨハネが呼びかけた「**メタノイア**」（回心）は、特に「諸罪・負債」に苦しむ多くの人々が、根底から安心・解放感への神理解の変革でした。後から学びますが、ヨハネを師として学んだイエスも、同様に根底からの神理解の「メタノイア」を伝えたと理解されます。ところが日本語で「メタノイア」が全て「悔い改め」と訳されて、苦しんでいる人々をさらに苦しめ、希望と解放への新しい道を拓くよりも、反省・服従・受け身の再生産に繋がります。これは不適切な翻訳だと痛感します。

・「**メタノイア**」（*metanoeō* 回心する /*metanoia* 回心）：1:4, 15. 6:12。

＊「バプテスマのヨハネ」が語る神の「裁<ruby>き<rt>さば</rt></ruby>」について：

マルコには書かれていませんが、マタイとルカに書かれているバプテスマの
ヨハネの言葉があります（マタイ 3:7-12/ ルカ 3:7-17）。そこのテキストは、それ
ぞれの福音書著者が加筆<ruby>・<rt>かひつ</rt></ruby>編集<ruby><rt>へんしゅう</rt></ruby>したものですが、バプテスマのヨハネ自身が
語ったメッセージが根底<ruby><rt>こんてい</rt></ruby>にあると理解されています。

バプテスマのヨハネが語る神の「裁き」は、権力<ruby><rt>けんりょくざいりょく</rt></ruby>・財力を持ち傲慢<ruby><rt>ごうまん</rt></ruby>な者たち
が責められ、貧しく汚れた<ruby><rt>つみびと</rt></ruby>罪人として神の国に入れないと思わされた人々が
正義を回復<ruby><rt>かいふく</rt></ruby>されて招<ruby><rt>まね</rt></ruby>かれること。つまり「裁き」は、単に恐<ruby><rt>おそ</rt></ruby>ろしい厳しい面<ruby><rt>きび</rt></ruby>だ<ruby><rt>めん</rt></ruby>
けのイメージではありません。むしろ、この世の不正と正義を最終<ruby><rt>さいしゅう</rt></ruby>的に裁かれ
るもので、不正に苦しめられて生活も生命<ruby><rt>いのち</rt></ruby>も破壊<ruby><rt>はかい</rt></ruby>されてきた圧倒的多数の
人々には、正義・尊厳・解放を回復されるものです（Cf. マタイ 3:1-12. ルカ 3:1-
20. マルコ 1:1-8. ヨハネ 1:19-28）。

特に「霊・息・風・火」の表現は、ヘブル語聖書時代から神の「裁き」に結
びついており（例 . イザ 4:4）、強い風が吹きつけて小麦<ruby><rt>こむぎ</rt></ruby>ともみ殻<ruby><rt>がら</rt></ruby>を分けて、も
み殻は火に焼<ruby><rt>や</rt></ruby>き尽<ruby><rt>つ</rt></ruby>くされます。つまり、世の終わりの日に神の裁きで、真の正
義が実現されます（自分は「義人<ruby><rt>ぎじん</rt></ruby>＝小麦」と思い込んでいる傲慢な者たちは、
「もみ殻」の可能性）。このイメージを基に、圧倒的多数の庶民は世の中の不
正・暴力で踏み続けられて、「神の正義と裁き＝神の介入」の接近を強く願い
つつ、それと同時に、自分自身もダメな人間だと不安と恐れに苦しんでいまし
た。そういう人々にバプテスマのヨハネは、「終わりの日＝裁きの日」は近づ
いている。その備<ruby><rt>そな</rt></ruby>えとして「1 回のバプテスマで十分、安心してください」と
語ったということで、人々は心底から救われたと理解されます。[19]

- 「ひとりでは世界を変えることはできないが、ひとりからしか世界は変
  わらない」（伊藤千尋）[20]。

19　Warren Carter, *Matthew and the Margins*, pp.99-101。Antoinette Clark Wire, "The
　　God of Jesus in the Gospel Sayings Cource", p.280.

20　伊藤千尋の言葉（木村恵子『地球一周の船旅』p.43。注 358）。

イエスの受洗

（**マルコ 1:9-11**/ マタイ 3:13-17/ ルカ 3:21-22/Cf. ヨハネ 1:29-34）

マルコ福音書では、バプテスマのヨハネを紹介してすぐ、イエスがそこに来て受洗します。イエスが生まれ育ったのはガリラヤのナザレ。ガリラヤ地方は、権力から遠く離れた軽蔑と疑惑の対象の地（エルサレム中心のユダヤ地方の北にサマリア地方、その北に、ヘレニズム的な町に囲まれ、異邦人も多く住み、大衆は圧倒的に貧乏）で、ナザレはとても小さな村（人口約 300 人）。そしてイエスは当時の熟年 30 才頃になって、ヨルダン川の下流のヨハネの所に行ったと思われます。ローマ総督ポンテオ・ピラトのユダヤ支配（CE26-36）の初期です。[21]

まず、イエスが受洗して水から上がる時に起きた表現は、預言者召命の物語と類似して、マルコの創作話と理解されます。「天が裂ける」は神の顕示の「徴」（イザ 63:19、エゼ 1:1）。「鳩のように」は聖霊の動きを想起（創 1:2）。「天からの声」はヘブル語聖書に例も多く（創 22:11, 15 など）、「愛する（agapētos）息子」（1:11）は、カリスマ的聖人に使われた表現です（「あなたは私の息子（詩 2:7）」。「私が喜ぶ者（イザ 42:1）」）。[22]

---

21 Borg, *Jesus a New Vision*, p.40. 山口里子『新しい聖書の学び』pp.104-107。『イエスの譬え話①』pp.19-27。山口雅弘『イエス誕生の夜明け』pp.143-145。『ガリラヤに生きたイエス』pp.33-34, 98-100。

22 「天が開く」「天からの声」「神の愛する息子」などの表現は、ヘブル語聖書だけでなく、ヘレニズム世界でも、水・聖霊・火・（神の）息子、そして大きな鷹が海の上を飛んで降りて来るイメージを持って、魔術師と見られる人の話にも使われています：Clifton W. Black, "The Gospel according to Mark" p.1918. Borg, *Jesus a New Vision*, p.40. Boring, Berger, Colpe eds., *Hellenistic Commentary*, pp.49-50.・「**愛する**」（agapētos. 受動的意味で「愛される（息子）」）：1:11. 9:7. 12:6.「**愛する**」（agapaō）：7:6. 10:21. 12:30, 31, 33x2.「愛」（agapē）：マルコに無し。

イエスがバプテスマのヨハネから洗礼を受けたことは、当時の人々には、ヨハネが神から使わされた正しい預言者・上位者で、イエスが彼に罪を告白する下位者と見られます。これは、イエスを最も高く位置づけたい初期教会にとって不都合（ふつごう）な出来事で、ヨハネをイエスの下に位置づけようと試（こころ）みる編集が行なわれました。[23]

　そういう状況でマルコは、バプテスマのヨハネが語った「後から来る者＝より力ある者＝メシア」を、「メシア＝イエス」として、バプテスマのヨハネが証言したように編集しました（マタイは、ヨハネが、自分はイエスに洗礼する価値が無いと言い、イエスが命じた後で授洗すると編集。ルカは、イエスの洗礼を述べる前にヨハネの投獄を語り、誰がイエスに授洗したか不明にします。ヨハネは、この出来事を一切語らず、神から霊がイエスに下ったことのみ述べます）。

　ですから、イエスがバプテスマのヨハネから受洗したのは、歴史的に最も確実（かくじつ）な出来事と認識されています。そしてイエスの受洗は、イエスの人生が完全に変えられた出来事と思われます。つまり、木工職人（もっこうしょくにん）だったイエスが伝道活動を始めたのです。それ以前には、そんな兆候（ちょうこう）を見られず、家族も隣人（りんじん）もショックを受けたと思われます（6:2-3）。恐らくイエスは、バプテスマのヨハネの噂（うわさ）を聞き、実際に会うことを願って、覚悟（かくご）して家を出たでしょう。そうしてイエスにとってバプテスマのヨハネは偉大な人で、その影響力（えいきょうりょく）は非常に強かったので、イエスは受洗後にヨハネの所で弟子（でし）として、少なくとも短期間（たんきかん）はそこに滞在（たいざい）して学んだと理解されています。[24]

23　Crossan, *The Historical Jesus*, pp.232-234. Meier, *A Marginal Jew* 2, pp.168-169.

24　Crossan, *The Historical Jesus*, pp.232-234. Meier, *A Marginal Jew* 2, pp.22-23, 108-110. 山口里子『新しい聖書の学び』pp.104-122.

　当時、庶民は小さい頃から家庭やユダヤ教会堂（シナゴーグ）で、ヘブル語聖書にある律法やイスラエルの歴史物語を、基本的に口頭伝承の形で学んで育ちました。イエスもそのようにして育ち、当時の「熟年」30歳近くになってバプテスマのヨハネの所に行き、受洗し、ヘブル語聖書の教え・解釈などをヨハネのもとで学んだでしょう。その後で、故郷ガリラヤで伝道活動を始めたと思われます。

荒野での誘惑 （マルコ 1:12-13/ マタイ 4:1-11/ ルカ 4:1-13）

　マルコ福音書では、イエスは受洗後すぐに荒野で 40 日過ごします。口頭文化の象徴的な語り方では、「40」は長い苦しい時のイメージがあり（例：「ノアの洪水」創 7:4, 17. 8:6）、荒野の「40 日」は、偉大な指導者・預言者モーセやエリヤを想起させ（出 34:28. 王上 19:8）、彼らのイメージにイエスを結び付ける語り方です。

　「天使・野獣・サタン・神」の登場は、ユダヤ文献でもヘレニズム文献でも、正しい人に対しては好意的で、そうでない人には攻撃的です。イエスが天使に守られるのは、神によって正しい人として認められているとの象徴表現です。[25] こうして、マルコも諸福音書記者たちも、イエスは正しい人と、ユダヤ人だけでなく多くの人々に分かってもらえるように語ったのでしょう。

25　山口里子『新しい聖書の学び』pp.18-20。Black, "Mark", p.1918. Myers, *Binding the Strong Man*, p.130.

I.　ガリラヤ伝道（1:14-8:26）

ガリラヤ伝道の開始（マルコ 1:14-15/ マタイ 4:12-17/ ルカ 4:14-15）

　ここでは、バプテスマのヨハネが「引き渡された」（paradidōmi 過去形・受動態。逮捕された）後に、イエスが伝道を始めたと表現されています。これは、バプテスマのヨハネが、イエスの師と思われるのではなく、「キリストの先駆者」と思われるように、マルコの編集と思われます。実際にイエスが独立して活動を始めた時期は不明ですが、恐らくヨハネ逮捕前の可能性が高いと理解されています。[26]

　バプテスマのヨハネは、神の国に入るのにバプテスマ1回で十分とする儀式を行ない、多くの民衆が救われた思いでやって来ました。そこにしばらく滞在して彼から学んだイエスは、1回のバプテスマを否定しませんが、それさえ出来なくても大丈夫という思いを持ち、そういう人々の間で共に生きようと決心したと思われます。

　こうしてイエスは出身地のガリラヤ地方に帰り、貧しく苦しめられている人々が住む村や小さな町に行って伝道活動を始めます。イエスは故郷ナザレ村から少し離れたガリラヤ湖に近い所で活動したことが多いようです。ガリラヤは、抵抗意識が強い「ゲリラの温床」とも理解されています。[27]

26　Myers, *Binding the Strong Man*, p.131.

27　**ガリラヤ**について：ガリラヤはおおまかに「北部（上部、山岳が多い地帯）」「南部（下部、平地）」に分けられます。パレスチナで最も肥沃なエズレル平原に続き、東は魚の豊かなガリラヤ湖とヨルダン川の渓谷。穀物・果物の豊かな生産地。北部の山岳地帯も南部の平地地方も、気候も良く非常に肥沃で斜面も高台も耕作地：葡萄、いちじく、オリーブ、穀物など。工業活動もあり、ガラス、陶器、塩漬けの魚工業（タリケアエ＝マグダラ、ベトサイダ、カファルナウムなど）。ガリラヤの都市で生産物の流通を進めたのは、ヘレニズム時代にガリラヤが、南から北ま

ここのテキストは、マルコが伝えたい「イエス伝道の要点」（1:15）を創作して書きました（マタイは、それを短縮して、伝道の要点をイエスとバプテスマのヨハネの両方に同じに使いました＝マタイ 3:2. 4:17。ルカは、「時が満ちて神の国が近づいた」は「世の終わりが近い」という感覚が持たれるから、これは「良い知らせ」ではないと思って削除。そして後のほうで、「神の国はやってきた」

　で商業行路の最適な立地（「海の道」「王の道」を中心に網目のような道）でしたから。
　しかし歴史を通して、どこでも肥沃な土地ほど権力者に狙われます。ガリラヤも、権力者や大土地所有者の餌食に。北部は起伏に富み近寄りがたい山が続き荒野の多い地域で、権力者の手が届きにくく農民がある程度独立を保って、抵抗運動の拠点や「のがれの町」にも。多くの被差別者・被抑圧者も含めて反骨・独立精神を持った農民たちが割と多く居たと思われます。一方、抵抗運動を支えて食糧・衣服・武器供給する南部の農民たちもいました。
　特に大抑圧は**ヘロデ王朝時代**から（BCE37-）：アンティパトロスⅡ（イドマヤ人、-BCE43 暗殺）→ヘロデ大王（在位 BCE37-CE4）→ヘロデ大王の妻の内マルタケ（サマリア人）の子どもたちの１人ヘロデ・アンティパス（在位 BCE4-CE39 ガリラヤ・ペレア領主）。アンティパスのガリラヤ支配は、ユダヤ人の先祖伝来の農業経済に対立する形でセッフォリスやティベリアスを中心に、急速な経済振興を始め、恐らくそうした都市に有力者たちが住みました。ガリラヤでは、暴力的な支配・重税などで、ローマ帝国支配と傀儡政権ヘロデ王朝への反感が蔓延。先祖からの小さな土地所有の自営農民たちは、増税で弱体化され、借金をすると利子が著しく高くて返済できず、担保にした土地を奪われ、小作農・日雇い労働者・負債奴隷にされる人が増えました。
　参考：Leander, *Discourses of Empire*, pp.185-192.　Sean Freyne, *Galilee: From Alexander the Great to Hadrian 323BCE to 135CE*. "Hellenistic/Roman Galilee". "Galilean Questions to Crossan's Mediterranean Jesus". John J. Pilch, *The Cultural Dictionary of the Bible*. Richard A. Horsley, *The Liberation of Christmas*. 山口里子『イエスの譬え話』① pp.19-110）。ガリラヤ地方の詳細な学びについて：山口雅弘『イエス誕生の夜明け』pp.106-204、『よく分かる新約聖書の世界と歴史』pp.55-59、『ガリラヤに生きたイエス』pp.97-226。
　古代からの「**ユダヤ性**」の強さは、初期イスラエルの独立に関する物語・伝承を守り伝え続けていました。出エジプト、モーセ律法、デボラの歌、エリヤ・エリシャ物語など。（BCE8 世紀）アッシリアによる非ユダヤ人入植があっても非ユダヤ人の地にはならず、ヘレニズム文化世界でも大半がユダヤ農民で、ガリラヤ農民の生活に即した宗教的・文化的慣習・伝承が継承されました（ユダヤ教会堂でのホスピタリティ、集会など）。それと共に、異邦人との共生の反映もあります。Wayne A. Meeks, "Moses as God and King". Erwin R. Goodenough, *Jewish Symbols in the Greco-Roman Period*.

だけをイエスの言葉として、「弟子」たちに託すように書きました＝ルカ 10:9,11）。[28]

　マルコがここで書いた幾つかの「イエスの言葉」は、実際の歴史のイエ
ス自身に遡る伝承を基にしたと言えるか？　という議論が聖書学で行われ
れて来たので、３つ紹介します（これらのことは、マルコ福音書を読み進む中
で、考えて行きましょう）。[29]

　①イエスは、「時が満ちた」と、神の国の接近・到来を、世の終わりの
時（終末）として宣言したか？

　→ ヘブル語聖書に書かれた預言の成就の時として（Cf. エゼ 7:12. ダニ
7:22）、当時多くの人々が宇宙的大災難に続く世の終わり（黙示思想・終末
思想）とか、ダビデ王国の再興（ナショナリズム・国家主義）のような、思
想を持っていました。マルコも黙示思想を持ち、神の国を宇宙的激変に繋
げて理解しており（8:34-9:1. 13:1-34）、その思想をイエスの言葉として編
集して書きます。だが、イエスはそのような考えを持っておらず、むしろ
「神の国は今あなたがたの中にある」（ルカ 17:21）という言葉に近い理解
だったと思われます。[30]

　②イエスは、人々に「メタノイア」（回心）を呼びかけたか？

　→「メタノイア」は、「根本的な考え方・生き方の方向転換」を意味し
ます（注 18。そのような「回心」への呼びかけは、バプテスマのヨハネ
のメッセージの特徴と言えます（マタイ 3:7-12. ルカ 3:7-14）。けれどメタノ
イアという言葉は、イエス自身に遡ることはほとんど無いと考えられま
す。むしろイエスは、この言葉自体よりも、伝道活動の実践や譬え話（パ

28　Crossan, *The Historical Jesus*, p.345.

29　The Jesus Seminar, *The Gospel of Mark Red Letter Edition*, pp.58-59. Craig L.
　　Blomberg, *Historical Reliability of the Gospels,* pp.158-159. Boring, Berger, Colpe
　　eds., *Hellenistic Commentary,* pp.52-54, 171。

30　**終末思想・論**：これについては、聖書時代も現代も理解が様々。イエス時代の
　　庶民の間では、ローマ帝国支配下のひどい抑圧・差別の状況で「今」こそ、この
　　世の終わり「エスカトン」（終末）で、神の介入（＝最後の審判）が目前に迫って
　　いるという期待感と不安感が混ざっていたと考えられます。つまり「早く介入し
　　て助けて！」と「でも、その時自分は？」という不安と恐怖感が持たれていたの
　　です。

ラブル）での問いかけなどで、神・「神の国」観を根本的に問いかけたと理解できます。そういう意味では、イエスはメタノイアを言葉で呼びかけるよりも実践で生み出そうとした可能性が大きいと思われます。[31]

③「福音において（en）、信じなさい（pisteuō ← pistis 信頼・信じること）」（1:15）は、どういう意味か？（日本語訳の「福音を信じる」とは文法的に異なります）。

→恐らくイエスは、「福音＝（神の）良きおとずれ」として、「（神の）福音において、（神の国到来・実現を）信じる」というような形で語ったと理解できます。

ところがマルコは、「福音＝イエス・キリスト」として「福音（イエス・キリスト）において、（神の国到来・実現を）信じる」という意味で表現します。これは後のクリスチャン共同体（きょうどうたい）の信仰表現を反映（はんえい）していると思われます。そしてマルコは、それをイエス自身の宣教の言葉として編集しました（マタイは、イエス自身が「福音＝イエス・キリスト」と表現するのは変だと考え、それを削除）。[32]

「時は満ちた」の「時」（kairos）は、通常の「（時の流れの）時間（chronos）」ではなく、「特別な時機（じき）」です。「神の国は、やってきた（eggizō）」は、全く別の流れの伝承を基にしたマルコ福音書と Q 福音書に、同じ表現が使われています（マルコ 1:15a. Q/ ルカ 10:9（11b）＝マタイ 10:7）。それで、これはイエス自身の言葉を反映すると、聖書学で理解されています。[33]

期待されていた出来事（きたい）への言及で、ここのギリシャ語「やってきた」は「未完了形（みかんりょうけい）」。これは「過去に起きたが現在も続いている」の意味です。もしもイエスがこの言葉をアラム語で話したなら、ギリシャ語の未完了形に

31　イエスのパラブルについて：山口里子『イエスの譬え話』①と②。
32　・「信じること・信頼・信仰」（ピスティス pistis）：2:5. 4:40. 5:34. 10:52. 11:22。
　　・「信じる・信頼する」（ピイステウオー pisteuō）：1:15. 5:36. 9:23, 24, 42. 11:23, 24, 31. 13:21. 15:32。
33　「Q 福音書」：ルカとマタイの資料として使われた現存しない福音書で、名はドイツ語「Quelle= 資料」から。ルカは Q 福音書をほぼその通りに取り入れて編集していると思われるので、章・節はルカに合わせて使われています。

ぴったりする表現がアラム語に無いので、翻訳表現は伝承によって異なっていたでしょう。けれど全く別の流れの伝承で同じ表現が使われていることは、元々イエス自身が、この言葉を庶民ギリシャ語コイネーで話した可能性が高いと思われます。[34]

　当時の多くの人々が、巨大なローマ帝国植民地支配下の生活で、抑圧・暴力・差別による困窮化が進み、大災難による世の終わりの時が「来た・来ている」と思いました。それと共に、先祖の時代に民衆の１人であったダビデによって作られた王国の再興のような、神の国への期待も持っていました。そんな期待を持つ中で、神殿への規定の奉献もしていない自分は本当に神の国に入れるのだろうかという不安も持たれて、様々な議論が行なわれていたと考えられます。

　こうした状況でヨハネは、たとえ規定された奉献が出来なくても、一回のバプテスマを受けて神を信じて生活すれば大丈夫と語ったのです。そういうヨハネを師として学んだイエスは、ガリラヤに戻って伝道活動を始めた時、ある意味でヨハネの革新的な根本姿勢を共有しつつ、さらに一歩進めたと思われます。つまり、たとえ一回のバプテスマさえ受けなくても、神を信頼して、一人一人のいのちを大切にして一緒に生きていくなら、「神の国はあなた方の中にある」、自分たちの中に「生まれて来る・やって来る・もう始まっている」というような理解を、行動や譬え話（パラブル）で人々に問いかけました。これは実質的に、神の国理解・神理解・人間理解を根底から転換する「メタノイア」を起こしていったと理解されます。

漁師たちの招き
（マルコ 1:16-20/ マタイ 4:18-22/ ルカ 5:1-11/（cf）ヨハ 1:35-51）

　この話はマルコの創作と考えられています。マルコはガリラヤ湖を「海」

34　Meier, *A Margical Jew* 2, pp.432-434.

32　Ｉ. ガリラヤ伝道（1:14-8:26）

と語り続けます（マルコは自分なりの思いを持って物語全体でガリラヤ湖を「海」と語り続けたのでしょうが、日本語訳はそれを無視して「湖」と書きます。マルコは「悔しい」でしょうね）。まずイエスは「ガリラヤの海」（1:16）に沿って、通って行ったと語ります（マタイは、マルコを基に「海」と書きます。ルカは、ヘレニズム世界の人々に誤解されないように「湖」という表現に書き変えます）。

　そして漁師たち2人を見て、「私に付いて来て。そしてあなた方を人間の漁師にしましょう」と言います（1:17）。そして彼らは付いて行きました（akoloutheō）。また別の2人を見て呼びかけて、彼らも彼の後に行きました。マルコはここのシーンを、魚を獲る漁師たちが「人を獲る」（魂を救う）者たちに成るというメタファー（隠喩）で編集しました。[35]

　こうしてマルコは、イエスを誰よりも偉大な人として物語を作っています。けれど、ここの表現「アコルーセオー」は「付いて行く・同行する・仲間になる」というような意味を持ち、「従う」という明白な上下・師弟関係のイメージに決めつけられません（そして日本語聖書では「弟子にする」と見出しが付けられていますが、ここには「弟子」という言葉はありません）。当時、多くの「ラビ」（ユダヤ教の教師）は「弟子」たちを招くのではなく、彼らが寄って来ました（イエスがバプテスマのヨハネの所に行ったように）。ですからイエス自身も「弟子召命」のようなことはしなかったと思われます。ただしイエスが1人ではなく、弟子・仲間たちと見られたような人々と共に伝道活動をしたことは、歴史的に認識されています。[36]

35　ヘブル語聖書では、「人を漁る」「狩る」「釣る」は、ヤハウェによるイスラエルへの裁きのイメージです（エレ 16:16. アモ 4:2; エゼ 29:4）。ユダヤ文献やヘレニズム文献でも良く使われていて、イエスの復活後に、「人を漁る」は使徒的権威を表わす象徴の1つとして使われるようになりました。Boring, Berger, Colpe eds., *Hellenistic Commentary*, p.55（例：「ヨセフとアセネト」、ディオゲネス）. Myers, *Binding the Strong Man*, pp.132-133. Crossan, *The Historical Jesus*, pp.407-410.
　　「**メタファー**」は、「〜のようで、〜のようでもなく、それ以上」（like, not like, more）というイメージを持つ比喩の表現。

36　Cf. 2:15. 3:13-19. The Jesus Seminar, *Mark*, p.61. Meier, *A Margical Jew* 2, p.449. ウィリアムソン『マルコ』pp.137-138.
　　・「**同行する・付いて行く・仲間になる**」（**アコルーセオー** *akoloutheō*）：1:18. 2:14,

ガリラヤ湖の漁は、投げ網、底引き網、捕獲網が使われました。ここのテキストでは投げ網で、彼らは裸で漁をしていたと思われます。[37]

　ガリラヤの農民・漁民生活は、イエス時代を含め伝統的に「家」を中心にした自給自足経済でした。それがローマ帝国植民地支配下で、ガリラヤ全体の経済が政治的に管理され、都市中心の特権階級の「家」による独占・搾取システムの市場経済に成っていきました。

　ガリラヤ湖で漁をして塩漬け・日干しなど加工した魚は重要な食料になり、ガリラヤ漁業は1世紀のパレスチナ経済全体の重要な一部でした。「漁師→加工業者→ブローカー」と分業が進んで、2つの基本システムが作られました。

　①漁民は、大土地所有者との契約で特定の量を納め、現金か加工魚で支払われました。

　②徴税ネットワーク内のシステムで、漁民は「徴税人」から漁業権をリース（賃借）し、40％に及ぶリース代を払いました。そして納められた残りの魚も仲介者を通して売られて、利益のほとんどが吸い取られました。

　「シモンと兄弟アンデレ」のような、パートナーで働く漁師は②のシステム、「ゼベダイと家族・雇われ人たち」のような、家族と雇われ人で働く漁師は①のシステムの可能性と思われます。

　ただし漁師が、舟や漁具などの資産を持って人を雇っていたとしても、

---

15. 3:7. 5:24. 8:34x2. 9:38. 10:21, 28, 32, 52. 11:9. 14:13, 54. 15:41.

37　ガリラヤ湖の漁：①投げ網（amphiballō. マルコ 1:16/ マタイ 4:18. diktuon: マルコ 1:18/ マタイ 4:20)：直径6m の丸い網の周りに重りを付けて岸か舟からパラシュートのように投げて魚を包み込みます。何度も繰り返し水の中に飛び込んで網を丸めて掴むので、ほぼ裸で行うことが多いです。②底引き網（sagēvē. マタイ 13:47-48)：約30mx4m の網の上にロープを付けて底に重りを付けた物を、一方を岸辺に、一方を舟で広くU字型に回るように引いて来て、網の両端を人々が掴んで岸辺に引っ張ります。③捕獲網（diktuon: マルコ 1:19/ マタイ 4:21/ ルカ 5:2. ヨハ 21:6)：3種の網を1つにした物。粗い目の高さ1.5m の網2つの間に細かい目の網を挟み、底が開いた網を舟で広い円を描くようにします。魚が外側の粗い目から中に入り、内側の細かい網に引っかかって出られなくして捕獲します。Miriam Feinberg Vamosh, *Daily Life at the Time of Jesus*. pp62-65。

自由販売ができず、生産物と利益は搾取システムの中で取り上げられました。「パピルス」には、不規則・不適切な報酬への不満が数多く記録されています。このようなシステムで、漁民の「家」の経済は次第に壊され、より下層へ転落して行きました。そしてイエスは、こういう状況で働いていた人々に呼びかけました。[38]

・マタイは、それをコピー。ルカは、物語の少し後のほうに置いて、「徴」の話として記し、自分たちでは全く魚を獲れないが、イエスが居てのみ成功すると編集（ルカ 5:1-11/ マルコ 1:16-20+4:1-2）。ヨハネは、完全に異なる「徴」の話（ヨハ 21:1-13）として書いていますが、話の構造も名前の呼び方「シモン・ペトロ」もルカと共通（ルカ 5:8. ヨハ 21:2, 3, 7）。この伝承の流れは、「マルコ→マタイ→ルカ→ヨハネ」に見えますが、実は元々は「徴」としての漁の話で（話の場面設定は別として）、「ヨハネ→ルカ→マルコ→マタイ」で、マルコが「徴」を削除して編集した可能性が高いと考えられています（「徴」については注 40 参照）。

・「福音書によると、イエスは伝道活動を始める前に、荒野で孤独と誘惑との闘いという危機を経験し、その後に仲間（companions）を求めました。そうして活動を始めます。ここには『クィア』（性的少数者）の経験に繋がるものがあります」（アルハウス・リード）。[39]

霊につかれた人の癒し（マルコ 1:21-28/ ルカ 4:31-37）

マルコ物語では、イエスをまずユダヤ社会秩序の象徴的な「周縁」であ

38　ローマ帝国は 2 世紀に、漁師が魚を直接販売できるようにシステムを改善しましたが、イエス時代には、このような本当にヒドイ搾取システムの生活でした。 Bruce J. Malina & Richard L. Rohrbaugh, *Social-Science Commentary on the Synoptic Gospels*, p.180. 山口雅弘『イエス誕生の夜明け』p.189。
　　「**パピルス**」（*papyrus*）：現代の「紙」（paper）の元で、エジプトの葦を刈り取り、表皮を剥ぎ取り、干して、接着してシートの形にしました。20 世紀になってパピルスの断片・資料・文献が数千もエジプトで発見されました。The Jesus Seminar, *Mark*, p.246。

39　Alhous-Reid, "Mark", p.521.

る「荒野」から、「中心」である聖なる時と所の「安息日の会堂」に移動させます。そして最初の「徴」は、イエスが会堂に入ることで始まり、そこから出ることで終わります（ただし、ここでは「徴」という言葉は使われていません）。[40]

　カファルナウム（「慰めの村」）は、ガリラヤ湖の北西岸でヨルダン川のすぐ西側の町です。マルコはそこを都市（polis）と呼びますが、1世紀、そこは都市ではなく、人口は約1000-1500人の町でした。そこはダマスコから地中海に通じる通商道路があり、徴税所があり、ローマ軍駐留地で

40　「徴（しるし）」（単 semeion. 複 semeia）は、通常「奇跡」と言われています。けれど当時、ヘレニズム世界では「奇跡」は卓越した優れた能力を持つ奇跡行為者が行なうこととして理解されましたが、ユダヤ社会ではそれとは異なり、奇跡行為者の力による「奇跡」でなく、苦しむ人々への神の介入の「しるし」と理解されていました。それで、実際に歴史に生きたイエスは、いわゆる卓越した奇跡行為者と思われたのではなく、むしろ神の使者・預言者として、苦しむ人のために神への「仲介者」として行動したと見られました。このゆえに、イエスを通して神の介入の「しるし」が起こされた時には、癒された人は（仲介者イエスに感謝しましたが）、基本的には介入してくださった神を賛美しました（例：ルカ 13:13. 17:15）。ただし福音書著者たちは、ヘレニズム世界の人々に分かりやすいように、「奇跡」のイメージも少し取り入れて編集した可能性もあると理解されます。ですから私は基本的に「」付きで「奇跡」と書きます。

　「**会堂**」**：シナゴーグ**（synagōgē 集会［所］← synagō 寄せ集める）。シナゴーグは、元々は礼拝、教育、宿泊・食事提供など様々な活動がされた集会所でした。そして実際に、指導的な活動を担う人々は余り固定化されていなかったと考えられます。指導者たちには、「会堂司」（archēgissa/archēgos）、「長老」（presbutera）、「会堂の母」（mater synagogae）、「会堂の父」（pater synagogae）、「司祭」（hiereia/hierissa）など、ジェンダーを越えていました。そして礼拝の時もジェンダーを越えて一緒に座っていました。Bernadette J. Brooten, *Women Leaders in the Ancient Synagogue*, pp.5-99. 山口里子『マルタとマリア』pp.97-101.

　Cf. 最初期クリスチャンたちの集会［所］（後に「教会」）は、「**エクレシア**」（ekklēsia ← ekkaleō 呼び集める）という言葉を使いました。この言葉は、ピラミッド社会で自分たちに重要な事柄を市民たち（家父長たち）が呼び集められて「市民会議」を持ち、民主主義社会の道を拓いた政治的概念の言葉でした。その言葉「エクレシア」を、クリスチャンたちは、みんな「神から呼び集められた者たち」の所として、シナゴーグと同様に様々な活動をしていました。さらに性別・身分・民族の境界線を越えた平等性を最初期の「洗礼宣言」（ガラテヤ 3:26-28）で明白に表明しています。エリザベス・シュスラー・フィオレンツァ『知恵なる神の開かれた家』pp.212-213. 山口里子『新しい聖書の学び』pp.148-158.

もあり、漁師町でもあって、多くの人々が行き交う所でした。そして、マルコで書かれているイエスの伝道活動の話は、カファルナウムとその周辺のイメージが多いです。[41]

　この話の設定（せってい）も、イエスの言葉も、マルコの創作と理解されています。イエスが会堂で教えたら、「汚（けが）れた霊の中に居（い）る人」がイエスに叫（さけ）んで、イエスは、「汚れた霊」をその人から追い出しました。けれどこの話は具体的な状態（じょうたい）を述べず、一般的な形で書かれており、その人は「男」でなく性別（せい）を越えた「人」として書かれています（「anthrōpos」は「anthropology 人類学」の基の言葉）。

　共観福音書（マルコ・マタイ・ルカ）は、「悪霊払（あくれいばら）い」と呼ばれる話を、イエスに７つ書いており、その中の４つは恐らくマルコが基で長いです（1:21-28. 5:1-20. 7:24-30. 9:14-29。Q福音書は、基のベルゼブルの話だけが短いです＝マタイ12:22-24/ルカ11:14。ヨハネには「悪霊払い」は全く無しです）。
　歴史に生きたイエス自身は「癒（いや）し人（びと）」と見られていて、「汚れた霊の中に居た人」を解放（かいほう）する徴（しるし）の行為（こうい）をしていたことは、歴史的にほぼ確実と理解されます：①最初期の資料（しりょう）に多く証拠（しょうこ）があります。②病気の癒し（「悪霊払い」も）は、イエス時代、ユダヤ教でもヘレニズム世界全体でも普通のことでした。③敵対者（てきたいしゃ）たちもイエスのその力強さは否定せず、むしろその力が「悪霊（あくれい）の頭（かしら）」（3:22）から来ていると言ったこともありました。[42]

41　「**カファルナウム**」について：山口雅弘『イエス誕生の夜明け』pp.145-147。
　　　「**都市**」「**町**」「**村**」について：「都市 polis」（壁に囲まれた都市）。「町 kōmopolis」（壁の有無に拘わらず小さな町。Cf.1:38でイエスが行くと言った場所）。「村 kōmē」（壁の無い村・田舎町）。古代社会では90％以上の人々が村や小さな町に住み農業を営みました。都市では人口が二分され、ごく少数のエリート層が宮殿・神殿・人々を支配し、圧倒的多数は非エリートで、エリートに必要な品物とサービスを提供しました。都市は要塞化しており、貧乏人は周辺に住み、「乞食」・「汚れた」職業の人・土地を失った農民などは壁の外に住んで、日中のみ門を開けられて都市に入って日雇い労働をしました。参考：Malina & Rohrbaugh, *Social-Science Commentary,* pp.183-184. 山口雅弘『イエス誕生の夜明け』pp.145-147。
42　・「**汚れた霊**」（元はユダヤ表現 pneuma akathartos. 1:23, 26, 27. 8:11, 30. 5:2, 8,

まず、「悪霊払い」はどこにでもあった現象です（多文化研究）。１世紀地中海世界では、人間のコントロールを超える天候・地震・病気・豊作などは、人間以外の存在によってコントロールされ、その力は宇宙的階層世界の上下関係で機能すると考えられていました。

　「霊に取りつかれる」とか「霊を追い出す」という現象は、諸々の霊が現実に有るという人々の「常識」が前提です。これによると、「霊に取りつかれる」という現象は、人が霊の支配下に落ちる時に起きます。そのような人々は、自分の中に自分自身ではない者に住み込まれて、複数の「人格」を持ち、たいがい自分自身へも他者へも破壊的な行為をします。そして、ひきつけ、けいれん、多汗などが多いです。「悪霊払い」は、人を占拠している「汚れた霊」・「悪霊・悪魔」を追い出すことです。

　そして、「霊に取りつかれる」現象は、政治的抑圧、社会的身分・財産剥奪、急激な社会変化の時に多く起きます。これら全てがイエス時代の特徴とも言えます。そしてそのような霊の実在が当然と思い込まれている世界観が、そのような現象を促す一面とも考えられます。病人も、悪霊払い者も、見物人も、そのような出来事を一緒に経験します（人類学・社会心理学）。

　基本的に、霊に取りつかれたと思われる人は、その振る舞いが社会的規範から外れている人。外れた状態は、（肯定的に）神によるとも、（否定的に）悪魔によるとも受けとめられました。それゆえに、人を汚れた霊・悪霊から解放することは、人が共同体内に「復帰」できるようにすることも意味しました。[43]

　古代世界での「悪霊払い」の方法は、「神に祈る。力ある人の名を使う。

13. 6:7. 7:25. 9:25）。
・「悪霊・悪魔」（元はギリシャ表現 daimonion. 1:34, 39. 3:15, 22. 6:13. 7:26, 29, 30. 9:38. Cf. 悪霊に取りつかれる daimonizomai. 1:32. 5:15, 16, 18）。Cf. Boring, Berger, Colpe eds., *Hellenistic Commentary*, p.172.
43　Black, "Mark". Malina & Rohrbaugh, *Social-Science Commentary,* pp.181-183. Meier, *A Marginal Jew,* 2, pp.406, 648-664. Borg, *Jesus a New Vision,* pp.61-64.

手を置く。長い呪文やおまじないや宗教的なものを使う」実践が通常です。しかしマルコに描かれるイエスは、それとは少し異なり、誰かの名前を使わず（初期クリスチャンたちはイエスの名を使用：使 16:18. 19:13）、自分の言葉で、つまり自分自身の権威を持って、相手を咎める（1:25）・命じる（1:27）・追い出す（1:26）行動をします。[44]

　「汚れた霊」が「ナザレのイエス」と呼びかけて言ったのは、「何が、私たちとあなたに？」（1:24）。これは、「何の関わりがあるのか？」というヘブル語の慣用句（イディオム）です（士 11:12. 王上 17:18. Cf. ヨハネ 2:4 イエスが母への言葉「何が私とあなたに？」）。続いて霊が言ったのは、「（私は）知っている、あなたが誰（何者）であるか」。この言葉は、誰かの名前・出身地・身分などのアイデンティティについての知識は、その人に対する力を持つと思われていた古代の文化的な表現です（創 2:19-20. 32:27-29. 出 3:13-15. 士 13:17-18）。けれどイエスは、「汚れた霊」の上に立ちます。[45]
　当時、人が身分から外れた行為をすることは、直ちに問題視されました。つまり、下層階級の職人の息子（6:3）が、公の聖なる会堂で教えて話し、悪霊にさえも権威を持って命令した態度に、聴衆は驚きショックを受けたのです。マルコは、イエスの行動に対する人々の応答として頻繁に驚愕を表します：仰天させられていた（1:22. 6:2. 7:37. 11:18）、驚き恐れさせられた（1:27. 5:20. 12:17）など。マルコの表現は大げさなことが多いですが、歴史のイエスは実際に、世間の常識を越えて行動して、驚かれたり呆れられたりしていたことは十分に有り得たと思われます。

44　・「強く諫める・叱る・咎める・非難する」（エピティマオー *epitimaō* ← *epi+timē* ← その価値相当のものを割り当てる）は、ユダヤ教にも異教にも並行がなく、共観福音書とクムラン文書だけに多く見られます（マルコでは：1:25. 3:12. 4:39. 8:30, 32, 33. 9:25. 10:13, 48）。この言葉のヘブル語とアラム語の同義語（*g'r*）は、「神または代弁者によって発される命令の言葉で、それによって悪の力は服従させられ、それゆえに神の義の規則が世界に樹立される道が備えられる」という終末的な意味合いも持ちます。その言葉で、マルコはイエスの行動を表現したと考えられます。Meier, *A Marginal Jew*, 2, p.664.
45　Black, "Mark".「名づけ」について参照：山口里子『虹は私たちの間に』pp.104-107.

マルコは、「ナザレのイエス」（「異邦人が多いガリラヤの田舎者」への軽蔑を暗示。Cf. 10:47. 14:67. 16:6）と、「神の聖者」（セミ系の称号で、イエスがエリシャのような預言者の力・身分を持つことを暗示）という２種類の呼びかけで、イエスが２つの異なる身分を持っていることを、汚れた霊が知っていると表わします。そしてこの語り方でマルコは聴衆に、イエスの本当の身分を改めて確認させようとします。[46]

ところで、「汚れた霊」を追い払うという概念は、その元に「清浄・不浄」の概念があります。そして清浄規定は古代ユダヤ社会にとって重要なものでした。文化人類学によると、「ふさわしくない場所にあること」が「汚す」こと。これは古代社会に広くあった概念ですが、人にも物にも何がふさわしい場所か区別・線引き・境界線があり、そこから外れているものが不浄とされました。ただし、ユダヤ人たちの間でもラビたちの間でも解釈は多様で、一律に決めつけることは出来ません。そんな中でイエス自身は、さらに徹底して、「汚れ」を恐れず清浄規定など人々を分断・差別する境界線を越えて生活したと理解されます（こういうことも、マルコ福音書を読み進む中で考えて行きましょう）。[47]

こういう状況で更なる問いが出されています。マルコのイエスは、純粋・清浄・正しい者と描かれて、そのイエスが不浄な罪人に出会うことが強調されてきました。しかし不浄とは、（宗教的・社会的・政治的に作られた）規範・境界線を越えた人に押し付けられる概念です。それで、「罪人」の友なる者は「汚れた霊」の友でもあるということではないですか？　歴史に

46　「教え・庶民・感動」は、マルコの編集用語の特徴でもあります。荒井『著作集』①p.130。そしてここで、マルコの特徴「メシアの秘密」のモチーフが最初に現わされるとも解釈されます（1:24, 34, 44. 3:12. 5:43. 7:24, 36. 8:30. 9:9, 30）。Meier, *A Marginal Jew*, 2, pp.648-664.

47　E. P. Sanders, Judaism, p.76. Jacob Neusner, "Varieties of Judaism in the Formative Age". Ross Shepard Kraemer, "Hellenistic Jewish Women". Amy-Jill Levine, "Second Temple Judaism". David Rhoads, "Social Criticism: Crossing Boundaries", esp. p.148.

生きた実際のイエスは、一体どういう意味で、心底から、誰に（何に）対して「黙れ！出て行け！」と言っていたのでしょうか？　どのような思いで「悪霊払い」をしたのでしょうか？　私たちは、何を「汚れ・不浄」と言うのか、再考が必要ではないでしょうか？　このような問いにも意識を持ってマルコ物語を読み進みましょう。[48]

48　Marcella Alhaus-Reid, "Mark.

参加者の「声」：

＊幼い頃に母が「精神障害」を患い、私たちは何度も苦しめられ殺されかけました。日本において精神病に対する偏見・差別があり私たちはその両方で苦しんで来ました。もしイエスが生きていたらどのようにされたのでしょうか？

＊心の病の故に幻聴・幻覚・妄想で苦しんでいる人が少なくないです。そして、「自分を苦しめている幻聴を吹っ飛ばしてくれれば、どんなにいいだろう」と言われたことがあります。それで、福音書のイエスの「悪霊追放」の記事に、ある種のリアリティーを感じました（例：マルコ 1:21-28. 5:1-20）。背景には、イエスによって癒された人々の経験があるのではないか？　一方で、北海道浦河の「ベテルの家」の人々のように、幻聴・幻覚を否定せず、それらと共生する仕方で受け入れる姿勢が注目されます。福音書の「汚れた霊追放」の伝承を、どう理解したら良いのだろうか？

＊「偉大なる神の子」にすがるより他ないといった信仰理解が、結局は人間存在を「罪」「汚れ」に縛り付けたままにしていないか？　しかし「イエス運動」が示したのは、そもそもそのような物差し（しばしば権力構造の中で利用されていた正義と悪、聖と汚れなど）によって貼られたレッテルからの解放だったのではないか？　そうであるならば、私たちは「偉大なる神の子」「汚れた霊」のイメージからも解放されなければならないのでは？

＊「悪霊払い」の話では、結局、規範外の人を矯正することのように読めてなりません。規範外に居ることは、ある種の「人間らしい生き残り」をかけた道だと私は思います。「この霊を追い出さないでいて欲しい」という思いになりました。

＊ひどい神経症の人が、『私を治してください。私は治るでしょうか？』と言い、精神科医が『必ず治ります。でもそれは、あなたが思っているような治り方ではありません』と答えた。イエスは、癒しを求める人々に、このような対応をしたのではないか？

＊聖書の「聖」「汚れ」の記述は差別・偏見を生む。「清くなった」という言葉を「慰められた」「力づけられた」と脳内変換して読んでます。

＊イエスの行為は、自分は汚れた霊に取りつかれていると思い込まされている人の苦しみ・自己否定からの解放・癒しの行為ではないか？（たとえ「汚れている」のではなくても、そう思い込んでいる人は、「**もう**汚れていない」と言われる

シモンの義母と、多くの人の癒し

(マルコ 1:29-34/ マタイ 8:14-17/ ルカ 4:38-41)

　マルコ物語では、カファルナウムの会堂から（彼らは）すぐにシモン（ペトロ）とアンデレの家に行きました。そこで「シモンの義母」と出会います。彼女は熱を出して寝ていたので、イエスは彼女の手を「力強くつかんで、起こした（egeirō）」。そして熱が彼女を去って、彼女は「仕え続けた（diakoneō 未完了形）[49]」。

　1世紀のパレスチナは父系居住。シモンの義母がシモンの家に住んでいたなら、彼女は寡婦で他に世話をする家族がいなかったと考えられます。彼女は、他の多くの女性たちと同様に、自分の名前を記されず、父権制社会・家族構造の中の位置づけの表現（「義母」）で述べられています。シモンの義母の話（1:29-31）は、マルコのイエスによる「癒し」の最も短い話の1つですが、多くの人の癒しの話（1:32-34）は、マルコの創作・編集で、マルコの特徴「冗長（「日没後、日が沈んで」）・誇張（「全ての病人や悪霊に憑かれた人、都市全体」）・黙秘（「悪霊に決して話させなかった」）」が表れています（マタイとルカは、これらのマルコの特徴的な表現をほぼ常に削除して編集）[50]。

　方が解放されるとか）。「ベテルの家」を始め、否定的なレッテルを自分たち流に変えて共生するグループは、世間の基準・偏見に縛られず自己解放に向かう姿勢が基盤にあると、私は共感する。しかしそのような病によって、日常的に苦しみ続ける現実も、また、本人の（落ち着いた時の？）意思とは別に、自分にも他人にも生活・いのちを破壊する暴力を振るう現実もある。単純・一律には肯定できない。結局、個々のケースで、「いのちを尊重して自分らしく生きられる」道を求めて、孤立せず協力者も得て取り組める環境作りが大切ではないだろうか？

49　・「起こす」（エゲイロー egeirō.「死から生へ起こす」の象徴的な意味合いも）：1:31. 2:9, 11, 12. 3:3. 4:27, 38. 5:41. 6:14, 16. 9:27. 10:49. 12:26. 13:8, 22. 14:28, 42. 16:6. Cf.「起きる・起こす」（アニステーミ anistēmi）：注 282。
　・「奉仕する・仕える」（ディアコネオー diakoneō）：1:13, 31. 10:45. 15:41。
　・「奉仕する人・奉仕者」（ディアコノス diakonos）：9:35. 10:43。

50　Philip Sellew, "Gospel of Mark", p.15. Myers, *Binding the Strong Man*, pp.144-146.

イエスにまつわる最古層の伝承（最も早い時期に語り伝えられていた話）か
ら分かるのは、イエスは伝道活動を始めた時に、民間の「癒し人」として
知られるようになりました。「医者」は、医学を専門に学んで資格を持ち、
体の機能不全の「疾患」を機能回復に「治療」（iasis）。民間の「癒し人」
は、資格と無関係で、文化的に価値が低いとみなされる「病気」に対する
「癒し」（therapeia. セラピーの語源）を実践します。

　イエスの行為は基本的に「治療」ではありません。「治療」と「癒し」
の大きな違いは、疾患・病気・障碍の根本的な見方にも繋がります。治療
は基本的に体に対応です。癒しは、手当てで体の苦痛に対処することが含
まれても、基本は心に対応です。

　例えば、「見えない・歩けない」人を「見える・歩ける」身体を持つ人
にするのは治療すること。これは、特に疾患・障碍による身体的苦痛を
解消・軽減することで、これ自体、いのちにとって大事です。ただし、そ
れは、「見えない・歩けない」こと、障碍を持つこと、「体が弱い」こと、
そのような人を否定し、「健常者」だけを肯定する見方に繋がりやすい危
険もあります。一方、癒しは、疾患・障碍の有無に関わらず、その人自身
が生きることを肯定。このことは、偏見からの解放、人がその人のままで、
自尊心・尊厳・前向きに生きる希望の回復になります。癒しの大切さはこ
こにあるでしょう（Cf.「障碍」について、注2参照）。

　癒しが実際に効果を持つと人々に認められた時に、「神が共にいて力あ
る業を行なってくださった」と理解されました。イエスは力ある癒し人と
して、神が共にいる癒しの預言者として知られました。貧乏人たちの間で
は、イエスの噂はたちまち広がったと思われます。諸福音書は、民間で語
られた話を集めて、イエスがどれほど素晴らしい人かということを人々に
知らせようとして書かれた話なので、かなり誇張された「奇跡」のような
話が沢山ありますが、その大半が癒しの話です。[51]

51　・「治療する」（**イアオマイ iaomai**：5:29。「医者」（**イアトロース** iatrōs：2:17.
　　5:20）。

イエスの伝道活動の中心に癒しがあったことの背景として、まず考えられるのは、病気で苦しめられている多くの庶民の深刻な現実がありました。多くの人々が貧困の中で適切な医療を受けられずに苦しんでいました。そしてさらに深刻と言える問題がありました。すなわち疾患・障碍は、罪に対する神の罰とみなされて、周囲から蔑まれ排除されたことが多かったのです。このような環境で、人々は様々な体の不具合・疾患そのものだけでなく、それらを巡る宗教的・文化的な価値観で作られる「病気」に一層深く苦しめられていました（こうした状況は現代にもあります。例えばハンセン病、エイズ、心身障碍などの人々も、疾患自体よりも偏見・差別の苦しみをさらに辛く経験する人々が多いです）。その上、文化的・社会的に作られる病気の苦しみは、その偏見が信仰に結びついていたら一層深刻です。1世紀の人々は、そのような病気に苦しんでいました。

　しかしこのことは裏を返せば、「病気」の苦しみは、かなり文化的・宗教的に酷く辛くされるものであるゆえに、別の価値観・宗教的理解を提供することによって、医学的に疾患を「治療」しなくても、苦痛を大幅に和らげたり癒したりすることが出来るということです。つまり、疾患や障碍は神の罰ではなく、神はその人をそのまま愛しておられるというように、神理解・自己理解を根底から変えられることで、人は心底から癒され希望を持つことが出来るのです。これこそメタノイア（回心．Cf.1:4, 15）の重要さを示します。そしてこの癒しこそが、「癒し人」として知られるようになったイエスの伝道活動の中心にありました。

　ところで、癒しによって疾患そのものは治ったのでしょうか？　人々の価値観を変えて偏見を取り除く癒しは、古代の多様な自然治癒力の活用と信頼関係の中で実践された時、疾患を大幅に改善・治癒も可能だったと考えられます。それでも、癒しは基本的に体の機能回復（治療）ではなく、根本的に思考の転換と共同体への復帰（もしくは現代の表現で言えば、自分らし

　・「癒す」（**セラピューオー** therapeuō. 1:34. 3:2, 10. 6:5, 13）。Cf. 山口里子．『新しい聖書の学び』pp.124-133。『いのちの糧の分かち合い』pp.30-36。

く生きられる「居場所」の回復）を実現させる行為だったのです。[52]

　さて、シモンの義母の話は極めて短いですが、時、所、本人、聴衆が具体的に特定されて、3 福音書で書かれています。これは、背後に古い口頭伝承があったと認識されます。そしてマルコでは、多くの人の癒し（1:32-34）と一緒に「癒しの話」、すなわち「しるし（奇跡）物語」として語られています。しかしマタイでは、「召命物語」の構成である用語（語彙）と構造を持って語られています（マタイ 8:14-15）。この点に少し注意を向けましょう。[53]

　まず、福音書の「しるし物語」と「召命物語」の基本構成の違い：
・「しるし物語」：①癒されたい人（か代理人）が、イエスに接近。②癒しを求める。③群衆（見物人＝証人）がいる。
・「召命物語」：①イエスが見る。②イエスがイニシャティブを取って近づく。③群衆はいない。

　癒しなどの経験には、本人だけでなく周囲の人々の価値観の変換の共有が大事であり、それゆえに「しるし物語」には「証人」がいます。一方、自分の「召命・使命」の認識の経験には、根本的に「招かれた・仕えたい」という主体的な決断が不可欠であり、本質的な意味で「他人の存在・関与」は無しとなる、ということを示していると思われます。

　そしてマタイの話では、①イエスが彼女を見た（horaō アオリスト：1 回の出来事）。そして、②イエスがイニシャティブを取って、彼女の手を力強くつかんで彼女を起こした（egeirō. Cf. マタイ 9:18-26）。そして、③（彼女

52　イエスの行動は、人々を「癒した」と表現されますが、時には、人々が感じるのは「治った」「治された」です（ルカ 6:19）。そして、「あなたのピスティス（信頼・信仰）があなたを救った」（マルコ 5:34/ マタイ 9:22/ ルカ 8:48）という言葉で、「救われた人」は、神を賛美します（マタイ 9:8/ ルカ 13:13. 17:15）。

53　Elaine Mary Wainwright, *Towards a Feminist Critical Reading of the Gospel According to Matthew*, pp.88.84-87. Deborah Krause, "Simon Peter's Mother-in-Law". 一色義子『水がめを置いて』pp.15-26。山口里子『新しい聖書の学び』pp.124-134。『いのちの糧の分かち合い』pp.30-33。

は）「**彼に仕え続けた**」（*diēkoneō* 未完了形：「ずっと仕え続けた」）。諸福音書では、これは通常の奉仕（仕える・家事（ほうじ）・もてなし・サービス）などではなく、「伝道活動」としての「奉仕」に対して使われる言葉です（マタイ 20:28. 25:44. 27:55）。ですから、彼女が「彼に仕え続けた」という表現は、彼女が伝道活動をし続けたという意味で語られています。

　それゆえにシモンの義母の話は、最も早い時期の民間の口頭伝承では、彼女の「召命物語」だったのです。これを元に、マタイは「召命物語」の構成を保持（ほじ）しました。ただし非常に短くして、「癒し」の要素を挿入（そうにゅう）し、「癒し」の話で囲んだので、「召命物語」のインパクトが薄まりました。それでも、「召命物語」の要素・構成を保持したので、イエスに遡る早期の出来事の口頭伝承を私たちは受け取ることができました。

　一方、マルコとルカは「召命物語」の構成（用語・構造）を完全に壊（こわ）して、「癒し」の「しるし物語」に変えて、その上、彼女が「イエスに」ではなく「（彼らに）仕え続けた」と変えて編集しました（さらに後の翻訳者たちが、女性だから「もてなした」のだろうと憶測して、「……し続けた」という伝道活動継続の意味合いを削除して訳したことで、全く異なる話になる誤解が定着して来ました）。

　マルコは、イエスが死んだ後になってから、女性たちがガリラヤ伝道の開始から終わりまでイエスと一緒に奉仕し続けていたことを述べます（15:40-41）。つまりマルコは、そのことを知っていたにも拘（かか）わらず、イエスの伝道活動で女性たちの「召命」も「伝道奉仕」も削除して全く語らず、イエスの死後に一言だけ述べます。マルコのこのような語り方が、女性たちの「弟子・仲間」としての「伝道奉仕」をほぼ完全に見えなくさせています。なぜなのでしょうか？　どのような状況の影響（えいきょう）のゆえ？　そして、このような編集がキリスト教の歴史にどのような影響を持ってきたでしょうか？　こういうことも考えていきたいです。[54]

54　**参加者の「声」**：
　　＊イエスの言葉によって、病や災いは神からの罰ではないと言われ、皆がホッとしたと思う。そういう苦しむ人を受け入れることは、すなわち自分を救う（楽

伝道ツアー（マルコ 1:35-39/ ルカ 4:42-44）

　この話もマルコが作った編集句です。イエスは早朝の暗いうちに、荒野（eremos. 人里離れた所）に行って祈り続けていました。マルコは荒野（または「山」）を、ヘブル語聖書の預言者モーセやエリヤなどと合わせて、イエスの祈りの場所に設定（1:35. 6:31, 32, 35, 46. 14:32, 35, 39）。ただ、ユダヤ人たちは先祖からそういう所で祈ることが多いので、歴史に生きたイエス自身もそのような所で祈った可能性は十分にあると思われます。[55]

　そしてイエスが長く祈り続けていた時に、シモンと仲間はイエスを追いつめる（katadiōkō. 追跡する）。これは非常に強い怒り・敵意も感じられる言葉です。そして捜す（zēteō）も、マルコでは、たいがい敵意の行動です（3:32; 8:11. 11:18. 12:12. 14:1, 11, 55 Cf.16:6）。なぜ、シモンたちはイエスに対して怒りを持っていたのでしょうか？

　それはイエスの次の言葉、「他の所、近くの小さな町々に行こう」に繋がります。人々がイエスの癒しの噂を聞いて、癒しを求めてやって来る時、一か所に留まられると集まりやすいことがあり、当時の人々には、「仲介所」「仲介者」のイメージが通常でした。しかしイエスは、仲介者を持つ特定の場所を作ろうとせず、近くの色々な所に出て行こうとしたのです。「仲介者無し」の行動は、平等主義的な姿勢で、歴史のイエスの姿勢と理解されています。

　けれどこのエピソードは、平等主義のイエスと、自分の家を仲介所にして仲介者としての権威を欲するシモンとは、伝道ヴィジョンが反対だと示

に生きられる）ことなので、人々はイエスの言葉を心から受け入れたのだろうと思う。

　＊「力ある者」たちによって、小さくされ見えなくされて行く人々がいる。その典型・象徴としての女性の物語に、実は女性の活躍のイメージが残されているという読み解きに、私は希望を見いだすと共に、本当に悔しい思いになります。

55　Black, *"Mark"*. The Jesus Seminar, *Mark*, p.64. Geza Vermes, *The Religion of Jesus the Jew*, p.14. Borg, *Jesus A New Vision*, p.44.

すように、マルコの編集で書かれています。イエスとシモンの姿勢の違い
は、歴史的に実際にあったと思われますが、マルコはシモンが如何にイエ
スの思い・姿勢と異なっていたかを強調する編集を、あちこちでしている
と認識されています。そして、この時にイエスが言った言葉「私は宣教（せんきょう）す
る」は、初期クリスチャン共同体の伝道目標（もくひょう）を暗示（あんじ）する表現で、それをマ
ルコは挿入しました。[56]

なお、イエスはカファルナウムを出て、どこで伝道したのでしょうか？
ガリラヤ地方か（マルコ 1:39）、ユダヤ地方か（ルカ 4:44）？　おそらくイ
エスの伝道活動は基本的にガリラヤ地方だと考えられます。[57]

　•ルカは、多くのテキストでマルコをコピーしていますが、ガリラヤをユダヤに
　書き換えました。ルカはユニバーサルなイメージを作る特徴を持つからだと思
　われます。ただし、イスラエル全土を「ユダヤ人の土地」として「ユダヤ」と
　言うのは、広いヘレニズム世界一般の人々の呼び方であり、ルカはそれを意味
　して書いたかも知れません（Cf. ルカ 1:5. 6:17. 7:17. 23:5. 使 2:9. 10:37）。

「ライ病人」の清め（マルコ 1:40-45/ マタイ 8:1-4/ ルカ 5:12-16）

この話では、「ライ病人」が来て「清められる」ことをイエスに願いま
した。「ライ病」（レプラ lepra）は祭儀的（さいぎ）不浄（ふじょう）とされて、それが感染力（かんせんりょく）を持
つと思われていました（レビ 13-14 章）。そして「ライ病人」（lepros）は、
破れた服（やぶ）を着て、髪（かみ）を伸ばし、誰かに近づかれた時には「汚れている」と
叫ばなければならないというような慣習（かんしゅう）もあり、多くの人が、日中は町の

56　Black, "Mark". Tolbert, *Sawing the Gospel,* pp.132-133. Crossan, *The Historical Jesus,* pp.346-347.
　　・「宣べ伝える・宣教する」（ケーリュッソー *kēryssō*）.1:4, 7, 14, 38, 39, 45. 3:14. 5:20. 6:12. 7:36. 13:10. 14:9。
57　The Jesus Seminar, *Mark,* p.64. Blomberg, *Historical Reliability,* p.191. Meier, *A Marginal Jew* 1, pp.346-347. 山口里子『マルタとマリア』pp.25-27。山口雅弘『ガリラヤに生きたイエス』pp.187-226。

門で乞食をしていました（王下 7:3-10. 歴下 26.19-21）。ただし、そういう慣習がどういう形で実践されていたかと、決めつけることは出来ません。それでも、偏見・差別で苦しめられていたということは、理解されます。[58]

　なお、聖書では、ヘブル語聖書のヘブル語「ツァーラート」がギリシャ語で「レプラ」と訳されています。ツァーラートは、湿疹、斑点、疱疹、毛髪の白変、肉のただれ、やけど、白癬、脱毛など。そのような症状が現れた時、一般的な皮膚病かツァーラートかを判断するのは、医者でなく祭司です。つまり祭儀的不浄であり、疾患・病気への「治る」「癒される」ではなく、「清くなる」「清められる」という祭儀的な表現が使われるのです。

　ここで注意すべきは、ヘブル語聖書でツァーラートという言葉は、皮膚だけでなく家屋や衣服などの物にも使われています（レビ 13:47, 49, 51, 52, 59. 14:34, 44, 54, 55）。ですからツァーラートとレプラは同じではありません。また、イエス時代のギリシャ医学では、今日の「ハンセン病」が「エレファンティアシス」と呼ばれていました。ですから当時のレプラ自体、今日の「ライ病＝ハンセン病」ではありませんでした。けれどキリスト教証言書ではそれらが同一視されました。

　当時、レプラと見なされた人々は、祭儀的不浄だとされた人々がまとまって住む地域として指定された所に住むようにされました。不浄な人々が周りの人や町を汚さないように、多くの町にそのような場所が定められていたようです。ただし、そういう地域は複数の「路地」で、完全な隔離場所ではなく、レプラでない人々も一緒に住んでいたり、レプラの人々も出入りしたりしていました。[59]

58　Black, *"Mark"*, p.40. Malina & Rohrbaugh, *Social-Science Commentary*, pp.184-185.
　　・「ライ病」（**レプラ** *lepra*）：1:42.「ライ病人」（**レプロス** *lepros*）：1:40. 14:3。
59　「**ツァーラート**」「**レプラ**」「**ハンセン病**」に関して参考：荒井英子『ハンセン病とキリスト教』pp.135-154. 山口里子「イエスが出会った女性たち」。
　　日本語訳聖書では、人に対しては「らい病」「重い皮膚病」、物に対しては「かび」と訳し分けられて来て、原語では同じ「ツァーラート」であることが不明に

ここの話では、古代のほとんどの写本で、イエスが「はらわたがちぎれる思いをする」（*splagchnizomai* 共感共苦する）とあります。でも「怒る」（*orgizomai*）の異読もあります。このすぐ後の「怒って鼻を鳴らす」という表現と合わせて、そちらが古い伝承だったとの解釈もあります。

　そしてイエスは「ライ病人」に、しがみつきます（*haptō*）。そして「（私は）望みます。清くされなさい」と言います。これは、当時のヘレニズム世界の偉大な奇跡行為者の姿ではなく、「ライ病人」に心底から切なる思いを持ってしがみついて離れず、神によって「清くされる」ように強く願う人のイメージです。こうしてイエスの行動は、神との「仲介者」（橋渡し役）と、当時の人々から思われていたでしょう。

　こう考えると、もしもイエスが怒ったという伝承が古いのであったならば、イエスは何に対して怒って、「ライ病人」に抱きついたのでしょうか？人間が規定した「祭儀的不浄」を、神の教えと決めつけて、「ライ病人」を「汚れた者」として貶める、「聖なる」権力層への激しい怒りを持ったのではないでしょうか？　そして、差別・拒絶・排除されている人の辛い思いに深い共感共苦を持って抱きついたのではないでしょうか？　それにしても、苦しむ人に寄り添わないのが「聖・清」で、寄り添うのが「不浄」だったのでしょうか？　この点を改めて問いたいと思います。[60]

　されてきました。2018年出版の聖書で、ようやくツァーラートを「規定の病」と一律に訳されましたが、そもそも「病」より「祭儀的不浄」というような表現が適切と私は思います。

　そして、レビ記などに書かれている「律法」も、その他の聖書テキスト（特にヘブル語聖書）も、歴史の流れの中で多様な形式・翻訳・解釈があり変遷してきました。現代の「正典」を読む時に、文章・解釈などを、これだけが昔から正しいと決めつけるような「思い込み」に対して意識を持って学ぶ必要があるでしょう。Cf. 山口里子『新しい聖書の学び』pp.18-42.

60　参考：Black, *"Mark"*. Sellew, *"Mark"*. Boring, Berger, Colpe eds., *Hellenistic Commentary*, pp. 63-64. 荒井『著作集』① pp. 64, 71-72, 401-404。Myers, *Binding the Strong Man*, pp. 152-154.

　・「怒って鼻を鳴らす」（エムブリマオマイ *embrimaomai* ←馬の荒い鼻息．1:43. 14:5）は、ヘレニズム世界で、奇跡を実践する時の精神の高揚を表す用語として

ところで、この話には人の名も場所の名もありません。イエスの名さえ全く書かれていません（モーセの名が途中で言及されているだけ）。それで、主語が誰かも分かりません（日本語訳ではここの話でイエスの名が5回書かれていますが、原語のギリシャ語ではゼロです）。

　さらに、このテキストは「奇跡」物語の基本的な形で短く書かれています。それと対照的に、最後の言葉が冗長で、マルコの特徴が溢れています：イエスの癒しにおける神の力の顕現は、隠そうとしても広く知られて人々が寄り集まり、イエスは公に町に入れなくなると。

　けれど現実的には、病気の人に触ることは、清浄規定を冒して汚れた者に成ったと思われることです。ですから、通常の病人よりも「汚れた者」とされた人に触っただけでなく抱きついたので、この話では、人々が呆れて驚いて、たちまち広く知られて、規定を犯して汚れた者に成ったイエスは、もはや町に入ることを拒絶されるということが、実際にあったとも考えられます。

も使われていたので、その影響があった可能性も考えられています。
・「触る・すがりつく・抱きつく・ハグする」（ハプトー *haptō*）：1:41. 3:10. 5:27, 28, 30, 31. 6:56. 7:33. 8:22. 10:13。これは「触れる・さわる（*thigganō*）」より遥かに強い言葉。
・「はらわたがちぎれる思いをする（共感共苦する）」（スプラグクニゾマイ *splagchnizomai*）：.1:41. 6:34. 8:2. 9:22。この言葉は「スプラグクナ（*splagchna*）：内臓・はらわた」から来た言葉で、「思いやりの心でいっぱいになる」とも訳されますが、もっと深い共感共苦の思いで突き動かされるというイメージです。そしてこのギリシャ語「スプラグクナ」は、ヘブル語聖書の「レヘム」の訳語として使われました（LXX）。「レヘム」は「子宮」です。これが「レフーム」（憐れみ深い）、「レハーム」（憐れむ）と訳される言葉の語源です。ヘブル語聖書にはこの言葉が、神の言葉として沢山出て来ます：「私の心はもだえ、私の子宮（憐れみ）は熱くなります」（ホセア 11:1-9)。「子宮を痛めた子に、憐れみを持たずにいられるでしょうか」（イザ 49:15)。「陣痛の女性のように、私はうめきます」（イザ 42:14)。「あなたの神、ヤハウェ（いのちの神）は、憐れみ深い（レフーム）神で、あなたを見捨てません」（申 4:31)。このように、ヘブル語聖書には神の女性イメージが豊かにあります。日本語訳では神の女性イメージが全く感じられないようにされ続けて、とても残念ですし、聖書の神理解を誤解させると思います。山口里子『新しい聖書の学び』pp.78-91。

「行きなさい」（hyupage）は、通常「（家に）帰りなさい」のような意味の言葉ですが、イエスが癒した人に対して言ったのは、血縁の家・家族・家庭に限らず「共同体復帰（居場所の回復）」への言葉と理解されます（Cf.1:44. 2:22. 5:19,34. 7:29）。

一方、「ライ病人」が人々に言った「言葉」（logos. ロゴス）は、初期クリスチャン伝道の表現で（「ロゴス」は「真理」と繋がれ、「真理の言葉」の含意。1:45. 2:2. 4:14-20, 33. 使 6:4. ガラ 6:6. コロ 4:3）、それをマルコがここに取り入れたと考えられます。ですからこの話は、ごく一般的な伝承を基に、マルコが編集・創作したのではないかとも思われます。ただし、「ライ病人」にしがみつくのは、通常の「奇跡」行為ではありませんから、この点は、歴史に生きたイエス自身の実際の行動が反映されていると考えられています。[61]

最後に一言。聖書時代にも「ライ病人」への著しい差別はありましたが、日本で 20 世紀に行われた完全隔離の収容所とは全く異なります。そして今でも、「ハンセン病」とされた人々と家族が、強い偏見・差別に苦しんで闘い続けています。この点は、しっかり認識し、向き合うべきと強く思います。[62]

61　Myers, *Binding the Strong Man,* pp.152-154. Meier, *A Marginal Jew 2,* pp.700. Tolbert, *Sowing the Gospel,* p.190.

62　**参加者の「声」:**

　　＊イエスは、言わば「仲介者無しの平等主義」で伝道活動を始めた（1:38）。けれど「癒し」などの行動は、神との「仲介者」としての行動。これを私たちはどう受けとめる？　受けとめ直す？　⇒色々と思いめぐらすのが大切ですね。Cf.「癒された癒し人たち」の共同体（山口里子『いのちの糧の分かち合い』pp.30-32）。

　　＊当時「祭儀的不浄」と思われていても、「ライ病」も「遺体」も、実際に細菌が働いて、接した人に感染したこともあるでしょう。それで昔の人は、そういう感染の現実を「汚れ」という表現で避けるようにしたのではないか？

　　⇒確かにそういうことは有り得たと思います。現代で認識する伝染病と古代の「祭儀的不浄」と明確な区別が付けられないものもあるでしょう。イエスはもしかしたら本当に細菌感染される可能性もあったかも知れません。イエスはかなりズボラだったか、あるいはそういう危険も分かっていても、人と深い接触を優先したのでしょうか？　でも、それを全面肯定して誰でもそうしたら良いでしょう

・「群れるな、ひとりになれ。みんなになるな、ひとりになれ」（小笠原登）[63]。

・「『法学を学ぶ上でもっとも大事なのは、苦しんでいる人の苦しみを自分の苦しみとして肌で感じる能力だ』（法学者　内田博文）……私はこの法学と言う言葉を、神学やキリスト教の歴史、あるいは単純に信仰と言う言葉に置き換えてもいいと思います」（荒井英子）[64]。

か？　単純には決めつけられない気がします。
　そして、このことで思い出すことがあります。ハンセン病国賠訴訟・ハンセン病家族国賠訴訟などで闘い続けて国に勝訴した徳田靖之弁護士の話です：靖之さんのお父さんは、戦地で結核を患って帰国し、医師・看護師の注意を無視して、亡くなる直前に幼い靖之さんを何度も抱きしめたそうです。そして父親の死後、靖之さんは結核を発病し、死線をさまよい、肺に石灰化巣が残っているそうです。彼は言います「私の父は……若い妻と幼い我が子を残して旅立っていくことが無念でならなかったわけですね。こうして私を抱きしめることがこの子に結核をうつすかもしれない、だけど、それでも私を抱きしめずにおられなかった、その父の私への思い。……戦争というのがいかに残酷なものであるか……その父の無念の思いをこの私の肺にしっかりと受け止めて生きていかなければいけないなと思ったわけです。それは、いわば私にとっては弁護士という仕事を考える多分原点になったのかなという感じがしています」（徳田靖之『伝えたい想い：いのち・くらし・人権：徳田靖之弁護士活動 50 周年記念講演録』。徳田靖之弁護士活動 50 周年記念講演会実行委員会、2020 年）pp.9-10.

63　小笠原登『一人になる：医師小笠原登とハンセン病強制隔離政策』（映画「一人になる」制作実行委員会 2021 年）。小笠原登は真宗大谷派の僧侶・医師。彼は、ハンセン病者に対する余りに酷い偏見・差別・虐待の国の政策に抵抗して、一人になることを覚悟して、医師として苦闘し続けました。例えば、診察の時に病名を「らい病」とすると隔離されてしまうから、別の病名を付けて治療・サポートを続け、様々な行動を起こし続けました。そんな中で、宗派・宗教を越えた協力者を得て、徐々に「一人」ではなく、協力する人・感謝する人と深い信頼関係の繋がりの中で生きました。

64　荒井英子『弱さを絆に』p.108.

「体の麻痺した人」の癒し

（**マルコ 2:1-12**/ マタイ 9:1-8/ ルカ 5:17-26）

　イエスたちが数日後に再びカファルナウムに入り、家に居ると知られて、大勢が集まって来ました。そこは恐らくシモン（ペトロ）とアンデレの家で、つまり彼らはイエスについて行ったけれども、全てを捨てたということではありません（Cf.1:18）。

　ここの話は、元はシンプルな癒しの話だったでしょう。マットに横たわっている、体が麻痺した人を、4人がイエスの所に連れて来ました。ところが、イエスが言葉（ロゴス）を語り続けて（2:2. Cf.1:45）、多くの人々が集まっていたので、近寄れませんでした。それで、4人が屋根を破ってマットに横たわっている人をイエスの傍に降ろしました。この風変わりな出来事が人々の記憶に残されて、早くから語り伝えられて、共観福音書の全てに書かれたようです。[65]

　マット（*krabattos*）は貧乏人の寝床で、日中は丸めて部屋の隅に置き、旅に出る時には荷物を包むためにも使われたと言われます。この言葉は、古

65　ヨハネ福音書には、ベテスダの池に居た体が麻痺した人の話（5:1-7, 14）があって、元々は1つの伝承だったという説もあります。理由は、①古典には使われない貧乏人の寝床（マット：クラバトス）が、ベテスダの話でも使われている（5:8, 10, 11, 12）、②ヨハネ福音書の神学は病と罪を結合しないのに、ベテスダの話では結合されており（5:14）、福音書が書かれる前の話で結合されていた可能性。けれども、①庶民の間ではクラバトスが日常生活で使われており、②当時の口頭伝承は同じ形式による語り方の傾向がある。さらに③ベテスダの池での話は、よその家の屋根を勝手に破る風変わりな行動とは無関係。それ故に、別々の歴史的な出来事が背後にあった話と考えられます。参考：The Jesus Seminar, *Mark,* pp.67-68. 荒井『著作集』① pp.380-381。

　ただし、ヨハネ福音書は病と罪を結び付けないのに、この話では結び付けられている印象です。それは、この元の伝承に既に入れられていたためであり、結局、そういう思い込みが広くあったと、私は想像します。

代文献には無い表現で語源不明で、恐らく貧しい庶民の話だけに使われており、マタイはベッド（klinē）と変え、ルカは簡易ベッド（klinidion）に変えました。

　人々の家の屋根は平らで、枝を組み合わせて置いた上に、藁を敷き、その上に粘土が敷かれた3層で作られていました。それを壊して穴を開けてマットを下に降ろした時には、まさに埃だらけになったでしょう。そんな中でイエスは、「子よ」（teknon）と、家族的な言葉で呼びかけて、「あなたの家に行きなさい」（＝帰りなさい）と、共同体復帰への呼びかけで結びます。[66]

　この話では、イエスの言葉だけで、動けなかった人が動けるようになり、人々は驚嘆しました（existēmi）。このイエスの行為の背後には、どのようなことがあったのでしょうか？　イエスは基本的に治すのではなく癒して、体が不自由でもそのまま自分らしく生きれば良いというような姿勢を持っていたと理解されます（注75）。福音書で、目が見えない人が見えるようになったとか、歩けない人が歩けるようになったというように書かれているのは、癒しによって新しい光を得て、これから先の道を見える・歩けるというような象徴的な表現の可能性大です。でも、この話の元にあった出来事では、何が起きたのでしょうか？　イエスの思いはどうだったのでしょうか？　考えていきたいです。[67]

66　「（しっかりした）寝台（Klinē ← klinō 曲げる・傾ける・垂れる・伏せる）」と「マット・担架（krabat(t)os）」の使用の例：
　　・「体の麻痺した人が運ばれて来た話」：マタイ 9:2, 6 klinē。／マルコ 2:4, 9, 11, 12 krabat(t)os。／ルカ 5:18 klinē, 5:24 klinidion。
　　「ランプを下に置く？」：マルコ 4:21 klinē。／ルカ 8:16 klinē。・「昔の伝承で、洗う」：マルコ 7:4 klinē。／マタイはこの部分を削除。
　　「シロフェニキア女性の話」：マルコ 7:30 klinē。／マタイ 15:28「娘が癒された」と書き「寝台」は削除。
　　「（黙示的話）2人が1つの寝台に」：ルカ 17:34 klinē。／マタイこの部分を削除。
　　「（黙示的話）／ に投げ入れる」：黙 2:22 klinē（病床・棺イメージ）。
67　・「驚嘆・驚愕する・正常から外れる・正気から外れる・気が変になる」（エクスィステーミ existēmi）：2:12. 3:21. 5:42. 6:51。

マルコはこの話に、自分で創作した、書記たちの反感（はんかん）の話（2:5b-10）を挿入（そうにゅう）しました。マルコの特徴と言われる数々のサンドイッチ技法で、繰り返しの句を使って、その間に別の話を挿入します。ここでは「（彼が）体の麻痺した人に言う」（2:5,10）の繰り返しの句の間が挿入部分を示します。[68]

　実はイエスと、書記・ファリサイ派・貴族的祭司階級とのぶつかり合いは、マルコ物語全体を通して特徴的編集です（注 225）。さらにイエスの権威（*eksousia* 行動する自由・権限（けんげん）・力）への、書記たちの驚きの反応（はんのう）を強調するのも、マルコの典型的な編集です（Cf.1:22, 27. 3:15. 6:7）。

　「人の息子」は、通常の「人間」「私」という表現です。ただ、黙示（もくし）的伝統表現では、人間の姿の天的存在で、最後の審判（しんぱん）で裁判官（さいばんかん）として行動する者の意味もあります（ダニ 7:13-14）。マルコはイエスだけが自分のこととして、ここで最初に述べて、後からも度々述べるように編集しています。[69]

　当時、病（やまい）は罪に対する神の罰と考えられることが多かったので、それを

・「驚愕・忘我」（**エクスタシス** *ekstasis*）：5:42. 16:8。
　　ちなみに、私の親しい友人が、幼い時から「癒しの手」を持つと言われて、後に「体」を学び、長年起き上がれない・歩けない多くの人をマッサージのような手法で回復させられるようになりました（さらに後に学問的に学び直して博士論文を書きました）。私自身、脚のケガでバイ菌が深く入って行き、クリニックに何か月も毎日のように通い続けたことがありました。ところが来日した彼の短いマッサージを一度受けたら直ちにほぼ完治して、翌日クリニックに行ったら医者はものすごく驚きました。この他にも科学・医学で広く知られていないことは様々にあると、私は想像しています。

68　**サンドイッチ技法**の例：2:1-5b/ 5c-10b/ 10c-12. 3:1-3/ 4-5c/ 5d-6. 3:20-21/ 22-30/ 31-35. 5:21-24a/ 24b-34/ 35-43. 6:7-13/ 14-29/30-43. 11:12-14/ 15-19/ 20-25. 14:53-54/55-65/66-72. 15:1-15/16-20/21-32.
　　マルコは、なぜ繰り返しの言葉を入れて挿入部分が分かるように編集したのでしょうか？　どういう意図があったのでしょうか？　私はマルコの社会的・宗教的背景状況を含めて色々と思い巡らしています。

69　荒井『著作集』① 239。Meier, *A Marginal Jew* 2, pp;679-681. Myers, *Binding the Strong Man,* p.155.

癒すことを「冒瀆」（2:7）と責めるのは、罪の許しは神のみが行なえるという前提のゆえです（レビ 24:15-16. 出 34:6-7. イザ 43:25; 44:22）。ここでマルコのイエスは、（障碍者を連れて来た人々の）信頼（pistis）を見て、障碍者に対して「あなたの諸罪は許される（受動態）」と言います（2:5,7,9）。福音書のどこにも、イエス自身が「私はあなたを許す（能動態）」という言葉はありません。神が許しの行為を行ない、イエスはそのメッセージを伝える（預言者としての）行為をします。ですから、人々の「賛美」（2:12）は、神に対してで、イエスに対してではありません。[70]

　病と罪の結合には、ひどい「カラクリ」のシステムがあります。貧しい人々を身体的に栄養不足と疾患・怪我などに置き去りにして重税を維持した宗教・政治権力は、病は人々自身の罪の故だと責めて、罪深い「病」の治りの承認は究極的に神殿で行われ、それにはさらに奉献の義務が必要で、完全な犠牲化のサイクルを作ってきました。

　このような状況で、バプテスマのヨハネは、神殿奉献を繰り返せずとも一度だけのバプテスマで神の国に入れるという、言わば「魔法の儀式」を行いました。そして彼を師として学んだイエスは、「魔法のタッチ」で人々の病を癒す行動をしました。どちらも「罪」の問題を無化した行動で、祭司階級による宗教的支配に対して挑戦・転覆をしたと言えます。[71]

・マルコが、「奇跡」は神の行為で神を賛美したという話を、マタイとルカはいつものようにコピーしながら編集しました。ルカは、物語と論争を密にして、イエスの力・権威を通して神の力を強調・賛美。マタイは、罪を許す「権威」の「人の子」の表現を、「人々」に変更。これはマタイ時代の教会の指導者の権威

70　しかしイエス自身は「病は罪のゆえ」と思っていなかったでしょう（Cf. 山口里子『新しい聖書の学び』pp.124-134）。それでも「あなたの罪は神に許された」と言うことがあったでしょうか？　このことは、決めつけることが出来ないと私は思います。ある障碍者が言いました：「障碍は罪のゆえだと心底思い込まされてきた時、ただ『そうではない』と言われることに違和感を持ってしまう感じです。むしろ『あなたの罪はもう許されています』と言われる方が、救われた、解放されたと、実感できます」。こういうことも含めて、色々と考えたいと思います。

71　Crossan, *The Historical Jesus,* pp.323-324.

化と言われます。ただ、「神は、これほどの権威（癒しの力、行動の自由）を人々に与えた」ということへの驚き・感謝で、人々は神を賛美する」という意味でも受け取れるかも知れません。

　欧米の名作では、古い作品ほど障碍と罪とを結び付けていました。後の時代に、障碍を本人の性格的な弱さのゆえにして、依存的（いぞん）な姿勢を克服すれば障碍を克服するとみなします。自立・社会復帰は健常者が基準の概念です。これでは、障碍者が「そのままでいい」という生き方を思えず、「いまのあなたであってはいけない」と言われ続けることになります。
　一方、現代の障碍学は、「障碍」を「インペアメント」（impairment 生理学的損傷＝目が見えなかったり手足が動かなかったりすること）と、「ディスアビリティ」（disability 社会で不可能にされること＝教育を受けられなかったり、仕事・旅行など出来なかったりすること）に分けて考えます。そして解決すべきは「ディスアビリティ」。社会を変えることで「無力化されている」（むりょくか）（disabled）ことの解消（かいしょう）を目指す、発想の転換（てんかん）です。[72]

　イエスは当時の社会通念・信仰理解の中で、実質的に「インペアメント」に社会的・宗教的な否定の意味づけを行なうことを拒否（きょひ）しました。例えば、目が見えない人は誰の罪のゆえと尋（たず）ねられた時、イエスは誰の罪でもなく「神の業（わざ）がこの人に現（あらわ）れるだろう」（ヨハネ 9:3）と言います。障碍の有無（うむ）に拘（かか）わらず、人々が共感共苦を持って共に生きようとする時、幸せな人生で神の働きが実感されるだろうとの理解です。これは、人の「インペアメント」を否定するのではなく、社会で作られる「ディスアビリティ」を変えて行く姿勢と重なるでしょう。[73]

72　荒井英子『弱さを絆に』。
73　日本語訳では「神の業が現れるため」と訳されていますが、これは不適切です。むしろ、「神の働きが、この人において、現わされることになるでしょう」です。それは、「障碍者」「健常者」の境界線を引かず、誰でも弱さも強さも有る中で「共生」しようとすることによって、人は幸いに「生きる」ことが出来るようになるでしょう。この生き方・価値観・実践への促しで、人は「癒される」ということです。山口里子『いのちの糧の分かち合い』pp.32-33。『イエスの譬え話』②

・重度の脳性マヒとして生まれたわたしは、父からいつもこう言われていた。「おまえはおれの失敗作だ」と。……だから自分は、言葉を吐く前に相手のことを考えようと思って生活してきた。子どもには絶対に傷つく言葉をぶつけないように心がけた。……自分の小さい頃の家族を反面教師としていつも考えた。……人生が常に逆説からなりたつということ、怒りや矛盾、憎悪や殺意さえも深い神の摂理に裏打ちされ導かれる、ということを……。（及川清美）[74]。

・「自分が〈ハンディ〉だと思っていたことは、じつは、〈個性〉だったということがわかりました」（ピースボートの「グローバルスクール」受講者の言葉）[75]。

徴税人たちとの共食（マルコ 2:13-17/ マタイ 9:9-13/ ルカ 5:27-32）

福音書に書かれている話の中で、最古の伝承に由来するのは、「徴税人たちとの共食」（マルコ 2:13-17）、「安息日の穂摘み」（マルコ 2:23-27）、「貧しい者は幸い」（ルカ 6:20-21）だと、古くから理解されています[76]。

ここのテキストの始まりは、徴税人の話とファリサイ派の話を繋ぐためのマルコの編集句で、イエスが「海」（ガリラヤ湖）に行くと、全ての群衆が彼の所に来て、彼は彼らを教えました（この「全ての群衆」もマルコの誇張表現の特徴）。
ユダヤ人たちを述べる時には、通常「民衆」（ラオス *laos.* ヘブル語聖書

pp.119-135。

74　及川清美・及川のり子『おれは失敗作か』（森浩義編、共同文化社、2009）pp.348-349。

75　木村恵子『ひと味ちがう地球一周の船旅』p.279（注 358）。

76　ルイーゼ・ショットロフ「神の慈しみと人間の連帯性」p.155。

LXX で 2000 回）という言葉が使われますが、マルコは、イエスの所に集まって来た人々に「群衆」（オクロス ochlos）という言葉を使います。これは、ユダヤ人に限らない人々ということと共に、ラビ文献で使われる「地の民」（アム・ハー・アレツ am ha aretz）の同義語として使われています。「地の民」は、BCE6 世紀のバビロン捕囚（BCE597-538）前には、土地を所有するユダヤ人を指していましたが、捕囚後には意味が変わり、低い階級、貧乏、無教育、律法に無知な人を指す差別語になって行きました。それで「地の民」のように蔑まれていた庶民がイエスの元に多く来たというイメージを持ちます。[77]

まずイエスは、徴税人レビを見て、「私に付いて来なさい」（アコルーセオー）と言います。これは、先の「漁師たち」への招き（1:17）も、多くの人々が「彼に付いて行った」（2:15）も同じ言葉で、「師弟」になる意味に限らず、「付いて来て」という仲間的な呼びかけのイメージも持っています。福音書でレビは「12 人」（3:13-19）の 1 人ではなく再登場もしません（マタイは、レビをマタイにしています＝マタイ 9:9-13）。

そしてマルコは、レビの家での食事を巡る話をします。当時、食事の時には「座る」よりも「横たわる」姿勢が持たれていました。それには幾つかの表現がありますが、マルコは同じ意味で使っています。そしてイエスたちは多くの「徴税人や罪人」と共に食事の席で横たわっていました。[78]

ここでマルコは初めて「マセーテース」（mathētēs ← marthanō 学ぶ）と

77　Myers, *Binding the Strong Man*, p.156.
　・「民衆」（**ラオス laos**）：マルコ 2 回 (7:6. 14:2)。Cf. マタイ 14 回。ルカ 37 回。ヨハネ 3 回。
　・「群衆」（**オクロス ochlos**）：マルコ 38 回 (2:4, 13. 3:9, 20, 32. 4:1x2, 36. 5:21, 24, 27, 30, 31. 6:34, 45. 7:14, 17, 33. 8:1, 2, 6x2, 34. 9:14, 15, 17, 25. 10:1, 46. 11:18, 32. 12:12, 37, 41. 14:43. 15:3, 11, 15)。Cf. マタイ 49 回。ルカ 41 回。ヨハネ 20 回。
78　**食事の時に横たわる姿勢に使われている表現**：「*katakeimai* 寝る」1:30. 2:4, 15; 14:3。「*anakeimai* 寄りかかる」14:18. 16:14。「*sunanakeimai* 共に横たわる」2:15. 6:22, 26。「*anaklinō* 寄りかかる」6:39。「*anapiptō* 横たわる」6:40; 8:6。

いう言葉を使います。これは日本語で「弟子」と訳されていますが、「学ぶ者」「修業者」の意味を持ちます。そしてこの言葉は、伝統的なユダヤ教のラビの「弟子」とは異なり、福音書では、その場その場でイエスに付いて来る人々に使われている感じです。ですから、少なくとも元々のイエスの「マセーテース」という言葉は、「弟子」と言うより「仲間」と言うほうが、実際のイメージに近いと思えます。そしてここのテキストでは、問いは直接イエスに向けられています（後の時代に編集・創作された話では、人々の問いは、「師」であるイエスよりも「弟子・仲間」たちに向けられるようになりました)。[79]

「徴税人」は、主に２つの理由から憎しみの対象にされていました。①ローマ帝国と傀儡領主の手先きとして、重税を民から取り立て、徴税が請負制度であったゆえに請負額を超えた額を取り立てて差額をポケットに入れました（それ無しには徴税人は生き延びられない状況のゆえでもありましたが）。②律法を知らない・守らない不誠実で不浄な民で異邦人と同じとみなされました。

当時ガリラヤは、ユダヤその他の地域と共にローマ帝国の直轄属州「ユダヤ」の一地方でした。ローマ総督が、ユダヤ州において所有していた最大の権限に徴税権があります。税金には直接税（人頭税・地租）と、間接税（関税・市場税など）があり、ローマ総督と契約を結んだ「徴税請負人」が、現地民から雇った「徴税人」に徴税させ、皇帝の私的財庫に直接納入しました。ただし、ローマ帝国によって領域支配を承認されていた領主（ガリラヤでは「王」と呼ばれていたヘロデ・アンティパス）も領域内で関税を徴収し、それらを自らの財庫に入れることが許されていました。

79　The Jesus Seminar, *Mark*, p.69. Myers, *Binding the Strong Man*, pp.133, 156.
　　「マセーテース」は、英語訳の「ディサイプル :disciple」も「学ぶ者← discipline 学び」の意味合いを持ちます。ですから、「弟子」より「学ぶ者」のイメージが原語に近いです。ただ、福音書ではこの言葉は非常に数多く、「弟子」「仲間」「学ぶ者」などのイメージで使われますから、**この本では、基本的に「」（カギ）付きで「弟子」「弟子・仲間」と書きます** (マルコだけで 44 回使われています)。

イエスたちが滞在する時が多かったガリラヤ湖の北西岸カファルナウムは、ヘロデ大王のもう1人の息子フィリッポスの領域（ガウランティス、トラコン、デカポリス）との境界線でした。ここを通過（つうか）して2つの領域を出入りする旅人から関税を取り立てる徴税人は多くいて、特に商人と頻繁に接するので衝突（しょうとつ）も多くありました（Cf. 1:21-28）[80]。

　「罪人」は不浄な者として、庶民の多くがそのように見られました：律法とミシュナー（書記たちによる律法の細則・説明）を守らず偶像崇拝者（ぐうぞうすうはいしゃ）の異邦人、その人々に仕える徴税人、姦淫（かんいん）禁止（出 20:14）に違反（いはん）する売春者（ばいしゅんしゃ）、悪霊が住む場所（砂漠、川、山、荒野、墓場など）に関わる者（羊飼い、ろば引き、らくだ引き、船乗り、埋葬業者など）、血に接触する職業（皮なめし、内臓腑分人）、月経（げっけい）の女性、女性に接触しやすい職の者（金細工人、亜麻織り職人、織物職人）、種々の境界線を越える者（人体の一部でありながら外部に流出・分離するものと接触する者：床屋、風呂屋、血抜き人）などです[81]。

　福音書の中の、最初期層のものでは、イエスは顕著な3グループの人々のために神の国を宣言したと、繰り返し述べられています。(1) 困窮者（こんきゅうしゃ）(2) 病人と障碍者 (3) 徴税人、罪人、売春者。神の国は、イエスの癒しの活動の中で経験可能なものにされます。そして「病人」と「悪霊につかれた者」は「貧しく飢えた者」とほぼ重なります。実際、歴史のイエスと、その後も続けたイエス運動は、徴税人、罪人、売春者と交わっていたということは、学者たちに合意されています。それは、生きのびるために「不（ふ）名誉な（めいよ）」職業に従事（じゅうじ）しなければならない困窮した階級の人々です。
　そういう人々は、奴隷（どれい）、奉公人（ほうこうにん）、逃亡奴隷（とうぼう）、解放奴隷、負債奴隷、日雇い労働者などで、売春者には少年たちも結構いましたが、多いのは技術（ぎじゅつ）もなく虐（しいた）げられた女性たちでした。奴隷、両親によって売られたり貸し出された娘、夫によって貸し出された妻、困窮した女性、遺棄された少女（いき）、離（り）

---

80 荒井献『荒井献著作集』② pp.257-258。Myers, *Binding the Strong Man,* p.157.
　　山口里子『イエスの譬え話』② pp.19-51。
81 荒井『著作集』① pp.90-91、② pp.259-262。

婚された女性や寡婦、単身の母、戦争や海賊の捕虜、兵隊用に買われた女性などです。

　ちなみに、イエスは「大酒のみ」・「大食い」と言われていました（Q福音書：ルカ 7:33-34/ マタイ 11:18-19）。公の晩餐で「みだらな」女性と食事をする人への典型的な揶揄の言葉です。マタイは恐らく Q の言葉を保持して「徴税人や娼婦」という表現を使いました（Q7:29/ マタイ 21:31）。それでイエスは、性的に汚れたと見られた人々と一緒に横たわって食事をしたことで、非難されたのです。これに重なるイメージですが、マルコは「徴税人や罪人」と言い換えました。これは、（性的な問題よりも）イエスが階級社会構造に対する挑戦的な「平等主義」の行動をしたことが問題視されたという編集だと、理解されます。[82]

　マルコは、こうした揶揄の言葉も、イエスとファリサイ派との衝突に結びつけますが、これは後の時代での教会とファリサイ派との衝突をイエス自身の話に編集したものです。そして、「ファリサイ派の書記たち」（2:16）は変な表現なので、幾つかの写本では「書記たちとファリサイ派の人々」と修正されています。マルコは非現実的に、彼らをイエスの敵対者のセットとして表現し、後にヘロデ党の人々も祭司長や長老もセットに入れて編集します（注 225）。

　さらに、当時のローマ帝国植民地支配下の厳しい政治状況で、マルコは

82　ルイーゼ・ショットロフ「神の慈しみと人間の連帯性」p.155。シュスラー・フィオレンツァ『彼女を記念して』pp.191-201。
　　「神の国」の食卓に寄り集まる人々（ルカ 13:29）は、クリスチャンの包合的関係を表しています（けれどキリスト教の初期段階から、「徴税人や罪人たち」を下に見る傾向もありました（Cf. マタイ 5:46-47「徴税人でも……している。異邦人でさえ……している」）。
　　「清浄規定」は、神殿に関わる時は別として、特に庶民には日常生活に影響力を持っていませんでした。マルコは、ユダヤ人たちがみな食事の際に手を洗うことに関心を持っていたかのように書いていますが（7:3-4）、少なくとも CE70 年以前にはそのような規定を厳守したのはごく少数の「ハベリム」（haberim）の人々でした。　Kathleen E. Corley, "Slaves, Servants and Prostitutes: Gender and Social Class in Mark". *Women & the Historical Jesus,* pp.47-52, 59-62, 83-87.

帝国への挑戦の口調を極力抑えて、ユダヤ人内の敵対・衝突を前面に出す編集をしました。その「ユダヤ人」の指導層の象徴に「ファリサイ派」を使ったのは、先祖からのイスラエルの宗教が内部分裂を起こして、ラビ的ユダヤ教とキリスト教に分かれていく「兄弟げんか」のような時代状況の反映でもあります。こうしてマルコは時代錯誤の編集で、ユダヤ人たちの諸グループをイエスの敵対者としてカリカチュア（戯画）化させます。こういう歴史的に不適切な使い方の編集を元に、反ユダヤ主義やアンティ・セミティズムの偏見を再生産しないように、私たちはしっかり注意して読み進める必要があります。[83]

　このテキストの最後に編集された、「医者を必要とするのは、丈夫な人（*ischuontes* ← *ischuō* 力がある）でなく病人（*kakōs echontes* 悪い状態を持っている）」という言葉は有名な格言でした。ただし、このような世俗の格言をイエス自身も時には言ったとは考えられます。そして、格言に続く言葉はイエス自身のものではないですが、「罪人を招くため」というようなことを話した可能性はあります（ルカは加筆編集：「罪人を招いてメタノイアさせるため（ルカ 5:32)」)。[84]

　ここの話で心に留めておきたいのは、たとえ社会の通念に逆らって非難されても、イエスたちは身分・性別などの上下を越えて、ろくに食事ができない人々や、蔑視・排除されている人々と一緒に、仲間たちの思いを持って共食した姿勢ではないでしょうか？

83　Tolbert, *Sawing the Gospel,* p.139. Myers, *Binding the Strong Man,* pp. 158, 160-161.

84　Black, "Mark". Sellew, "Mark". 　この場面の伝承は、最もシンプルなオクシリンコス・パピルス（POxy12243）が最初の形だったと考えられます（「パピルス」について：注 38）。パピルス（POxy12243）：書記たちとファリサイ派の人々と祭司たちが彼を観ていた時、彼らは怒った。なぜなら彼は罪人たちの集まりの中に横たわっていたから。そしてイエスが聞いた時、彼は言った「いつ、健康な人々が医者を必要か？」「それは病人だ」。参考：The Jesus Seminar, *Mark,* pp.71-72.

・「一日の苦労は一日にて足れり。英子による福音書」。「弱さや限界や困難は、隠すべきものでも恥ずべきものでもない。簡単に克服すべきものでもない。私たちが本当に解放されていくのは、強くなることにおいてではなく支え合うことにおいて」（荒井英子）。[85]

断食問答
（**マルコ 2:18-22**/ マタイ 9:14-17/ ルカ 5:33-39/ トマス 104&47）

　ここでは、断食と結婚祝いは両立しないという言葉が語られています。結婚のイメージは、神の救いの契約を描くところで、ヘブル語聖書、キリスト教証言書、ラビ文献でも使われています（例：イザ 54:4-8. 62:4-5. エゼ 16:1-63. ホセ 2:18. マタイ 22:1-14. 25:1-13. 2 コリ 11:2. エフェ 5:32. 黙 19:7. 21:2）。断食は年に 1 度のユダヤ伝統の実践であり（レビ 16:29-31、23:27. ゼカ 7:5. ユダヤ暦ティシュレー月の 10 日「ヨム・キプル：贖罪の日」。9 月末〜10 月中頃の間の 1 日）、何か特別な時にも行なわれました（エズ 8:21-23. ヨナ 3:7-9）。

　イエスは伝道活動開始の前に 1 回だけ断食をした印象がありますが（マタイ 4:2. ルカ 4:2）、それ以外は無しです。後に初期教会が断食を正当化するために、このような問答が作られたと思われます。ファリサイ派は週 2 回とされていますが（ルカ 18:9-18）、CE70 年より前の実践かどうかは不明です。明白に文書に現われるのは 2 世紀前半のディダケーです（*Didachē* 8:1。クリスチャンの断食は水・金、ユダヤ教の断食は月・木）。

　ただし、イエスの師であるバプテスマのヨハネが断食をしていたのに、イエスが行わなかったことに対して、なぜなのかと問われたことは、実際あった可能性があります。それに対してイエスは、人々が持っている「結婚祝い＝神の救い」イメージと結びつける応答だけしたようです（2:19）。

85　荒井英子の言葉：山口里子「荒井英子さんを記念して」（『日本フェミニスト神学・宣教センター通信』no.78. 2012.12）。

それ以上は、マルコの付加です。[86]

　バプテスマのヨハネとイエスの行動の違いは、強調点の移行と言えます。つまり当時の人々は、罪の許しのために神殿で定められた「犠牲の献げ物」が必要と教えられており、罪の許しの実質的権限は神殿が独占していました。こうして、奉献を出来ない貧しい人々は余計に苦しめられることになったのです。それに対してバプテスマのヨハネは、「神の国に入れられたいなら、１回のバプテスマだけで十分」と預言し、「神への服従＝神殿体制への服従」のように受け取られていた「伝統」を変革しました。
　そのバプテスマのヨハネからイエスは学び、基本姿勢に尊敬・賛同したうえで、さらに刷新の姿勢で伝道活動を始めました。バプテスマのヨハネが始めた１回だけのバプテスマを「弟子」たちが行うことを否定しないと共に、それさえ出来ない人々を思って、貧しく差別された人々と共食し、神への信頼と共生を大切にするだけで「大丈夫」と実践したのです。ですから２人のライフ・スタイルは真逆のように見えますが、神の国理解は根底で繋がっています（Cf. 1:2-9）。[87]

　マルコは断食問答で、結婚祝いの時には断食などしないとして、この言葉に繋げて結婚式の必須の要素（良い食べ物、適切な服、適切なワイン）を語ります。トマス福音書では２つを別々の所で別の要素で書いているので、それらの背後には独立した多様な格言のようなものがあったでしょう。マルコは恐らく、服とワインのペア伝承を得て、断食に縛られないイエスの新しい教えとして編集したと思われます。[88]

86　Black, "Mark". 荒井『著作集』①p.332。The Jesus Seminar, *Mark*, pp.73-75. Barbara E. Reid, *Parables for Preachers* B. pp.41-43.

87　シュスラー・フィオレンツァ『彼女を記念して』pp.187-190。「**主の祈り**」も、元はヨハネが作成した可能性があるという見方もあります（Cf. 8:1-10）。Dale C. Allison Jr., "The Continuity between John and Jesus", pp.6-27. Joan E. Tayler, *The Immerseer: John the Baptist within Second Temple Judaism*, pp.151-153. Cf.8:1-10.

88　The Jesus Seminar, *Mark*, pp.74-75. Pheme Perkins, "Patched Garments and

パピルスからの情報で、繊維生産の商業的重要性が分かります。自由人も奴隷も 10-13 才で商売の訓練を受けました。繊維に関する仕事は、女性だけに限られませんが、女性が主に従事しました。奴隷は、他の仕事が無い時に家でウールの仕事をすることになっており、熟練の女性奴隷は、解放された時に繊維を織ったり染めたりの店を持った可能性もあります。古い服に継ぎ当てすることも貧乏人の必要を反映します。まだ晒してない新しい布地はやがて縮み、弱っている古い衣を破りますが、貧しい人は、作業場の床に落ちていた布を拾って古い服に継ぎ当てざるを得ない場合もあるからです。[89]

　ワイン生産は夫や男性奴隷マネージャーが監督で、家で涼しい所に保存するのは女性が責任を持つのが基本でした。けれど社会の周縁で貧しく、縫物をしたり新しいワインを蓄えたりするのは、女性、男性、奴隷、見習いとして雇われた子どもたちの誰でも有り得ます。

　「新しいワインは新しい革袋へ」は、人々が一般にしていることですが、皮袋が張り裂けるという理由づけは変です。ワインは陶器か木の容器で発酵させて、そのプロセスが終わって皮袋に入れるので、皮袋の中で発酵はなく張り裂けることにはなりません。むしろ新しいワインをダメにするのは、アクなどが付いている古い容器に入れる事。それでマルコは、「ワインはダメになる」と言います。[90]

・マタイは「それらはダメになる」として、新しい袋を使うことと、両方が保たれるという部分を加筆。ルカは皮袋を主語にしてワインは「流される」としま

Ruined Wine: Whose Jolly?", p.125.　現存のトマス福音書は、２世紀に編集された物ですが、オリジナル版ではイエスの言葉の多くが、共観福音書より早い時期の伝承に由来と理解されています（注332）。

89　Perkins, "Patched Garments", p.130. Cf. 機織り女性の写真：山口里子『食べて味わう聖書の話』p.101。

90　Perkins, "Patched Garments", pp.124-128. これまで多くの注解が、ユダヤ教の敬虔さの「古」が、イエスが始めた弟子性の「新」を拒絶したと解釈してきました。しかしイエス自身に遡る譬え話の中に、神の統治の新しい始まりに、「古／新」の二分法のテーマが一貫してはいません。これらの語録は、世俗の諺を各福音書著者が再形成したか、もしもイエス自身が言ったとしても、その背景状況は不明です。

す。トマスは、2人の主人に仕えることは不可能（ルカ 16:13. マタイ 6:24）という文脈で、古と新のミスマッチが困難を作るとします。

けれど、ひどく貧しい家で、古い皮袋でワインを発酵させざるを得ない時さえあったかも知れません。そして沈殿物（ちんでんぶつ）が入った酸（す）っぱく味の悪いワインとワイン酢を飲んだでしょう。そういう人々にとって、ワインでも服でも失くすのは大きな打撃（だげき）です（ルカは、こういうイメージを最も遠くに引き離しました。新しいワインより古いワインが良いと言うのは、金持が飲むヴィンテージ・ワインです）[91]。

こんなことを考えると、「断食」を規定として実践するどころか、通常の「1日2食」の食事さえできない現実に直面した多くの庶民がいたことをしっかり想起（そうき）することが必要でしょう。だからこそ、豊かな食事を楽しめる時（結婚祝宴）のイメージと神の救いのイメージが結びつけられ、期待されていたのでしょう。こういう人々の生活経験を、現代世界で私たちは、どのような人々をどのように思い巡らすでしょうか[92]？

安息日（あんそくび）の穂摘み（ほづ）（マルコ 2:23-28/ マタイ 12:1-8/ ルカ 6:1-5）

「安息日の穂摘み」は、福音書に書かれている話の中で、最古の伝承に由来する1つです（Cf.2:13-17）[93]。

91　Perkins, "Patched Garments", pp.130-134. ルカは、社会の底辺に生きた人々にも、そういう人々と共に生きたイエス伝道の人々にも、真摯に視点を向けず、共感共苦など持たず、金持の感覚をイエスが語る言葉に編集したと思えます。でも、現代の私たち自身も、色々な時に無自覚にルカに似た視点を持っていないか、問われているようにも思います。

92　参加者の声：
　　＊今も、小さくされ踏みつけられ見えなくされている人たちがいっぱいいる。例えば、職も住居も奪われてホームレスにされた人、ひどい職場で心身の病を持って苦しんでいる人々、冤罪で苦しみ闘い続ける人々、沖縄の基地への抵抗の奮闘を続ける人々。そういう人々に何としても連帯の輪が広がりますようにと願ってやみません。

この話の状況設定はマルコ編集です。元の伝承の最古層では、「イエス
と民衆」で、「弟子」たちは登場していないと思われます。マルコは弟子
批判強調の特徴がありますが、イエス自身も「弟子・仲間」たちも他の
人々も、安息日に畑の中で道を作りながら歩いて落ちた穂（「麦」とは限ら
ない穀物の「穂」stachus）を摘んで食べたことは、十分あり得ます（そして、
マルコはここでもファリサイ派を一枚岩としてイエスの敵対者イメージで話を作
りました。注225）。

　ダビデの話は、ダビデが大祭司アヒメレクの許可を得て、常時には食べ
ることを禁じられている「供(そな)えのパン」を、例外として戦時に彼と兵士に
分けてもらった話です（サム上 21:1-7）。安息日とは無関係な話を、イエス
が「弟子」たちの弁護のために話したと、マルコが編集しました（大祭司
エブヤタルというのは間違いで、マタイとルカは、祭司名を削除して編集）。[94]

　安息日は元来(がんらい)、古代イスラエル農民の農耕(のうこう)生活における休息(きゅうそく)日(び)でした。
「６日間はあなたの仕事をし、７日目には休みなさい。そうすれば、あな
たの牛やロバは休みを得、女奴隷の子や寄留者(きりゅうしゃ)は一息つくことができま
す」（出 23:12. 申 5:13-14）。

　後年、BCE6 世紀のバビロン捕囚時代に、聖書の始まりに置かれた天地
創造物語（創 1:1-2:3）が創られ、そこで神は６日で天地万物を創造し７日
目に安息してこの日を「聖別(せいべつ)した」と語られます。これを受けて、いわゆ
る「安息日律法」がモーセの「十戒」に挿入され、週の７日目は（金曜日
没から土曜日没まで）、「あなたの神、ヤハウェ（いのちの神）の安息日であ
るから、どのような仕事もしてはならない」と定められることになりまし
た（出 20:10）。

　こうして安息日の順守はバビロン捕囚以来、聖なる民としてのイスラエ
ルの儀式的象徴となり、神が「７日目に休まれた」ことの解釈によって、

---

93 ショットロフ「神の慈しみと人間の連帯性」。
94 荒井『著作集』① pp.119-121。Herbert G. May & Bruce M. Metzger eds., *The New
　Oxford Annotated Bible*, p.1216. Black, "Mark". Sellew, "Mark". The Jesus Seminar,
　Mark, p.77.

マルコ福音書をジックリと読む ── そして拓かれる未来の道へ　69

夥しい数の「安息日禁止条項」が作られ、人々の生活を癒すだけでなく圧迫する結果にもなりました。例えば、安息日には何もしてはならないと、穴に落ちた家畜を助けるようなことも禁じられ、直ちに生命の危険がない限り人も助けず、飢えた人が「穂摘み」をすることも「刈り入れ」と見なされて禁じられることにもなります。結果的に人々を飢えたままや体の辛い状態のままにしておきます。

その一方で、安息日の順守は本来ユダヤ人がヤハウェ（いのちの神）の民であることの徴として守られるということで（申 5:15）、仕事を休んで「食べ、飲み、そうして、万物を創造された方を祝福するためである」（ヨベル 2:20）という解釈があります。

こうした中で、安息日についてはユダヤ人たちの中でも様々な解釈・議論が行われてきました。けれど、安息日の戒めの半分だけ（仕事をしないこと）に固執して、もう半分（神に感謝と賛美を持って食べたり飲んだりして休むこと）を歪めてしまっているのは、全くの思い間違いでしょう。もし安息日が人間の自由を犯し、人間が安息日の奴隷に成るのなら、それは元々の安息日の意図に反するのです。

この解釈は、ラビの言葉もあります：「安息日はあなたがたに委ねられているのであって、あなたがたが安息日に委ねられているのではない」。そしてイエス自身の言葉にも繋がります：「安息日は、人間のために有るようになった（egeneto ← ginomai 生じる。Cf. 出 23:12. 申 5:14）。人間が安息日のためにではない」。これは歴史のイエスに遡る最古層の言葉と理解されます。安息日は、人々が休み、祝いつつ食べたり飲んだりして、全てのいのちの創造者なる、いのちの神の慈しみを賛美できるようにするために創られたということ。これは安息日律法の根底にある意図を強く言い表わしています。

ただ、伝統的キリスト教ではユダヤ教文献から学ぶことが少なく、イエスだけの独特な言葉として受けとめてきた面が強いので、この点はきちんと反省して学ぶ注意が必要です。[95]

安息日の穂摘みの話は、パレスチナにおける貧困・飢餓（き　が）と無関係に理解することは出来ません。空腹の貧民が食べるのは、神の目から見て安息日禁止事項より重要でしょう。安息日論議に関する全ての話の元に、最古のイエス伝承「貧しい人々は幸い」（ルカ 6:20）という「貧しい人々への福音」があったことが想起されます。困窮（こんきゅう）していた人々は、自分たちは安息日規定よりも大切な人間であることを、改めて実感・経験するものだったでしょう。[96]

　このイエスの重要な言葉の、すぐ次の言葉「だから人の子は安息日の主でもある」（2:28）は、イエスの言葉か、既に口頭伝承に入れられていたのか不明と思われます。ただ、「人の子＝人間」として語られていた言葉を、マルコは物語の文脈（ぶんみゃく）で「人の子＝キリスト」の意味に変えて編集しました。それで、神から与えられた人間のいのちと自由の尊重を、「人」として大切にするよりも、キリストの権威の強調となり（2:10 との関連から）、

95　ショットロフ「神の慈しみと人間の連帯性」。シュスラー・フィオレンツァ『彼女を記念して』pp.197-198. Vermes, *The Religion of Jesus the Jew*, pp.22-24. Meier, *A Marginal Jew 2*, 681-684.

96　荒井『著作集』① pp.118-119. ② pp.269-272.
　　弱者にされた人々の食べ物への配慮がラビ文献にもあります。男は離縁した妻に基本的な食材「穀物・油・ワインなど」を与えると要求。そこに記された分量は、合計でほぼ 1 日 1800 キロ・カロリー提供の義務化（現代の国連食糧農業機関 UNFAO が最小と定めている量とほぼ重なります）。ただし、どれほど実践されていたかは疑問ですが。参考：Malina & Rohrbaugh, *Social-Science Commentary*, pp.195-197.
　　ちなみに大麦パン（ヨハネ 6:9）は貧乏人のパン。野菜は通常の食べ物で、中でも豆が重要。油はオリーブ油、果物は干しいちじくが中心。水の質が悪く、ワイン酢が奴隷・労働者の日常の飲み物。肉は貧乏な農民たちにとっては稀な物（一方、神殿祭司は犠牲の献げ物とされた焼き肉を余りに豊富に食べて腸の病気の原因になっていました）。魚は望まれて、安息日の典型的な食べ物でしたが、地中海とガリラヤ湖に近い人々しか入手しにくかったです。ミルクは保存しやすいチーズやバターに加工され、卵も大切。蜜（蜂蜜ではなく主にデーツ蜜）は甘味のために喜ばれ、塩は死海やソドム山から入手できました（胡椒・生姜・他のスパイスは輸入され高価でした）。参考：山口里子『食べて味わう聖書の話』pp.14, 23, 40-48.

マルコのキリスト論を表しています（マタイとルカは、イエスのこの重要な最古層の伝承〈2:27〉を削除。そして次の言葉〈2:28〉だけをイエスの言葉として保持しました。それで「法」で人間を拘束する正当性を保持することになります）[97]。

　日常生活でひどく不便・理不尽なことも、神の名で服従する習慣は、支配者にとってまさに便利でしょう。社会通念も宗教伝統も、どのような時代・状況でどのような人々から作られ教えられるようになったのか？　現代に生きる私たちは何を尊重して継承し、何を変革していくか、根本から問い直すことが、人の生命・尊厳を大切に生きる道を進むために必須の課題ではないでしょうか？[98]

・ドイツでの話：1945 年戦後間もなく、石炭を積んだ貨物列車が駅に停車しており、飢えと寒さに凍えていた人々（ほとんどが女性と子どもたち）が、その石炭を盗みました。牧師（H・ブラウン）は説教でこの盗みを弁護する形で、「人間が法に優先する」と語りました。[99]

97　荒井『著作集』① pp.191-121. ② p.272. Crossan, *The Historical Jesus*, p.257. デューイ「マルコ」。
98　**参加者の「声」:**
　　＊私は仕事で安息日を守れないことが多く気になっていました。けれどもこの学びで、安息日は神から人々へのご褒美のようなものだったと分かり、嬉しかったです。仕事を終えてワインを飲みながら一日を振り返る日曜日も、私にとって立派な安息日だと思いました！
　　＊安息日は神の恵み・人の尊重が根本にして作られたのに、いのちの危険を放置する事態となっていた。それは現代の日本で、ゴールデンウイークに、仕事にあぶれ、給食無しで食べる物が与えられない子どもたちなどの現実を思い起こさせました。
　　＊いろんな運動に参加すると、最初は国や行政にラディカルに対峙して活動しても、次第に取り込まれ下請けになり下がることがありました。人権擁護や生存権保障の主張をしていた団体が、当事者から離れて恩恵を与える支援団体になり、骨抜きになって挙句は当事者を指導し教育する支援に陥ってしまう姿を目の当たりにしました。キリスト教もそんなことで「ガリラヤに生きたイエス」から離れていったのかと思いました。
99　ショットロフ＆シュテーゲマン「安息日は人のためにある：マルコ福音書２：23－ 28 の解釈」p.112。

安息日に片手の萎えた人を癒す

（**マルコ 3:1-6**/ マタイ 12:9-14/ ルカ 6:6-11）

　ここは、「癒し・論争・癒し」（2:1-3:6）の、マルコに多いサンドイッチ技法の話です。つまり「体が麻痺した人の癒し」（2:1-12）と「片手が萎えた人の癒し」（3:1-6）の伝承の間に「論争」（2:13-28）を挿入し、マルコ時代に起きていた、クリスチャンたちがユダヤ教会堂から離別していく状況を背景に編集されたと考えられます。[100]

　安息日規定の解釈は多様でしたが、人の生命を救うことは認められていました。けれどこの話では、その人の生命が危険な状態ではなく、1 日待つのはたやすいはずでした。その上、要求もされないのに、イエスは自分からその人に呼びかけて癒します。これでは、わざわざ安息日律法を破るという印象を持たれます。それでマルコは善悪の言葉を加えて「弁解」します。

　ただし、「プシュケー」（psychē. 3:4）は、（生物学的な）「生命」という意味だけでなく「人間存在の主体・全体・魂・いのち」の意味を持ちます。ですからこの話の元にあったイエス自身は、「プシュケー」を「いのち：その人の魂と心と体の全て」と捉えて、本当の癒しに関わろうとしたかも知れません。[101]

　それでも、実はイエスは 2 つの言葉（3:3, 5）を発しただけで何も行動していません。この状況では、どのグループも安息日規定違反として責める

100　エッケハルト・シュテーゲマン「批判的論争から敵対関係への移行」。「病苦」と「癒し」について：山口里子『マルタとマリア』pp.145-148。

101　・「魂・人間存在の主体・全体」（**プシュケー psychē.** ヘブル語「ネフェシュ」。soul, life, whole self）：3:4. 8:35, 36, 37. 10:45.12:30. 14:34。
　　　・「霊＝息＝生命の本源」（**プネゥマ pneuma.** ヘブル語「ルーアハ」。spirit）：1:8, 10, 12, 23, 26, 27. 2:8.3:11, 29, 30. 5:2, 8, 13. 6:7. 7:25. 8:12. 9:17, 20, 25. 12:36. 13:11. 14:38。

ことはありません。ですから、実際にイエスが癒した人の口頭伝承は背後にあったと考えられますが、この話はマルコによる非現実的な状況設定と考えられています。[102]

　一方、安息日の癒しの最古伝承を代表しているのは「腰の曲がった女性の癒し」（ルカ13:10-17）です。この話も、いのちの危険は無い女性を、要求もされないのにイエスが自分から呼びかけて癒します。このテキストの元にあった安息日の癒しの話（ルカ13:10-13）は独立していて、後から対話へと広げられた可能性があります。この女性は、サタンによる束縛の中にいた象徴的な存在で、イエスは、サタンの力からその女性を解放して神の創造を回復したのです。それで彼女は神を賛美しました。この行動は、安息日規定の違反ではなく、むしろ根本的な目的の成就と言えます。まさに、世界の創造者であり、人間の解放者である神への賛美の行ないだからです。これはまさに「安息日は人のため」と呼応します。[103]

　ここで、イエスと彼に反対する人々の衝突は、農民の抵抗運動と、政治・宗教・経済的権力者たちとの間の、ユダヤ人内部の構造的抗争に根差していると理解されます。それをマルコは、苦しむ中で癒しを求める群衆に応答してイエスが癒しを行なうことで、宗教的・政治的権威との激烈な対決になるという形で物語を創作・編集しました。

　そしてマルコは、ここでもイエスの敵対者としてファリサイ派の人々を書いていますが、元の伝承では単に「人々」で、その人々の中にもイエスに信頼感を持つ人々も不信感を持つ人々もいたかも知れません。いわゆる伝統・慣習に従わない行動をする人に対して反感を持つ人々は、社会の身

102　Meier, *A Marginal Jew* 2, p.681-684. The Jesus Seminar, *Mark*, pp.80-81.
103　シュスラー・フィオレンツァ『彼女を記念して』pp.196-199。
　　　安息日に「水腫のある人の癒しの話」（ルカ14:1-6）も危険な状況ではありません。そしてイエスは要求もされないのに癒しを実践したように見られます。それで、別々の伝承を福音書著者たちが編集したとしても、これらはどちらも「しるし物語」と「召命物語」の形式が混ざっているようで（Cf.1:29-31）、イエス自身の行動や著者の編集の仕方について一律に決めつけないほうが良いでしょう。

分・性別に拘わらず、時代も地域も越えていますから。けれどマルコはここでも、自分たちの状況で敵対者とみなす人々をセミ系ニュアンスの言葉「心のかたくなさ」（3:5.「かたくなさ」：*pōrōsis* 石化・硬直←*pōros* 大理石の一種）に結び付けて、イエスに敵対する宗教的・政治的同盟として創作・編集しています（注 225）[104]。

　ちなみに、障碍の神学で言われていることがあります：「真ん中に立ちなさい」（3:3）というイエスの言葉は、身体障碍者を人々の真ん中に出るように求めることによって、イエスは障碍を持つ人・社会の周縁の中にいる１人の人を「中心」にするイメージがあります。これは、宗教的指導者たちが、自分たちが神の行動の中心にいると思い込んでいたことに対して、その構造を逆転させる姿勢を元にしたとも理解できるでしょうと。

・「現代の教会では、障碍を持つ人々の多くは、もはや神の国の実現に中心的な役割を持たれていない。けれども、地域教会は積極的なアプローチで、障碍者が持つ賜物や必要に対して意識を高め、その人々が教会で奉仕・活動できる方法を考える必要がある」（デニス・シャーター）[105]。

「海辺」の群衆（マルコ 3:7-12）

　この話もマルコの編集です。人々に「明白に知られるようにしないように」（3:12）と命じるのは、そう言い続けているのにイエスはどんどん有名に成ると暗示させる、マルコの度重なる編集です。そこでマルコが強調するのは、イエスの癒しがすごい人気で、群衆が来るのは広く東西南北全体から：ガリラヤ湖の西部（ガリラヤ）、南部（ユダヤ、エルサレム、イドマヤ）、東部（ヨルダン川の向こう側）、北西部（ティルス、シドン）。
　そして人の幸せが、律法・儀式・慣習より優先されるというイエスの姿

104　デューイ「マルコ」p.363。Leander, *Discourses of Empire,* p.210.
105　Dennis D. Schurter, "Jesus' Ministry with People with Disabilities".

勢は、権威構造に逆らうイメージで作られていますが、歴史のイエス自身もそのような姿勢とイメージを持たれていた可能性大でしょう。そして、病苦（mastiks ムチ、苦痛）を持つ人々が、触る（haptō. 注 60）ことで癒されるという願いを持ってイエスの所に来ることは、実際にあったと理解されています。[106]

　イエスに対して「神の息子」という呼びかけが最も多く使われるのは、「悪霊払い」の話です（3:11. 5:7. ルカ 4:41. 8:28. マタイ 8:29. サタン：マタイ 4:3, 6. ルカ 4:3, 9）。人間よりも、「霊」のほうが、イエスの本質をすぐに見抜くという見方で、福音書前伝承からの可能性もあると思われます。[107]

「12 人」の選び（マルコ 3:13-19/ マタイ 10:1-4/ ルカ 6:12-16）

　マルコのイエスは山に登り、彼が望んでいる人々 12 人を呼び寄せます。山や丘は、ヘブル語聖書では神聖な顕現の場所の象徴（e.g. 出 19:3-25. 王上 19:8）ですが、マルコでは一貫していません（Cf.5:5. 6:46. 9:2-13. 11:1, 23. 13:3, 14. 14:26）。[108]

　12 人を呼び寄せた目的は、イエスと共に居る、宣べ伝える（kērussō）ように使わす（apostellō）、悪霊たち（daimonion 複数形）を追い出す権威（eksousia 権能）を与えること。悪霊たちを追い出す力（1:21-28. 3:15, 20-27. 6:7. 7:24-30. 9:14-29）は、病気を癒す力（1:29-34, 40-45. 2:1-12. 3:1-6. 5:25-34. 6:5, 53-56. 7:31,37. 8:22-26. 10:46-52）に結び付けられます。[109]

　「12 人」（dōdeka）は、イスラエル 12 部族の象徴です（民 1:4-16. 13:1-16）。日本語では「12 弟子」と言われてきましたが、原語ギリシャ語ではいつも「12 人」）。それで「12 人」は歴史的でなく象徴的表現で、諸福音書で名前

106　Myers, *Binding the Strong Man*, p.163. Tolbert, *Sowing the Gospel*, p.141. L. ウィリアムソン『マルコによる福音書』p.133。デューイ「マルコ」p.363。
107　Vermes, *The Religion of Jesus the Jew.*, p.172.
108　Black, "Mark". Sellew, "Mark".
109　Leander, *Discourses of Empire*, p.192.

も順も異なります（Cf. ヨハネ 1:40-49. 21:2. 使 1:13）。

　シモン、ヤコブ、ヨハネはリストの始めで、新しい名が与えられます（Cf. 黙 3:12; 22:4）。「新しい名」の命名は、イエスのオータナティブな共同体の強化を含意すると思われます。けれどマルコ物語では「内輪」の3人に批判的で、リストの最後はイエスを（祭司長たちに）「引き渡す」裏切り者としてユダを述べます。そして「召命された」イメージの話（2:14）のレビは書かれておらず、後の7人は再登場しません。[110]

　「使わされた者たちと名付けた」（3:14）という表現は、元の早いギリシャ語版では書かれてなく、「弟子」と書かれている異写本も多く、後から追加されたと思われます（そして、たとえこの表現が使われたとしても、後の時代での「使徒」という専門用語ではありません）。そもそも当時のユダヤのラビ（教師）は弟子を招集せず、イエスも「弟子召命」せず、この話は歴史的な出来事ではないと理解されています。

　この象徴的な話は、政治的な面を強く持ちます。福音書で述べられるイエスは、新しい連合形成の表現で「12人」を作ったのです。この言葉は、ヘブル語聖書（LXX）で司祭任命に使われています（サム上 12:6. 王上 12:31. 13:33 など）。それでマルコは、イエスがユダヤ教の権威に抵抗する共同体を作ったと編集した可能性大と理解されています。[111]

　要するに、イエスが「12人」を選んだという話は、歴史のイエスが行なったことではなく、マルコなりの意図を持って創作しました。そしてマルコは、イエスの新しい共同体形成の始まりに、ジェンダー差別を根本から持ち込みます。説教・癒しを通して神の領域の拡張に参加するよう召されたのは一握りの男性たちだけで、イエスの伝道活動のリーダーシップを

110　「熱心党（のシモン）」は、ギリシャ語「zēlōtēs」でなく、アラム語の「熱意」が語源の「kananeios」（熱心なる者）という言葉が使われています。また、「イスカリオテ（のユダ）」は、セミ系の「Iskariōth」が元で「カリオテの人」の意味（Cf. ヨシュ 15:25「ケリヨト」）。

111　Myers, *Binding the Strong Man*, pp.163-164. ウィリアムソン『マルコ』pp.137-138。荒井『著作集』① pp.85-86。

男性だけに限定したのです。歴史的には、正典内外の諸伝承から、イエスに最も近い協働者たちに女性たちがいたことは、知られています。マルコもそれを知っていたはずですが、男性たちだけに焦点を当て、女性たちのことは存在さえ見えないような形で物語を創作・編集しました。

　こういうことに私たちは意識を持って読むことが大切でしょう。そうでなければ私たちは無意識のうちに古代の父権制的価値観を染み込まされて、その再生産に加担し続けることになります。現代の私たちは、基本的なイエスの伝道活動の新しい神観・人間観・神の国観と実践に、しっかり向き合って行きたいと思います。[112]

　・ヴァチカンは、この話を正当化の根拠として、イエスと使徒たちは女性を叙任しなかったと論じて女性の叙任を拒絶してきた。この話は後の創作で、歴史的にイエスは誰も叙任しなかったことは広く知られているのだが（エリザベス・シュスラー・フィオレンツァ）。[113]

ベルゼブル論争（マルコ 3:20-30/ マタイ 12:22-32/ ルカ 11:14-23; 12:10）

　ここもマルコの特徴的サンドイッチ技法で、ベルゼブル論争（3:22-30）をイエスの家族とのエピソード（3:20-21, 31-35）で囲みます。

　イエスが「家」（oikos. 元は全財産を表す法律用語。注180）に帰ると、再び群衆が集まって来ます。するとそこに、イエスの身内が来ます。そして、

112　歴史的には、イエスは「12人」も、いかなる特定集団も、指名しませんでした：Elisabeth Schüssler Fiorenza, *Discipleship of Equals,* 104-16. Crossan, *The Historical Jesus.* デューイ「マルコ」pp.363-364。

　　当時は、女性が語り手・預言者・教師などとして活動していました。そんな中で人々は、多様な口頭伝承から女性たちが語られた物語も色々に聞いていたと考えられます。ところが後の教会で、女性たちの伝承は排除されて行き、男性中心の物語だけが正しい物として教えられて行く中で、4世紀末に正典が作られました。そして、そこに書かれた物が歴史的なものと思い込まされるように成っていった背景も、考慮することが必要でしょう。

113　Elisabeth Schüssler Fiorenza, *Changing Horizons,* p.129.

エルサレムからの書記たちも来て、論争になります。マルコの文脈では、ここの「家」は、ナザレのイエスの実家ではなく、カファルナウムのペトロの家です（1:29, 33. 2:1）。そしてマルコ物語では、イエスの「身内・家族」と「エルサレムからの書記たち」が、ここで最初に登場して、イエスの敵対者イメージで結び付けられます。

　イエスの身内は、彼が「気が変になっている」（注67）と聞いて、イエスを「捕まえる」(krateō ← kratos 力) ために来ました。この言葉は非常に強い攻撃的な表現で、マルコでは政治的拘留に使われます（6:17. 12:12. 14:1, 44, 46, 49, 51）。そして、「気が変になっている」というのは、悪霊に所有された者だという嫌疑を予期させる形で、マルコはベルゼブル論争の枠組みとして創作しています。ただし、イエスの身内が、イエスが「気が変になっている」と実際に聞いたり疑ったりしてイエスの所に来たという話は、恐らく背後に古い伝承があったと理解されます（Cf.3:31-35）。

　歴史のイエスが悪霊払いを実践し、彼自身が「悪霊に取りつかれている」と告発されていたことは、現実にあったと理解されています（Cf. ヨハ 8:48,52. 10:20）。古代社会では、悪霊の存在は当然と思われていて、誰かが常識から外れていると思われると「悪霊に取りつかれている」と見られました。イエスの悪霊払いの福音書の描き方は、同時代の状況とほぼ重なります（例 . Q/ ルカ 11:14-15. マタイとルカは、口の利けない人の悪霊払いで類似しているので、Q 伝承に基づくと思われます）。

　別々に語り伝えられた伝承「マルコ」と「Q」で、ベルゼブル論争は両方とも同じ構成：①イエスが神の敵と共謀しているという攻撃。②イエスが３つの言葉で応答：「王国・家・サタン」の分断。③「強い者の家」との比較。このことは、この論争（言葉の塊）が極めて早い時期に構成されて語られ、異なった伝承で展開されたことを示します。そして、「強い者の家」（マルコ，マタイ，ルカ，トマス）、「サタンの分断」（ルカ 11:17-18）は、歴史のイエスの言葉に近い可能性大と理解されています。[114]

114　Boring, Berger, Colpe eds., *Hellenistic Commentary*, pp.174-175. Crossan,

そして、告発に対するイエスの応答は、イエスらしい皮肉(ひにく)かも知れません。敵対者の見方を取り入れてその論理を転覆(てんぷく)：「あなたがたが言うように、もし私がサタンの頭(かしら)・仲間なら、その私によってサタンの領域(りょういき)自体が分断される。そうなると、サタンは自分自身の手で、私を通して終わりになる。あなたがたは、そう言いたいのですか？」。こうして、敵対者たちが言おうとしたことが、その反対のことを言ったようにさせます。これはイエス自身の声が響(ひび)く感じと言われます。ただし、諸福音書で「書記たち」「ファリサイ派」「群衆……中に」という表現は、元の伝承では単に「人々」だった可能性があります。[115]

Historical Jesus, pp.318-319. Myers, Binding the Strong Man, pp.164-168. Black, "Mark".

　「**悪霊払い**」に関する人類学によると、悪霊払いをする者を「悪魔・悪霊」に結び付けて、権力者が攻撃するのは通常のこと（注42）。例えば「魔女狩り」は、「不信・断絶・否定」のイメージ作りで「魔女」を人々から遠ざける戦略が作られました。つまり支配階級が覇権に脅威を感じると、相手を（神話的文化的）「悪魔」と同定することによって否定・非難・無力化させます。

　「**ベルゼブル**」という言葉は特定出来ませんが、多分セミ系語源で「蝿の主」（「Baal of Zebub バアル・ゼブブ」王下 1:2, 3, 6）に由来する言葉で、「家の主」（マタイ 10:25）との理解もあります［「蝿の主」の「蝿」は、古代エジプトなどで「再生に向かう死」の象徴でした。イザヤ書では、エジプトからハエが招集されます（イザ 7:18）。このことは渡邊さゆりさんから個人的交信で教えられました］。

　しかし、なぜイエスは特別に「ベルゼブル」と結び付けられて攻撃されたのか？ イエスは自分自身が「恍惚」（trance）状態で癒す時があったのか？

　「歴史を通して、ASC（altered state of consciousness. 異なった意識状態）は、様々な癒しで重要な役割を持ってきました。このような状況に入ることは、実はほとんどの心理学的セラピーに活用されてきました。催眠術セラピーなども治療におけるASC活用の明らかな例」（Arnold M. Ludwig）。それでイエスのそうした面は、伝承が無視・排除されてきた可能性もあると思われます。だがイエスは、ただ神の国について論じた教師・説教者ではなく、社会・政治的含蓄の機能を転覆させる癒しと悪霊払いを実践しました。イエスとASCの繋がりに関する問いは、単純に否定せず心を開いておくほうが良いと言われます。John Dominic Crossan, Jesus A Revolutionary Biography, pp.91-93.「ASC」について山口里子『マルタとマリア』p.153。

115　The Jesus Seminar, Mark, pp.83-86.　ちなみに、「どうしてサタンの支配者（archontos）がサタンを追い出せるのか？」（3:23）を、日本語訳では「支配者」

日本語で「神の国」と話している元のギリシャ語は「バシレイア」（basileia: 王国、王の統治・領域）です。ここでイエスは、政治的支配の用語「王国」（バシレイア）と「家」を、サタンと結び付けています。当時の多くの人々には、「ローマ王国」と「ヘロデ家」をサタンが支配しているというイメージを持っていました。それで、このような言葉（3:27）は、歴史のイエス自身が言ったと理解されます。

　しかしマルコで語られる「神の国」（バシレイア）は、ローマ「王国」（バシレイア）に抵抗するものでありながら、ローマ帝国の「皇帝＝主・神の息子」と同様に、上に立つ「主」イエスが下で従う「弟子」たちに特定の権威を与えて何度も命令する、「頭（あたま）のすげ替（か）え」の物語にしていると言われます。その上、歴史に生きたイエスは、身分やジェンダーを越えて共に活動したのに、マルコの編集では、上下関係を描き、女性を削除します。それで、「歴史のイエス」を「マルコのイエス」にすげ変えて編集したと言われます。こういうことについても、私たちが「神の国」をどのように思い浮かべるか、しっかり考えることが必要でしょう。[116]

　冒瀆（ぼうとく）に関する言葉（3:28-29）には、変更版（へんこうばん）が多くあります。３つの主流：①マルコ、② Q（＝ルカ 12:10）、③トマス（44:1-3）。マタイはマルコと Q を合わせて編集。「罪」（hamartēma）は「人間の諸々の罪」（複数形）と「永遠の罪」（単数形）。「人の息子たち」（複数形）は人間一般です（マタイは、単数形にしてキリスト論的発言に変更。ルカは削除）。共通項は、「聖霊への冒瀆は許されない」で、元になった伝承の古い版では、「人の子」「父」「息子」は「人間」を意味して、人間に対する罪・冒瀆は許されるけれど、

――――――――――――――――――――

が削除されています。

116　Crossan, *Historical Jesus,* pp.318-319. Tat-siong Benny Liew, "The Gospel of Mark".
　　死海文書でも、「神の国」は、人間の生活・歴史を支配するサタンに対抗する闘いを巻き込んでいます。これはガリラヤ農民もクムラン教団の人々も、被征服民としての自分たちの苦境を説明するものと理解していたでしょう。Horsley, *Jesus and Empire*, p.101. *Text and Tradition*, p.242.

「聖霊」に対する罪・冒瀆は許されないというような、ユダヤ教的な意味を持っていた可能性大と思われます。

　こうして、ここの言葉は歴史のイエス自身によるものです。つまり人間が作ったものなのに「神の掟」として絶対化する「律法」に対して、最もラディカルな批判と理解されます。抑圧された貧困生活状況のゆえに律法を守ることのできない人々・病人が、（罪への神の罰とみなされて）「罪人」として偏見・差別・非難の対象にされていました。そんな中で、律法によって人々の生活を「諸罪」「冒瀆」と見なして、差別社会を正当化していた支配者たちこそが「聖霊を冒瀆する」として、イエスは心底から激しく憤ったでしょう。それで、まさにあからさまな挑戦をしたと理解されます。[117]

・NHK こころの時代「問われる宗教とカルト」で、若松英輔が、次の三つのどれか一つでも当てはまることがあるなら、たとえ伝統宗教であってもそれはカルトに陥ると指摘しました（2022.10.9）。①恐怖（恐れによって人を思考停止に追い込む）、②搾取（持たざる者からその生活が破綻するまで搾り取る）、③拘束（一度入ったら扉を閉じて教団内に縛り付ける）。……キリスト教でも、信じることと疑問や迷うことを対立するものと捉えているとすれば、危ういことです。迷う自由や背く自由すら与えられて創造されたのが人間であるというのが原初史（創世記 1－11 章）の人間観だからです。さらに宗教は反体制であるけれど反社会的ではないとの指摘も大切なことです。社会の福音化が教会の存在理由で、そのためには教会は現状に埋没することなく「対抗共同体（たいこう）」であることが求められているからです（浜崎眞実）。[118]

117　The Jesus Seminar, *Mark,* pp.83-86. Crossan, *Historical Jesus,* pp.318-319.
　　　トマス（44）では、神を「父」と呼ぶ特徴があり、「父」「息子」「聖霊」が使われています。それで「三位一体」のイメージで受け取る人がいますが、「三位一体」論は 4 世紀になって教会で作られたものです。ここのテキストではユダヤ教的な理解で、「父」「息子」は上下関係を含めた「人間」を意味し、「聖霊」は「聖なる神（の霊）」を意味すると理解されます。
118　浜崎眞実「信教の自由を守る日」（『三笠ニュース』2023.2 月号）。上記の言葉へ

・真実の歴史を動かすのは、権力や暴力、武力ではなく、正義を求める人々の勇気と知恵と連帯（山口里子）[119]。

イエスの「家族」

（**マルコ 3:31-35**/ マタイ 12:46-50/ ルカ 8:19-21/ トマス 99）

ここの「家族」に関する話は、４福音書に書かれており、古い伝承が別々の流れで語り広げられたと思われます。そもそも「父母を敬え」という掟は、ヘブル語聖書時代から教えられてユダヤ教にもキリスト教にも共通なので（出 20:12. コロ 3:20. エフェ 6:1-2）、イエスが実の母を否定するような言葉は、誰も創作できないと考えられます。その上、イエスの死後、エルサレム教会指導者は弟ヤコブなので、このような話を初期教会が創作したとは考えられません。それでここは完全に正確でなくても、イエス自身の言葉と理解されています（3:33-35）[120]。

実際のところ、イエスと家族関係は余り良くなかったと考えられています。そして、そのような古い伝承を基にしてマルコは、イエスと家族の衝突を特に強調して描き、「身内」（hoi par autou: 彼からの人々。マルコの妙な表現）である「家族」が「周り」「外」に「立つ」と２度繰り返して述べます。そして血縁でない「群衆」（オクロス . 注 77）がイエスのすぐ「周り」に「座っている」と表現して、イエスと家族との決定的分裂をイメージさせます。これによってマルコは、特に弟ヤコブが指導者となるエルサレム

の付加「対抗共同体」について：教会は自らをこの世から分離しない仕方で、この世のもろもろの構造、あらゆる共同体に対して、対抗的構造、対抗的共同体でなければなりません（石田学「日本で福音を宣べ伝えるということ」『次世代への提言！』新教出版社 2020. P.254）。

119　山口里子「『これで死ねる』と泣く女性たち（元従軍慰安婦）」（恵泉女学園大学『恵みの泉』2002）。

120　The Jesus Seminar, *Mark*, pp.86-87. 荒井『著作集』① 357-359。

教会の批判をしていると思われます。[121]

　ですから状況設定はマルコの創作ですが、イエスの言葉は古い独立伝承でしょう：「誰が私の母と兄弟たちですか？　ここに居るのが私の母と兄弟たちです。なぜなら、もしも神の意思（*thelēma* 望み・思い）を行うなら、その人が私の兄弟と姉妹と母です」（マタイでは、この言葉は「主よ、主よという者が誰でも天の父の意思を行う者ではない（マタイ 7:21）」という、イエスの批判的な言葉と繋がりを持つと思われます）。[122]

　イエスの「血縁の家族」ではなく（霊的な）「真の家族」についての言葉は、古代の血縁関係第一の価値観の世界で驚かれるものです。古代社会における基本構造は、血縁に拠る父をトップにする父権制の家族・親族。そういう「拡大家族」（親族）構造は、アイデンティティの基盤であり、家族の連帯は生活のあらゆる面でサバイバル（生き残り）に欠かせないものでした。しかしそれゆえに、個人への重圧・抑圧にも繋がります。

　このような状況で前マルコ伝承は、当時の父権制的な血縁家族を、イエスの周りに居る性別を越えた「平等な共同体」に対照させています。その「真の家族」には、家族を下に置いて支配する「父」は存在しません。このことは、父権制的な血縁関係の「家族・親族」中で、「夫に仕える妻」・「子を産む母」の役割に束縛されていた女性たちへの、解放の「福音」として根付いたと理解できます。それは、イエス運動での女性たちの積極的な活動にも繋がるでしょう。[123]

121　滝澤武人『イエスの現場』p.213。なお、「（イエスの）兄弟」（3:31）とサラッと書かれていることは、マルコが「マリアの永遠の処女性」という後の教義を全く知らなかったことを示します。4 世紀ニケア会議の教父たち（ヒエロニムスなど）は、マリアの処女性にこだわって、イエスの「兄弟」を「いとこ」「おじ」（マリアの兄弟）などと論じていました。そしてヨセフが登場しないのは、イエスの活動前にヨセフは既に死んだという解釈をしました。Meier, *A Marginal Jew*, p.318.

122　The Jesus Seminar, *Mark*, pp.86-87. Vermes, *The Religion of Jesus the Jew*, p.166.

123　シュスラー・フィオレンツァ『彼女を記念して』p.464。山口里子『イエスの譬え話』① pp.111-140。また、福音書によると、ある時、イエスを生んだ母が幸い

ここの話では、「母と兄弟たち」という表現が2度使われています。古代の男性中心言語では「標準形＝男性形」ですから、「兄弟たち」は「男性」だけに限られず「女性」も含まれる表現です。けれど、イエス自身の「真の家族」の言葉では、全て単数形で「もしも神の意志を行なうなら、その人が私の兄弟（adelphos: brother）と姉妹（adelphē: sister）と母です」（3:35）と述べています。こうして「姉妹」を述べることで、女性の存在を明白にされます。

　イエスが語りかけ実践した、伝統的・父権制的な秩序・価値観に挑戦するラディカルな平等主義の生き方は、家族・親族・近所の人々との摩擦（まさつ）・軋轢（あつれき）を起こさざるを得ません。イエスに繋がる生き方は、父権制的な家族関係に平和ではなく嵐をもたらすというイエスの警告（けいこく）（マタイ 10:34-36; ルカ 12:51-53）には、このような背景があります。そして、これに繋がるイ

だという、いわば世間的に通常の褒め言葉に対して、イエスは、幸いなのは子を産むことでなく、神の意思を行なって生きることと、述べます（ルカ 11:27-28）。そのようなイエスのジェンダー平等観で、女性たちも、当時の「性的少数者」たちも、心底慰められ、癒され、解放され、勇気を得られて、イエス運動に様々な形で繋がり参加した多様な「女性たち」も少なくなかったと思います。

　ところが後の教会で、パウロが父権制的タテ関係をクリスチャンの正しい在り方と教え出して、女（妻）は男（夫）に従うべきと定めました（コロ 3:18）。もちろん、パウロは当時の背景状況の中で色々考えたでしょう。けれど結果的に、女は子を産むことで救われる（1テモ 2:11-15）というような、イエスと正反対の教えを「イエス・キリスト」の名を使って教え出されました。Cf. 山口雅弘「訳者あとがき」。山口里子『いのちの糧の分かち合い』pp.166-195。

　このような言葉は、現代においても、「母」「母性」をどうとらえるか、根本的な問いに繋がるでしょう。そもそも、「男」は「父」「父性」に焦点を当てて縛られず、「女」だけが「母」「母性」に注意を向けられます。こうしたことは、たとえ「母」「母性」を肯定・称賛する姿勢でも、それが個人の生き方・尊厳や社会の価値観・構造にどのような影響を持つのか、しっかり問い直すことが大切でしょう。これと繋がって、教会は如何に「性的少数者」の女性たちを無視・差別・抑圧してきたのかも、真摯に向き合うべきと思います。Cf. Thomas Bohache, "Matthew", p.508. Robert Goss, "Luke", pp.535, 544. Rosemary Radford Ruether, Christianity and the Making of the Modern Family, 25-28. Cf. 山口里子「同性愛やセクシュアル・マイノリティってキリスト教ではどう考えられるの？」。

エスの言葉では、福音のために失う「家族」に「父」が含まれていますが、新しく与えられる「家族」にはトップに立つ「父」は含まれていません（Cf. 10:29-30）。[124]

　ただしマルコは福音書物語で、イエスは先に男たちだけの「12人」で内輪を作り、その外側の人々を新しい「家族」と呼ぶ話を創作します。こういう形でマルコの話では、血縁による伝統的権威構造を壊すけれど、結局、「外と内」「男と女」の二元論で保守的な構造を再構築します。元々、イエス自身が述べたのは、ピラミッド型の父権制的社会構造を根底で支える「血縁家族」を乗り越えて、血縁もジェンダーも越えた新しい「真の家族」を求めていくということでした。けれどそのイエスの姿勢が、マルコのイエスでは、別な形で父権制的・差別的な二元論に置き換えられてしまいました。[125]

　その後のキリスト教の父権制的な歴史を学び、私たちはこのような問題にどう向き合い行動していくのか、そもそも当時の「家族」について新しい視点を持とうとする時、現代ではどのような表現が適切なのか、それは個人についても社会構造についても、どのような未来の道を拓くのか、問われているでしょう。[126]

124　シュスラー・フィオレンツァ『彼女を記念して』pp.228-229。Elisabeth Schüssler Fiorenza, *Empowering Memory and Movement*, pp.491-511. 山口里子『虹は私たちの間に』pp.304-305。

125　Myers, *Binding the Strong Man*, pp.167-168. デューイ「マルコ」p.363。参考：山口里子『虹は私たちの間に』pp.304-306。

126　**参加者の「声」**：
　　＊家族・親類だけでなく、社会のあちこちで既に壊れた関係性は山ほどありますから、破壊を恐れず無秩序を恐れず、出会いの中で新しい関係を作ることも、道の一つなのかも知れない。
　　＊ハンセン病療養所では、入所するとまず、父・母・兄弟・姉妹というような形で入所者が新しい「家族」を紹介されました。それは管理・監視しやすかったからです。家族制度は誰のためか？　イエスはそこに気づいて家制度・国家構造に対する痛烈な批判をしたのでは？

・「イエスの母と兄弟がイエスを自然の家族に取り戻しに来た時、イエスは既に新しい霊的な家族を見つけていました。性的少数者にとって、こういうことはいつも起きます」（アルハウス・リード[127]）。

種まきの譬え話と説明

（**マルコ 4:1-20**/ マタイ 13:1-23/ ルカ 8:4-15/ トマス 9）

この譬え話は、異なる流れの4伝承で書かれており（**マルコ** / マタイ / ルカ / トマス /1 クレメンス）、全てオリジナルの3つ組構造が保持されています。それで、元は歴史のイエスに遡る古い伝承と理解できます。そして、元のアラム語口頭伝承からギリシャ語への直訳と理解されますが、それぞれの書でかなり編集されています[128]。

ここのテキストでは、始まりはマルコの編集句（4:1-2）で、ここだけでマルコが好む言葉「教える」（*didaskō*）が3回繰り返されています（日本語では最後のを「言う」に変更）。「耳のある者は聞け」は、理解困難と思われるような言葉・話の後に繰り返し使われます（マルコ 7:16. マタイ 11:15. 13:9, 43. ルカ 8:8. 14:35 など）。ここでも譬え話の結語（けつご）として付加（ふか）されまし

＊非婚女性たちのシェアハウス、子育て共同体などの動きが広がって、性別・年齢・家族の持ち方・出身・民族などの境界線を越えた共同生活の「居場所」作りなどが広がっています。「家族」ではなく「仲間」「友だち」と呼び合える共同体作りが、自分らしく生きるのにずっと気楽だと思います。その一方で、少し経ったら「単身生活」に出て行く人々も居て、色々と工夫や多様な形の道を作るのが必要とも思います。

127　Alhous-Reid, "Mark", p.522.

128　この「種まきの譬え話」については、既に詳しく書いたので、ここではごく短くします。参考：山口里子『イエスの譬え話』②第2章。

なお、日本語聖書では、〈「種を蒔く人」のたとえ〉と小見出しが付けられています。しかし「種」という言葉は1度も言われてないです。「（種蒔く）人」も始めに1度だけ。繰り返し使われているのは「種蒔きする（*speirō*）」という動詞です。ですから、「種」ではなく「種蒔きする」庶民の日常の「働き」に注意を向ける語り方の反映と理解されます。

た（トマスが好む言葉なのにトマス福音書には入っていません。ですから元の伝承にはなかったでしょう）。

　パレスチナでは、農民たち皆が小さい時から日常的に種蒔きの経験を持ちます。ですから、この「種まきの譬え話」（4:3-8）は、農民の日常の働きに注意を向ける語り方と言えます。そして口頭伝承の特徴の一つ「3」が、「損失の3組と増加の3重のリズム」で語られています。

　①「種まきする人が種まきに出て行った。そして種まきをした」。

　②「1つは、道端に落ちて、鳥たちが来て食べた」。

　③「他の1つは、多くの土を持たない岩の上に落ちて、すぐに（外に）伸びた。深い土を持たないので根が枯れた」。

　④「他の1つは、茨（いばら）の間に落ちた。茨が（上に）伸びた。そしてそれを窒息（ちっそく）させた。そして実を結ばせなかった」。

　⑤「そして他の（複数形）は、良い土の上に落ちて、実を結び続けた。（芽が）上に伸びて、増えて、成り続けた。1つが30倍に、1つが60倍に、1つが100倍に」。

　農民が日常の労働生活で経験して知っているように、種まきに損失（そんしつ）はつきもの。そして、どんなに頑張（がんば）っても不作（ふさく）の時もあります。けれど必ず豊作（ほうさく）の時は来て、驚くほどの収穫（しゅうかく）の喜びがあります（規則的な3倍の90ではなく100なのは、明るく開かれていることを象徴）。

　パレスチナの農民は、生きることに欠かせない実りが、人の労働だけでは得られず、神の恵みがあってこそと、先祖から教えられ、自分たちの経験からも実感し、神に願い感謝して生活してきました。その基に「シェマー（聞きなさい）」の戒めの伝統的神理解・信仰理解・教えがあります。

　ただしその教えには、神の祝福・恵みの裏側（うらがわ）に呪（のろ）い・罰があり、「不作」を自然界の影響と見ず、農民たちが神の戒めに背いた故（ゆえ）として、苦しむ農民たちをさらに苦しませます。これは、「農民たちの労苦（ろうく）の軽視（けいし）」⇒「幸せな人生に必要なのは神への服従（そむ）（⇒具体的には神殿への奉献順守）」⇒「富裕（ふゆう）者・権力者は神から祝福を受けた正しい者、困窮者は罰を受けている者、

という印象に繋がる」⇒「不公正な抑圧・差別社会構造の正当化と、弱者〔じゃくしゃ〕の自尊心・抵抗の主体性を否定」です。

　こうして、貧しい農民たちが、自分たちは神の国にふさわしくない・入れないと思い込まされるような状況で、イエスはこの譬え話を語りました。それは、抑圧的な戒め〔いまし〕・教え〔しば〕の縛りから解放されて、自分たち自身の生活経験を基に、神を信頼して生きていく希望を伝えようとしたと理解されます。

　この譬え話の次にマルコで書かれている「説明」は、後の教会が作ったものです（4:10-20/ マタイ 13:10-23/ ルカ 8:9-15。パウロや使徒たちが使う用語の特徴も）。そしてここで教えられる解釈は、イエスがガリラヤ農民たちに語った譬え話自体（4:3-8）と合いません。マルコでは、イエスが人々に話した後で、「弟子」たちに神の国の秘密を秘かに説明します（この技法はマルコ編集に顕著。7:17-23. 9:28-29. 13:3-37）。そしてヘブル語聖書の「引用」は権威的な印象を持たせて（Cf.1:2-8）、敵対者たちの「心のかたくなさ」（例 . 出 7:14, 22）と、「いつまで？」という絶望的な問い（例 . ダニ 12:7）と、「（預言は）成就される」（例 . イザ 6:11-13）というイメージを作ります。[129]

　イエス自身が語った「種まきの譬え話」は、貧しくされた人々への希望と力づけのメッセージだったのに、マルコはこのような説明で、ほぼ正反対のメッセージに編集しました。すなわち、自分は心が頑な〔かたく〕で、この世のことに心が奪われる〔うば〕不信仰なダメな者だと、反省や自己否定に繋がる警告

129　譬え話を寓喩的解釈で説明することは、初期教会の産物です（トマスには無し）。「（あなたがたは）分からないのか？」は、マルコが繰り返す弟子批判（例 . 6:52; 8:17, 21）。そしてマルコの弟子批判は、まさにイエスの「12 人」が分かっていないという編集で、初期教会が閉鎖的・独善的な姿勢を持っていると批判しています。マタイとルカは、マルコの辛辣さをここでも和らげています（マタイ 13:14-17. ルカ 8:10）。The Jesus Seminar, *Mark*, pp.93-95. ドッド『神の国の譬』p.16. Bernard Brandon Scott, *Hear Then the Parable*, p.344. Horsley, *Text and Tradition*, pp.282-285. Leander, *Discourses of Empire*, p.197. Myers, *Binding the Strong Man*, pp.172-177. 荒井『著作集』① pp. 296-297, 300-301。滝澤『イエスの現場』p.164。

のメッセージに変えてしまいました。そして後の教会は（現代に到っても
なお）、イエスの語ったことと正反対のメッセージを、「イエス・キリスト
の教え」として教え続けて来ました。この現実を私たちはどう捉え、どう
向き合うでしょうか？[130]

「灯」と「秤」の譬え（マルコ 4:21-25/ ルカ 8:16-18）

マルコは、別々の独立伝承を 1 つにまとめて編集しました。[131]

① 「ランプを置く」（マルコ 4:21/ ルカ 8:16. Q: ルカ 11:33/ マタイ 5:15. トマ
ス 33）。

② 「隠れたものは光へ」（マルコ 4:22/ ルカ 8:17. Q: ルカ 12:2/ マタイ 10:26.
トマス 5:6/ パピルス POxy654）。

130　**参加者の「声」：**
　　＊聖書に書かれたイエスの言葉について、「上から目線、なに様なの？」と、ノ
ン・クリスチャンのパートナーから言われました。「×× でなければいけない」「×
× な者は御国には招かれない」という教えは、本当に苦しい状況に居る人、自分
をダメだと思っている人にとっては、福音でもなんでもなく、単なるいじめ・お
どしでしかないと思う。そして、聖書に間違ったことは書いてないというイメー
ジや思い込みも、問題だと思う。
　　＊現代の多くの教会が慰めを感じるメッセージを語る時、今本当に酷い社会状
況で絶望させられている人々の慰めにはなっていないのかも知れません。本当に
踏みにじられている人々、自己否定に追われている人々を放置する社会構造・権威
への怒りを直接語ると、教会では自分が否定されたと感じる人々がいる？？　こ
ういう教会の状況に私たちはどう向き合うのか？？　希望はある！！蒔き続けよ
う！！　神への信頼ゆえに。
　　⇒この「声」を聴いて私が思うには、何かに抵抗する時、必ず誰かを傷つけ得
ます。その時、自分の言葉が傷つけるのは誰なのか？　どういう道を作るのか？
と、考えます。そして、自分は正しいと信じ込んで他の人を踏みつけ続けている
人を傷つけるなら、それを覚悟で発言するほうを選びます。誰も傷つけたくない
と思って黙しているなら、結局は差別社会構造の現状に加担するだけ、加害者に
留まるだけだと思いますから。その上で、「希望はある！！　神への信頼ゆえに」
というような思いを分かち合って共に学び行動することは、人生に本当に大切・
幸いと私は思います。

131　The Jesus Seminar, *Mark*, pp.96-100.

③「秤への秤」（マルコ 4:24. Q: ルカ 6:37-38/ マタイ 7:1-2. 1 クレメンス 13:2. ポリカルプス 2:3）。

④「持つと受け取る」（マルコ 4:25/ ルカ 8:18/ マタイ 13:12. Q: ルカ 19:26/ マタイ 25:29. トマス 41）。

①は、庶民の知恵。「油ランプ」は、オリーブ油を入れた容器に灯芯を差し込んで明かりを灯す物で、日常生活でいつも使われていました。この言葉はイエスに遡る可能性がありますが、元々はどのような状況でどういう意味を持って言われたのかは不明です。[132]

②これは「隠されていて現れないものは何も無い」という最もシンプルな形（トマス、パピルス）が、恐らくイエスに遡ると思われますが、格言的知恵をどういう状況でどういう意味で話したか不明です。他の色々な言葉と同様に、一般に知られている言葉をイエスは逆説的に、あるいは異なる意味合いで、語った可能性があるとも思われます。

③秤（metron）で、はかる（metreō）。これは基本的に法的勧告の言葉を使って神の裁きを告げています。それはイエス自身の他のメッセージと不和で、イエス自身に遡ると思われず、追加の言葉（ルカ 6:38b, マルコ 4:24）は、後のクリスチャンたちの言葉だと理解されています。

④これは慣習的教えにある報酬と懲罰のシステムを批判し、人々の思い込みを逆転させる言葉で、イエスに遡る可能性があります。実際、マルコ・トマス・Q の別々の伝承に独立した言葉として残されています。ただ、Q は譬え話の結論に編集して入れて、それをルカとマタイはそれぞれ編集した（マタイ 25:29「タラント」/ ルカ 19:26「ムナ」）と思われます。

こういうテキストを読む時に、格言や慣習的な教え・勧告を、どのように受けとめるか、タテ社会の構造による思い込みを継承させるのか、逆転させるのか、私たちは問われているのではないかと思われます。

132　参照：山口里子『イエスの譬え話』② p.143。

「成長する種の譬え話」（マルコ 4:26-29/ トマス 21）

　この譬え話はマルコとトマスにあります。そして、トマスはヨエル書（4:13）の「鎌を入れる」「刈り入れの時」と繋がり、マルコもその暗示に僅かに繋がるとも言われます（マタイとルカが取り上げなかったのは、理解が難しかったからとも思われます[133]）。

　当時、農民たちの間では、「農民・種・土地」の３つの「行動」が協奏することで、良い時機に収穫の時が来ると広く理解されていました。つまり、農民が努力して働く中で、神の恵みが根底にあると信じられていました。その理解と同様に次の「からし種の譬え話」（マルコ 4:30-32/ マタイ 13:31-32/ ルカ 13:18-19）も、「パン焼きの譬え話」（マタイ 13:33/ ルカ 13:20-21）も、神の国の実現が神秘的な性格を強調すると共に、人間が働く努力・協力が大事だとのイメージが持たれています。ですから、それらの２つの話はイエスに遡る可能性が高いと理解されています（それらについては、次のテキストで学びます）。

　しかし、ここの「成長する種の譬え話」は、人が「種を投げた（ballō）」だけで成長するとして、人間の働きの大切さが無視されたような語り方です。それで、この話はイエス自身に遡る可能性が低いと思われています。なぜマルコは、この話を入れたのでしょうかね？

133　The Jesus Seminar, *Mark*, pp. 100-101.　ここで種の成長に使われる言葉は、すぐ前の「種まきの譬え話」と全て異なります。
　　「種まきの譬え話」（4:3-8）：実を結び続けた（*karpos*+*didōmi* 未完了形）・（芽が）上に伸びた（*anabainō*）・増えた（*auksanō* 受動態）・成り続けた（*pheidomai* 未完了形）。
　　「成長する種の譬え話」（4:26-29）：芽を出す（*blastanō*）・成長する（*mēknō*）・実を結ばせる（*karpophoreō*）・実が熟す（*paradidōmi*+*karpos*）。

「からし種の譬え話」（マルコ 4:30-32/ マタイ 13:31-32/ ルカ 13:18-19）

このテキストでは、全ての種より小さいからし種が成長する、そして全ての野菜より大きく成って、大きな枝を作る、そして鳥たちが宿ることが出来るようになると、述べられています（「からし種」と「パン焼き」の話は、トマスでは別々の所ですが、Qでは繋げられています。恐らくQが2つを繋げて、ルカとマタイがそれを元に書いたのでしょう）[134]。

この譬え話は、神の国は不確実な小さな始まりだが、偉大な結末になるという小と大の対照を強調と、理解されてきました。しかしイエスが語ったオリジナル版では、神の国が聳え立つ偉大な巨木でなく、畑・庭の灌木にして皮肉なパロディで語られています。つまりこの譬え話は、神の国を身近な貧弱なもののイメージにして、当時の人々にはショックだったでしょう。そのような民間伝承が、諸福音書で編集して書かれた「イエスの譬え話」では、ヘブル語聖書の大木のイメージに肯定的に結び付けられました。こうしてイエスの批判的な視点が真逆の方向に改変された代表例の一つと理解されます[135]。

イエスのオリジナル版は、ヘブル語聖書時代からの、神の国についての偉大なイメージに挑戦し、それと共に、巨大なローマ帝国を念頭におき、強大な政治権力に抵抗します。実はヘブル語聖書自体でも、エゼキエル書の巨木なレバノン杉のメタファーは、巨大な政治的覇権で諸国民を「保護下（支配下）」に置く帝国の権力構造を、神は「切り倒す」（エゼ 31:12. ダ

134　この譬え話については、既に詳細に書いていますから、ここでは短く紹介します。参考：山口里子『イエスの譬え話』②第3章。
　　　なお、「からし種の譬え話」と「パン焼きの譬え話」は、元は別々に語られたようでも、歴史のイエス自身による神の国の見方に繋がりがあって、ペアのようにされていました。けれどマルコは「からし種」の話だけ入れて「パン焼き」の話は入れていません（Cf.8:14-21）。

135　「パロディ」：古代の歌・詩・話を基に、異なる意味合いを持たせる模擬改作。

ニ 4:11）、「枯らす」（エゼ 17:24）と警告しています。ですから、そうした「巨大な気高いレバノン杉」が「聖なる神の国」というイメージとピッタリ重なっているわけではありませんでしたが、それが神の国に広く結び付けられて行ったのです。

一方、からし種は、小さくても、どんな地でも根を張り、境界線を越えて広がるので、「汚れ」に結び付けられていました。そして庶民の身近な庭・畑の片隅でちっぽけな藪なのに広がっていき、完全に根こそぎ取り除くことは出来ないので、時には「嫌われ者」にもなります。けれども庶民にとっては、種も葉も質素な食料・薬としても役立ちます。それに、その藪の枝々の間に、小鳥たちがシェルターとして身を寄せます。

この譬え話では、神の国をどのように思い描くか、私たちはどのように関わるか？　それが問われているようです。[136]

・「小さき花が集まって大輪に見える紫陽花のように、みんなで力を合わせていきましょう」（武藤類子）。[137]

136　「からし種」のような小さな「神の国」イメージを感じる、私の懐かしい思い出があります。アメリカ留学中の 1993 年に、「Women-Church」（ジェンダーも宗教も越えた「女性教会」）の第 3 回全国集会がニュー・メキシコで開かれ、私も発題者の 1 人でした。何百人の大講堂で、英語で話す経験を持っていなくて不安でした。その時、エリザベス・シュスラー・フィオレンツァが私に「Winsome Smile」（ウィンサム・スマイル）という言葉を教えてくれました。「不安な時ほど『大丈夫、やれる！』と自信のスマイルを持つのよ」と。それで気が楽になって話せました。話のすぐ後で、車椅子の女性が私の所に来て言いました、「私は耳が聞こえないので、前の席であなたの口の動きを見て話を聞きました。あなたが何を言いたかったか分かって共感しました。日本人に会ったのも話を聞いたのも初めてで、すごく嬉しく元気を与えられました！」。それを聞いて、私のほうがビックリ仰天！そして私たちはハグし合いました。そんな思いがけない出会いは嬉しいですし、そんな形で小さな「神の国」を体感するのは素敵と思います。あなたも不安な時、「Winsome Smile」を思い出してくださいませ！

137　武藤類子、福島原告訴団の声。

譬え話で語る（マルコ 4:33-34/ マタイ 13:34-35）

　ここでは、イエスは人々に譬えを用いて語るということが述べられています。このことは、歴史に生きたイエス自身が人々に語る時、多くの場合、譬え話で語ったと、聖書学で認識されています。

　「譬え話」（パラブル parabolē ← paraballō 傍に投げる）は、正しい答えを教えるのではなく、「問いを投げかける」話し方です。そしてイエス自身の譬え話の語り方は、特に、農民生活を中心とした庶民の身近な事柄を基に、当然と思われて来たことに対してハッとさせられ、ショックな問いを残されるような語り方に特徴があります。つまりイエスは、身分が低く貧しく貶められた人々が、教えられ命じられたままに行動する生き方を押し付けられる社会で、当然とされていた事柄にハッとして、自分で考える・考え直すきっかけを提供する話し方をしたのです。[138]

　ところがマルコでは、イエスの譬え話の後でイエスが「弟子」たちに秘かに説明して教えます。それは結局、人々が自分で考え、互いに語り合って思い巡らしをするよりも、上からの教えを学ぶようにさせる編集です。その上、イエスがいつも特別に「自分の弟子たちに、秘かに全てを解き明かした」のにも拘わらず、「弟子」たちはちっとも理解しないという弟子批判を強化させる、マルコに特徴的な編集です。

　歴史のイエス自身は、「12 人」とか「内輪」とかを作らず、「内の者」と「外の者」を設定して分けるようなことはせず、むしろ緩やかな繋がり・ネットワークを作って行動したと認識されています。そういうイエスの生き方・姿勢も、イエスの伝道活動の在り方も、問いかけた内容さえも、マルコは時々、真逆の方向に編集で曲げてしまいます。こういう歴史のイエス自身の包含的・平等的な姿勢・実践と、マルコ編集で作られた「マル

138　参考：山口里子『イエスの譬え話』① pp.13-19、② pp.11-13。

コのイエス」の排他的・上下的な姿勢・実践について、私たちは聖書を読む時に、しっかり意識を持って考えることが必要でしょう。[139]

突風を静める（マルコ 4:35-41 / マタイ 8:23-27 / ルカ 8:22-25）

　この話は、イエスたちが舟でガリラヤ湖を渡ろうとしたら嵐（突風・暴風）が起き、「弟子」たちが怖がり（deilos：臆病な .4:40. マルコではここのみ）、イエスが叱って静めたので、彼らは彼を恐れました（phobeomai）。ここでは「マセーテース」（弟子・学ぶ者・仲間）という言葉は一度も使われていませんが、マルコの文脈では「彼ら」は「弟子」たちのイメージです。

　元は簡潔な「奇跡」の伝承。ガリラヤ湖で、大変な嵐が突然静まることは良くあるので、そのような出来事が基にあり、口頭伝承で記憶しやすい３つ組が使われて、「大きな嵐・静まり・恐れ」の話だったと思われます。始まりに、意味の分からない句が２つ（4:36）:「（彼が）舟の中に居たまま」「ほかの舟たちも彼と一緒であった」。こういう言葉は元の伝承にあり、マルコはそれらの言葉の背景部分を削除して編集・創作したと思われます。[140]

139　Myers, *Binding the Strong Man*, pp.179-181. Horsley, *Text and Tradition*, p.244. 「教えられ命じられたまま行動する生き方」は、ピラミッド社会で下層の庶民が、当たり前のこととして押し付けられていたことです。これに対してイエスは抵抗して語りかけ、教えに従うよりも考え思いめぐらして、自分らしく生きることを互いに尊重して、共に生きようとする行動を取ったと理解されます。そして、イエス運動を継承した最初期クリスチャンたちは、自分たちの集まりを「エクレシア」（神によって呼び出された者たち）と呼び、平等関係を基本姿勢に示しました（注40）。けれど、マルコを始め諸福音書は、イエスだけに権威づけをして、その教えに従うべきとする書き方をしました。さらに、後のキリスト教文書はますます上下関係を強化しました。そしてクリスチャンたちの集まりの場は「キリアーケ（←キュリオス主）：church」（日本語で「教会」）という名で呼ばれるようになりました。こうして現代でも、クリスチャンたちの集まりの場は「チャーチ / 教会」という名で呼ばれ、礼拝は「説教」中心で、結局「上からの教えに従う会」の継続に成っていないでしょうか？　Cf. シュスラー・フィオレンツァ『知恵なる神の開かれた家』pp.212-213。山口里子『新しい聖書』pp.148-158。

140　Meier, *Merginal Jew* 2, pp.924-930. Clifton C. Black, "The Gospel according to

動揺せず平静に「眠っている」は、ヘブル語聖書の時代から、神への信頼の典型的姿勢です（ヨブ 11:18-19. 詩 3:6. 4:9）。マルコでは、先の話の汚れた霊と同様に、風もイエスに叱られて静かにされます。混沌とした水を鎮めるのは神聖な力を暗示します（創 1:2, 6-9. ヨブ 38:8-11. 詩 65:6-9. 74:13-15. 89:9-11. 93:3-4. 107:29-30. イザ 51:10. エレ 5:22）。イエスが（風を）叱るは悪霊払いと同じ言葉（注 44）。「静まれ」「黙れ」も同じです。マルコのイエスは、人の悪霊払いと同様に、海を荒れさせる悪霊の力に、悪霊払いをします。

　「恐れ（phobos）」対「信（pistis：信頼・信仰）」の緊張は、マルコに繰り返されます（5:33-34, 36. 6:50）。ここのマルコのイエスの言葉「まだピスティスを持たないのか？」（4:40）は、「神をまだ信じないのか（信頼しないのか）？」の意味です。その次に「大きな恐れを（彼らは）恐れた」（4:41）とは変な表現ですが、「大きな恐れ」は、神に対する人間の応答の特徴の一つでもあります。

　ここでは、恐れでパニックの「弟子」たちと、眠っているイエスのコントラスト。「弟子」たちのイエスへの問いかけは、「死んでもかまわないのですか？」と、不満と咎めの言い方ですが、強い否定的な「mē」（never）でなく、「かまわないことはない」と肯定的な応答が予想される「ou」（not）です。それでも「弟子」たちは、汚れた霊（悪霊）も突風も叱って静めるイエスを何者なのか恐れますが、マルコの聴衆は、イエスが誰なのか始めから知らされており、自分たちが既に知っていること（「キリスト」）を、「弟子」たちを始め登場人物がいかに無理解で、どうやって理解していくのかを思います。マルコのこういう編集は、聴衆を「教育」する仕方です。[141]

　マルコはガリラヤ湖を「海」と呼び続け、海はイエスの力ある癒しと教えの伝道活動のスペース（空間）の中心にされます。歴史のイエスが実際に行動した地形的範囲は、ほぼガリラヤ湖辺りに限定されています。けれ

　　Mark". Robert J. Miller ed., The Complete Gospels, p.23.
　　　・「恐れる」（フォベオマイ phobeomai）：4:41. 5:15, 33, 36. 6:20, 50. 9:32. 10:32. 11:18, 32. 12:12. 16:8。
141　荒井『著作集』① pp.419-420。Meier, Merginal Jew 2, p.926.

どマルコが描く象徴的範囲は遥（はる）かに大きく、悪霊の力を繰り返し服従させることは、イエスの権威を宇宙的スケールにしていると理解されます。そして物語全体で、イエスを全ての権威を持つ存在として表わします。始めに「権威」という言葉を使った最初の公的な行動（1:21-22）で書かれているのは、癒しの「奇跡」で（1:23-26）「悪霊・死・自然を全て従わせる力」＝「権威」です。

　イエスの称号（しょうごう）（「メシヤ」「神の息子」「（神に）愛されている者」「強い者」「神に喜ばれる者」）と、嵐の海を静める神（詩 107:23-30. Cf. 創 1. 出 14. 詩 69. 89. 93. 104-107. イザ 43. 51:9-10）に通じる表現は、イエスが神から任命された権威を持つ者として、モーセの偉大な特徴のイメージ、預言者エリヤとエリシャのイメージで後継者として描きます（マルコ 1:6. Cf. 王下 1:8. 王上 17-22. マルコ 8:28. Cf. 6:14-29. 1:13. Cf. 王上 19:16, 19-21）。

　その上、マルコを始め諸福音書は、イエスが、英雄モーセ（神の預言者・仲介者、メシヤ、神の代行統治者、神、神の子）さえも及ばない偉大な「徴」（しるし）行為者であると示します。モーセは手を出エジプトの時に手を伸ばして海を分けましたが、イエスは単に言葉だけで身体的努力なし。モーセは荒野で飢えた人々が食べ物を与えられるようにしましたが、イエスは全群衆を満ち足りさせるだけでなく残りが山ほど。こうして、伝統的に偉大な「神の子」モーセよりも偉大な「神の子」イエスと、描きます。[142]

　またマルコは、ガリラヤ湖の「こちら西側」と「向こう東側」で、「ユダヤ領域」と「異邦人（いほうじん）領域」という物語の象徴的な地理的社会的「スペース」を作ります（現実には人々は混ざり合っていましたが）。そこの横断（おうだん）は、1回目も2回目も「向こう側へ」は「嵐」（4:35-5:1. 6:45-53）、「こちら側へ」

142　山口里子『マルタとマリア』pp.144-145。
　　また、「海」の奇跡でも、出エジプトのモーセの「海（＋風と波）＋食べ物」の「奇跡」を、マルコはイエスの「奇跡」をダブルで強調して、モーセを下に位置づけます（マルコ 4:35-41. 6:45-52［海］、マルコ 6:33-44. 8:1-10［食べ物］）。そしてクライマックスの会話（8:14-21）で、「弟子」たちはどれも2度経験しているのに分かっていないと強調して「弟子」たちを下に位置づけます。こういう編集はマルコの特徴とされる「敵対的神学」が明らかだと言われます。Crossan, *Historical Jesus*, p.406.

98　｜　I. ガリラヤ伝道（1:14-8:26）

は「嵐無し」（5:21. 8:13, 21）。こうして「ユダヤ人」対「異邦人」の「疎外・分断」世界を「橋渡しする」のですが、結局は「異邦人」のほうを否定視・差別視するイメージで闘いの物語にします。

　こんなマルコは、1世紀の強大なローマ帝国世界における諸々の力関係に挑戦する、空間政治学（Space Politics）を持っています。伝統的ステレオタイプで、権威が地形的中心として描かれたように、マルコはイエス中心の新しい空間を作ろうとします。ユダヤ先祖の歴史物語にある中心的空間（海・荒野・ヨルダン川など）をイエスが渡ることは、神から任命された権威者としてのイエス中心の空間を示します。それと同時に、ローマ皇帝の称号「神の息子」をイメージさせる「神（私）の愛する息子」（1:11）をイエスに用いることで、マルコはイエスが皇帝のように「地と海」に権威を持つと示すのです。

　さらにマルコは、当時の世界で「暴君」対「賢人」という価値観（イデオロギー）も使って、イエスを「賢人」として描きます。マルコのイエスは「教師」と呼ばれ、早くから「知恵」が与えられており、厳しい状況でも自己を堅持し、力と機知に富む言葉を語ります（4:1-5:43. 6:2b）。

　けれども、古代の男中心の「善悪二元論」・「男女二元論」の価値観は、破壊的な「悪のレトリック（話術）構築」を持ちます。「男」の天与の「美徳」（virtue ← vir 男）である「賢・強・平静」の対極に、「女」の天与の「悪徳」である「愚・弱・臆病」が置かれて、「男・上・支配」対「女・下・服従」の「男女二元論」を正当化するものです。そして権威を持たない人々は本当の力を持たないという身分差別・性差別にも繋がります。これは、「力は正義」という（多くの人々の苦難・抑圧・犠牲を正当化する）帝国主義・植民地主義のイデオロギーと根本的に重なります。そのようなイメージでマルコは「力ある賢人イエス」対「弱く臆病な弟子たち・人々」で物語を構築します。

　結局マルコは、「悪い」ユダヤ権力とローマ権力を、「良い」イエス権力に置き換えたようですが、エリート男性中心の専制君主的・排他的政治学に対して根本的な変わりは無く、単なる「頭のすげ替え」と言われます。そしてこういうことがマルコでは繰り返されています（Cf. 1:21-28. 3:20-30）。[143]

このようなマルコに染み込んだ価値観・イデオロギーで編集・創作された「イエス・キリストの物語」を、歴史のイエス自身の物語として読み続けると、結局は古代エリート男性中心の帝国主義・父権制的精神が無自覚_{むじかく}に染み込まされていく危険性が大きいと、認識されています。マルコ物語の中で癒しと慰めを感じられる肯定的な面に注意を向けるのは良いですが、その反面、こういう点にもしっかり批判的な意識を持って注意を向けることは、現代の私たちが未来の新しい道を拓くために必要不可欠ではないでしょうか？[144]

汚^{けが}れた霊に取りつかれたゲラサの人を癒す

（マルコ 5:1-20/ マタイ 8:28-34/ ルカ 8:26-39）

　ここの話では、イエスたちがガリラヤ湖の向こう岸ゲラサ地方に行くと、汚れた霊に取りつかれて墓場^{はかば}で縛^{しば}られていた人が出て来て、イエスに近寄ります。マルコの４つの「悪霊払い」の話の２つ目。元のギリシャ語

143　Myers, *Binding the Strong Man*, pp.186-197. Abraham Smith, "Like a Sage Over Troubled Water". Liew, "Mark".

144　**参加者の「声」**：

　　＊男女二元論にしろ権威付けにしろ、人は常にその時代背景や社会の常識に必ず左右される。まずは自分の常識や当たり前だと思っていること、これは絶対だと思っている物事を疑うことから始めなければいけない。教会・牧師などに教えられたことも疑うことはかなり大切だと思う。

　　＊こういう二元論を越えたイメージを分かりやすく表現している聖書テキストがありますか？　⇒はい、例えば、①イエスの言葉として、結婚・家族自体を否定はしませんが、血縁の枠を越えて、父権制社会で支配する「父」を抜きにする「真の家族」（マルコ 3:31-34/ マタイ＆ルカの並行記事）。②イエスの言葉として、「ユヌコス」（男でない男）を肯定的に受け取る、性の多様性に前向き（マタイ 19:11-12）。③最初期クリスチャンたちの「洗礼宣言」（ガラ 3:26-28）：民族・身分・性別を越えて共に生きるのがクリスチャン共同体の生き方であると宣言（注40）。そして、聖書に入れられなかった書物には、二元論を遥かに越えた豊かな神理解・キリスト理解・人間理解が描かれています。参照：エリザベス・シュスラー・フィオレンツァ編『聖典の探索へ』。

では、汚れた霊（akathartos. 5:2, 8）、汚れた霊たち（複数形 5:13）、悪霊に取りつかれた人（daimonizomenon. 5:15, 16）の、3つの表現が混ざっています（注42）。そしてマルコの最も長い話の1つで、グダグダまとまらない話し方の特徴です（マタイとルカは短く編集）。

　恐らく元の口頭伝承では霊に取りつかれた人の癒しで、そこにマルコが豚の追放の話を付加して創作。ゲラサ（Gerasenes：ヘブル語由来で「消し去る、追放する。現代の Jerash）は、ガリラヤ湖から 55Km 南東で、豚の群れがそんな遠くの湖に突進することなど出来ないので、異写本が色々です。[145]

　・マタイは、10Km 離れた「ガダラ」（Gadarenes. 8:28）に変更。そこは退役軍人、軍隊などでローマの存在が明瞭であり、60 年代後期にユダヤ人と異邦人の間で、所有物を燃やしたり人々を殺したりする暴力がありました（歴史家フラウィウス・ヨセフス『ユダヤ戦記』2.458-60, 478. CE80 年頃）。

　「墓」は、死者と社会で除け者にされた者の領域です（イザ 65:1-7）。けれど、「なぜなら彼を何度も足かせと鎖で縛られることで途方に暮れていること、彼によって鎖と足かせは砕かれていること、そして誰も従わせる力が無かった」は、文法が変で異写本が多いです（5:4）。「最も高き神」（5:7）は、異邦人によるイスラエルの神の呼び方です（創 14:18-20. 民 24:16. イザ 14:14. ダニ 3:26. Cf. ルカ 1:32; 6:35）。

　「あなたの名は何？」（5:9）という問いかけは、名前を把握することで相手を把握するという文化的背景がありました。つまり名を尋ねることは、人として向き合うという考え方も、相手をコントロールする力を持つという考え方も、ありました。「レギオン」は、歩兵5－6千人、騎馬隊120 などのローマ軍隊。この名前は、カタクレーシス（言葉の「誤用」・こじつけ用法）的に、後から付けられたと思われます。

　「主」（kyrios）は、通常「だんな」として使われると共に、「神」の意味でも使われていました。奇跡のような出来事が起こされた時に、それは預

145　Black, "Mark". Meier, *A Marginal Jew* 2, pp.650-651. Meyers, *Binding the Strong Man,* pp.190-194. Carter, *Matthew and the Margins,* p.211.

言者などの人が仲介者に成り、神が介入したと人々に理解されており、それで神が賛美されました。ここのイエスの言葉も、神がその人を慈しんで（eleeō ← eleos 慈しみ. 5:19. 10:47, 48）癒したという意味です。ただ、マルコ（あるいは後の人々）がそれをイエスのイメージに置き換えて編集されたとも思われます。「宣べ伝える」は、イエス時代ではなく後のクリスチャン宣教の表現で、癒された者の振舞としてマルコが多用です（注57。マタイとルカは削減）。「デカポリス」は「10の町」の連邦で、ヨルダン川東の異邦人が多い地域です。[146]

マルコ物語でのイエスは、先に会堂でユダヤ指導層たちに衝突させられ、今度は植民地支配の「向こう側」でローマ軍隊の力を代表する悪霊と衝突させられます。会堂エピソード（1:21-28）とゲラサ・エピソード（5:1-20）は、構造的・言語的に似ています。

ユダヤ人の会堂への「入場」と、異邦人が居る向こう岸への「出場」による象徴的設定（「ユダヤ（1:21, 29）」対「汚れた異邦（5:1, 21）」）、悪霊の描写、象徴的代表（「書記・権威」対「ローマのレギオン・植民地支配」）、悪霊の挑戦（叫び：神の聖なる者／最も高き神の息子）、イエスの命令（彼から出て行け）、悪霊の様子（出て行った）、群衆の反応（驚嘆した・恐れた）。ここで悪霊は、ローマ帝国主義に対する人々の不安を象徴。そのような、どんな力も抑えられない（縛っておけない）力に、イエスは勝利。それでマルコ福音書では、象徴的に神の国宣教へのスペースが作られました。[147]

悪霊に取りつかれた、制御できない精神状態は、1世紀のユダヤ社会に多かったと知られています。なぜ多かったのでしょうか？　諸文化において、悪霊に取りつかれる事と抑圧は深い関係があります。男による女の支配や、人種的・帝国的征服（植民地支配）。「悪霊払いの儀式」は「抵抗の

146　Blomberg, *Historical Reliability,* p.122. Leander, *Discourse of Empire,* pp.95-96, 201-213. Meyers, *Binding the Strong Man,* p.191. Carter, *Matthew and the Margins,* pp.198-212. Black, "Mark". Sellew, "Mark".

147　Leander, *Discourse of Empire,* pp.95-96. Meyers, *Binding the Strong Man,* pp.190-194.

儀式」・「儀式的反乱」とも呼ばれます。

　社会心理学によると、政治的・社会的な抑圧状況で起きる精神的病気は、悪霊に取りつかれたと慣習的に思われてきました。そのような状態は、しばしば経済搾取による階級苦闘の反映や、（本人でなく「悪霊」に取りつかれた状態なのだとして）社会的に受け入れられる形での、抑圧への抵抗や逃避の反映です。

　ゲラサの悪霊は被抑圧者の典型で、内面逃避をしつつ自己を傷つけると理解されます。すなわち、人間を人間たらしめる人間の条件（信頼・希望・愛・自由・自尊心）が、ことごとく脅かされ破壊されている状態での、人間の象徴的・典型的な行動：走り寄ってひれ伏しつつ、「何が私とあなたに？（何の関わりがあるのか？）」（5:7. Cf. ヨハ 2:4）と言うのは、「辛さを分かって欲しい」という願いと同時に「分かるはずがない・分かってたまるか？」という、精神医学で言う両面葛藤（アンビヴァレンス）です。[148]

　町の人々はイエスを敵視して衝突しました。衝突は重層と理解されます。**経済的**：（豚たちを殺して）生活の基盤を奪いました。**政治的**：ローマ帝国による征服の象徴（豚・レギオン）を滅ぼしました。**社会的**：ローマ帝国支配下の社会構造安定を望むエリートを犠牲にして、「使い捨て人」の側を取った形です。けれど、象徴的にはそうであっても、使い捨てにされる労働者たちは、ローマ支配を嫌っていたとしても、失業で生活が破壊されます。ですから現実的には、被抑圧者たちの側に立ったと単純に言えない面もあります。**民族的**：ユダヤ人イエスが異邦人の間で権威を示しました。**宗教的**：（ローマ帝国・異邦人世界の）宗教的儀式の重要な役割を持つ動物（豚）を破滅させました。

　この話の結果は、豚の所有者たちが生活に深刻な打撃を受け、飼育者たち（雇われ人たち）も生活崩壊の危険に晒されます。悪霊に取りつかれた人々のような社会の被抑圧者の解放のためには、ローマによる植民地支配

148　Crossan, *Jesus Revolutionary Biography,* pp.88-91. Ioan M. Lewis, *Ecstatic Religion,* pp.31, 32, 35, 88, 127. Richard Horsley, *Jesus and the Spiral of Violence,* p.184. *Text and Tradition,* p.241.　荒井『著作集』② pp.328-332。

「豚の旗章」の図

の終焉が必要ですが、「レギオン」（ローマ軍隊）が退去すれば、社会状況を不安定にして危険な状況をもたらす可能性もあります。[149]

　ユダヤ人は、先祖から伝統的に豚を不浄と考え、食物としません（レビ 11:7-8. 申 14:8. イザ 65:4 など）。豚を飼育して豚の群れが近所にいることは、ユダヤ人にとっては馴染みのないことです。一方、異邦人の間では豚は様々に使われていました。ローマ人は、食料・商品・礼拝・儀式などで豚を使用。

　豚の群れは、多くても３百匹弱。２千匹は、2048 人を統率するローマ軍の大部隊（レギオンとも呼ばれる）を暗示。第 10 レギオン軍団は豚の旗章を持ち、その軍団がシリアに滞在し（CE6 年以来）、第１次ユダヤ戦争（66-70 年）ではエルサレムと戦い、ヘロデ王朝の領土であった東岸の町々に、ある程度の独立を与えました。そしてこのような時にマルコがこの話を創作・編集したと思われます。

　この話に使われる言葉は、ローマ軍隊イメージが溢れています。豚は群れを成して行動しないので、群れ（agelē）という言葉は不適切ですが、軍隊の新兵・補充兵を指して使われる言葉です。「彼ら（が豚の群れに入るの）を許した（epetrepsen）」は軍隊の号令「解散」を暗示させ、豚が突進した（hōrmēsen）は軍隊の突撃を暗示させる言葉。敵の兵士たちが「海」で溺れるのは、エジプトからのイスラエルの解放物語を想起させます（出 14. 15:4）。[150]

149　Scott, *Hear Then the Parable,* p.114. Carter, *Matthew and the Margins,* p.198.

150　皇帝アンティオコス・エピファネス（在位 BCE175-163）は、ユダヤ人たちを侮辱してエルサレム神殿で豚を犠牲にしました（ヨセフス『ユダヤ古代誌』12.253）。皇帝ヴェスパシアヌス（在位 CE69-79）は、エルサレム神殿包囲の終結として、焼いた犠牲の献げ物の祭壇に豚の頭を投げ入れました（*Aboth R. Nathan*4.5）。このような事件も関係して、後のタルムード文献では豚はローマの象徴になりました。Carter, *Matthew and the Margins,* pp.211-214. Meyers, *Binding the Strong Man,* pp.190-194.

ヨセフスによると、ユダヤ戦争の後期に、ヴェスパシアヌスがルキウス・アニウスと相当数の騎兵隊・歩兵隊をゲラサに送って、逃げ遅れた数千の若者を殺し、家族を捕虜にし、兵隊たちに財産を略奪させ、家々も周辺の村も破壊し、強者は逃げ、弱者は死に、残りの人々は焼死しました（『ユダヤ古代誌』14.15.10. CE95 年頃）。

こういう背景があって、マルコの聴衆にとっては、皇帝はヴェスパシアヌス。そして、マルコ物語では、象徴的にヴェスパシアヌス（V）とイエス（J）の並行・類似性が使われています[151]：

V：外地への旅行（ヨセフス JW3.8）/

　　J：外地への旅行（4:35-41）。

V：盲人を唾で癒す（スウェトニウス Vesp.7）/

　　J：盲人を唾で癒す（8:22-26）。

V：片手の萎えた人を癒す（ディオ・カシウス Roman H.65.8.1）/

　　J：片手の萎えた人を癒す（3:1-5）。

V：東の地で皇帝と宣言された（ヨセフス JW4.618）/

　　J：東の地で神の子と宣言された（5:7）。

V：ユダヤ人のメシア期待を成就（ヨセフス JW6.312-313）/

　　J：ユダヤ人のメシア期待を成就（8:29）。

V：反逆者をレギオンで破壊してローマ帝国樹立 /

　　J：レギオン追放で神の国顕現（5:9-13）。

V：帝国を内部不安定から救出 /

　　J：人を自己崩壊から救出（5:3-4, 15）。

V：ゲラサに軍隊を送り出す（ヨセフス JW4.488）/

　　J：悪霊から解放された人をゲラサに送り出す（5:19-20）。

151　ヴェスパシアヌスはユダヤ戦争（68-70 年）の時に軍司令官として直ちにギリシャからパレスチナに行き、反乱勢力を鎮圧しました（実際は既にシリア総督ムキアヌスが食い止めていたのですが）。また、皇帝即位の時に既に 60 才で、名前に「カエサル・アウグストゥス」を入れて、以後それが慣例になりました。
　　ここのリスト：Leander, *Discourse of Empire,* p.214［ヨセフス『ユダヤ戦記』(Josephus, *Jewish War=JW.*)。スウェトニウス『ヴェスパシアヌス』(Suetonius, *Vesp.*)。ディオ・カシウス『ローマ史』(Dio Cassius, *Roman History*)］．

ジュディア・キャプタ
Ancient Rome Judaea Capta Coinage
70AD to 80AD

ヴェスパシアヌスと、マルコのイエスの違い：悪霊所有の男は、鎖も断ち切る野蛮な強い力で、超男性性<rp>（</rp>ちょう<rp>）</rp>を示します。もし男が制御不可能な強さで超男性性を象徴して自己破壊的なら、これは帝国的男性性の批判的皮肉。レギオンは自己制御でき

ないから、男らしくない。一方、マルコのイエスは力でなく言葉でレギオンを制御する強い者。これによって帝国的概念を皮肉で覆<rp>（</rp>くつが<rp>）</rp>します。

　けれどもマルコは、二元論的な破壊力を持ちます：癒された男は服を来て座って平静な正しい精神（sōphronounta; 哲学的中心的美徳）を持ちます。この姿勢は、「弟子」たちと人々の恐れ（ehobēthēsan）と対照的（4:41. 5:15）。ここでも当時の「賢者の平静堅持」対「愚者の臆病」という「善悪二元論」・「男女二元論」の価値観を基盤にした哲学を中心に、最高の「賢者イエス」対「臆病な弟子たちと人々」が描かれます。こうしてマルコは、ローマ帝国権力・体制に対して批判・挑戦する「抵抗の文学」を書こうとしたのでしょうが、マルコのイエスの描き方は、帝国の男性主義的イデオロギー論理に依拠<rp>（</rp>いきょ<rp>）</rp>したままだと指摘されます。[152]

152　Leander, *Discourse of Empire*, pp.96-108, 201-218. A. Smith, "Like a Sage Over Troubled Waters".
　　19世紀の西洋中心神学の解釈：「悪霊払い」は「異教人」の地域で起きました。「混ざり合った人種」の所は欲深く、神に見捨てられた「向こう側の」異教の地には、「福音」が「唯一の解毒剤」。こうして、宣教とヨーロッパ植民地主義を正当化しました。そして、悪霊を追い出されて家に帰って人々に語るように言われた人は、「最初の異教人使徒」。悪霊所有は、罪深さ・感覚的欲望・神経系統の弱さに結び付けられ、それが（19世紀の「新生物学」で）「非ヨーロッパ人」に結び付けられ、特に「ニグロ」は「人と動物の境界線」と見られました。さらに、「弱さ」は女性性に結び付けられたまま、男への女の服従が正当化されました。そして人種とジェンダーの象徴が繋がれて、「非ヨーロッパ人」が女性視され、理性と自立性ではなく感性と依存性に結び付けられました。それを西洋の文化的教育と

当時の社会で差別的ジェンダー観が染み込まれた男らしさ・女らしさは、エルサレム神殿崩壊（CE70年）後に造られたローマのコイン「ジュディア・キャプタ」にも、象徴的に表現されています。「力強い男らしい征服者ローマ兵」対「弱い被征服者ユダヤ女性」の絵。こういう父権制社会におけるジェンダー観は、マルコに限らず聖書のあちこちにも染み込んでいて、聖書が「神の言葉」とされることで、歴史を通して変えられずに来たと思われます。そして差別されている女性たちも、その価値観が「神の言葉」として染み込まされてきました。

　このことは、ジェンダー問題だけでなく民族・身分などにも繋がります。さらに、権力の横暴（おうぼう）によって最も抑圧され苦しい立場に置かれている人々が、（無自覚でも、時によって気づいていても、サバイバルのために）権力層の価値観で生活する状況があちこちにあります。私たちはこの問題にどう向き合っていくでしょうか？

　ちなみにマルコの話では、癒された男はイエスと共に居ることを望みましたが、故郷に帰るように言われて、デカポリスで「宣教」しました（5:20）。これは、地理的にイエスと共に居ることは宣教に必要なことではないとのイメージもあります。そもそも「弟子」たちはイエスとずっと一緒に居るのに、岩（*petra*：「ペトロ」の暗示）の地に落ちた種のようだと（4:5-6）、ここでも弟子批判が暗示されます（ルカは、ゲラサ人の宣教範囲を「デカポリス地方」から「町中」に狭めます（せば）。異邦人伝道への拡張はイエスの昇天後とするルカの救済史観（きゅうさいしかん）による編集）[153]。

　ただ、これとは別に、もしかして異教の地で癒された人が、伝統的な神理解を自分自身で変えながら、その宗教を捨てずに新しい理解で宣教した可能性はないでしょうか？　そして現代の私たちは、このような話をどう思い巡らすでしょうか？　例えば自分の宗教や他の宗教について、思い込

　キリスト教へのメタノイア（回心）で改善する可能性を示しました。これはオリエンタリズムの福音宣教に直結します。Leander, *Discourse of Empire*, pp.96-108.
153　Tolbert, *Sowing the Gospel*, p.166.

みを外して宗教間対話を開いて行くことに繋がらないでしょうか?

流血の女性と会堂長の娘①

(**マルコ 5:21-43**/ マタイ 9:18-26/ ルカ 8:40-56)

　ここの2つの話は恐らく元々独立した伝承。それをマルコは馴染みのサンドイッチ技法で、「会堂長の娘」の話(5:21-24, 35-43)の間に「流血女性」の話(5:25-34)として編集(マタイは簡略化し、ルカも編集)。2つの話の登場人物は典型的対照。聖なる会堂を治める会堂長ヤイロは、家族と社会的集団の「頭」。女性は、男性家族(保護者・弁護者)を持たず、無名の群衆に属し、そのうえ① 12年間も流血が止まらず「汚れ」続けて苦しみ、②多くの医者にかかって全財産を無くし、③良くならず悪くなった。
　物語構造では、2つは対照的と並行的。対照的なのは、支配者の男性はイエスの前から直接話して依頼。「汚れて」低い立場の女性はイエスの背後から衣に「抱きつく」。並行的なのは、どちらも(後継者となる)息子でなく娘のための依頼。病いで「汚れ」た女性2人が、「12」というイスラエルの聖なる象徴的な言葉で結びつけられます。そこで思い描かれるのは、「聖性・全体性の回復・救い・幸い=神の国」。そしてマルコのサンドイッチ技法で、イエスは、身分ある会堂長の要望よりも、苦しめられ続けて伝統的慣習を破り非常識な行動を起こした女性に、優先して対応。[154]

　律法では、通常の生理でない長期の流血は、女性を祭儀的不浄の状態に置き続けます。流血の女性のベッドとイスに触ると夕方まで汚れ、性交をした男性は7日間汚れます(レビ 15:19-30)。しかし流血中の女性が人や物と触ることを制限する言葉はありませんし、汚れを移すことは罪という

154　シュスラー・フィオレンツァ『彼女を記念して』pp.190-195. 荒井『著作集』②
　　 pp.338-340。Meier, *A Marginal Jew 2*, pp.709-710, 777-779. Myers, *Binding the Strong Man,* pp.197-201. Wainwright, *Gospel According to Matthew,* pp.87-89. Carter, *Matthew and the Margins,* pp.224-225.

言葉もありません。そして、流血中の女性が社会から孤立されるという証拠は、第2神殿時代（BCE 516-CE 70）にありませんし、1世紀のガリラヤ・ユダヤでもありません。[155]

　祭儀的不浄のレビ記の規定は、ほぼ神殿に行く時のみの理解。特に貧困に苦しむ庶民は、日常生活でそんなことなど気にしませんでした（気にしてなどいられず、当然として働いて生活していたのです）。ただし、不治の病で特に不浄とされた流血の病は、世間の偏見で苦しめられ続けた可能性は大きいでしょう。彼女は、多くを苦しんで（*paschō*. イエスの苦難の表現と同じ 5:26. 8:31, 9:12）、苦しみ（*mastix* ムチ打たれるような苦痛 5:29, 34）が続いて、医者にかかり続けて、財産を失っても病状が変わることはありませんでした。

　女性の流血の1つの言葉（*pēgē*. 5:29. Cf. レビ 12:7）は、出産後の出血の表現。なぜここでこれが使われたか確定は出来ませんが、新しいいのちを象徴的に表現されたのでしょうか？　ここでは非常に珍しく、医者の治療に使われる身体的治癒の言葉（「（流血が）枯れた」「（彼女は）治っている（*iaomai* 現在形自動態）」）が使われています（5:29）。マルコは、女性が長年かかわってきた医者たちの行為よりも、医者でない民間の癒し人イエスによって1回だけで大きな健康回復・いのち回復を象徴的に示すように、他で使われない治療の言葉を使ったのでしょうか？（マタイとルカは、歴史のイエスが「治し」でなく「癒し」に関与したので、「治し」という言葉は変だと思って変更＝マタイ：「救われた」。ルカ：「癒された」。「治療」と「癒し」について：注51）。[156]

　この女性とイエスの描写に限って使われる幾つかの言葉：ひどく苦しめられ・血・体・苦しみ。恐らくマルコが、敢えて彼女の苦しみとイエスの苦しみを同一視したことを示唆したと思われます（マタイ・ルカは「血」以外は削除）。[157]

155　Elaine Mary Wainwright, *WomenHealing*, pp.117-120. Carter, *Matthew and the Margins*, p.225.

156　Wainwright, *WomenHealing*, pp.117-120.

流血が止まらない女性は、女にふさわしい「内」に居て受動的な態度を取るという伝統を打ち破り、誰の許可も得ずに、自分自身の強い願望と意志で一人で「外」に出ました。そして相手をも「汚れ」させる「触る」行為を男に対して起こしました。こうして社会的・宗教的規範の二重違反という大胆（だいたん）な行動によって、女性は自らの救い・幸せとイエスの肯定・称賛を得たのです。[158]

　この話は、登場人物の内面世界に入る珍しい話（伝承）と言われます。彼女の願いは、「治（なお）される」ことではなく、「救われるだろう（sōzō 未来形受動態 5:28）」ということであり、イエスから「（あなたの「ピスティス：信・信頼・信仰」があなたを）救った（sōzō 完了形）」と言われました。[159]

　ところが、イエスが女性に語りかけようとするのを、「弟子」たちは妨（さまた）げます。これはマルコのいつもの弟子批判（マタイ削除、ルカ修正）。しかしイエスは、手で衣を「触った」女性との、人格的な「触れ合い」を求めます。

　この話の中で、女性とイエスに複数の表現が繋がり合い重なり合います。女性とイエスの接触と会話で強調されているのは、感覚性と相互性（そうご）です（ルカ相互性無し、マタイ完全削除。日本語訳はマルコでも相互性無し）。[160]

・「抱き付く」（haptō ハグする・すがりつく . 5:27, 28, 30, 31. 注 60）。
・「（女性が）言い続けていた」（legō 未完了過去形 5:28）⇒「（イエスが）

157　デューイ「マルコ」pp.364-365。

158　福音書では、この話に限らず、登場人物への関心が「奇跡行為者」イエスへの強い関心に移って、編集されて行ったと考えられます。けれど、早い口頭伝承では、もっと女性たちの思い・行動やイエスとの相対的な関りが残されて語られていたと理解されます。Tolbert, *Sowing the Gospel,* pp.457-458. デューイ「マルコ」pp.364-365。荒井献『荒井献著作集③』pp.222-224。

159　・「救う」（ソーゾー sōzō）：3:4. 5:23, 28, 34.6:56. 8:35x2. 10:26, 52. 13:13, 20. 15:30, 31。

160　荒井『著作集』② pp.222-223。ウィリアムソン『マルコ』pp.182-187。注 158 の文献も同様。

言った」（legō 過去形 5:30）。

・「（女性が）言った」（eipō の過去形 5:33）⇒「（イエスが）言った」（eipō の過去形 5:34）。

・「（女性が）体で知った」（sōma +ginōskō 過去形 5:29）

⇒「（イエスが）自身の中で強く知った」（heautou +epiginōskō 過去分詞 5:30）。

そうして「（イエスは）見回し続けていた。これを行なった人を見る（horaō 会う、知る、分かる、経験する、継続的に見て認識する）ために」（5:32）。そして「女性は自分に起きたことを知った（autē+oida）」（5:33）。ここの表現は、女性が本当の「救い」を願っていて、そして「体」だけでなく、それを通して「自分自身」そのものに起きたスゴイことを知ったのです。まさに失われていた自分が見いだされ、見えなかった「真理」（aētheia）が見えるようにされたのです（5:33）。このものすごい出来事を経験したからこそ、彼女は神の偉大さを心底から実感して、恐れ震えました。こうして彼女は自分が知ったすべての真理をイエスに言いました。それで彼女とイエスは、魂の底からの救い・解放を分かち合う出会いをしたという感覚性と相互性のイメージが表現されています。[161]

「ピスティス」は、誰か・何かを、信頼して・信じて、前向きに生きようとする「信」の姿勢です。イエスは「あなたのピスティスがあなたを救いました」と断言しました（ピスティス：注 32）。すなわち彼女を「救った」

161　このような素晴らしい出会いの話が、なぜ、単に弱くておびえた女性の話にされて来たのでしょうか？　ここでは、女性は「自分」すなわち「自分自身」「自分そのもの」に起きたことを知りました。でも、日本語訳では「自分の身」に起きたことを知ったと「身体」に限定しています。そして彼女は、イエスが自分を探し続けるので、もう隠れていられないと思って怖れ震えて、全て白状したみたいな感じに近いです。これはルカの編集（8:47）の影響もあるかも知れませんが、この翻訳・解釈の背後には、「女は弱い者」という偏見が染み込んでいないでしょうか？　さらに、テキストでは 2 人は相互的・対等的に同じ表現が何度も使われているのに、そういうことには注意が全く向けられず、イエスと流血女性は当然の上下関係だという染み込みによる翻訳があるのではないでしょうか？　この話を読む時に、このようなことを深く思い巡らしていくのは大切だと思います。

のは、(「神」や「イエス」の力というより) 彼女自身の、信じて生きる姿勢によって、苦しみからの「解放」、全体的な「救い」の強調です。[162]

　イエスは彼女に、平和で幸せな生活を願って送り出しました。「平安の内に行きなさい」はセミ系の通常の別れの挨拶です (士 18:6. 1 サム 1:17. 20:42. 2 サム 15:9 など)。ただし、癒しの後でイエスは通常、シャローム (平和・平安) に生活するように、家に帰るように言いますが、ここではユニークな言葉の追加があります：「苦しみから解かれて (離れて)、健やかで (hygiēs. 健康・健全・癒されている) で居てください」(マタイもルカも削除)。

　それでイエスが期待して呼びかけたのは、彼女がイニシャティヴを取って行動することで救われたように、そのような生き方で、(父権制的な「家に帰る」と決めつけず) 新しい繋がり・コミュニティ・「居場所」形成に、イニシャティヴを取っていくことへの「派遣」イメージのようなものがあるとも理解されています。[163]

　「手を置く」「(衣でも) 手で触る (haptō)」は、力ある人の力で癒し・祝福・幸運を受けることが出来るという考えが当時、広くあった理解です (BCE1 世紀 -CE2 世紀)。その一方で、「汚れ」に接触することは、正常規定を犯すという理解もありました。[164]

　そのような状況で、この女性は長年ずっと「汚れ」に結び付けられてきた中で、背後からイエスの衣にハグします。「ライ病人」の話 (1:40-45) の時には、イエスはその人に出会って深く共感共苦して (はらわたがちぎれるような思いをして) 自分からハグします。このようにハグすることは清浄規定を犯します。けれど、どちらの話も「不浄」の「伝染」を「清浄」・「解放」に逆転させます。こういう「体と体」との共感共苦の出会いからこそ、新しい共同体が形成されていくのでしょう。[165]

162　Cf. Horsley, *Jesus and the Spiral of Violence,* pp.226-228.

163　Wainwright, *Women Healing,* p.121. Elizabeth Ellis, "The Woman with a Hemorrhage".

164　Boring, Berger, Colpe eds., *Hellenistic Commentary,* p.78.

・マタイでは、イエスが「シモンの義母」の手を握りしめ（haptō）、「弟子召命」する話（マタイ 8:15. Cf. マルコ 1:29-31）。

・ヨハネでは、マグダラのマリアが復活のイエスにハグ（haptō）します（ヨハネ 20:17）。その後で彼女は「復活証言」をするように「派遣」されます。それがイエス運動継承の新しい共同体形成の基になります。

・「視点が変わっただけで、十年来の苦しみが氷解するのだから、驚くべきことだ」（岩田澄江）[166]。

・流血の女性は、苦しい問題を解くために、自分自身の行動によって癒された。現代に生きる私たち（韓国で生活する移民女性たち）も、自分たち自身の行動によって癒しと解放を得て共に生きましょう（キムとチョン編集）[167]。

165　参加者の「声」：
　　＊「この先、すこやかに」という呼び声は、現代、同じように社会的「きまり」の外で、生活や生存を根深く脅かされるほどの苦しみを受けている人への言葉、また差別や偏見に立ち向かって必死で抵抗する人びとへの責任ある「声援」にも聴こえ、元気が出ました。特に、流血の女とイエスとが重なり合うように描写されていることを考えると、「もう解き放たれて、すこやかに」という言葉が、つながりあう「苦痛の断面」から発せられる時にこそ、有効になるのではないか、と考えました。この度、改めて接触の意味深さを心の中に留めておくことができました。
　　＊「流血の女性が、病そのものよりも『偏見』で苦しめられていた可能性は大きい」ということについて、ハンセン病患者の人たちのことを思いました。療養所に通って来る宗教者たちは、世間のような差別的でなく無関心でもなく、大きな関心を持っている方々でした。しかし、「現実を受け入れて神の国に希望を持とう」というような説教に代表されるように、「らい予防法」を認め、隔離政策を推し進める「役割」を果たして来たのではなかったかということです。ゆえに、イエスの「相互性」は大事なポイントの一つと思います。「上下」ではなく「相互性」ということを学ぶことは、人の生き死にと同じくらい大切なことだと感じました。（Cf. 1:40-45）
166　岩田澄江『ブナの森へ：女性・スピリチュアリティ・平和』（春風社、2004）p.60。
167　Kyung Eui Kim & Sook Ja Chung ed., "Why did I touch Jesus' Clothes?".

・おまけに「月経」について：この女性の流血は通常の月経（生理）ではないですけど、講座でこの話が出ました。つまり女性の「月経（の血）」については、歴史を通して世界で「恥」と見られていたという理解が広くあるようです。けれど古代の日本では、そうでない様子がありますし、これは日本に限らないのではないかと私は思います。[168]

流血の女性と会堂長の娘②
（マルコ 5:21-43/ マタイ 9:18-26/ ルカ 8:40-56）

ヤイロの伝承（5:22-23, 35-37a, 38-43）で、臨終の（eschatos）娘が救われて（sōzō）生きるように（zēsetai ← zaō）、「彼女に手を置いてください」

168　女性の月経そのものは、いのちのために大切な「ふさわしい」「正常」のはずなのに、「不浄」とされました。ですから、「清浄・不浄」の概念は、父権制の支配層の価値観による規定に他ならないことが明白です。Cf. Shaye J. D. Cohen, "Menstrauants and the Sacred in Judaism and Christianity". デューイ「マルコ」。山口里子『マルタとマリア』pp.95-96。
　　しかし、日本古代には女性の生理の血を、豊穣をもたらすと肯定的に見られた面がありました。そして、隠さず恥じず詠まれた恋の歌もあり２つ紹介します。①『百人一首』素性法師（９世紀）：「今来むと　いひしばかりに長月の有明の月を待ち出でつるかな」。当時、男性が女性の元へ通うのが普通で、「今来る」と言われたから長い月（９月）を待っていたのに、月末の有明の月が出る頃を迎えました。つまり「あなたがなかなか来ないので、月経のほうが先に来ましたよ」。②『古事記』（46 章 26-28; Norito: A Translation of the Ancient Japanese Ritual Prayers, Trans. Donald L. Philippi）：｛要約｝ ヤマトタケルノミコトが出雲での任務を終えて、約束していたミヤズ姫のもとに来ました。ミヤズ姫が大きな盃を出して、その時、姫の着物の裾に、月のものが付いているのを見ました。そこでミコトが歌いました：「あなたは本当に美しくて一緒に寝たいけれど月が差し昇って来ましたね」。すると姫は応答して歌いました：「新しい年が来て過ぎ行くように、新しい月が来て過ぎて行きます。とてもとてもあなたを待っていたので月が差し昇りました」。それで二人は一緒に寝たということです。
　　ちなみに私は、中学・高校の時に学校で、友人たちと生理の状態や用品についてガチャガチャ楽しく話し合っていました。その後、ボーイフレンド（今は夫）と親しくなった時に、生理の血と用品を見せてあげました。生理は生命に関わる大切なこととして尊重の意識を共有するために。

と、ヤイロはイエスに何度も言って懇願（こんがん）します。ところが彼女は死んだと知らされて、ヤイロは断念（だんねん）します（「なんでまだ煩わしますか？」つまり、「もう家に来ていただいて煩わす必要はありません」の意味）。それをイエスは聞き流して、ペトロ、ヤコブ、ヨハネ（マルコが書き続ける弟子トリオ）を選んで一緒にヤイロの家に行き、子どもの父母と「彼と一緒の（者たち）」と、子どもの居る所に入ります。ヤイロの家での騒がしさは、多分、雇われた「泣き女」。当時は、大きな叫び声で死者が蘇生（そせい）することも期待されていました（現代医療でも、「死んだ」と思われて日時が経ってから蘇生という出来事は数多く知られています）。[169]

そこでイエスは、少女は「眠っている」と言いました。これは死の婉曲（えんきょく）表現でもあります（エフェ 5:14. 1 テサ 5:10）。そしてイエスは彼女の手を力強くつかんで、「あなたに（私は）言います、起きなさい」。

「起きる・起き上がる」（egeirō. 5:41）は、癒しの関連で最も多く使われます（注49）。それと共に、死から「起こされる」時にも、聖書に幾つもの例があります（Cf. 王上 17:17-24 エリヤが寡婦の息子を起こす。王下 4:18-37 エリシャが富裕女性の息子を起こす。ルカ 7:11-17 イエスが寡婦の息子を起こす。ヨハ 11:1-44 イエスがラザロを起こす。使 9:36-43 ペトロがタビタを起こす）。つまり、死者に触ると人は汚れる（民 19:1-22）と理解される一方で、イエスだけでなく、強い接触で「不浄」を「浄・救い・解放」に逆転する特別な出来事も知られていたということです。そしてイエスが死から「起こされる」時にも（12:26. 16:6）。

その上、ここで使われる「起きる・起こされる」（anistēmi. 5:42）はマルコで２つのいのちへの回復に限られて使われています。この少女の話の最後（5:42）と、イエスの復活に（8:31. 9:9, 10, 31. 10:34. 12:23, 25）。少女が「起きた」時の人々の驚き（ekstasis）は、こことイエスが死人の中から「起きた」時の女性たちの驚きにのみ使われています（5:42. 16:8）。こうしてマルコは、この話を「復活」の象徴に結びつけて編集したと思われます。そしてマルコのイエスが繰り返す沈黙命令（ちんもく）（5:43）は、マルコの創作を反

169　葬儀・「泣き女」に関して：山口里子『マルタとマリア』p170。

映しています（イエスは自分のことを言いふらさないように命じても、ますます多くの人々に知られると）。

　さて、1世紀のクリスチャンたちが複数のユダヤ教会堂と闘^{たたか}っていた中で、ヤイロは好意的に「会堂長」として個人名も述べられています（ルカでも）。福音書での個人名は、初期クリスチャンの中でよく知られていた目撃証言者^{もくげきしょうげん}の可能性大と理解されます。[170]

　イエスが少女の手を力強くつかんで言った言葉「タリタ・クム（*talitha koum*）」はアラム語（セミ系）。「クム」は「男性」単数形（*koumi* が女性形）。「標準形＝男性形」だったので、女性にも使われたと理解できますが、も

170　Richard Bauckham, "The Eyewitnesses and the Gospel Traditions"：1世紀末に近い時のパピアス（Papias）が言うのは、「生き生きして生き残っている声」はイエスの言葉と行為を個人的な思い出として持って生存している人の情報が、クリスチャンたちには恐らく最も価値があると思われたと。**福音書伝承の個人名**：「**アルファイの息子レビ**（マルコ 2:14. マタイ 9:9［マタイ］. ルカ 5:27）。**ヤイロ**（マルコ 5:22. マタイ 9:18［無名］. ルカ 8:41）。**ティマエウスの息子バルテマエウス**（マルコ 10:46. マタイ 20:30［無名 2 人］ルカ 18:35 無名）。**ライ病人シモン**（マルコ 14:3. マタイ 26:6. ルカ cf7:40, 43, 44）。**キレネのシモン、アレクサンドロ、ルフォス**（マルコ 15:21. マタイ 27:32［クレネのシモンだけ］. ルカ 23:26［クレネのシモンだけ］）。**アリマタヤのヨセフ**（マルコ 15:43. マタイ 27:57. ルカ 23:50. ヨハネ 19:38）。**マグダラのマリア**（マルコ 15:40, 47. 16:1. マタイ 27:56, 61. 28:1. ルカ 8:3. 24:10. ヨハネ 19:25 など）。**マリア**（マルコ 15:40, 47. 16:1. マタイ 27:56, 61. 28:1. ルカ 24:10）。**小ヤコブとヨセの母**（マルコ 15:40, 47. 16:1. マタイ 27:56［ヨセフ］. ルカ 24:10）。**サロメ**（マルコ 15:40. 16:1）。**ゼカリア**（ルカ 1:5 など）。**エリザベス**（ルカ 1:5 など）。**シメオン**（ルカ 2:25）。**ファヌエルの娘アンナ**（ルカ 2:36）。**ファリサイ人シモン**（Cf. マルコ 14:3. cf マタイ 26:6. ルカ 7:40, 43, 44）。**クザの妻ヨハナ**（ルカ 8:3）。**スサンナ**（ルカ 8:3）。**マルタ**（ルカ 10:38, 40-41. ヨハネ 11:1 など）。**マリア**（ルカ 10:39, 42. ヨハネ 11:1 など）。**ザアカイ**（ルカ 19:2, 5, 8）。**クレオパ**（ギリシャ語：ルカ 24:18. Cf.「クロパ」セミ系：ヨハネ 19:25）。**ナタナエル**（ヨハネ 1:45 など）。**ニコデモ**（ヨハネ 3:1 など）。**ヨセフ**（マタイ 1:18 など. ルカ 1:27 など. ヨハネ 6:42）。**ラザロ**（ヨハネ 11:1 など）。**マルコス**（マルコ 14:47 無名. マタイ 26:51 無名. ルカ 22:50 無名. ヨハネ 18:10）。**クロパのマリア**（ヨハネ 19:25 など）。私は、全てを「確定」できないと思いますが、こういう傾向は有ると理解できるでしょう。

しも後代の「書き手」が付加したなら女性形にした可能性大で、この言葉は早期の伝承のままで伝えられたと理解されます。

　マルコでは、多くのセミ系表現が書かれています（3:17. 7:11, 34. 11:9-10. 14:36. 15:22, 34, 42）。この話では特にアラム語の痕跡が多くあります：「会堂長の1人」（5:22）、「来て、手を置いて」（5:23）、「力強くつかむ」（5:41）、「我を忘れる大きな驚きで」（5:42）。そしてこの話には、クリスチャン時代に軽視されてきたセミ系表現が多いだけでなく、キリスト論的タイトルも（マルコ編集前には）復活テーマとの結びつきもありません。そして福音書にとって恥ずべきと考えられる、イエスが非難・嘲笑の的にされるようなこと（少女の死を嘆いている人々をイエス自身が追い出して排除したこと）が、述べられています。これら全てを合わせて見ると、この出来事は後のクリスチャンの創作ではなく、イエス自身の生涯に由来する話と理解されています。[171]

　ヘレニズム世界で、医療者は性別を越えてあらゆるレベルと状況に居ました。巡回地方医者、半職業的村の医者、街角で働く「ヤブ医者」、都市での公的医者、貴族・皇帝宅の奴隷医者など。しかし現存の書物では、女性医療者たちは固定観念で否定的に描かれ、「聖なる癒し」は男だけに結びつけられています。そんな中で、マルコのイエスは「癒し人たる教師」の技術を持って教える権威者として描かれています。

　福音書では女性医療者は見えず、癒された女性の話も少ないです。当時、女性の死の危険は出産時が最大ですが、そういう話はほぼ無いです（出産に携わる医療者は女性だけでした。それで福音書著者たちに選択されなかったのでしょうか？）。一方ヘレニズム世界での女性の癒しの話は、基本的に父権制社会での女性の役割回復に繋がりますが、イエスによる女性の癒しはそのような役割回復に繋がりません。[172]

171　以前は、古代の奇跡で使われた「異言」の呪文の名残りと思われて来ましたが、元々庶民の口頭伝承はアラム語で「異言」ではありません。けれど、マタイとルカは呪文と思われたくなくて削除した可能性大です。Blomberg, *Historical Rliability*, p.129.

ここの少女は、少女期から成人女性への移行期(いこうき)。12才から結婚に関わる時が多く、自分の家庭を出て別な家での生活、それも（身分・家柄に基づいて決められた結婚で）父権制的家族制度で妻として生きる生活を恐れて、(心身の) 疾患に繋がる傾向があります。ヒッポクラテス派の資料では、そういうストレスで少女の月経が止まる現象、血が溜まり脚(あし)が腫(は)れ、食べない→歩けない（動けない）、癲癇(てんかん)などがあります。[173]

　この話で最後にイエスが言ったのは、「(彼女に) 食べること (phagein ← esthiō 食べる) が与えられるように」。少女は立って歩いて、「食べることが与えられるようにされる」ことです。それは、父権制家族での望まない結婚などからの解放で、「食べること」が出来る精神・環境を与えられるようにされて、心身ともにいのちへの回復に向けられるイメージです。[174]

　このサンドイッチ技法で編集された2つの話で、流血女性は行動的ですが、少女は受け身で父の世話で紹介されます。けれど女性たちは2人とも癒され、自分で新しいいのちへ「起きた」「救われた」という話です。そして、イエスが描く神の国は、教えられていた「聖・清」対「汚れ・不浄」の二元論的・排他的(はいたてき)な聖性ではなく、包含的全体性(ほうがんてき)の回復による聖性。

172　参考：山口里子『マルタとマリア』pp.148-156。

173　ヒッポクラテス派（BCE5 世紀 -）は、健康・癒しへの「環境」効果を提示しています（森林浴など、自然環境が持つ癒しの機能への関心も含めて）。Wainwright, WomenHealing, pp.114-116.

174　ここでヤイロが言った「娘」(thugatrion) の表現は、通常の「娘」(thēgatēr)」の愛称「小さい娘」のような言葉です。結婚の準備の年齢まで成長しても、父親にとっては「私のかわいい小娘」の表現でしょう。けれど、父親がどんなにかわいいと思っていても、その娘がどんなことで、どんなストレスで苦しんできたかを分かっていないというようなことは、いつの時代でもあるでしょう。そんな中でイエスはヤイロに、「食べ物を与える」でなく「食べることが出来るように、あなたは気づいてください、娘自身の解放を与えるように」と、深い意味で言ったのかも知れません。そしてもしかしたら、少女は後に成ってから、本当に自分に起きたことに気付くかも知れないと、私は思います。

苦痛から解放されて生を与えられ、シャローム（神の平安）の内に共に生きること。「(聖なる) 12」と「汚れ」の両方に結び付けられた女性の2つの話は、そのような「神の国・共生」に繋がるとも理解できます。[175]

・「解放・救い」を求める自分の思いを「信じて」（相手も信頼して）、自分の意志で「ハグする」ことによる癒しと変革の話は、社会的・文化的規範の周縁で起きます。現代の私たちも、変革探求に招かれているでしょうか？（エレイン・ウェインライト[176]）

故郷での拒絶（マルコ 6:1-6/ マタイ 13:53-58/ ルカ 4:16-30）

ここの話では、イエスが故郷（patris 父の地← patēr 父）に帰り、「弟子」たちも付いて行きました。そして安息日に会堂に行き、イエスが授かった知恵（sophia）と力（dynamis 力・力あるわざ）に人々は驚き、つまずいたのです。[177]

---

175 **参加者の「声」：**
　　＊ヤイロの娘さんも、とても苦しい時を過ごしていたことを思って、摂食障害・人格障害・アルコール依存などで苦しんできた女性のことを思い出しました。症状ばかりが気になっていましたが、彼女が何に一番苦しんでいたのかを見ようとして寄り添うことこそが必須だったのだと、今思いました。

176 Wainwright, *WomenHealing*, p.123.
　　これは本当に大切です。けれど現代のコロナ状況で身体接触が危険と察せられる中で、私たちはどうしていくのでしょうか？　私は、「コロナ禍」は、人間の地球環境破壊と繋がっていると理解しています。空・海・大地・植物・動物など自然界全体の大切な繋がり合いの「共生」を人間が破壊し続けた結果、人と人・人と自然界の接触による共生が破壊されたように感じるのです。私たちはこのこともしっかり考えて、かなりの知恵と工夫が必要と痛感しますが、新しい道を開いて行きたいです。

177 なお、イエスの伝道活動の早期から、イエスは（女性イメージの）「知恵なる神」から使わされた者と、人々に思われていました。それで、イエスに見出される知恵の福音について、他の福音書（マタイ 11:19, 25-30. ルカ 7:35. ヨハ 1:1-18）は示していますが、マルコはここのテキストのように、イエスが優れた「知恵」を授かったと書くだけで（6:2）、「知恵なる神」や「知恵なる神の使者・預言者」に

「職人ではないか」と人々が特に驚いたのは、人口の大多数の農民よりも下位に見られる身分の低い職人が、偉大な人のような知恵と力を持つ行為をしたということです。職人（techtōn）は、石（サム下 5:11）・金属（サム上 13:19）・木（イザ 44:13）の職工全体を指す言葉ですが、ヨセフは木工職人と思われます。つまり、大工（oikodomos ←家 oikos+ 建てる demō）ではなく、木工職人として生活していたと理解されています。

当時、多くの農民が戦争・飢饉・借金などで先祖伝来の土地を奪われ、近くの町村や遠くの地（エジプトなど）に逃避して、根無し草のような生活をしました。ヨセフもそのような経験の後で、ガリラヤ地方の小さな村ナザレ（人口約 300 人）に住み、職人生活になった可能性が高いと思われます。

木工職人は、土を掘る鋤や家畜に付ける軛などの農具や、ベッド・イスなど家具作りをします。けれど小さな村ではそのような仕事は余り無く、徒歩で 1 時間ほどの近くの都市（人口約 1.5 万 -2.4 万人）、セッフォリス（ガリラヤ湖の西 27Km 程の丘の上）・ティベリアス（ガリラヤ湖畔の西の丘の上）などに通っていたでしょう。職人層の多くは兼業農家で、恐らくイエスもそのような家庭で育ったでしょう。そして庶民の子どもは 6 才頃から、息子は父を見習い、娘は母を見習って仕事を身につけるので、イエスもヨセフと共に近くの都市に通いながら成長したでしょう。[178]

関しては、削除して編集しています（Cf.12:41-44）。

178 Freyne, *Galilee: From Alexander the Great to Hadrian 323BCE to 135CE.* "Hellenistic/Roman Galilee", "Galilean Questions to Crossan's Mediterranean Jesus". Pilch, *The Cultural Dictionary of the Bible,* pp.189-190. Horsley, *The Liberation of Chrismas,* pp.68-72. Carter, *Matthew and the Margins,* p.298. 山口雅弘『イエス誕生の夜明け』pp.28-29, 37-76.『ガリラヤに生きたイエス』pp.145-148。山口里子『イエスの譬え話』① p.22。

　ガリラヤ庶民の住居の多くは、古代からの典型的な集合住宅。中庭に面する（8-10 畳間の）数室に 2- 5 家族。家づくりは、石灰岩・玄武岩の石を泥や小石で固めて、泥や漆喰で石の隙間を塗り固めて壁を作り、高い所に小さな窓。床は土間で、土や小石・ワラを混ぜて踏み固め。屋根は平らで、木の幹・枝、土や粘土、藁で、その上を石・粘土などで固めて、屋根に上る梯子のような階段も。ドアや

さて、息子は本来、父の名によって呼ばれますが、イエスは「ヨセフの息子イエス」と呼ばれず、「マリアの息子」と呼ばれます。父でなく母の名で呼ばれるのは、「父不明の子」「非嫡出子」の「蔑称」です（父の生死と無関係。ヨセフが早死かは不明）。こうしてイエスは、社会の下層階級の中でも蔑視される者でした。

　当時、結婚は２段階で実施され、第１段階は「婚約式」のような形ですが、その時から「夫」と「妻」と呼ばれ（マタイ 1:18-19）、第２段階の「結婚式」で完了して同居します。ガリラヤ地方では２段階の間での性交は受容されていましたが、ヨセフはイエスの（生物学的な）父ではないと、小さな村では知られて「マリアの子」と呼ばれていたのです（マタイは、「マリアの子」という表現を避けて「職人の子」として「母はマリア」と表現＝ 13:55。ルカは、「ヨセフの子」と通常の表現に言い換えます＝ 4:22）。

　一般的に「イスラエル人」とは、イスラエル人と結婚したイスラエル人の母の子で、イスラエル人と結婚できる人。それと対照的に、禁じられた結婚・性交で生まれた子どもは非嫡出子（*mamzer*）」とされ、イスラエル共同体から排除・処刑死も有り得ました。けれど、非嫡出子についての決まりは不確定で、イエス時代は大まかに２つ。①ユダヤ社会で完全参画は不可（礼拝参加不可など）。②正規のイスラエル人とは結婚できない。

　イエスの母はイスラエル人ですが、（生物学的な）父が「イスラエル人でない者」と村で思われていた可能性があります。ただし、レッテル貼りと蔑視・攻撃・排除は、実情や律法自体でなく偏見で行なわれることも、少なくありません。[179]

　　敷居、脇柱などが木工部分です。参考：山口里子『マルタとマリア』。Vamosh, Daily Life at the time of Jesus, pp.44-45. 上記の参考文献も。

179　Jane Schaberg, *The Illegitimacy of Jesus*. "A Feminist Experience of Historical-Jesus Scholarship". 山口里子『新しい聖書の学び』pp.104-120.『いのちの糧の分かち合い』pp.93-120.「フェミニスト神学のイエス研究」。「キリスト教の『核心』を受け入れなくて『クリスチャン』と言えるか？」。

　　当時、「イェシュア *Yeshua*（セミ系）/ イエス *Iēsous*（ギリシャ語）」の名は多

マルコのイエスが言った言葉「預言者は、故郷、同族（どうぞく）(syggeneus)、家族（oikia）を除いては、不名誉ではない」(6:4) は、ヘレニズム世界で広く使われていた言葉と繋がります[180]。

- プルタルコス（1世紀）:「良い感覚と知恵を持つ人々で故郷に認められた人は僅か（わず）だ」。
- アポロニウス（1世紀）:「他の人々は私を神に等しいか神だと見なす。しかし故郷の人々は私を無視する」。
- クリソストムス（1世紀）:「全ての哲学者にとって故郷で生きることは困難」。
- ルカ 4:24:「預言者は誰も自分の故郷で受け入れられない」（福音書内でヘレニズム表現に最も近い）。
- トマス 31:「預言者は自分の故郷では歓迎されることは無い。医者は自分を知っている人々を癒さない」。
- オクシリンコス・パピルス（POxy,1.6）「預言者は誰も故郷で受け入れられない、そして医者は誰も、彼を知る人々の間で癒しを実践出来ない」（マルコのより早期のもの）。

　イエスが故郷で拒絶されたことは否定できません。イエスは、父母を経済的に支える長男の務め（つと）を放棄（ほうき）して、家族を恥に晒（さら）したと人々から非難された可能性大です（もし母が寡婦になっていたら、なおさらのこと）。ただしマルコは、イエスが受け入れられないのを「故郷」だけでなく「同族」と

くありました。1世紀に特に有名だった2人は、まず紀元前2世紀に生きた「イェシュア・ベン・シラ Yeshua ben Sira」（ヘブル語）で、エルサレムで高位の祭司家系・著名な書記、ヘブル語で語り教える人（後に「ベン・シラ ben Sira」と呼ばれます）。それと対照的なのは、1世紀の始めに生きた「イェシュア・バル・マリア Yeshua bar Marya」（アラム語）で、ガリラヤのナザレ村出身の庶民預言者イエスです（父の名による「Yeshua ben Yosef」ではなく、母の名によって呼ばれ、後に「ナザレのイエス」と呼ばれます）。

180　Boring, Berger, Colpe eds., *Hellenistic Commentary*, pp.96-97.
　「家族」という言葉は「oikia（家族←住居）」と「oikos（家・家族・世帯・家政←家財. 元は全財産を表す法律用語）」がありますが、キリスト教証言書では同義に使われています。

「家族」両方を付加しました（マタイは「故郷」「家族」、ルカは「故郷」）。マルコはイエスの家族を非常に批判的に描いており、家族の話は、イエスを精神的異常者と思われて家に連れ帰ろうとする態度で始まり（3:31-35）、イエスが久しぶりに故郷ナザレ村に帰った時には親類・家族たちに拒絶されます。このような状況で、イエスはほんの僅かな人を癒し、故郷を去って「村々で教える」ようにします（マタイとルカは「都市（複数形）」を付加。都市住民に向けて福音書を書いたゆえと理解されます）。

　マルコ物語の残りの部分では、ナザレは２度と述べられません。ただし、イエスと家族の実際の関係の悪さがどの程度かは決めつけられないと思われます。[181]

　＊「処女降誕」物語について：[182]
　伝統的神学では、イエス誕生を「処女降誕」として教えてきました。しかし正典福音書では「処女」が出産したとは書かれていません。この問題を、時代背景と口頭伝承・記述物語に注意を向けて少し学びましょう。
　１世紀のユダヤ人たちは、巨大なローマ帝国植民地支配下でひどい搾取で生活していました。特に、庶民（とくに女性たち）は、日常生活

181　マルコでは弟子批判と同様に「家族」批判も強く、イエスの死後エルサレム教会で兄弟ヤコブが権威を持ったことへのマルコの批判の現われだろうかと考えられています。ウィリアムソン『マルコ』p.188。川島貞雄『十字架への道イエス』p.95。デューイ「マルコ」p.366。

182　イエス誕生の背後にある母マリアの「非合法」の妊娠・出産を、聖書学から研究して最初に出版したのはジェーン・シェイバーグです（1987年）。伝統的「処女降誕」理解を否定されて怒った教会と学界は、激しい拒絶・攻撃で彼女の名誉も職業も奪いました。それに対して、フェミニスト神学者たちが中心に、ジェンダーを越えて複数の聖書学者たちが、彼女に寄り添い、サポートし、彼女の研究に繋がる論文などを出版して、聖書学界で広く理解されるようになりました。「学問は真理を追究するものであるならば、どのような問いに向き合うにしても、平等なスペースが必須だ」（エリザベス・シュスラー・フィオレンツァ）。Cf. 山口里子『新しい聖書の学び』pp.104-120。『いのちの糧の分かち合い』pp.93-120。「キリスト教の『核心』を受け入れなくて『クリスチャン』と言えるか？」。「フェミニスト神学：私の授業・講座での学び合い」。

で経済的にも性的にも様々な暴力に晒（さら）されました。それでマリアはレイプされた可能性が高く、噂が小さな村で広がって、イエスは父不明の子・非嫡出子の汚名として「マリアの子」と呼ばれて育ちました。[183]

その後、イエスが有名になり汚い噂がさらに広がる中で、恐らくイエスの伝道活動に参加していた女性たちが、「たとえ世間で蔑（さげす）まれる婚外妊娠（こんがいにんしん）の子であっても、私たちはイエスと出会って希望を見出し、母マリアは責められる汚れた女性ではなく、苦境の中で聖霊によって導かれた」という信仰表現として口頭伝承を生み出したと思われます。

１世紀後期、マリアの妊娠に関する様々な中傷への対応として福音書著者たちは、嘘をつかずに、ヨセフはイエスの生理的な父でないと示しつつ婚外妊娠をぼかし、聖霊の働きを強調して肯定的な誕生物語を創作。そして３世紀に教父が「母マリアには、男との性交による妊娠よりも、純潔（じゅんけつ）の処女の奇跡による妊娠の方がふさわしい」と述べ、これが展開されて「処女降誕」が教義にされました。これは現実の女性の性も生も貶（おとし）める考え方が根底にあり、女性たちの最初期伝承と正反対の神理解・人間理解です。ですから、失われてきた女性たちの口頭伝承・闘いの歴史の回復を学ぶことが大切でしょう。

そして、私の授業・講座でこのような情報共有した時に、特に女子大生たちが（カトリックもプロテスタントも）毎年のように言いました：「非現実的な処女降誕を信じる宗教なんて、教会でも学校でも言えなかったけど、カルト宗教みたいではないかと思っていた。もしもキリスト教が、最初期の女性たちの伝承を伝えてくれていたら、私たちはキリスト教にどんなに魅（ひ）かれたか？　それに、世界中のどれほど多く

183　こうした状況でのイエスの人生経験が、蔑視・排除されていた人々への共感共苦・包含性に繋がり？　また、女性は 12-13 才、男性は 18 才ぐらいに結婚しましたから、マリアは 12 才頃にレイプされた可能性大で、どれほど辛い思いをしたでしょう。そして「被害者女性」の母マリアが偏見・攻撃され続けるのを見て育ったイエスの経験が、「売春者」など女性たちへの共苦に影響？　ま、決めつけられませんが、私はそんな思いも持ちます。

の女性たちが救われて来たか？」。また様々な講座において、このような学びでショックを受ける人々が多いのですが、学びを続ける中で理解が変わり、共感を持つ人々も増えてきました。[184]

「12 人」の派遣 (マルコ 6:7-13/ マタイ 10:1, 5-15/ ルカ 9:1-6)

「12 人」の派遣も、ヘレニズム文学を基にした伝道イメージで、後からの創作です。そもそも、歴史に生きたイエス自身は「弟子召命」も「12人の任命」のようなこともしたとは思われていません。むしろイエスの伝道生活に「付いていく」人々は、何かのことで呼びかけられたり、出会って自分から仲間になったりという感じで、ゆるやかな繋がり・共同体・ネットワークが持たれたと理解されます。[185]

しかしマルコのイエスは、上下関係で、2 人ずつ使わすことを始めました（archō 始める＋ apostellō 送り出す・派遣する）、旅路に（道に 6:8）。そして持ち物についても命じます（paraggellō. 軍隊用語としても使われる「厳しく命じる」6:8）。杖 1 本を持つだけで、他にはパンも袋も腰帯に銅貨も何

184　**参加者の「声」:**
　　＊「学問は真理を追求するものであるならば、どのような問いに向き合うにしても、平等なスペースが必須だ」というのは本当にそうだと思います。けれど……あくまで神の言葉として「信じられないようなことでも疑わずにそのまま信じる」という姿勢が、教会では推奨されていると思う。「処女降誕」に疑いを持つという事にそこまで強固な姿勢で拒否を示したのは、私たちが聖書を読んで〈考える〉ということを否定する力が働いている。まるで考えることが悪かのようにさせたキリスト教界の罪は大きいと思う。神から頂いた〈考える能力〉〈思考〉を無視するのは、それこそ罪ではないだろうか。……教会（説教、教会学校）では「答えはこれ！」という話ではなく、みんながそれぞれの立場で考え続ける事を推奨する姿勢こそが、求められると思う。疑わずにただ信じる、という素直なイイコちゃんを増やすのではなく、自分で考えるというワンクッションをおく習慣が必要だと思う。それこそ生まれながらのアウトローであるイエスに倣う生き方ではないだろうか。

185　Horsley, *Jesus and the Spiral of Violence,* pp.210-211, 230-231. Myers, *Binding the Strong Man,* pp.212-214. Crossan, *Historical Jesus,* p.334.

も持たず、サンダルを結ぶように (6:9)。着る物は「内着シトン」を1枚だけ（「内着シトン chitōn」：頭と腕の部分を開けて上と横を縫ったチュニカ。男は膝丈、女は足元丈で、家庭でも仕事の時にも。Cf.「外着ヒマティオン himation」：上にはおる長方形のローブ 11:7, 8)。

・マタイとルカ（Q 福音書から編集）は、身軽な旅への厳しい持ち物制限の指示で、ザックも財布も持たずサンダルも無しにします。当時、庶民が裸足で歩くのは普通で、（都市中心の）放浪の教師キュニコス派哲学者たちは裸足。けれども、ガリラヤは荒い岩の道が多く、少し遠くに行く時には人々はサンダルを履きました。マルコはそれに合わせたのかも？

　物質からの自由が内面の自由の徴という理解が、ヘレニズム世界の哲学者たちに広くありました。旅の手段（内着と外着とザック）を持ち、生命維持の物（パン、財布と金、予備の服）は持たず、伝統文化による人々のホスピタリティ（見知らぬ人でもそこに到着したら歓迎・厚遇で宿・食事・必要な物を提供）に頼って生活します。そしてホスピタリティを受けられない所では、「彼らに対する（抗議の）証」で、侮辱行為の象徴として公の場で「足の塵を落とす」のです。

　実際、イエスのシンプルなライフ・スタイルを考えると、身軽な旅だったと思われます。けれどイエスは、断食・禁欲に関心がなく、厳しく制限する指示はイエス自身には遡らないと思われます。[186]

　むしろイエス運動の人々は、それぞれ身軽な形で村々を巡り歩いて伝道

186　キュニコス派創設者ディオゲネス (BCE2 世紀)：「父よ、私が犬と呼ばれていることを怒らないでください。……私は地上のではなく天の犬と呼ばれています。あなたの息子が僅かな物で満足し、ゼウスの下に在る自由によって世間の意見から自由であることを喜んでください」［キュニコス派 (Cynics) の名は「犬」(kuōn) に由来。ドミニコ派は「主の犬」］。ディオゲネスの有名な話：彼が日光浴をしていた時にアレクサンダー大王が来て彼の前に立ち、何でも望みを言えば叶えると言った。彼は「私の日差しからどいてください」と応えた。このような「無礼で厚かましい」ということで「犬」と呼ばれた。ムソニウス・ルフス (1 世紀)：「内着と外着が1枚ずつで、裸足でいるのが好ましい。……良いことに金を使って良

活動をしたと理解されます。そもそも家族から離れたイエスは、寄留者の<ruby>寄留者<rt>きりゅうしゃ</rt></ruby>立場を取り、村々を巡り、ホスピタリティを持つ家に留まるということを、実際に行なったことでしょう。そして（病）<ruby>弱者<rt>びょう</rt></ruby>を癒し続けて、メタノイア（回心）するように宣べ伝える活動をしたようです。こうして、伝道活動の地域<ruby>拠点<rt>きょてん</rt></ruby>・安全な家々・居場所のネットワークが形成されて行ったと思われます[187]。

　古代において旅は危険なので、ペアやグループでするのは通常です（マルコ 6:7. ルカ 10:1 など）。女は、男と（妻として）だけ旅が可能と思われてきましたが、実際には、男と女、男と男、女と女など様々なペアの旅行者・伝道者たちが協力し合いました[188]。

　その伝道活動は癒しが中心です。当時の世界では<ruby>疾患<rt>しっかん</rt></ruby>・<ruby>障碍<rt>しょうがい</rt></ruby>・（精神・神経が歪められたような）「悪霊つき」が<ruby>蔓延<rt>まんえん</rt></ruby>していました（Cf.5:1-20）。そこで、時にはオリーブ油（6:13）や<ruby>唾<rt>つば</rt></ruby>（7:33. 8:23）を使うことがあったと考えられます（マタイとルカは「恥」と感じたようで削除）。ただし根本的には、新しい神理解・人生理解を持って共に生きるようにメタノイアに招いて、打ちひしがれていた人々を癒したのです（注 18）。

　い友を得るほうが望ましい」。
　　The Jesus Seminar, *Mark*, p.112. なお、イエス運動をキュニコス派のように「放浪のカリスマたち」の理解（タイセン）は、歴史的に説得力無しと、批判されました。例：Horsley, *Jesus and the Spiral of Violence,* pp.230-231. Myers, *Binding the Strong Man,* p.213.

187　Myers, *Binding the Strong Man*, p.214.

188　少し遠方に行って、どこかに滞在させてもらう時には 2 ～ 3 人の少数が便利だったとも理解できます。ただし、カップルやペアと言っても結婚に限らず、信仰上で兄弟姉妹の表現です。実際に名前が挙げられているペアは、現存ではパウロの手紙だけですが、当時多かったと考えられています。Cf. パウロとバルナバ（使 13:1-3. 1 コリ 9:5-6）、プリスカとアキラ（ロマ 16:3-5）、アンドロニコとユニア（ロマ 16:7, 15. ユニアは、「卓越した使徒」と書かれたゆえに「ユニアス」という男名にされてきました。日本聖書協会では、ようやく 2018 年末にユニアと訳して出版しました）、フィロロゴとユリア（ロマ 16:15）、ネレウスと彼の姉妹（ロマ 16:15）、女性ペアのトリファナとトリフォサ（ロマ 16:12）、女性ペアのエオディアとシンティケ（フィリ 4:2-3）。参考：山口里子『マルタとマリア』pp103-104。

このような、軽装で「道に」行き、ホスピタリティで相互性的な関係を大事にするということは、現代世界では、私たちの生活を簡素にし、地球の資源と生命の未来を思いつつ、神への信頼を持って「食と癒し」の平等実現に向かう「道に」行くということに、繋がるのではないでしょうか？

・「痛みを共感し合える仲間こそ、ほんとうに信頼できる仲間であり、そこに安心感が生まれるのです。……神さまの働きは必ず人をとおしてなされるのだと思います。……だから、痛み、苦しみ、さびしさ、悔しさ、怒りを抱きかかえている人たちに、友だちとして受け入れてもらえるようになることです（本田哲郎[189]）。

バプテスマのヨハネの処刑死

（マルコ 6:14-29/ マタイ 14:1-12/ ルカ 9:7-9）

バプテスマのヨハネのことを「人々は……と言っていた」（6:14）。こういうゴシップ・ネットワークが当時のメディアで、「ヘロデ王」もそれを聞きました。福音書の「ヘロデ王」は、王ではありません。ヘロデ大王の息子の1人ヘロデ・アンティパスで、ガリラヤとペレアの領主（ローマ帝国支配の代行者で、自身をローマ皇帝崇拝者と自称して、ローマ傀儡政権を作りました）。ヘロデは、「私が（egō:「他でもない私が」の強調）」、バプテスマのヨハネを殺したことを強く想い起します（6:17）。

ヨハネは28年頃にヨルダン川で、1度だけで良いとする新しいバプテスマ（浸礼・洗礼）を授け、大人気の預言者と成り、30年頃ヘロデ・アンティパスによってペレア（トランスヨルダン）南端の死海のほとりマカイルスの砦に投獄・処刑されました。

189　本田哲郎『釜ヶ崎と福音』pp.45-46。

ヨハネ処刑の背景：エルサレム神殿は崇高な祭儀場として、規則に準じた夥しい奉献物が集まり、ユダヤ共同体の中心的金融機関でもありました。本来は奉献物が、寡婦・孤児・寄留者など弱者の生活維持に活用されるはずでしたが、それは実践されず、特にエルサレム神殿の祭司たちをドンドン富裕層にして、ローマ帝国植民地支配下でひどく困窮された民衆を負担・罪悪感で苦しめていました。そうした中でヨハネは荒野に入り、ヨルダン川で、それまでとは全く異なる1度だけのバプテスマ儀式を実践。罪を犯すたびに犠牲の献げ物をしなくても、聖なる儀式バプテスマ1度で神の国に入る準備が与えられるとします（1:2-8）。

　これはヨハネの偉大な発明・行動で、民衆が解放される一方で、権力者にとっては神殿体制崩壊の危険を感じました。さらに、預言者の導きで、ユダヤ民族が「川」を渡り「荒野」に入り、「新しい人生へ入る＝神の約束の地に入る」ということは、自分たちの先祖が神の導きで隷従の地から脱出する「出エジプト」を想起させます。それは、政治的な暴動へと発火しかねない危険性大と思われたのです。

　ヨハネは民衆の間で大人気だったので、その影響に「ヘロデ王」は危険を感じ、逮捕・投獄して処刑しました。その後で、ヘロデ軍がアレタス軍（ヘロデの前妻の義父の軍）に敗北した時に、ユダヤ人たちの間では、それはヨハネを殺したヘロデへの神の罰だと思われました。[190]

　福音書の話（マルコとマタイ）では、処刑の原因は、ヘロデの再婚が不法（レビ 18:16. 20:21）とヨハネが厳しく非難したためとします。確かに、ヨハネはヘロデの結婚に関して律法的・政治的に批判したと思われます。当

190　ヨセフスによると、「ヨハネは……仲間に正義を行ない、神に敬虔に生きることを勧め、罪の許しのためでは全くなく、……魂はすでに清められているから、体を1回聖別するバプテスマを勧めた。ヘロデはヨハネの雄弁が民衆に大きな影響力を持つことに警戒心……民衆の反逆に繋がりはしないかと恐れ・・・彼を取り除く決断をした。ユダヤ人たちは、ヘロデ軍が滅んだのはヘロデがヨハネを殺したことに対する神の罰だと考えた」（ヨセフス『ユダヤ古代誌』18.116-119）。Myers, *Binding the Strong Man*, pp.214-216. Carter, *Matthew and the Margins*, p.301. 山口雅弘『よくわかる』pp.87-88。山口里子『イエスの譬え話』① pp.19-27。

時、多くのユダヤ人たちは、ローマ支配への抵抗運動の中で、律法を守る者がユダヤの支配者としての権威を認められると考えていました。けれど「半ユダヤ人」（父はイドマヤ人）のヘロデが、律法を自分勝手に悪用・違反して反感を高めました。

　さらにヘロデは、同盟・権力拡大のために近東で最強のアラビア王（ナバテアの王アレタス）の王女と結婚した後で彼女を放棄して、自分の兄弟フィリポの妻だったヘロディアと再婚しました。このゆえにナバテアの王女は逃げ帰り、アレタス王の復讐の可能性が高くなりました。実際、ヘロデ軍は後にアレタス軍に敗北し、多くの人々が、預言者ヨハネの処刑に対する神の罰だと思ったのです。[191]

　こういう状況で、「宮殿物語」は全くの作り話です（6:21-28）。権力者たちの宴会は、パトロン関係などの社会的地位と結束を強固にする重要な機会で、招待者は都市の政治・経済的支配層の人々です。ここのマルコで述べられているのは「食事会」（deipnon）」という言葉で、「宴会」（シンポジオン simposion. 一緒に飲む会）ではありません。ただ、富裕層の宴会は、まず食事会を持ち、続いて宴会が持たれます。当時は、食事会では連れ合いなどの女性同席の可能性が高いですが、それが終わって宴会が始まる時には同伴者の女性たちは退席し、男の「飲み会」になります。宴会の踊り子はほぼ奴隷で性的サービスも提供します。王の娘のような身分の高い若い女性が宴会で踊り子などはしません。[192]

191　イドマヤはユダの南で、民族が混合されていた所です。ヘロデ・アンティパスの父ヘロデ大王はイドマヤ人で母マルタケはサマリア人。参考：山口雅弘『よくわかる』p.57。山口里子『イエスの譬え話』② pp.212-218。

192　ここで「ヘロディアの娘」と書かれている女性は、「ヘロデの娘」「ヘロディアの娘でヘロデの姪」「ヘロディアの前夫フィリップと結婚」などと複雑に言われています。ヨセフスだけにサロメの名が記述（『ユダヤ古代誌』18.5.4）。シュスラー・フィオレンツァ『彼女を記念して』p.180。Janice Capel Anderson, "Feminist Criticism", pp.135-160. 山口里子『マルタとマリア』pp.57-59。

マルコの作り話の象徴：

① マルコのヘロデは、恥知らずの愚かな誓いをして、メンツを守るため、不本意にヨハネを殺害。

「望みを何でもかなえる」というヘロデの誓いは、エステルの王クセルクセスと呼応（Cf. エス 5:3-8. 7:2）。エステルはそれを活用してユダヤ民族を大虐殺から救います。この高貴な結末とは逆に、妻ヘロディアはそれを悪用して預言者を殺害させます。[193]

② マルコは、「（ヘロデは）彼（ヨハネ）に聞いた」と 2 回述べて、ヘロデはヨハネを尊重していたイメージを作ります（6:20. ただし日本語訳での「教え」という言葉は、原語に無いです）。こうして、自分自身の思惑でヨハネを処刑した男ヘロデを、本当はヨハネを殺したくなかったと暗示して、かばいます。そして女たちだけを不愉快な悪者にします。それも、「女・セックス・悪」の関連付けで女性蔑視・差別を正当化します。[194]

一方マルコでは述べていませんが、ヨハネの死をヨハネの「弟子」たちがイエスに報告したのは、ヨハネとイエスの繋がりの継続を反映します（マタイ 14:12）。ヨハネによるイエスの洗礼は最も確かな歴史的出来事の 1 つで、イエスはヨハネを師として学んだあとで、独立してガリラヤで伝道活動を始めました（1:2-11）。その後でも、繋がりを持っていたのです。

以前は、バプテスマのヨハネとイエスは逆方向の姿勢のように見られて来た傾向があります。特にヨハネはユダヤ教的厳格さを持ち黙示的思想が

193　山口里子『虹は私たちの間に』pp.231-232。

194　Tolbert, *Sowing the Gospel,* pp.465-466. デューイ「マルコ」pp.366-367。このマルコの作り話は、キリスト教文化圏で何世紀も続けて「女・セックス・悪」の幻想を刺激する劇・絵画の題材にされてきました。確かに女性は父権制社会で権力を持てず、目的達成のために人間を操ることもしてきました。しかし男の欲望の原因を「女・セックス・悪」イメージで男正当化・女蔑視の悪用は、ヘブル語聖書を含め古代から固定化・再生産で、マルコも悪用者の 1 人です。現代に生きる私たちは、こういうことがジェンダー観にどのような影響を持ってきたのか、自分たちはどう再生産に加担するのか、どう変革していくのかが、問われているでしょう。

強く、イエスは優しく黙示的思想が無いと思われてきました。しかしヨハネは、ユダヤ教だけに限らず広く理解されていたヘレニズム的敬虔にも繋がる敬虔さを持っていたと理解されます。一方イエスは、いわゆる敬虔さとは異なりますが、弱くされた人々に寄り添う姿勢が理解されており、それらは逆方向の姿勢とは決めつけられません。むしろ2人は、神理解に根本から繋がり合う預言者だと理解されるようになりました。

　そして2人は似て描かれており、幼児の話も（ルカ 1:5-25, 26-38, 57-80; 2:1-52）、メッセージも（マタイ 3:2; 4:17）並行し、庶民生活に繋がる祈りを与え（ルカ 11:1-4）、イエス自身が人々にヨハネを思い起こせ、自分の先駆者からのメッセージへの応答で自己認識を表現します（ルカ 7:18-35. マタイ 11:2-19）。両者とも逮捕・拘束・処刑され、墓に横たえられました（マルコ 6:17-29）。イエスはヨハネが死から起きたとの噂もありました（マルコ 6:14. 8:28）。また、2人についての会話（ルカ 7:18-35）は、アラム語特徴があるギリシャ語（「食べない・飲まない」「大酒のみ・大食漢」「女から生まれる者たち」「風に吹かれる葦」など）です。恐らく古い民間伝承に根差され記憶されていたと思われます。[195]

　最初期のイエス語録集「Q（福音書）」で、ヨハネとイエスは預言者と並置され、神の統治（神の国）接近の告知を補充し合います。2人が語る「知恵なる神」の「知恵」と「裁き」は繋がり合うのです。つまりメタノイア（人生の方向転換）をして「真実の知恵を持って幸せに生きなさい」と、（不公正に苦しむ人々に正義を与えられる）神の「裁き」です。

　イエスは、バプテスマのヨハネを信じた徴税人・娼婦などを除け者にする「この世代」を責めて、「知恵なる神は、彼女の全ての子どもたちによって立証される」と言います（ルカ 7:35）。ヨハネのバプテスマでイエスが水から上がった時に「知恵なる神」が降りてきて「我が息子」として啓示したという神話もあります（『ヘブル人の福音書』最古版）。そしてイエスが

195　Carter, *Matthew and the Margins*, p.305. Crossan, *The Historical Jesus*, pp.230-232.

「知恵なる神」の招きの言葉「疲れた者は来なさい」（マタイ 10:28-30）を語り、自分は父権制家族に「平和でなく剣をもたらすために来た」（マタイ 10:34-37. ルカ 12:51-53. 14:26-27）と語ります。

このように、バプテスマのヨハネとイエスの、神を女性イメージで思い描く「知恵なる神」について、マルコはほぼ完全に削除しています。そしてマルコは、ヨハネの処刑死の責任を「男性」（ヘロデ）でなく「女性」（ヘロデの妻・娘）に変える形で物語を作りました。さらにイエスの処刑死の責任を、「ローマ総督ピラト」（支配者）ではなく「ユダヤ民衆」（被抑圧者）に負わす形で物語を作りました。これはまさに、ジェンダー差別と身分差別を利用したひどい歴史改竄のようなものです。私たちは、特に聖書を始め古代文献を読む時に、文字の読み書きが出来ず「声なき声」にされた圧倒的多数の人々の現実に対して、真剣に向き合う意識を持って学ぶことが必須ではありませんか？[196]

群衆との共食
（マルコ 6:30-44/ マタイ 14:13-21/ ルカ 9:10-17/ ヨハネ 6:1-13）

ここの始まりで「12 人」のことを「使わされた人たち」（*apostolos*）とマルコは言います（6:30）。これは先にイエスが 12 人を「使わすこと（*apostellō*）を始めた」（6:7）ということで、その人たちのことを述べています（後の時代に作られた称号「使徒」の意味ではありません）。[197]

---

196 「バプテスマのヨハネ」についてのイエスの言葉（マタイ 11:2-9/ ルカ 7:18-35）は、福音書著者たちに編集されていますが、その一部は歴史のイエスに遡ると理解されています。Wire, "The God of Jesus in the Gospel Sayings Source", pp.279-285. Elisabeth Schüssler Fiorenza, *Engaging*, pp.491-511. Horsley, *Text and Tradition*, pp.215-216. メアリー・アン・トルバート「マルコ福音書」pp.465-466.
　　「知恵なる神」について：Cf.12:41-44 の終り。
197 The Jesus Seminar, *Mark*, p.117. 歴史的には、「12 人」「弟子」「使徒」は別々の

群衆の共食は、正典の４福音書全てにある唯一^{ゆいいつ}の「奇跡」の話です（マルコとマタイは２度）。かなり早くから広く語り継がれていた話でしょう。歴史性の批判基準では、多数の伝承での立証と、イエス自身の活動との一貫性（公的な活動で、神の国を祝宴イメージで語り、宗教的に否定的に見られていた「罪人」たちなど誰とでも共食していたこと）が、この話では揃っています。ですから、人々に特に記憶されたパンと魚の分かち合いの食事が、歴史的に有ったと理解されます。ただし、その伝承を福音書著者たちが各自編集したので、イエス自身の言葉は決定不可能です。[198]

　マルコは「全ての町から」人々が寄り集まって来たと書きましたが、それは誇大広告的なマルコの特徴です（Cf.1:5）。そしてイエスは共感共苦して（*splagchnizomai.* 注60）人々に語りました。その後で、マルコのイエスは「弟子」たちに言いました、「あなたがたが彼らに食べること（*phagein*）を与えなさい」（6:37）、「幾つもの輪で（*symposia symposia* ← *symposion* 饗宴・宴会← *symposiō* 共に飲む）」（6:39）、「横たわる（*anaklinō*）ように」（6:39. Cf.2:13-17）、そしてパンを「前に置く（*paratithēmi*）ように」（6:41）。

　日本語訳では「食べ物を与えなさい」で、「供食」です。けれど、「食べること」を与えるというのは、「食べ物」に限らず、食べる機会を作るというイメージを持ちます（Cf.5:43）。そして「座らせる」でなく「横たわるように」という言葉は、家族・友人たちと横たわってゆっくり食事するということです。つまり、そういう時を持つ機会を作ろうとするイメージです。

　さらに、パンを「配^{くば}らせる」という意味だけでなく「前に置く」という意味を持つ言葉が使われています。これは、人々が持っている物を前に置いて分かち合うきっかけ作りにもなるでしょう。当時の人々は、家から少

グループです（Cf.15:41）。Schüssler Fiorenza, *Changing Horizons,* p.224. 山口里子『いのちの糧の分かち合い』pp.161-165。

198　Meier, *A Marginal Jew 2,* pp.950-967. マルコは、イエスが「弟子」たちに「手渡す」動作を、「最後の晩餐」（14:22-26）と並行させます。カタコンベ（古代ローマの地下墓室。迫害下のクリスチャンたちがそこで礼拝）の絵には、「最後の晩餐」の「パンと魚」が描かれています。ところが聖餐式の「制定語」（Ⅰコリ 11:23-26. 50年代）を基とする「最後の晩餐」の話では、「パンとワイン（血の象徴）」に作られます。荒井『著作集』② pp.346-352。

し離れた所に出かける時に、保存食としてわずかなパンや塩漬けの干し魚などを持っていました。そこに集まった人々は、心から癒されて、わずかな保存食を分かち合って「共食」の機会を持てたと想像できます。[199]

　こうして、皆が食べて満足しました（chortazō）。そのうえ、余りが12籠いっぱいにありました。そんなに多くの余りがあるというのは、マルコのいつもの誇張表現ですが、人々は心底から豊かにされたと思われます。

　ただ、そこには女性たち・子どもたちも居たはずですが、マルコは「人」でなく「男性」を使って「5千の男性たち」と言います（マタイは、「女性たちと子どもたちを別に」という言葉を加筆して、群衆は「5千の男性たち」だけでないということを示します。ルカは、男女が共に横たわる性的なイメージのリスクを避けたのでしょう）。[200]

　マルコは、この話にヘブル語聖書の幾つかのイメージを使い、その預言者たちを超える偉大さでイエスを表現します。[201]
　　①「出エジプト」の「荒野」で、ヤハウェがモーセ指導下の人々を養った（出 16:4-15）。
　　②預言者エリヤの奇跡（サレプタの寡婦が最後のパンをエリヤに与えて、パンを作る小麦と油が数倍にされた。列王上 17:7-16）。

199　山口里子『新しい聖書の学び』pp.132-133。『食べて味わう聖書の話』p.41。
200　共観福音書の中でマタイだけは、イエスが女性たちと一緒に公的な食事をすることを明白にさせています。マタイは、群衆との共食の話で2回とも女性が一緒に「横たわって」（マタイ 14:19. 15:18）食べたことを明白にさせるだけでなく、イエスの仲間に「売春婦」（pornai）が居ることも明白に述べています（マタイ 21:31-32）。Wainwright, *Towards a Feminist Critical Reading of the Gospel According to Matthew*, p.490. Carolyne Osiek & David L. Balch, *Families in the New Testament World*, p.206.
　　当時は、家族や友人とくつろいでゆったり横たわって食事するのが幸福な人生の象徴で、お墓にはその人の人生の幸せを表現するように、横たわる食事・祝宴の壁画が多いです。参考：Crossan, *The Essential Jesus*, p.56. Paul Veyne ed., *A History of Private Life*, p.187.
201　荒井『著作集』① pp.425-426。川島『十字架への道イエス』p.99。Joseph A. Grassi, *Loaves and Fishes*, pp.5-29, 49-50.

③ エリシャの奇跡(エリヤの後継者エリシャは飢饉(ききん)の時に20個のパンで100人を満腹させた。列王下 4:42-44)。

ここでマルコは、飢饉で飢餓に繋がる状況でのエリシャの話に、表現を直接繋げています(「男たちに与えなさい、彼らが食べられるように。……彼らは食べるだろう。……食べて余った」)。

ところがこの群衆の共食で、マルコだけが軍隊イメージを重ねて入れて編集します(マタイとルカはそれを削除(さくじょ)して編集。ヨハネでもそのイメージは無し)。[202]

① 「荒野(erēmos)」:人里離れた所。身の危険を感じる時に逃げる所でも、隠れた集会をする所でも。

② 「羊飼いのいない羊のよう」:イスラエルに指導者が責任を果たしていないという批判的ニュアンス。

③ 「多くの人々が……全ての町からそこへ足で一斉に走って来た」(6:33)。

④ イエスは「教える」だけ(6:34. 群衆の共食の話は「癒し」に結びつくが、ここでは無し)。

⑤ 「(イエスは「弟子」たちに)指令した」(6:39. マタイ 14:19 は「指図した」。ルカ 9:13 とヨハネ 6:10：「言った」)。

⑥ 「(軍隊的な整然とした列の長方形の)幾つもの群れにまとまって(prasiai prasiai)腰を降ろした(anapiptō)」(6:40)。

⑦ 「100 人や 50 人」(6:40. モーセが 1000, 500, 100, 10 の軍隊構成を設定 = 出 18:21, 25)。

最後に私から2つの思い巡らしの呼びかけ：

① イエスの共食の話に、なぜマルコは軍隊イメージを重ねて挿入(そうにゅう)したのでしょうか?

---

202 Myers, *Binding the Strong Man,* pp.206-210. Carter, *Matthew and the Margins,* p.305. Black, "Mark". Sellew, "Mark".

確かに、人類の歴史において、自然災害の飢饉などや、社会経済構造の不公正と再分配の不公平による「食糧危機」が、紛争・戦争の最大原因です。実際、1世紀にはローマ帝国植民地支配下で、霊的・政治的抵抗運動が様々に起きました。しかしイエス運動は、「（武力的）メシア運動」でなく「（非武力の）預言運動」の1つでした（注16）。そして元々の共食の話は、貧しい僅かな「食の分かち合い」の奇跡的豊かさ。軍隊形成とは真逆の志向です。

　マルコは、食べる物を作る農民が食べることもままならなく困窮化される社会構造・システムの中で、軍隊的な抵抗運動を起こさせるイメージを入れる編集をしたかったのでしょうか？　あるいは他の意図？　しかしマルコ編集で、軍隊長のようなイエスのイメージを知ったら、実際にガリラヤで生きたイエスはどう思うでしょうか？

　② この話はイエスの「供食」と解釈されて来ました。マルコの編集は、そのような印象を持ちますが、そうだったでしょうか？

　先に述べたように、原語ではそう決めつけられません。ここのテキストでは、イエスたちが僅かでも持っている物を皆で食べようと呼びかける姿勢が感じられ、自発的に差し出す人が出てきたことで、思いがけない行動が展開された可能性もあるでしょう。こうして貧しい人々がそのような思いを持って「共食」（主体的な分かち合い）したことこそが、まさに癒し・奇跡の可能性もあるのではないでしょうか？

　もしかしたら、昔は庶民がそのようなサバイバルの習慣を持っていたのに、余りに過酷な抑圧・困窮化・格差の中でそれが失われかけていたかも知れません。イエスは、その想起のきっかけを作ったのでしょうか？　そのような分かち合いこそが大きな喜びと感謝？　ところがイエスだけが偉大という話に編集されて来て、「共食」から「供食」イメージに変えられてしまったのではないでしょうか？

　ヘブル語聖書の「エリヤの奇跡」と言われるのは、まず飢餓に瀕した寡婦が、人生の最後のパンを空腹のエリヤに与えたことから始まりました。群衆の共食も、ヨハネでは「弟子」たちでなく貧しい少年が安い大麦パン

と魚を持っていることを見せたのがきっかけだと示します（ヨハ 6:9）。

　福音書著者たちの「英雄伝」編集で、「女性たちと子どもたち」が削除・<ruby>無視<rt>むし</rt></ruby>されたように、貧しい人々の<ruby>苦痛<rt>くつう</rt></ruby>・<ruby>苦闘<rt>くとう</rt></ruby>と共に主体的な意志と行動が削除・無視されていないでしょうか？[203]

　・空腹の群衆と共に食物を分かち合うことこそが、本当の「聖餐」（滝澤武人）。[204]

　・「食べる」人々は理解しなければならない。食べることは地球世界（平和・環境）から切り離せないで起こされること。それは農業の働きから切り離せないで起こされること。そして私たちがどのように食べるかは、かなり高いレベルで、どのように（倫理的な再分配・エコロジー的な手段などに）地球世界が使われるかを決定する。……責任感を持って食べることは、この複雑な関係を理解し行動すること。……残った屑を集めることは、どんなものも無駄にされてはならない（「食品ロス」を起こさせない）と知らせる（エレイン・ウェインライト）。[205]

「海」の上を歩く（マルコ 6:45-52/ マタイ 14:22-33/ ヨハ 6:15-21）

　ここでイエスは、日没後に「弟子」たちを舟で向こう岸のベトサイダに行くように強いて（anagkazō ← anagkē 必要・強制）、一人で祈るために山

203　**参加者の「声」：**
　　＊「共食」という民衆の間にあった分かち合い文化の側面から、「供食」というイエスが与えるメッセージに逸らされて来たので、結果的にピラミッド型の教会へと変貌してきたという暗闇に、もっと目を向けたいと思います。
　　＊この話を「供食」とばかりとらえて来たので、「共食」であると捉え直して目が開かれました。いのちの分かち合い、いまのコロナの時代に、子ども食堂だけでなく大人食堂にも長い行列ができる中、この話は大切なメッセージだと思いました。今のこととして、非常に考えさせられました。
204　滝澤『イエスの現場』p.135。
205　Elaine M. Wainwright, *Habitat, Human, and Holy*, p152.

に行きました。そして「弟子」たちが逆風に苦しんでいるのを見たのに、夜明け前に、「海」（ガリラヤ湖）の上を歩いて行き、（彼は彼らを）通り過ぎることを望んでいました。そして、「弟子」たちがイエスを見た時、幽霊だと思って恐れました。その時にイエスが「安心しなさい、私です（エゴー・エイミ *egō eimi* : I am)」と言いました。そして風は静まりました。「弟子」たちは心が頑なになって動揺していました。

　これは色々と奇妙な編集です。その基には、イエスが水の上を歩く２つの独立伝承があったと理解されます（マルコ 6:45-52 とヨハネ 21:1-14. マタイは、マルコを基に、ペトロが歩こうとするのを付加、ルカは、話を削除）。[206]

　ヘブル語聖書の世界でもヘレニズム世界でも、神は、嵐・海の支配者と描かれます。聖書では、神は海で人々を抑圧権力から救出します（エジプトから：出 14. バビロンから：イザ 43:2, 16. 44:27. 51:10）。このイメージとも繋がって、「通り過ぎる」と「恐れるな」「エゴー・エイミ（私は私です）」は、神顕現物語の様式です（出 33:21-23. 1 列王 19:11. 申 33:39. イザ 43:1 など）。[207]

　それで、この話をヘブル語聖書の神顕現と結び付けた解釈が多いです。確かに、これを素材に諸福音書は、混沌の海を渡る（治める）神に繋げて

206　Meier, *A Marginal Jew* 2, p.905.

207　海を支配する力について：オリオンは神からの賜物として海の波の上を歩く力を与えられました（ヘシオドス BCE7 世紀とアポロドルス CE1 世紀に語られています）。これらの影響を受けてヨブ記（9:8）は、ヘブル語テキストで神ヤハウェが海の波を踏みつけて海の怪獣神に打ち勝つイメージがあり、それからギリシャ語訳（LXX）で、海の上を歩く能力に神聖さを見る表現に変えられました（Cf. 詩 77:17-20）。荒井『著作集』① p.422. 川島『十字架への道イエス』p102.

　「**エゴー・エイミ**」について：この言葉を神顕現に結び付けた解釈は、モーセが神の名を尋ねた時に、神が言った言葉が元になっています（出 3:14）。それで英語訳は、「I am who I am」です（例：*Interlinear Bible, Jerusalem Bible,* Oxford Bible など.：RSV 訳. *Harper Bible* など. NRSV 訳）。日本語訳では、「私は在る」（フランシスコ会訳）、「私はいる」（聖書協会訳）など。ただし、この元のヘブル語の言葉については、広い意味合いがあると言われています。例えば、「私は、在るであろう者」（I am who I shall be）、「私は在りつつ在るように成る者」（I shall become that which I am becoming）など。そしてこの表現は、ヘブル語聖書で最も多く使われていた神の名「ヤハウェ」（*YHWH* :to be）に繋がっているとも言われています。Meier, *A Marginal Jew* 2, pp.915-916.

イエスを描くイメージを持ち、マルコは奇跡物語に拡大しました。

・マタイは、「弟子」たち（当時のペトロ代表の教会の信徒たち）の信仰上の危機を奇跡的に救う「神の子イエス」物語に編集。ヨハネは、「知恵なる神」伝承を基にして（箴 8:29. Cf. ヨブ 38:8-11. シラ 24:5-6）、イエスを「知恵なる神」の受肉として表現。

けれど元の口頭伝承では、「弟子」たちがイエスを幽霊と思って怖がる中で、イエスが言った「エゴー・エイミ」は、「私は（幽霊でなく）私です」という単純な表現だったと理解されます。[208]

諸福音書は、ユダヤ教の最も偉大な英雄モーセよりも偉大な人と、イエスを描こうとしています。ヘレニズム時代には、様々なユダヤ教伝承が、モーセは神の預言者・仲介者・王（メシヤ）、ヤハウェの代行統治者という唯一の身分と力を持っていたと伝えていました。こうした伝承は、「私（神）は、あなた（モーセ）をファラオに対して神にします」（出 7:1）、「神の人モーセ」（申 33:1）などが元にあります。

ヘブル語聖書では、「エクソダス」（ex 出 +hodos 道＝脱出。「出エジプト」）のモーセの偉大な「奇跡」の代表が、①「海を渡る奇跡」（隷従の地エジプトから脱出。出 14:15-31）と、②「荒野で食べる奇跡」（飢えた人々がマナとウズラを共に食べる。出 16:1-36）です。それに呼応して、共観福音書はイエスの「奇跡」を描きます（「海を渡る」：マルコ 4:35-41/ マタイ 8:23-27/ ルカ 8:22-25. マルコ 6:45-52/ マタイ 14:22-33/ ヨハ 6:16-21。「群衆が共に食べる」：マルコ 6:30-44/ マタイ 14:13-21/ ルカ 9:10-17/ ヨハ 6:1-14. マルコ 8:1-10/ マタイ 15:32-39）。[209]

こうして、ここの話は、ガリラヤ湖の嵐での口頭伝承を用いて、ヘブル

208　Meier, *A Marginal Jew* 2, p.908.

209　デューイ「マルコ」pp.366-367。山口里子『マルタとマリア』p.144。
　　　ちなみに始まりで述べましたが（注 9）、日本語訳では原語ギリシャ語には無い表現が、イエスだけに使われています。まずはイエスだけにいつも敬語で、そして「イエス」の名を増加。このテキスト（6:45-52）でも、すぐ後のテキスト（7:1-23）でも、どちらも「イエス」の名はギリシャ語では 0 回、日本語訳では 7 回。これでは原語のテキストとかなり異なる印象です。

語聖書の神顕現とエクソダスのイメージに結び付けて、イエスをモーセより偉大な人として編集されています。

＊「新しいエクソダスの指導者イエス」について：

　ヨハネ福音書は、新しいエクソダスの指導者としてイエスを強く重ねて描きます。6 章で、「群衆の共食と海を渡る」はモーセのエクソダスを想起させます。7-8 章で、仮庵祭の教え（7:38. 8:12 イエスはモーセより偉大）。9-10 章で、「盲目の人の癒し・霊的な盲目・失われた羊」の話で、ヘレニズム世界で最も有名なホメロスの『オデュッセイア』をイメージさせます。オデュッセウスが死の洞窟から命へと脱出するエクソダスの話（9 章）に重ねて、17 のモチーフがほぼ完全に同じ順序で出て来ます（盲目・良い羊飼い・見知らぬ人・盗人・石で閉ざされた洞窟の戸・父・脱出など）。そして、オデュッセウスが「ウーティス（Outis）が私を殺します」と言い（408）、イエスが「誰も（ウーデイス oudeis）私のいのちを奪いません」と言います（10:18）。ここでもイエスはオデュッセウスより偉大です。11 章で、イエスは誰でも皆を彼の方へ「出て行く」ようにさせます。こうしてイエスは、ユダヤ人たちだけでなく、神の全ての子たちに、新しいいのちへの新しいエクソダスの偉大な指導者として描かれています。[210]

ゲネサレトで多くの病人を癒す（マルコ 6:53-56/ マタイ 14:34-36）

　ここの話はマルコの創作。「渡る・舟・すぐ・始める・聞く・病人」はマルコが好んで用いる言葉です。マルコはここで、ゲネサレト地方全体で

210　イエスとオデュッセウスの重なりの編集について：山口里子『マルタとマリア』pp.237-241。
　　「仮庵祭」はヘブル人の三大祭りの一つ。第 7 の月の 15 日（秋分の日頃）から 1 週間で収穫を終え、新しい年に入って守る「収穫祭」（申 6:13。レビ 23:34-36）。これは、「エクソダス＝出エジプト」の荒野生活での、生ける水と光（湧き出した水、火の柱）のイメージに繋がります。

のイエスの活動を要約します。[211]

　ただ、先の話で、向こう岸のベトサイダ（ガリラヤ湖の北北東）に渡ろう
としましたが、そこではなく、こちら側のゲネサレトに着きます（ガリラ
ヤ湖北西）。それでも「渡る」という表現を使っており、マルコはそういう
ことに無頓着のようです。ちなみにベトサイダは、ヨハネ福音書ではペト
ロ、アンデレ、フィリポの故郷（ヨハネ 1:44）ですが、マルコ福音書では
カファルナウムがペトロの家（1:29, 33; 2:1）というイメージの編集で、確
定は出来ません。

　イエスと「弟子」たちがゲネサレト（Gennēsaret. 現在はゲノサレ Ginnosar）
に着くと、多くの人々が、悪い所を持つ人々（6:55）、病む人々（6:56）を、
マット（krabattos 貧乏人の寝床。注 66）に乗せて運んで来ました。イエス
（の衣）にすがりつく（haptō 6:56. 注 60）ことで、癒される願いで。そして
人々は、救われていました。

　マルコは、偉大なイエスに学べず信頼できない弟子批判（「弟子」たちは
恐れて黙っている」）を強調した後で、それと逆に、人々はイエスに救われ
ると信頼して寄って来て、イエスの人気はガリラヤ全体に広がると創作し
ます（マタイでは、ペトロも水上を歩き、「弟子」たちはイエスを「神の子」と告
白＝ 14:28-33）。[212]

　ここでもマルコは、イエスを英雄として描きます。ただし貧しさに追わ
れる生活の中で多くの人々が必死に頑張って、病人たちが癒されるように
連れて来たのは現実にあったでしょう。そしてイエスの伝道活動は始まり
から 1 人ではなく仲間たちと共にでしたから、集まってきた多くの病人・
人々が寄り添われ癒されていったのは、ジェンダーを越えた様々な人々・
仲間たちとの出会いが不可欠だったでしょう。そしてこのような出会い
は、互いに癒やされ合うことに繋がったのではないでしょうか？　私たち
は、こういうことにも、そして「声なき声」にされ不可視化された人々に

211　川島『十字架への道イエス』p.104。
212　Blemberg, *Historical Reliability*, p.156.

も、意識を持って思い巡らしたいです。[213]

・多くの人々が、イエスに接したら「救われるだろう」と思って、貧しく、力がなく弱くされている人々、病む人々を、運んで連れてきた。「イエスの周辺には、このような『ボランティア』活動をなすグループが、実際にも数多く存在していたのであろう」(滝澤武人)[214]。

・私は、自分が痛い思いをして初めて人の痛みに近づいたということを、教えられたような気がするんですね。……私にとってみれば、「(私の)ガリラヤ」で貧しい人たちのために支援できるのは、今日は出来なくても明日は何かできることがあるかも知れない。明日がダメだったら、あさってにかけてみよう。そして出来るかも知れない。こういう考え方で関わって来ています(長澤正隆)[215]。

「長老たちの伝承」(マルコ 7:1-23/ マタイ 15:1-20)

この長いテキストは、ほぼ全てマルコの編集です。ここでイエス自身に遡る言葉の可能性があると理解されるのはたった一言：「人の外からその人に入って来て、その人を汚すことのできるものは何もない。むしろ、人から出て来るものが人を汚すものである」(7:15. トマス 14:4. マタイ 15:11)[216]。

まず、長老たちの伝承をテーマにする論争伝承(7:1-8)を基に、マルコが編集・付加。イエスに癒しを求めて集まる人々と、イエスに敵対するエ

213　**参加者の「声」:**
　　　＊真に必要な癒しは、病人よりも周りの人々に必要なのではないでしょうか？
214　滝澤『マルコの世界』p.137。
215　長澤正隆「私のガリラヤを生きる：外国人支援」(ETV『こころの時代：宗教・人生』2022.7.31)。
216　節が飛んでいる箇所は、後期の挿入で現代の聖書では削除(7:16. 9:44, 46. 11:26. 15:28)。

ルサレムからのファリサイ人たちと書記たちとして、マルコは対照的に描きました（7:2. 元の伝承では、イエスの周りに集まってきた「人々」を、マルコが「弟子」たちと編集した可能性が高いと思われます）。

　しかし1世紀のユダヤ教は、教えも実践も極めて多様性に満ちて、祭司たち・書記たち・ファリサイ人たちは立場が異なり、それぞれも一律ではありません。ところがマルコはそれらを一束にしてイエスの敵として描き、抑圧的宗教システムの象徴として批判します。

　当時ユダヤ人たちは、強大なローマ帝国の中央集権型政治経済の植民地支配下で、広いヘレニズム世界における生活の只中に居ました。それで、どのようにしてユダヤ人の信仰・アイデンティティを保持してサバイバルするかという問題に直面して、律法解釈の違いで議論・ぶつかり合いが起きていました。

　そんな中でファリサイ派の人々は、貧しい民衆生活でも何とか守れそうな、安息日や食事規定を中心とする律法順守を通して、民族的アイデンティティを守ろうとしました。しかしそれが、特に農村で著しい困窮化が進む中で、そのような律法も守れない人々への抑圧・差別に繋がりました。そして神の民としての清い生活・儀式的清浄を重視する概念が、貧しい民衆への蔑視・排除・搾取に使われる現実もあったのです。これに対してイエスは批判・抵抗しました。「罪人」とされた人々と食事をしたり安息日に人を癒したりして、このような生き方が律法無視のように見られたと考えられます。

　けれどもローマ帝国支配下で、人々はユダヤ人としてのサバイバルを多様に模索していましたから、議論することはユダヤ共同体を大切にすることとして、否定的に見られておらず、敵対視されたわけでもありません。むしろイエス運動の人々とファリサイ派の一部の人々は、民衆の只中で生活し、談話や共食もして、ローマ権力とヘロデ権力に対して非暴力の抵抗をしたという共通点もあります。

　ところがマルコは、自分たちの時代でぶつかり合っていたファリサイ派を、それ以外のユダヤ教の様々なグループと勝手に結び付けて、イエスの敵対者のようにカリカチュア（戯画）的に描き続けます。これも歴史改竄

とさえ言えるような編集です。しかしキリスト教では、福音書の物語を事実描写のように解釈して、特にユダヤ人たちに偏見を強めてきました。現代に生きる私たちはこのことをしっかり認識して、偏見の再生産に加担しないように対処すべきと思います。[217]

「清浄規定」（7:2-4. Cf.1:21-28）の順守は、（おそらく祭司たちとごく一部の人々以外）一般ユダヤ人は日常生活で実践していませんでした（マルコは、「ガリラヤ民衆生活に全く無知だったのか？　あるいは、ユダヤ人は実践をしなくても清浄概念に縛られていたと暗示しようとしたのか？」と疑問を持たれています）。ここでのイエスの応答は、後の教会がイザヤ書（LXX29:13）から引用したものと思われます。律法に律法を対置して、古い見解に対し新しい見解を正当化するのは、ほとんどがイエス後の時代の、キリスト教とユダヤ教の指導者たちの論争を反映しています。一方、イエス自身は、神の言葉とされる伝統的な教えを、自分自身の主張の根拠として使う姿勢は持ちませんでした。[218]

「コルバン」は、ヘブル語で「神への献げ物」（レビ 1:2. 民 7:13）。コルバンに関する誓いは建前（たてまえ）として使われて、貧しい両親への世話・経済的責任を担（にな）うように教える律法（出 20:12. 21:17. レビ 20:9. 申 5:16）の伝統的実践が無効にされていました。人がある物を「これはコルバン」と言えば、それは「神への献げ物＝神殿への献げ物」と思われて反対されないので、老（ろう）親（しん）の世話を放棄（ほうき）して、実際には自分勝手に使うことが起きていたようです。マルコはコルバンに関する伝承を引き合いに出して、イエスの言葉として、ファリサイ派はこうした「人間の言葉」である伝承で「神の言葉」である律法（出 20:12. 21:17. 申 5:16）を無効にしていると、非難します（確かにファリサイ派は、古くからの口頭伝承を「律法」と同等の権威にしており、結局それが「律法」を無効にしているという批判は、マルコだけではありませんでし

217　Myers, *Binding the Strong Man,* pp.218-223. Liew, "Mark", p.108. デューイ「マルコ」p.367。

218　荒井『著作集』① pp.126-128, 222-234。

た）。[219]

　「食物規定」（レビ 11 章）の焦点は、「混合・不完全な物」の忌避（きひ）です。例えば、鳥は空を飛ぶ、動物は地上を足で歩く、魚は海を泳ぐ。その境界線（きょうかいせん）を越（こ）える物は不浄。さらに、神殿への「十分の一税」を払われていない食物は不浄。こうして、「清い物を清い人と食べることが清さを保つ」という理解。食べ物と食べることの規則は、より大きな文化的規範（きはん）で、「聖なる民」である人々を異邦人たちから分離して、神に対して神聖にするということ。

　こうした規則の根底にある民族的・宗教的分離（ぶんり）（聖別（せいべつ））は、結局、困窮化された庶民の現実を無視するエリート中心ユダヤ社会の価値観を維持することに成っていました。このような「食物規定」に関して、歴史のイエス自身が批判・対抗し、いかなる食物も「人を汚すものではない」と断言して、これが「罪人」たちと共に食べることにも繋がります（マタイは、食物規定への批判無し。イエスの言葉を「洗わない手で食事することは、人を穢すのではない」と総括（そうかつ）して、結局はそこの書記たちの論理水準（すいじゅん）を越えていません＝ 15:1-20）。[220]

　そもそも、伝統的な食物規定は、ユダヤ共同体のアイデンティティ維持に関することで、イエス時代にはローマ帝国支配下のヘレニズム世界で、自分たちの共同体をどう守って行くのかとの議論の一つでした。けれどマルコはここで道徳概念の「悪徳（あくとく）リスト」（7:21-22）に移行します。そしてイエスが言ったこととして、マルコは十戒に基づく形式で編集します。これは類似した物がヘレニズム世界、ユダヤ教、そして初期キリスト教会（I コリ 6:9-11. ガラ 5:19-21. ロマ 1:29-31. エペソ 5:3-4. I テモテ 1:9-10 など）でも広く使われていたものです。[221]

219　Sellew, "Mark". 荒井『著作集』① pp.126-128。
　　　「コルバン」は「神に捧げられた」という意味で、墓泥棒を避けるためにユダヤ人の石棺に刻まれているのが発見されました（Blomberg, *Historical Rliabillity*, p.333）。
220　川島『十字架への道イエス』p.105。山口里子『食べて味わう聖書の話』pp.34-35。

ちなみに、ユダヤの有名な古い格言「あなたは、あなたが食べる物」（You are what you eat）は、様々に解釈されてきました。現代の私たちは、食物規定の象徴に繋がるように、「清い物を清い人と食べることが清さを保つ」と理解しますか？　あるいは、世間の偏見差別を越えて、誰一人排除せず、みんなで分かち合って共に食べる物・食べることが、人生を豊かに幸せにすると理解しますか？　そして、食品ロスや地球環境に意識して、心身も自然界も「健康」を大事にして共食を目指しますか？[222]

　ところで、「書かれている」（7:6）と言う表現は聖典の権威に訴えるためで、民間伝承の記憶に基づく「引用」であり、実際に書かれたものへのマルコの直接的な知識ではありません（マルコによる聖典の「引用」はかなり曖昧と思われます。Cf.1:2-3）。ただし少なくとも２世紀より前には、権威的な「ヘブル語聖書」は多様に異なる巻物（まきもの）があり、標準化は無しです。さらに、エルサレム神殿のほうで「読まれた」（実際にはほぼ朗誦で聞かれた）伝承と、ガリラヤなど地方で「語り継がれた」伝承には違いが大きいと思われます。

　ここのテキストで、マルコのイエスは、ファリサイ派の人々が「人間たちが語り伝えた伝承」を固持することで「神の言葉」を破棄（はき）していると、非難します。けれども、「神の言葉」とされる「モーセ律法」も、実際は「人間たちが語り伝えた伝承」です。さらに、後のクリスチャンたちが「神の言葉」として「正典」に定めた聖書も、実際は「人間たちが語り伝えた伝承」に他なりません。

221　川島『十字架への道イエス』p.107。Myers, *Binding the Strong Man*, p.220. 例：マルコ：「買春、盗み、殺意、姦淫、貪欲（搾取）、悪意、詐欺、放縦、ねたみの目、中傷、傲慢、無配慮 (7:21-22)」。パウロ：「買春者、偶像崇拝者、姦淫者、自制欠如者 (*malakoi* 女々しい男)、搾取的性行為者 (*arsenokoitai*)、強盗、強欲な者、大酒飲み、中傷者、略奪者 (I 6:9-11)」。ちなみに、ここで「男娼」(*malakoi*)・「男色する者」(*arsenokoitai*) と訳されている言葉は、完全な誤訳です（山口里子『虹は私たちの間に』pp.121-145。

222　地球環境問題と経済格差と女性の繋がりに関して参照：Rosemary R. Ruether ed., *Women Healing Earth*.

現代の私たちは、このことを明確に意識して、思考停止に陥らず、自分たち自身の責任でものごとを考えることが大切ではないでしょうか？この姿勢こそ、イエス自身が、「神の言葉」とされてきた教えを自分の主張の根拠に用いなかったことに、繋がると思います。[223]

　・あなたの人生の時間は限られているのだから、他人の人生を生きて無駄にするのではありません。**ドクマ（教義）の落とし穴に落ちないで！**　それは他人の思考の結果で生きることです。誰かの意見の騒がしさでなく、自分自身の内の声に耳を傾ける。最も大事なのは、あなたの心と直感に付いて行く勇気を持つこと。それらは、あなたが本当に望んでいる生き方を既に知っています。他でもなく、自分自身の人生を生きるように（スティーブン・ポール・ジョブス）[224]。

＊ユダヤ教の様々なグループについて：
　ここで、イエスの「敵」のように度々編集されたユダヤ教の様々なグループ・人々について、ひとまず注意を向けておきます。

223　**参加者の「声」：**
　　＊「思考停止」に陥らず、自分たち自身の責任でものごとを考えることが大切ではないか？　について考えたこと。　神、聖書、教義、伝統といった「権威」をかさに着ないということかなぁ？　と。言い換えれば、それらを一方通行的な命令・指示としてではなく、相互通行・やりとりをしていくということ。今、ここで、私（たち）がそれらに聞き、考え、応答していくということ。一つの正しさを押し付けようとすることが、具体的な生や関係を軽視、無視、排除することを思う。
　　＊私が、この箇所を読んでまず心に浮かんだのは、教団における聖餐の論争でした。規則でがんじがらめに決めつけて、未受洗者の配餐を認めないという人たちと、「手を洗わない人」を認めないこの人たちとが同じに見えるのです。もし、今の時代にイエスが生きていたら、この状況を何と言うだろう、と考えました。
224　アップル・コンピューターの会社を創ったスティーブン・ポール・ジョブス（Steven Paul Jobs.1955.2.24-2011.10.5）が、2005年スタンフォード大学卒業式で行なった講演で、自分が癌になって余命は3か月以内か、長くても6か月以内と、医者から宣告された時のことを話しました。死というものがまさに実感となって、自分の死に直面した時の経験です。そういう経験をして、ジョブスが若い人々に是非とも語りたいと思ったとのこと（2005.6.14）。

ファリサイ派の人々は、異国支配下の状況で、清浄規定などでユダヤ人と異邦人の境界線を維持して、ユダヤ共同体を守ろうとしましたが、そのやり方や姿勢は様々でした。けれどマルコでは彼らを一律に見なして、誰でも受け入れようとするイエスに敵対するグループに、編集されました。

　ヘロデ派は、ローマ帝国に服従・協力して、抵抗する者はバプテスマのヨハネのように逮捕・処分します。そしてマルコでは、彼らをイエスの「敵」として、他のグループと繋げて編集されます。

　神殿の祭司たちも、一律に見るのは良くないですが、基本的に、献げ物の不正な再分配で弱者を苦しめ、それに抵抗するイエスの処分にも関わります。彼らもイエスの「敵」として編集されます。

　一方、**バプテスマのヨハネ**は「敵」として描かれてはいませんが、神観も生き方もイエスと逆のように思われて来ました。けれどヨハネは、元々イエスの教師で、イエスが独立して伝道活動してからも、ヨハネの逮捕・処刑後も、イエスたちはヨハネの「弟子」たちとも繋がりを持っていました。けれどマルコは元の上下関係を逆転させて編集します。

　こういう点は、マルコの表現を緩めながらも諸福音書の編集に繋がります。ただしルカでは、ヘロデがイエスを殺そうとしていることを、ファリサイ人がイエスの身を守るように知らせた出来事も記しています(ルカ 13:31)。恐らく、ファリサイ人たちの中にもイエスと肯定的な繋がりで行動したことは、歴史的に有ったと理解されます。このようなユダヤ教の異なる姿勢のグループ・人々が、福音書ではイエスの「敵」のように組み合わされて度重ねて述べられており、キリスト教の中で偏見・誤解を再生産して来ました。[225]

225　**諸福音書による諸グループの不適切な繋ぎの例：**
　・「**ファリサイ人＋書記**」：マルコ３回（2:16. 7:1, 5）、マタイ６回、ルカ５回、ヨハネ１回。なおルカは「書記」でなく「律法の教師 nomodidaskalos」（5:17）、「律法家 nomikos」（14:3）と表現して繋げてます。「**ファリサイ人＋ヘロデ派**」：マルコ２回（3:6. 12:13）、マタイ２回。「**ファリサイ人＋サドカイ派**」：マタイ６回。「**ファリサイ人＋祭司長たち**」：マタイ１回、ヨハネ５回。「**ファリサイ人＋ヨハネの弟子たち**」：マルコ２回（2:18x2）、マタイ１回、ルカ１回。
　福音書で、他のグループと繋げられなくても、イエスの敵として特に多く使われているのは「ファリサイ人」「書記」です。

・「**ファリサイ人**」：マルコ 5 回（2: 24. 7:3. 8:11, 15. 10:2）、マタイ 10 回、ルカ 18 回、ヨハネ 13 回。「**書記**」：マルコ 10 回（1:22. 2:6. 3:22. 9:11, 14.　12:28, 32, 35, 38. 15:31）、マタイ 7 回、ルカ 2 回。

　さらに、福音書で多く書かれている「ファリサイ派 / ファリサイ人」「書記」について、ここで少し学んでおきます。古い学問的研究に基づいて当然と思われてきたことを正しいと決めつけず、それと共に、新しい研究成果だけが正しいとも決めつけず拒否もせず、学びつつ考えて、思い込み・誤解をし続けないように注意するのも大切でしょう。

・「**ファリサイ人**」（pharisaios）は、元々「ハシディーム（敬虔なる者）」という律法順守・儀式的清浄重視の人で、「浄と不浄」にこだわる分離主義者とも言われます。ファリサイ派は、ヘレニズム世界の権力支配下で、律法に基づきユダヤ伝統文化のサバイバルを求めていました。そしてパレスチナの生産・消費・再分配の課題に関して、中央集権構造に批判して地方の再分配を擁護しました。けれど彼らの働きが必ずしも地方住民の益にならず、不明瞭な立場と見られました。また、ファリサイ派がユダヤ文化のサバイバルを望もうとして清浄規定順守を求めることで、結局貧乏人への連帯を進めず、ユダヤ人と異邦人の境界線を強化することにもなりました。

　ファリサイ派の中にも、女性を含めて様々な人々がおり、エルサレム神殿に近い人々が居る一方で、ガリラヤ地方などで日常的に農民生活をしていた人々もいました。彼らは政治的に直接的権力を持っておらず、政治権力下で管理的・官僚的な役割、裁判官や教育者の役割などを担っていましたが、どれほどの身分かは不明です。ただし当時、識字率は極めて低く、識字力のあるファリサイ派たちでさえも、聖典の巻物を持ちつつも、律法も基本的には口頭で学んでいました。

・「**書記**」（グランマテウス grammateus 書記・書く人← gramma 書いた物・文字← graphō 書く）。ヘブル語の原語は「sopēr ← spr セミ系言語」で「書くこと・書く人」。これを基に英語では「scribe」で、原語の意味に近い言葉です。けれど日本語では「律法学者」と一律に翻訳されて、歴史的に不適切と思います。それでこの本では、「律法学者」という「誤訳」を避けて、原語に近い「**書記**」と呼びます。

　1 世紀の歴史家ヨセフスは、この言葉を通常の使い方で、身分は上から下まで全ての「事務員」を指して使います。その中にはファリサイ派の人が多かったようですが、律法に特に関与する者とは全く限定されません。つまり、宮殿・神殿・町村などの役所に関わる、身分は高い者も低い者も色々で、裁判官・書記官・書記・事務官・事務員・教師・写字生など色々な領域での役割を担っている人々です。

　そして、「村の書記（グランマテウス）たち」は、自分たちの名前を書くことが出来るだけの程度で、あとは地方行政で「書き写し」で徴税の記述などを指名され、現代風に見れば、実質的には「あまり読み書きが出来ない」とさえ言えるような人々です。ヨセフスは、タリケアエ（マグダラ）の村に聖典の巻物があったと書いていますが、それは稀なことで、実際には人々は読めなかったと思われま

す。洗練された教養のある管理システムで教育を受けて、しっかり字を読み書きできる書記は、地方にはほぼ3世紀頃まで居ませんでした。神殿などには聖典の巻物などが置かれていましたが、それは権威の雰囲気を持つということで、そこに居た書記たちでさえ実際にはほぼ使わず（読まず）、耳で聞き続けて心に刻まれたものを「読んだ」と表現されます。

　最近の、古代メソポタミア、エジプト、ユダヤ、後のラビニック・サークルの「書記実践リサーチ」で分かったのは、宮殿・神殿における職業的書記たちも、繰り返される朗誦によって文書を学んでいたということです。それで「書記」(scribal)・「書記すること」(scribality) のイメージは、現代の印刷文化とは異なると理解されます。つまり、「教育を受けた」古代の書記たちは、他の近東文化と同様にユダヤでも、神殿・国家奉仕を目的に、基本的には家族基盤で「訓練」を受けて、「書くこと・読むこと」を含めて、主に口頭方式の実践でした。

　「シラ書」の著者とされるベン・シラの表現では、「この書き物」(50:27) を「書いて」理解で、学生たちに「教える家」でも、「本を開く」ではなく「口を開く」(51:23-25)、「スピーチを通して知恵が知られる」(4:24)、「聞くことを愛するなら知識を得る」、学ぶ目標は「技術を持った語り手」に成ること (5:10-11. 5:13-6:1. 11:7-9. 15:5. 21:15-17. 23:7-12. 27:11-15; など)。色々と異なる知恵を学ぶことも、トーラーや預言書を学ぶことも、口頭・記憶に依り、記述テキストを暗示する言葉はありません。つまり、記述テキストへの責任は、それらを維持するために写字すること。それは「心のタブレットに書かれる」（記憶する）ということで、ラビたちは学ぶ者たちに朗誦で教えました。要するに、「書くこと・書き物」は「トーラー」のことで、それを記憶に基づいて朗誦することで、共同体の書記たちと祭司たちは「記憶に記す」ということです。「トーラー」について：注252。

　ですから、庶民だけでなく、「ファリサイ人たち」も「書記たち」も、たとえ聖典の巻物へのアクセスを持っていたとしても、基本的に口頭で学び記憶して、語り伝えていました。これはつまり、「長老たちの言い伝え」です（ヨセフス『ユダヤ古代史』13.296-298）。クムランの「死海文書」も含めて、第2神殿時代は、少なくともCE 2世紀までは、巻物なども驚くほど変化形が共存しています。それは、クムランでのトーラーの学びでも、書かれた物自体を読むのではなく、繰り返される朗誦によるのが第一だったと理解されます。

　参考：Anthony J. Saldarini, "Scribes". "Pharisees". N.T. Wright, *New Testament and the People of God,* p.454. Myers, *Binding the Strong Man,* pp.160, 223-226. 特に詳細に学ぶには：Richard Horsley, *Text and Tradition,* pp.8-52, 114-120, 154-155, 236-243, 285.

シロフェニキア生まれのギリシャ女性の話

（マルコ 7:24-30/ マタイ 15:21-28）

この話の構造は「キアスムス」（Chiasmus 交差配列法。口頭伝承の特徴構造で、中央が焦点）です。[226]

A イエスのシリア近くへの到着（24）
　B　女性の接近（25）（女性のアイデンティティの記述　26a）
　　C　女性の懇願（26b）
　　　D　イエスの否定的応答（27）
　　　　E　女性の反論（これでイエスの応答逆転へ 28）
　　　D′　イエスの肯定的応答（29a）
　　C′　女性の懇願の実現（29b）
　B′　女性の帰宅（娘の悪霊解放の記述　30）
A′　イエスのシリアからの帰還（31a）

これは、「ギリシャ人で、生まれではシロフェニキア人（Syrophoinikissa）」（7:26）の女性とイエスの特別な出会いの話です。全福音書の中で唯一この話では、きびきびした反論で「勝利」したのが、イエスでなく相手であり、女性です。通常イエスの発言に使われる動詞の組合せ、「返答して（apekrithē）、言った（legei）」が、ここでは女性の発言に使われています。そして通常イエスとの議論で説得させられる相手の役割を、ここではイエスが担い、彼女が「勝利」します。

こうして、知恵に満ちた女性の「ロゴス（言葉・真理の言葉）」によって、「神の恵みの豊かさは境界線を越える」と、イエスが「認識・説得された」のです。これは、「イスラエル人・男性」が、下に見られる「異邦人・女

226　Sharon H. Ringe, "A Gentile Woman's Story, Revisited", p.82.

性」の言うことをきちんと聞いて、「ロゴス＝真理（の言葉）」として受け留めたことでもあります。そしてイエスは、神理解を根本から変革・回心（メタノイア）されました。

　これで彼女の願い通り、娘は悪霊から解放されて、子どもがベッドの上に寝ているのを見つけました。そしてイエス自身も、神理解の「境界線」から解放されたのです。こんな出来事は他になく、非常に強く印象に残って語り広められ、とても有名な話になったと理解されています。[227]

　ただし、イエスは懇願した彼女に対して「イスラエルの神を信じますか？」なんてことは全く尋ねませんでした。異なる宗教で生活する彼女の「ロゴス」によって、イエスはそれまでの自分自身の神観を変革されたということです。それが他にない貴重な話です。

　イエスは、伝道活動を始めて民間の癒し人と有名になりました。ですから多くの人々がやってきて子どものいのちのために必死に願う母親は大勢いたことでしょう。でも、この女性との出会いは、それとは質が違っていました。他にない出来事・体験でした。だからこそ、「このロゴスによって」（7:29）という特別な表現を、イエスが言ったと理解されます。

　ところで、この話のイエスは、福音書著者たちにはショックな問題があります。「書記」たちとの討論でも「勝利」する「知恵なる教師」であるイエスが、「罪人」である「異教女性」との討論で「敗北」を承認。その上、イエスがこの女性に会った時、民間の癒し人として知られるイエスが、娘の癒しを必死に願う母親に対して拒否するだけでなく、侮辱的な発言（イスラエル民族＝子ども、「異邦人」＝小犬）をしたのです。イエスは「犬」（kynikos）でなく「小犬」（kynorion）という言葉を使いましたが、それでも当時、「犬」は極端な軽蔑の言葉です（Cf. 6:7-13. ヘブル語聖書では、イスラエルの敵へのメタファー：1 サム 17:43. 24:15. イザ 56:10-11. 詩 22:17. 箴 26:11.

227　シュスラー・フィオレンツァ『彼女を記念して』pp.214-216. Michele A. Connolly, "Women Bold with Authority", pp.41-43. Joel Marcus, *Mark 1-8*, p.464. Meier, *A Marginal Jew* 2, p.659. デューイ「マルコ」pp.368-369。

フィリピ 3:2. 黙 22:15)。

　こんな伝承をそのままにして置くことを避けるために、福音書著者たちは編集して書いた可能性もあります。まさに、こんな話を創作などするはずは無く、歴史のイエスの出来事に遡る伝承が元にあった話だと理解されます。[228]

　マルコは、イエスの発言に「まずは（子どもたちに）」（7:27）を挿入で、イエスの民族主義のニュアンスを弱めます。また、女性の発言の始めに「はい、だんなさま（kyrios）」（7:28）という言葉を挿入。そして最後の言葉は、権威あるイエスのものとして上下関係で話を締めくくります。こうして結局マルコは、女性差別と民族主義をそのままにして、イエスを父権制的な家父長イメージにする編集です（マタイも同様）。[229]

228　シュスラー・フィオレンツァ『彼女を記念して』pp.214-216. Myers, *Binding the Strong Man*, p.203. Meier, *A Marginal Jew 2*, p.659.

229　Liew, "Mark", pp.126-128.
　　　ちなみに他の箇所でもそうですが、イエスを上に位置づけ、特に女性を下に位置づける印象を、日本語訳ではさらに強化します。ここでは例えば、「子どもたちに十分に食べさせるべきである」、「その言葉で十分である。行きなさい」と訳されています（聖書協会共同訳）。しかし原語のギリシャ語では、「子どもたちに十分に食べさせることを許してください（aphiēmi）」、「その言葉のゆえに（dia touton ton logon）、行ってください（お帰りください）」（7:29）という印象を持つでしょう。このような日本語表現の古い女性差別の慣習を再生産させないように、もっと意識を高める必要があります。
　　　イエスの民族主義について：聖書学では、イエスを含めて当時の人々の間では民族主義の傾向が強かったと理解されています。それぞれの民族が自分たちを導く神を持っていたという感覚もあったでしょう。そしてイエスは、自分たちは「イスラエルの失われた羊たち」の所に神から使わされていると理解していました（マタイ 10:6. 15:24）。それで異邦人の癒しへの関与には消極的でした（百人隊長の子の癒し：マタイ 8:7「私が行って癒すんですか？」。参考：山口里子『虹は私たちの間に』pp.246-263）。そんな中で、イエスはこの女性の言葉によって、神の恵みの豊かさは境界線を越えると魂の底から気づかされたと思います。
　　　その上でもう一度考えたいのは、イエスの伝道活動の始めの頃に持っていた民族主義の傾向です。イエスは、伝統的な教えに対しても批判的に取り組んできた面があるのに、なぜ民族主義の傾向は乗り越えなかったのでしょうか？　大きな理由は、恐らく外国支配下で自分たちの民が強烈に苦しめられ破壊されている生活状況でしょう。そんな中で、何しろ、まず自分の民の癒しと希望に向かうサバ

・マタイは、イエスが「イスラエルの失われた羊」への優先配慮をして、女性の「言葉」でなく「ピスティス」（pistis 信・信仰）に感嘆。ルカは、他の福音書より女性の話が多いのに、この話は削除。女性の「指導者像」を排除で「淑女像（しゅくじょ）」を提示するルカの特徴が明白。

強大なローマ帝国支配の視点では、イエス（ガリラヤ住民）も、女性（シロフェニキア住民）も、両方とも「無価値の奴隷たち」でした（例．BCE1 世紀のリウィウスと、CE2 世紀のキケロの言葉）。ただし、女性のアイデンティティは「異教徒とギリシャ人」。「シロフェニキア」は、未開（みかい）・野蛮（やばん）な「異教徒」の象徴であり、「ギリシャ人」は文明的・哲学的に洗練（せんれん）された高度の文化世界を象徴。そしてヘレニズム都市「ティルス（シロ）」は、それらの境界線的な位置づけでした（ティルスは、ほぼ「異邦人」のように見られ蔑（さげす）まれていた「ユダヤ人」たちが多く居住していたヘレニズム都市：ヨエル 4:4-8）[230]。

イバルに集中する思いを強く持っていたと思われます。こんな風に、民族主義でも何でも、背景の現実世界に注意を向けることは大事だと思います。参考：山口里子『イエスの譬え話』① pp.171-172。

230　Leander, *Discourse of Empire*, pp.221-238.
　・「**異教徒**」（heathen）：語源「荒地自生の灌木ヒース（heath）」⇒「未開人・異教徒」。
　　・「**シリア**」（Syria, Syria）：ヘブル語聖書では「アラム」（'arām）。ガリラヤの北西。ユーフラテス川・小アジア・アラビア砂漠・フェニキア・東地中海で結ばれた「アラム人」地域。古バビロニア時代メソポタミアとの通商要路で、馬の取引・ワイン輸出。
　　・「**フェニキア**」（Phoenicia）：ホメロスがクレタ島のミノス王の母方祖父を「Phoiniks」と呼び、これが由来とされます。ここは「紫染料」の元である高貴な「貝紫色」の産地であり、古文書に「Phoiniks」（紫染料）・「phonikia」（深紅色）という言葉があります。ここの住民は「カナン人」（Kana'an）」とも呼ばれ、「Kn'n」は古代の重要貿易品だった「紫染料」（kinahhu）に由来とも言われます。そして、ガラス細工・絹織物・羊毛・絨毯・香味料・宝石・パピルスなど原材料を得て、ローマ帝国の交易の中心を担いました。そしてフェニキア文字は、エジプトの象形文字を起源として原カナン文字・原シナイ文字と繋がって BCE11 世紀頃に作られ、ヘブル文字・アラム文字・ギリシャ文字などに繋がっていくと理解されます。
　　また、フェニキアはレバノン杉の産地として財を築き、古代都市「テュロス」が作られました。レバノン杉はマツ科で高さ約 40m（ヒマラヤ杉もマツ科で高さ

この話における「境界線」の地での出会いは、二分法的概念（にぶんほう）の「男／女」「ユダヤ人／ギリシャ人」「田舎／都市」などの複数の交差です。こうして「シロフェニキア生まれのギリシャ女性」と「ガリラヤ男性」の、心底からの繋がり合いと解放の「出会い」で、分断支配下での「敵意」に対する抵抗・克服の要素も見られます。

　ただしここで気を付けなければならないのは、女性が都市ティルスに住んでいるから富裕な人と決めつけること。地域の経済的・民族的な状況・関係を踏まえることは大切ですが、「都市」に住んでも「地方」に住んでも、人々は一枚岩ではありません。そもそも、この女性は「男・公・外」の世界に１人で出て来たのですから、言わば父も夫も失った母娘家庭です。たとえ、かつては豊かであったとしても、今はおそらく貧しいです。ともかく、イエスは貧しくされたガリラヤ農民を思って都市の裕福な女性に怒りを持って否定的な態度を取ったなどと決めつけるべきではないです。まさに、「他者内の他者」は、色々な意味でどこにでもあり得ることを、認識すべきでしょう。この意味でも、２人は差異だけでなく共通性をも持って二分法を克服し、この話は貴重な口頭伝承であったと言えます。[231]

　ところが後のキリスト教史で、この話の解釈が変遷（へんせん）していき、別の二分法的概念「近代西洋植民地主義／オリエンタリズム」に繋がって行きます。つまり、「イスラエル人／異邦人」・「ギリシャ人（進歩的）／セミ系（停滞的神権主義）」・「霊的／世俗的」・「男／女」の二分法の中で、「イスラエル

　　40-50m）で、古代中近東世界で一番気高い立派な木と思われていました。レバノン杉の材は、耐久性・香りがあり、地中海世界の神殿・宮殿の材・エジプトのミイラの保存用の樹脂・契約の箱・高級な船の材・金持ちのベッドや家具などに使われました（だが伐採利用が大規模に進んで現在僅かに残存するカディーシャ渓谷と神の杉の森は世界遺産に登録）。
　　「**ティルス**」（*Tyros*, Tyre）：フェニキア地域の最南端で地中海東岸で最も有名な古代都市（元は小島でした）。高価な紫染料生産で重要な役割。種々の輸出でエジプトからスペインまで広く活躍。［以上参考：Wikipedia］。
231　Ringe, "A Gentile Woman's Story, Revisited", pp.88-96. Kwok Pui-lan, *Discovering the Bible in the Non-Biblical World,* p.82. (上記の「他者内の他者：the Other within the Other」はクウォック・プイランの言葉)。

人 / 異邦人」が「クリスチャン / 異教徒」に変わって、ヨーロッパ白人男性のアイデンティティを高めて形成されて行きました。

　この解釈史の例：偽クレメンスの説教では（3-4世紀に）、イエスは「神の国の食卓はイスラエルの子らに与えられるものである」と教え、高い教養のある上流階級女性ユスタ（ラテン名）は、娘を癒されるようにイエスに説得されて、イエスの神を信じるユダヤ教に改宗。その後、「子たち＝イスラエル」が「子たち＝クリスチャン」に教会で変更。クリソストモス（4世紀）以来、異教徒をクリスチャンにする宣教旅行という解釈。カルヴァン（16世紀）も、イエスの旅を、異邦人をクリスチャンにメタノイア（回心）させると解釈に。その後、近代の宣教師伝道で、「異邦の女＝植民地支配下の民族」は「野蛮・未開・劣等」なので、「女らしい謙虚・従順」を模範として文化的に成るように、キリスト教に改宗。それが「ヨーロッパ＝男」拡大の「侵略」「征服」の正当化へ。そして現代の教会では、女性を犬と呼んだイエスを、「イエスは女の信仰をテストした」「休みと食事の必要があった」と釈明。[232]

　こうして、キリスト教の歴史の中で、この話が持つ宗教・民族・性別などの「境界線からの解放」「分断支配への抵抗・克服」の人生・生き方の貴重な意味合いが、見過ごされたままになって来ました。このことは、「イエスは上、女は下」という染み込みの影響もあるでしょう。現代の私たちも、「境界線からの解放」が問われていると思います。

＊民族的境界線を越える女性たちのイニシアティブ：

　ヨハネ福音書では、イエスがサマリア女性に呼びかけて対話し、その女性の呼びかけでサマリア人たちがイエス伝道に参加した伝承が、編集されて書かれたと解釈されます（ヨハネ4:1-42）。これはつまり、福音書の背後

232　エリザベス・シュスラー・フィオレンツァ「シロ・フェニキア女性の話（Mk7.24-30//Mt15:21-28// 女性の話が多い LK に欠如）」（2004年エリザベス・シュスラー・フィオレンツァ来日講演に用意して、使われなかったもの）。Leander, *Discourses of Empire,* 2000, pp.109-115. 2013, pp.145-183. Cf. Musa Dube, *Postcolonial Feminist Interpretation of the Bible,* pp.144-145.

にある２つの異なる伝承（マルコ系、ヨハネ系）に共通点があります。すなわち、イエス運動が民族的「境界線」を越えて「異邦人」とされる人々に繋がりを持ち拡大する歴史的な事柄に、女性たちがイニシァティブを取って決定的な役割を果たしたということです。それがこの北方のシロフェニキア・ギリシャ女性の話と、南方のサマリア女性の話の、２つの別々な伝承の流れで残され、イエス運動拡大の歴史的証拠だと認識されています。[233]

　ところで、聖書全体で男性たちは名前が語られていますが、女性たちの話そのものが極小だけでなく、名前はほぼ語られません。人を「その人」として記憶・共感することに、名前を知ることは影響大です。福音書後の時代になって、サマリア女性は「フォティニ」（啓示された人）、シロフェニキア・ギリシャ女性は「ユスタ」（正義の人）の名前で伝承されました。たとえ後から作られた名前でも、女性たちを始め、誰でも名前を持って記憶することは大切でしょう。

　・運命とは、命を運にあずけることです。大切な命を運に任すのではなく、これからの女性は、使命を持って生きてください。使命とは、命を使うことです。自分の命は、自分で使うのです（矢嶋楫子）。[234]

　・（日本国）憲法は、いろいろな点で「異なっている」私たちが「ともに生きていく」ために、もっとも必要なことは、社会を構成する個々人を、まず「個人」として尊重することにあると考えてつくられています。……そこで、自分が自分であるためには譲ることができない「思想・信条」や「信仰」が異なっていても、お互いに尊重し合うことが大切にされなければなりません（斉藤小百合）。[235]

233　シュスラー・フィオレンツァ『彼女を記念して』pp.214-216。山口里子『マルタとマリア』pp.71-76。

234　矢嶋楫子の言葉（映画「われ弱ければ：矢嶋楫子伝」。原作：三浦綾子、監督：山田火砂子、現代ぷろだくしょん、2022）。

235　斉藤小百合『打ち捨てられた者の「憲法」』（いのちのことば社、2019）p.25。

耳が聞こえにくく話しにくい人の癒し

（**マルコ 7:31-37**/ マタイ 15:29-31）

　マルコによるイエスの旅程（りょてい）は、ここでも地理的に有り得ないものです：ガリラヤ湖の北西岸から向岸ベトサイダ（北北東岸）に行こうとしますが、戻ってゲネサレト（ガリラヤ湖北西岸）→湖から離れた地中海側のティルス（ガリラヤ北西）→さらに北上でシドン（ガリラヤの北北西）→いきなりガリラヤ湖の向岸南のデカポリス（ガリラヤ湖南東）→そして湖を渡ってダルマヌタ（ガリラヤ湖西岸マグダラ？）→ようやく向岸ベトサイダ（ガリラヤ湖北東岸）に着きます（6:45-8:22）。

　マルコが集めた口頭伝承の時間的順番は不明で、自分が伝えたいイエス像・神学に合わせて物語を構成していますが、それにしても、マルコはガリラヤ地方を地理的に全く分かってないと感じられる表現が続きます。マルコとして言いたいのは、イエスは遠くの「異教」の地との境界線に行って「ギリシャ女性」と出会い、伝道活動が「西・北・南・東」とヘレニズム世界に拡大されて行くということと思われます。[236]

　ここの、耳と口で苦しむ人の癒し（全く聞こえず話せないということではないです）と、目の見えない人の癒し（8:22-26）は、前マルコ伝承でツインになっていた可能性があります。そこには当時の魔術行為（まじゅつ）と繋がる表現が多く、初期クリスチャンたちが歓迎しない表現が多いです（マタイとルカは削除）。そして、マルコの他の箇所（かしょ）では使われない言葉が次々に出て来て（**下線の言葉**）、元々は民間の古い伝承の可能性大と理解されます。[237]

236　Sellew, "Mark". Meier, *Marginal 2*, p.711. 「ダルマヌタ」はどこか不明です。マタイでは「マガダン」で恐らく「ミグダル」（Migdal 塔）由来で「マグダラ」（*Magdala*）の可能性。マルコ異写本でも「マガダン」「マグダラ」と書かれている物が有ります。

237　Meier, *Marginal 2*, p.711. Blomberg, *Historical Reliability*, pp.121-122. Crossan,

マルコ福音書をジックリと読む —— そして拓かれる未来の道へ　│　*159*

耳が聞こえにくく（*kōphos* はっきり聞こえない）、話しにくい（***mogilalos***
不明瞭に話す←*mogis* 労苦 +*lalos* 話す）人（Cf. イザ 35:5-6）。イエスは彼を
脇に引き寄せて（***apololambanō***）、群衆から離して自分たちだけにして、両
耳（*ous* 複数）に指（*daktylos* 複数）を突き刺しました（*ballō*）。唾を付けて
舌を触りました（*haptō* 掴みました）。「エッファタ（***ephphatha***）＝開かれな
さい（***dianoigō*** 受動態）」と言い、天を見上げて呻きました（***stenazō***）。す
ると、両耳（*akoē* 耳・聴覚← *akouō* 聞く）は、開かれました（***anoigō*** 受動態）。
（舌の）縛り（***desmos*** ← *deō* 縛る）は、解かれました（*luō* 受動態）。彼は、
はっきりと(*orthos* すっきりと)、話し続けていました(*laleō* 未完了形)。（人々
は）とんでもなく（***hyperperissōs***）仰天していました（*ekplēssō*）。

　「唾」は、（血・膿などと同様）体から外に出るものであるゆえに不浄とさ
れていました。けれど魔術ではユダヤを含むヘレニズム世界で広く使われ
ていました。イエス自身も癒しで唾を使ったことは有り得るでしょう（マル
コ 7:33. 8:23. マタイとルカは削除）。近年の医学によれば、唾は消化・抗
菌・自浄・保護作用などで体を守る自然治癒力を持つと知られています。
古代の魔術で唾が使われたのは、こういう実質的な効果の可能性もあった
のではないでしょうか？[238]
　この話は、聴覚・視覚・言語（発音）の回復を軸にした４つの癒し物語
の最初のもの（「目」8:22-26.「口・癲癇」9:17-29.「耳」10:46-52）。聴覚と
視覚は、何かを理解するようになることのメタファー（隠喩）として使わ
れていました（Cf.4:12. 8:18）。このような文化で、「目の見えない人は見え
……」（マタイ 11:5. ルカ 7:19-22）などの表現も、「治療」ではない「癒し」
の隠喩・象徴の可能性はあります。けれどこれは、結局は障碍者差別に繋
がる危険があるでしょう（Cf.8:22-26）。[239]

　Historical Jesus, p.325.
238　動物たちは本能で傷を舐めて治します。人は、一口３０回噛んで唾液を活用す
　　ると、発癌物質も激減と言われます（Cf. Web.「ネイチャーズ・バラエティ」「獣
　　医歯科学」など）。
239　Meier, *Marginal 2,* p.711. デューイ「マルコ」p.368。このメタファーは宗教的

群衆との２度目の共食（マルコ 8:1-10/ マタイ 15:32-39）

　この話では、多くの群衆が居て食べる物がないので、イエスは共感共苦します（注60）。でも「弟子」たちは、満足（満腹）させるのは無理と言います。けれどイエスは、人々が横たわるようにして、７つのパンと小魚（*ichthudion* ← *ichthus* 魚）を、人々の前に置くようにします（*partithēmi* x2）。そして人々は満足にされた（受動態）だけでなく、余りが７籠。人々は、４千人（１度目では、５千人の「男性」が使われましたが、ここは「人」も「男性」も使われていません。マタイ 15:38 は「女性たちと子どもたちを別に４千人の男性たち」で、１度目と同様に「女性と子ども」を顕在化）。

　この話は、１度目の共食（6:30-44）と繋がりを持ちます。その両方の基盤に、イエス運動の３本柱「癒し・預言・共食」があります。つまり、食事もきちんと出来ない貧しく厳しい生活で病気・障碍に苦しむ人々が多く、自尊心も希望も奪われるような庶民の状況で、神を信頼して安心して食べ物を分かち合って共に生きるサバイバルの活動をしました。こういう生き方で、イエスが活動を始めた時に、「民間の癒し人」・「知恵なる神から使わされた使者・預言者」と人々から思われ、多くの人々がイエスの所にやって来ました（誰をも排除せず共に食事して心身を癒されるように招く「知恵なる神」を想起）。そしてこの話の元になった伝承は、（上から与える）「供食」でなく、（貧しい人々の自主的な分かち合いの）「共食」とも理解されます。[240]

民族差別にも繋がります（Cf.8:1-10）。

240　参考：山口里子『新しい聖書の学び』pp.124-134。『いのちの糧の分かち合い』pp.24-36。Cf. Robert E. Goss, "Luke", pp.532-533.「知恵なる神」について：Cf.12:41-44 の終り。
　　ガリラヤ湖の小魚は、淡水魚「鰯」の塩干しの可能性：山口里子『食べて味わう聖書の話』p.41。

古代の口頭文化の世界では、データ的正確さには注意が向けられず、象徴的に話します。そして人々に印象づけるように割と大げさな表現も使われます。ですから「共食」の話も象徴的で大げさです。まず大自然の中で、マイクロフォン無しで話を聞いてもらえるのはせいぜい百人ぐらい？男が１度目に５千人で２度目に４千人なら、女と子どもを入れて１万人を超えるでしょう。だから百人を１万人と百倍に大げさな語り方です。でも当時の聴衆は、「ものすごく大勢」という印象を持ったと思えます。そして群衆が居た時間は、１度目は「時もだいぶ経った」（マルコ 6:35）/「夕方になった」（マタイ 14:15/ ルカ 9:12）/「過ぎ越し祭が近づいた」（ヨハネ 6:4）。２度目は「３日」留まっている（マルコ 8:2/ マタイ 15:32）。これも特にマルコの大げさな表現に基づいています。

　マルコは「コルタゾー」（chortazō 満足・満腹させる）の言葉を、「シロフェニキア生まれのギリシャ女性」の話と、群衆の「共食」２つの話だけに用いて（6:42. 7:27. 8:4,8）、これらの話を明白に結びつけます。１度目の共食は「ユダヤ人」地域。そしてイエスは、その女性との対話をした後で「ユダヤ人」の境界線を越えて、「異邦人」地域で２度目の共食をするように編集しています。

　１度目：「５つのパンと２匹の魚（ichthus）、男性５千人、余りは 12 籠（kophinōn ヘブル語系）」。

　２度目：「７つのパンと小魚（ichthudion）、４千人、余りは７籠（spuris ギリシャ語）」。

　数字の象徴：「７」は神の素晴らしい天地創造完成の日、「12」はイスラエル部族で、「７」は広い世界、「５」はユダヤ人のグループで、「４」はギリシャを中心とした広い世界のグループに繋がるとも言われます。

　けれどもマルコは、「異邦人」地域での共食の前に、「耳の聞こえにくい人の癒し」の話を入れます。ヘブル語伝承では、「非ユダヤ人」は「耳の聞こえない人」と度々関連されます（イザ 42:18-20. 43:8. ミカ 7:16）。こうしてマルコの物語構成では、イエスが「異邦人」たちをそのまま受け入れ

て行動する前に、「耳の聞こえにくい人」に「癒し」をして「耳がはっきり聞こえる人」にした後で、「異邦人」たちと共に食べるイメージが持たれます。その上、1度目の時は「食べること」を提供するのですが、ここの2度目では「食べる物」を与えるので、「共食」よりも「供食」のイメージが強いです。

マルコのこういう物語編集のイメージが無自覚に染み込まれ続けて、ずっと後の時代に「異教徒＝未開人」とみなすヨーロッパ白人男性中心の視点から、自分たちが支配・指導する政治的・宣教的植民地拡大主義に繋がったのではないかとも、言われます。そして、「客観性・中立性」と言われて来たことは、実は19世紀のヨーロッパ白人男性中心主義・反ユダヤ主義・女性憎悪（ミソジニズム）・植民地主義に、決定的に影響されていることが、20世紀後期に認識されました。[241]

人は誰でも、歴史的・文化的に特定なコンテキスト（状況）で経験・知識・感覚を持ちます。ですから様々な事柄に関して、「客観性・中立性」を決めつけて「これが正しい」として、別の視点を「主観的・不適切」というような二分法の考え方を乗り越えることが必要です。そして、様々に異なる経験・知識を持つ人々と共に、「特定性と多様性」を尊重して学び合う姿勢を持つことが大切だと認識されるようになって来ました。[242]

ここの話はマルコの創作と思われますが、貧しい群衆との共食は、イエスの伝道活動で1度に限らないかも知れません。そして、その思いは「主の祈り」と呼ばれる祈りの思いにも繋がるのではないでしょうか：「私たちのいのちのパンを、今日私たちに与えてください」（マタイ 6:11/ ルカ 11:3）。

241　The Jesus Seminar, *Mark*, pp.130-131. 荒井『著作集』① pp.427-428。デューイ「マルコ」p.368。Myers, *Binding the Strong Man*, p.226.

242　これに関連して聖書学において、（正しい姿勢による理解の）「**釈義（exegesis）**」・（自分勝手な思い込みの）「**読み込み（eisegesis）**」の二分法は、自分たちのコンテキストに無自覚で、不適切と認識されるようになりました。参考：山口里子「フェミニスト神学から：山口里子 x 本田哲郎」p.128。

これは日々の食べ物がひどく欠乏(けっぽう)している庶民生活の中での祈り。「日毎(ひごと)」ではなく「今日こそ・明日のためのいのち」(*epiousios* ← *epi* +*ousia* [*ousa* =*eimi* (be)]「生存・生命のための必要不可欠な」)です。そんな中で、「私」だけではなく「私たち」への思いです。この「共食」の意味合いの大切さを思いめぐらして、世界中の人々が誰をも置き去りにせず共食・共生を祈り合ったら、まさに明日のいのちの世界が開かれるのではないでしょうか?[243]

・「地球を、ほんの少しでも、人間の住むに足る、ほんのちょっとでもいまより安全な、善いものにして、来るべき世代に引き継ぎ、人間の社会を、いまよりほんの少しでも、人間らしい、万人のための社会にする……共有の

243　**「主の祈り」**に関して(注 17. 87):山口里子『新しい聖書の学び』pp.99-100。『いのちの糧の分かち合い』pp.50-70。英語の「コンパニオン」(companion 仲間)の語源は、ラテン語「com-panis」(with bread パンを共に)。Amy-Jill Levine, "Introduction", p.23.
　　参加者の「声」:
　　＊生理的な問題ですが、これだけ多くの人々が長々居て、トイレもない所で、どんな処理をしたのでしょうか?　素朴な質問です!　⇒すごい質問ですね!　トイレはなかったから、木陰や人から見えない所で隠れてでしょうねぇ。決めつけは出来ませんが、ガリラヤの遺跡ではトイレは発見されていません(山口雅弘『ガリラヤに生きたイエス』p.151)。
　　20 世紀に成ってから村にトイレが作られたという話は世界であちこちにありましたね。それで私が思い出すのは、「♬ 幸せなら手をたたこう、幸せなら態度で示そうよ、ほらみんなで手をたたこう ♬」(原曲はスペイン民謡)の日本語の作詞者の木村利人さんの体験談です。1959 年にフィリピンでの YMCA ワークキャンプに参加したら、戦争の爪痕も生々しく日本軍の残虐な行動で家族などを殺されて、「日本人を殺したい」というような憎しみが強い人々がいました。そんな中で利人さんは、ワークキャンプで一緒に汗を流し、一生懸命トイレ作りをしました。そうして村人たちに受け入れられるように成りました。聖書を読み祈る中で、フィリピンの人々が「私たちはキリストにあって友達です」と言ってくれました。そのとき読んだ聖書は「みんなで手をたたこう、神に向かって喜びの声をあげ歌おう」(詩 47:2)でした。神によって生かされている「幸せ」を「態度で示して」生きていくように、再び戦争をしないことを誓い、平和な世界を作り出すようにと、私たちは神から招かれていると実感して、日本語で作詞したとのことです。ステキですね。

この大地を死の脅威の場ではなく、万人の生存のための場とする」。「何を
おいても、食べさせよ。職を与えよ。まず、第一に、『自立して食べられる』
よう助けよ。それしか他に答えはない」。「愛とはまず、狭さを破ることで
ある。視界と心の狭さを果敢に破って、広く、『出ること』である。……キ
リストの福音は、人と神との関係を説くと同時に、人と人との関係・連帯
の再建設のプログラムでもあるのである」（犬養道子[244]）。

・イエス様は差別され、排除された人たちとともにいることを選ばれまし
た。それが、我が身に危険を及ぼすこととわかっていても、その行いを止
めることはなさいませんでした。私もそうなりたいと思いました。宣言の
中にあるように、いたわりや優しい気持ちだけではなく、共にあること、共
に生きることを選びたいと強く思いました（山内英子[245]）。

徴の求め（マルコ 8:11-13/ マタイ 16:1-4/ ルカ 12:54-56）

天からの「徴」（sēmeion）は、人の願いに対する神の応答・介入の「徴」
という理解で、その願いが正しいと立証されると思われていました。広い
ヘレニズム世界で奇跡と呼ばれる話は、ユダヤ人たちの間では、神の応
答・介入の徴と理解されたのです。
　このような理解で、ヘレニズム世界の「奇跡行為者」は、その人自身の
卓越した力で英雄のように崇められて話されます。一方、神の介入による
徴は、それに携わる人は言わば仲介者（橋渡し役）で、神が崇められ賛美
されます。こういう理解の中で、イエスも 1 人の仲介者として理解され、
イエスに感謝はされますが、崇められるのは神という話し方です。現代で
は、聖書の話を「徴」としてでなく、ヘレニズム世界と同様に「奇跡」と
して解釈されていますが、この点については注意が必要でしょう（Cf.8:11-

244　犬養道子『人間の大地』（中央公論社、1983）pp.354, 142-143, 16。
245　山内英子「水平社宣言と私」（『良き日のために：日本基督教団部落解放センター
　　　通信』27 号、2022）pp.3-4。

13)。[246]

　さて、神による徴を預言者イエスに求めたのは、元の伝承では一般の人々で、肯定的に応答されると期待して、尋ねることを始めました（8:11. Cf.1:13）。ところがマルコは、ファリサイ派の敵対的な要求に対して否定的に編集したようです。マルコは福音書の始まりに、サタンがイエスを試す（peirazō 1:13）と述べた同じ言葉で、ファリサイ派の人々がイエスを試すと、敵対イメージを強調します（マタイとルカには無し）。この徴の話においても、他の箇所と同様に、マルコは自分のファリサイ派への敵対感情を、イエスへの敵対の話に編集しています。[247]

　ここのテキストで、「この世代に徴は無い」という「この世代」への批判は、初期クリスチャンたちの説教の響きだとも理解されてきました（Cf. 使2:40. フィリ2:15）。ただし、「徴は無い」という言葉は、実際の歴史のイエスが言った可能性があるとも理解されます。けれど、それがどのような状況においてかは不明です。それと共に、「アーメン（amēn：ヘブル語源「確かに（する）」）、あなた方に（私は）言います」（8:12）は、ここのテキストとは別に、イエスを含め多くの人々が時々言った言葉だと理解されます。[248]

　　•マタイは、マルコとは別の伝承「Q福音書」を編集して、ヨナの「魚」の内の3日間を、イエスの死と復活の間の3日間に繋げた話で、空模様（そらもよう）と「時（とき）の徴（しるし）」の話に編集しています。ルカも、「Q福音書」を編集して、空模様と「時の徴」の話に繋げます。こうしてマタイとルカは、「時の徴」を「空模

246　Elain Mary Wainwright, "The Matthean Jesus and the Healing of Women". 山口里子『マルタとマリア』pp.138-145。

247　The Jesus Seminar, Mark, p131. Myers, Binding the Strong Man, pp.223-226. 川島『十字架への道イエス』pp.113-114。

248　The Jesus Seminar, Mark, p131.
　　•イエスの言葉「アーメン、（私は）言います、あなた（がた）に」：3:28. 8:12. 9:1, 41. 10:15, 29. 11:23. 12:43. 13:30. 14:9, 18, 25, 30。ちなみにヨハネは、「アーメン」を2度続けて使う形「アーメン、アーメン」です（1:51など）。

様」と結びつけています。

　この結び付きは、当時とは異なるでしょうが現代世界の状況で私たちは、どう捉えるでしょうか？　このことを「地球環境破壊→気候変動・生態系（せいたいけい）崩壊（ほうかい）→食糧難→軍備拡大→人類滅亡（めつぼう）」の道に直面する現実に、向き合う必要があるのではないでしょうか。それも、格差社会で贅沢（ぜいたく）生活をしている人々の故に、まず貧しい人々の生活が壊されて、そうして徐々に地球全体の破壊に及びます。私たちは、平和共存への道か、戦争・自滅（じめつ）への道か、どう具体的に生きようとしていくのでしょうか？　まさに、「時の徴」、「今の時をしっかり見定める」（ルカ 12:56）ことが求められていないでしょうか？[249]

・今、私たちの地球は、環境破壊が本当に危機的な状況になっています。……その上、この狭い国土で原子力発電をしているのは自殺行為。子ども世代に背負いきれないほどの危険な汚染処理のツケをまわすことにもなります。『自分を愛するように自然を愛せよ』（小山晃佑）。……深いシワが刻まれたおばあさんのように、神さまは実に辛抱強く、子どもたちの営みを見守っておられる気がします（山口里子）。[250]

・「私たちのいのちの神（ヤハウェ）に感謝の献げ物をして歌いましょう。竪琴に合わせて讃えの歌を歌いましょう。いのちの神は、大空を雲で覆って大地のために雨を備え、山々に草を芽生えさせられます。動物や鳥が求めて鳴けば、食べ物をお与えになります。いのちの神は、戦争に使われる馬の勇ましさや、戦う人の足の速さを喜ばれません。いのちの神が喜ばれるのは、人々が神を信じ、正義に基づく慈しみをこそ、いのちの神に向かって待望することです」（詩 147:7-11 私訳）。

249　山口里子『新しい聖書の学び』p.22。
250　山口里子「橄欖：自分を愛するように（創 1:31）」（『キリスト新聞』2000.11.11）。

敵対者たちのパン種（だね）（マルコ 8:14-21/ マタイ 16:5-12）

　これもマルコの創作で、悪の象徴と見なされていたパン種の言葉で、これから先の危険な出来事をマルコのイエスは暗示します。しかし「弟子」たちはいつものように無理解で論じ合います。[251]

　マルコのイエスは、ファリサイ派とヘロデ派の悪いパン種に染まらないように警告します（マタイは「ファリサイ派とサドカイ派」に編集）。しかしファリサイ派・ヘロデ派・サドカイ派などは、どれも立場も考え方も異なるのですが、マルコを始め諸福音書は何度もそれらを繋げて編集しています（注 225）。

　このテキストでは否定的ですが、「論じ合う」（*dialogizomai* 議論し合う・思い巡らす . 8:16, 17）ということ自体は「対話：ダイアローグ」（たいわ）の語源で、肯定的に受け取れます。現代でも、対話は大事なことと理解されています。そしてユダヤ人たちの間では、自分たちの共同体を大事にして、どのように生きていくか、サバイバルしていくか、という思いを持って話し合うことと理解されていました。そこで意見が異なり喧嘩（けんか）のようにぶつかり合うことも多々あるでしょうが、それはまさに困難な状況で真剣に考えるからこそでもあり、必ずしも否定的に見られるわけではありませんでした。

　さて、「パン種」（*zumē* 8:15x2）は、パン生地（きじ）の一部を暗い湿った所で腐（くさ）らせた物でした（イースト菌とは異なります）。そして新しいパン生地の中に入れると、小さなパン種が発酵（はっこう）で大きく膨（ふく）らんでいって、「境界線を越える」から祭儀的不浄・邪悪（じゃあく）のイメージを持たれました（出 23:18. レビ 2：11. ホセア 7:4. マタイ 13:33 など）。一方、パン種無しのパンは、出エジプトの時に繋がります（出 12:15-20, 34）。つまり急の出発のために、発酵に時間がかかるパン種無しのパンを作って食べました。ここから、種入

251　The Jesus Seminar, *Mark*, p.133.

れぬパンを食べることが神の「聖なる民」の象徴として、種入れぬパンが「聖」と見なされるようになりました。

ただしヘブル語聖書には、パン種が肯定的な所もあり、パン種を入れたパンの献げ物も行われていました（レビ 7:13. 23:17. アモ 4:5）。そしてユダヤ思想でも肯定的な言葉もあります：「たとえイスラエルの子らが神を捨てても、トーラーの学びを続けるなら、トーラーのパン種が人々を神に引き戻す」。「偉大なのは平和。地の平和はパン生地へのパン種。聖なる方が地に平和を与えなかったら、剣と獣が地を飲み込んだ。パン種が生地に浸透するように、平和は世界で大きな力を持つ。パン種は、見えないが働いているもの[252]」。

しかしキリスト教証言書では、パン種を肯定的に述べたのはイエスだけです。イエスは、「パン種＝腐敗・悪」のイメージが強い中で、「パン焼き女性」の譬え話で神の国を語りました（ルカ 13:20-21/ マタイ 13:33）。「聖なる神の国」は「パン種無し・男・現わす」のイメージが強い中で、イエスはそれを転覆させて「パン種・女・隠す」で表現します。

つまり、汚れと弱さに繋げられる女性たちの働きが、神の働きのイメージに重ねられ、神の国は、社会で「腐敗したパン種」（不浄者・罪人・貧乏人・弱者・堕落者・除け者とされている人々）から作られると、イエスは語ります。さらに、パン種が発酵し始めたら止められず、膨らんだパンが作られて行きます。まさに不公正・差別・排除の社会構造で不可視化され周縁に追われた人々の行動の繋がり合いこそが、大事な包含的・転覆的な「神

252　荒井『著作集』② pp.355-358。Holly Hearon and Antoinette Clark Wire, "'Women's Work'". 山口里子『イエスの譬え話』② pp.119-135。なお、パン種を汚れと見たのはイスラエル人だけではなく、例えば、ローマのユピテル神の祭司は腐敗したパン種に触ることを禁じられていました。Reid, *Parables for Preachers: C,* pp.297-305.
　　・「トーラー」について：ユダヤ教では、トーラーは、狭義で、モーセの律法を指すと共に、広義では、ユダヤ教の聖典と聖典に由来する全ての教えを指す言葉として使われるとのことです。山口里子「訳注」（エリザベス・シュスラー・フィオレンツァ『石ではなくパンを』）p.264。

の国」実現に向かうのです[253]。

日々の主食のパンを作るために、パン種を入れて粉を発酵させる仕事を担ったのは、性別に限られなかったけれど、中心は女性たち。多くの人が

253　山口里子『イエスの譬え話』②第5章。これに繋がる「からし種の譬え話」（マルコ 4:30-32/ マタイ 13:31/ ルカ 13:18）は、マルコも書いていますが、聖書学で、歴史のイエスの声が最も生き生きと聞けると思われる「パン焼き女性の譬え話」を、マルコは削除しています。実は、諸福音書に入れられているイエスの譬え話で、女性が明らかに中心に思い描かれるのは4つだけです：「パン焼き女性」（ルカ 13:20-21）、「失くした銀貨」（ルカ 15:8-9）、「裁判官と寡婦」（ルカ 18:2-5）、「10人の乙女たち」（マタイ 25:1-12）。けれどマルコは、神の国を女性イメージで語るイエスの譬え話は1つも入れません。

　　「パン焼き女性」の譬え話では、社会の底辺で生きる奴隷や貧しい庶民女性たちが日常的に担うパン作りの労働が、神自身の働きの象徴として語られます。そして、「神の国」は当時の文化で三重のマイナス・イメージ「パン種・女性・隠す」で表現され、「罪人」・弱者にされた人々の繋がりこそが神の国の実現に不可欠で、全体を変質させて共同体みんなが共食して満たされるというような語り方をしています（なお、『イエスの譬え話』②の第5章で、通常使われている「パン種の譬え話」という表現を使いました。ただし、そこで述べたように、ここでは「パン焼き」という行動に注意が向けられています。それでここでは、こちらの表現に変えます）。

　　ちなみに、別の講座でこの話をした時に、このような参加者の「声」を出されました：「イエスの譬え話で描く神の国は、社会で『腐敗したパン種』のように見られた人々の間でこそ始まる……ダメな人間と烙印を押された人たちがその社会の中でお互いに繋がって生き残っていこうとすることと、腐敗した悪いものであるパン種がふわふわしたパンを作るには欠かせないこととが、どこかで通じているように思う」。

　　なお、パン種でパンを作ることについて、ドイツ人の聖書学者ルイーゼ・ショットロフが書いています。彼女は、自分の母も祖母も使っていた料理本に、イエスの譬え話で言われたと同様に書かれていたとのことです。それによると、「30Kgの粉を用意して、パン種を15リットルの生温い水に入れて溶かして、1/3の粉に入れて厚いペーストに成るよう良く混ぜる。粉を手で握って3回、混ぜて覆って置いておく。翌朝、残った粉を入れて混ぜる」。こうして、毎日焼くのでなく、一家族だけでなく分け合って食べていた習慣だったとのこと。彼女は、男の学者たちは何も知らずに勝手に解釈してると、書いてました（Luise Schottroff, *Lydia's Impatient Sisters*, pp.79-80）。一方、私の講座参加者の中には、イースト菌だけでなく、「パン種」を使ってパン作りをすると言った男性たちが複数いました。良いですね。

満腹になる膨らんだパンは、パン種を入れないペタンコの固いパンと対照的（出 13:3. Cf. 出 12:15, 19. 13:7. 申 16:3）。いのちを守るおいしいパンを作るのに大切なパン種が、なぜ悪・腐敗のシンボルとされ続けたか、背景を考え変革していく必要があるでしょう[254]。

　それと共に現代に生きる私たちは、人間共同体だけでなく全生命体（ぜんせいめいたい）の環境の大切さが想像されるような、エコロジカルな意識向上のために、今日必要な「パン種」は何かを探究（たんきゅう）することも重要ではないでしょうか？

ベトサイダで盲人の癒し（マルコ 8:22-26）

　イエスたちはベトサイダに行くと、人々が盲人を連れて来て、「触れる（ふ）」（*haptō* 抱き付く . 注 60）ことを願います。イエスはその人の手を取って村の外に連れ出し、両目に唾を付けて手を当てます。すると「（彼は）見上げて（*anablepō*）言った『（私は）見ます（*blepō*：一見する）、人々を。（私は）見ます（*horaō*：見続けて知る）、木々のように歩いているのを』。そしてイエスが再び手を当てると、「（彼は）まっすぐ見通した（*diablepō*：はっきり見通す・見極める）、そして回復した。そして全てをはっきりと見つめた（*emblepō*：強く見つめる）」。

　イエスは癒しの後で通常、その人が家や村に帰るように言うのですが、マルコのイエスはここでも村に入らないように命じます。それはイエスが噂を広げないようにしても、どんどん有名に成っていくというマルコ編集の特徴です[255]。

254　ヘブル語聖書では、庶民たちが皆でパン作りをして礼拝し共食する話しが残されています。「子どもたちは薪を集め、父たちは火を燃やし、女たちは粉を練り、『天の女王』のために、献げ物のパンケーキを作り……」（エレ 7:18）。これをエレミヤが非難しましたが、女性たちが中心になって反論しました。こういうパン作りの共食は古代近東の様々な考古学的発掘で、礼拝実践の諸面と認識されたようです。山口里子『マルタとマリア』pp.90-92。

255　荒井『著作集』① pp.412-414。

この話には、他の癒しの話と違う所があります。まず「ピスティス」（信・信頼・信仰）の言葉無しです。そして癒された人は、神を称賛せず、イエスに感謝せず、聴衆の驚きも称賛も無しです。また、イエスの特徴の癒しよりも、治療に焦点の言葉があります（「何か見えるか？」）。さらに、「耳が聞こえにくく話しにくい人の癒し」話でイエスは自分の指に唾をつけて耳に入れましたが（7:33）、ここでは相手の眼に唾を掛けます（8:23）。こうした行為は魔術で広く使われていましたが、クリスチャン共同体にとっては恥ずかしいと感じられた話です（マタイもルカも削除[256]）。

　けれど、イエスは共感共苦で抱き付くことが多いですし、このように強く触ることの可能性も高いと思われます。それで、後のクリスチャンたちの創作ではなく、イエスの実際の行動に基づいた、歴史性が高い民間伝承と理解されます。ただし、盲人がまず初めに「木々」を見るのは、エピダウルスに起きた奇跡の治癒に重なる表現で、それをマルコは活用して編集したと思われます[257]。

　マルコ物語で、イエスの伝道活動の第1部は「ガリラヤ：神の国」のテーマ（1:14-8:26）。イスラエルの偉大な創設者である神の息子モーセを想い起こす話の繋ぎを2重にして編集：海の渡り - 悪霊払い - 荒れ野での共食 - 癒し。そして、イエスはモーセより偉大な新イスラエルの創設者である神の息子のイメージで描きます。これに続く第2部は「エルサレムへの道」のテーマ（8:27-10:52）。

　第1部も第2部も、どちらも「盲人の癒し」で締めくくります。こうしてマルコ物語は、イエスが、イスラエルの政治・宗教支配者たちに対抗して、イスラエル刷新を進める構成にしていると理解されます。ただし、マルコ物語によるイエス伝道活動が、区分ごとに「盲目」を無くすような形

256　Meier, *Marginal 2*, pp.690-694.

257　これは4世紀の碑文で発見されましたが、同様の表現が使われた民話は古くからあったと理解されます。例えば、皇帝ヴェスパシアヌス（1世紀）、歴史家ディオ・カシウス（2世紀）なども、唾液で視力を戻させる話があります。Boring, Berger, Colpe eds., *Hellenistic Commentary,* pp.85, 175, 201, 285.

で結末が編集されています。恐らくマルコは、ひどく差別され苦しめられて来た人が、イエスとの出会いで心底から癒され救われたという印象を大事にしたいと思ったのでしょう。けれど、このような編集は象徴的に障碍者を差別視することになるでしょう。ですから、現代に生きる私たちは、こういうことをしっかり意識していきたいです。[258]

・2才の時に熱病で見えず、聞こえず、話せなくなったローラ・ブリッジマンは、7才で盲学校に入って学び、大人になると教師に成りました。彼女からトレーニングを受けた1人がアン・サリヴァンで、彼女はヘレン・ケラーの教師に成りました（エリザベス・エリス）。[259]

＊「盲目」についての古代伝承。[260]

①「聖書伝承」：盲目については否定的。ヘブル語聖書時代から、身体的盲目は大きな不幸で、儀式的不浄で司祭には失格（レビ 21:18-21）、犠牲の献げ

258　デューイ「マルコ」p.369。Horsley, *Text and Tradition*, pp.240-231。一方、ここの話の前で第1部を閉めて、第2部（8:22-10:52）が2つの盲目の癒しの話で枠組みされているという理解もあります（Meier, *A Marginal Jew*. 2, p.686）。
　　私は、身体障碍を持つ人々から言われたことがあります。身体的に「目が見えない」「歩けない」と言うことは問題ないです。むしろこういう表現を避けようとするほうが、身体障碍を持つ人々への差別観に繋がります。けれど、象徴的・精神的に「目が見えない」「歩けない」というような表現はまさに障碍者差別です、と。私はこの思いに深く共感します。
　　けれども、もしかして、身体的・機能的障碍と精神的・象徴的障碍を区別せず無自覚に繋げてしまうことが問題ではないでしょうか。例えば、身体的に「目が見えない」人々に、精神的に「ヴィジョンを持つ」「人生の先を見える」人々がいるでしょう。その一方で、身体的に「目が見える」人々に、精神的に「人生の先を見えない」人々もいるでしょう。こうして、身体的な面と精神的な面を無自覚に繋げないことが大切と思います。
　　ただし、「身体障碍者」にも様々な人々がいて、何にどう差別を感じるかも様々でしょう。ですから、「障碍者差別」の考え方を決めつけるのではなく、話し合い考え合っていくことが大切だと思います。
259　Elizabeth Ellis, "Laura Bridgman (1829-1889)".
260　Mary Ann Beavis, "From the Margin to the Way". Carole R. Fontaine, "Roundtable: Women with Disabilities".

物の動物として不適格（レビ 22:22. マラ 1:8）。神は、神の民の敵を盲目にする攻撃（創 19:11. 申 28:28-29. 2 王 6:18）。盲目の人は弱く無力と見なされ（トビ 2:1-14. 3:1-6. 11:10. 士 16:21. レビ 19:14. 申 27:18. サム上 12:3. サム下 5:6. ヨブ 29:15）、極端な苦痛（哀 4:14. ゼファ 1:17）。盲目は敵・悪・愚かさのメタファー（申 16:19. 28:28-29. イザ 42:18-20. 56:10. 59:10）。賄賂(わいろ)は受領者の盲目のメタファー（出 23:8. 申 16:19. 1 サム 12:3）。盲目からの癒しは偉大な恵みと見られ（王下 6:20-23. 詩 146:8. トビ 11:9-15）、盲目から見えることになるのは終末的救済の約束（イザ 29:18. 35:5. 42:7, 16. Cf. エレ 31:8）。

　初期キリスト教でも同様。盲目は罪深さ・無知・愚かさのイメージ（マタイ 15:14. 23:16-26. ルカ 6:39. ヨハネ 9:35-41. 12:40. ロマ 2:19. 2 コリ 4:4. 2 ペト 1:9. 1 ヨハネ 2:11. 黙 3:17）。盲目からの救いは、イエス伝道で終末論的約束の成就(じょうじゅ)（マタイ 11:5. ルカ 4:18; 7:22; 14:13, 21）。全 4 福音書が盲目の人へのイエスの癒しの話を含みます（マタイ 9:27-31. 12:22. 15:30-31. 20:29-34. マルコ 8:22-26. 10:46-52. ルカ 18:35-43. ヨハネ 5:2-9. 9:1-34. Cf. 行 10:19. 13:6-12）。

　②「**ギリシャ・ローマ伝承**」：盲目を深刻な不運、神々からの懲罰と見なして極端な否定的イメージ。けれどそれと並んで、視力の喪失は他の感覚を高められると認識し、特定の盲目の人々に偉大な神聖さと力を帰します。

　上記の①と②どちらの伝承でも、「盲目」は基本的に身体と精神を繋げて否定視され、盲目の人は差別・蔑視されます。一方、高齢で尊敬されて描かれる人は、かすんだ目を持って「明白な予言(よげん)・先見者(せんけんしゃ)」として聴衆に肯定的に見られるように描かれています。それは良いですけれど、「盲目」を含めて身体的障碍を精神的な蔑視(べっし)に結びつける言葉や話の使い方は、大きな問題です。こういうことについても、私たちは無意識に差別再生産に加担しないよう、しっかり向き合うことが必要でしょう。

II. エルサレムへの道 (8:27-10:52)

ペトロのキリスト告白(こくはく)

（**マルコ 8:27-30**/ マタイ 16:13-20/ ルカ 9:18-21）

　マルコ物語では、ここから「エルサレムへの道」と、理解されています。ただしここではイエスたちは、南方のエルサレムに向かうのではなく、全く逆方向の北方のフィリポ・カイサリアの村々に向かいます。その途中で、弟子の代表とされたペトロがイエスをキリストと告白します。これは初期クリスチャン共同体のキリスト論的な創作で史実性(しじっせい)なしと、聖書学では言われています（＋トマス 13, ヨハネ 1:35-42. 6:66-69）。そして、この「ペトロのキリスト告白」に、マルコの編集ではイエスが否定的な反応をします（マタイは、イエスがペトロを否定ではなく称賛：「この岩（*petra*）の上に私の教会を建てよう」＝ 16:17-18。ルカは、イエスの反応削除。ヨハネは、ペトロでなくマルタが「キリスト告白」の役割を担います＝ 11:27)[261]。

261　The Jesus Seminar, *Mark,* p135.　荒井『著作集』① pp.84, 456。デューイ「マルコ」。
　　・「**フィリポ・カイサリア**」：ガリラヤ湖の北方、ヘルモン山ふもとのヨルダン川東側。元は自然神パン（*Panias*）の神殿があるフェニキア都市カエサリア・パニアスでしたが、CE 1 世紀にヘロデ・フィリポ 1 世（ルカ 3:1）が再建してローマ皇帝カイサル崇拝で命名。
　　共観福音書では、この他にも重要な役割は男性たち（特に「12 人」）が担いますが、ヨハネ福音書では、女性たちが担います。ただし女性たちの重要性はぼやかして書かれています。これは、後の父権制的なキリスト教の中で「正典」に入れられるために後から編集されたとも考えられています。また、ヨハネでは、マルタとマリアは仲良しでイエスと「師弟」関係だけでなく「友」であり、さらにイエスがマリアに「倣う」面もあります。つまり後から色々と編集されているにも拘わらず、対等な仲間関係を、伝承・物語の背後に感じられます。ヨハネに残されているこういう人間関係のほうが、強い上下関係よりも、歴史のイエスを反映しているのではないかと、私は理解します。山口里子『マルタとマリア』pp243-

「自分が誰だと言われているか？」というイエスの問い（8:27, 29）について、これは自分のアイデンティティを他人の評価で（他人にどう思われるかで）「知る」ための表現と、「社会科学」で言われます。すなわち古代地中海世界の「二項人格」（にこうじんかく）（Dyadic Personality）の文化の中で、人のアイデンティティは、自分自身の思いによるのではなく、家族・出身地・地位・力・名誉などに拠る他人の理解を基に作られた、と。このため人々は、「自分自身の思い」より「他人にどう思われるか」に強い関心を持つ「他人志向」（しこう）で、「罪意識」より「羞恥心」（しゅうちしん）を根底に持つと言われてきました。[262]

　けれど、外の人々から自分がどのように見られているかというような懸念（ねん）の思いや、人を出身・地位などによって偏見を持つ傾向は、東洋・西洋に限らず様々な時代・文化においても現実にあったと認識されます。この本の始まりで述べましたが、こうした「社会科学」的研究による西洋白人男性優越主義の価値観・偏見は、抗議されてきました。こういうことに関しても、私たちは無自覚に誤解・偏見の再生産に加担しないように注意が必要と、改めて考えていきたいです。

　ちなみに、「私は誰であるか？」の問いは、21世紀の新しい「エコゾイック時代」（ecozoic：eco ← *oikos* 家・共同体の基盤、zoic ← *zōē* 生命）で、向き合うことが重要ではないかと問われています。この時代（ecozoic society: 生命の社会 . Ecozoic era: 生命の時代）は、人類が地球共同体（または宇宙全体）としての全ての生命との、相互関係への意識・学びの強化の中で生きることが、もはや先送りできない必須の時代。現在、地球環境（ecology）・人類滅亡の危機は、2030年までが「岐路」（きろ）と言われています。今ここで「私 / 人間は、誰であるか？」に、個人としても共同体としても、向き合うことが不可欠と言えるでしょう。

　そして、人は、「土」（アダマー）の塵から造られた「土くれ」（アダム）（ちり）と、聖書で語られることを、改めて想い起し、思い巡らしたいです。[263]

　　249, 261-262。

262　Malina, *Social-Science Commentary*, pp.228-231.

最初の受難予告と、再臨の暗示
（マルコ 8:31-9:1/ マタイ 16:21-28/ ルカ 9:22-27）

　ここは、「受難予告」（受難・処刑・復活の３つが含まれる予告）と呼ばれる３つのテキストの最初のものです（8:31-9:1. 9:30-32. 10:32-34）。イエスは、「人の子（人間の子・人間・私）は、苦しまされ（paschō 受動態）、拒絶され、殺され、起きるだろう（anistēmi 起こす. 自動態）」と、話しました。

　するとペトロがイエスに反対し、ぶつかり合いに成ります。この話は、すぐ前に述べられたペトロの「キリスト告白」の姿勢と、明白に矛盾する描写があります。まずイエスが「弟子」たちを「諫めた」（8:30）。するとペトロはイエスを「脇に引き寄せて諫めた」（8:32）。そうしたらイエスがまたペトロを「諫めた」（8:33）。これらはどれも同じ言葉で、「強く諫める・叱る・咎める・非難する」という表現です（注 44）。

　これは、「主なるキリスト」への「信仰告白」をするような関係でないだけでなく、上下の師弟関係でさえありません。互いに衝突し合って喧嘩するような仲間関係。こんな表現は、イエス死後のクリスチャンたちが創作する可能性は無いです。ですから、ここのマルコの状況設定とは別の所で伝えられた、歴史上のイエスとペトロの仲間関係を反映していると考えられています。そもそもマルコは、あちこちでペトロを否定的に書いています。けれど、ぶつかり合うことが多くても、あるいはそれでこそ、「師弟＝上下」関係よりも「仲間＝対等」関係を持って伝道活動を一緒にしていたと考えられます。

263　Wainwright, *Habitat, Human, and Holy*, p.164.　山口里子『新しい聖書の学び』pp.43-57。『虹は私たちの間に』pp.83-120。
　　　ちなみに、「土くれ」（アダム）は「男」だと思われて来ましたが、聖書学ではかなり前から、それは誤読だと認識されています。「アダム」は「土くれ＝人」（普通名詞。性別を越えて単数・複数両方）として語られ、その言葉が男の個人名に使われたのは、女の名エヴァが作られた後のアダムの系図（創 5:1-）に成ってからだと理解されています。山口里子『虹は私たちの間に』pp.102-107。

そして、このテキストの「死・復活・再臨」は、イエスの死後に創作されたものです。このような考え方は、ヘレニズム世界でも見られます。例えば、アレクサンダー大王（CE 1 世紀）も、プルタルコス（CE 1 世紀）も、「人類の恵み深い支配者の理想と考えられ、苦難と迫害と死が、神の息子としての運命である」と告げられたとの話があります（「神の息子」は、神に任命された指導者の意味を持つ呼び方。当時は、ローマ皇帝の称号の 1 つ）。イエスの受難予告の表現も類似しています。

　そしてマルコの編集による、イエスの受難・処刑・復活の予告では、同じパターンが 3 回続きます：予告（8:31. 9:31. 10:33-34）・誤解（8:32-33. 9:32. 10:35-41）・本当の「弟子」たることの教え（8:34-37. 9:33-37. 10:42-45）です。さらに諸福音書では、イエスを拒む者に対する「裁き」の言葉もあります（マルコ 8:38. マタイ 10:32-33. ルカ 12:8-9）[264]。

　マルコは、自分が描くイエスに対して肯定的に応じるか否かを基準に、明白に「内」の者と「外」の者を分けて、「外」の者に暴力的な破壊が来ると脅す書き方をします（8:38-9:1. 12:9, 36. 13:26）。マルコは先に、イエスが種々の「境界線」を越えて人々を排除せず包含的な共同体を形成しようとするのに、ファリサイ派の人々は清浄規定で、人々を「内（ユダヤ人）」対「外（異邦人など）」と分断するとして、彼らをイエスの敵対者として描きました。しかしマルコ自身が、イエスの名によって、内外の分断を創作していると指摘されています[265]。

　ここでのイエスの言葉「自分を捨てて、十字架を負う」は（マルコ 8:34/ マタイ 16:24/ ルカ 9:23）、歴史のイエス自身が言った言葉ではなく、イエスの死後に創作されたと聖書学では解釈されています。ところがマルコだけでなく諸福音書の物語で、歴史のイエス自身でなく後のクリスチャンたち

264　The Jesus Seminar, *Mark*, pp.137-142. Boring, Berger, Colpe eds., *Hellenistic Commentary*, no.122.

265　Liew, "Mark", p.115.

が作った言葉が数々あり、それらが、イエスが言ったとされて、時代を越えて教えられて来ました。特に、このような言葉が社会的弱者・少数者・女性にとって問題だと指摘されています。こういう状況で、ひどい差別・偏見・格差社会で、虐げられ、踏みつけられ、苦しめられ、困窮させられて、必死に生きている人々に対して、自己犠牲を我慢して「『自分を捨てて十字架を負って来なさい』なんていうような言葉を、イエスが言うハズが無い！」と言う人々は、少なくありません（聖書学などを学んだ経験が全く無い人々も）。[266]

　ここのテキストの中で、歴史のイエス自身が言った可能性がある言葉は１つだけと、聖書学で理解されています：「全世界を得て、自分自身全て（プシュケー）を失うことは、人間にとって何の益？」（8:36）。ここで使われている「プシュケー」は、「魂・いのち・その人の（人格・体）全体」を意味する言葉です（注101）。このイエスの言葉は、自己否定・自己犠牲の勧めとは真逆です。他でもなく、まさに「自分自身のいのちそのもの」を大切に生きようとする呼びかけと理解されます。
　その上で、本当に必死に生きたのに、社会の抑圧・差別構造の暴力によって生命を奪われた人々は少なくありません。そのような人々を想う時、「その人々は、プシュケー（自分自身全て）を失ったのではない。最期まで自身のプシュケーを大事に生きた」と、この言葉を抵抗の姿勢で思い巡らしてきた人々もいたという理解も、持たれています。[267]

266　荒井『著作集』① pp.242-243。デューイ「マルコ」pp.369-371。
267　The Jesus Seminar, *Mark*, pp.137-142.　参照：Leander, *Discourses of Empire,* pp.244-251.
　　　池明観（チ・ミョン・グァン 1924-2022）は、軍事政権下の民主化運動をいのちがけで闘い、朝鮮半島と日本の真の平和に向けて生きた人。こういう中で「十字架を負う」という言葉を大切なこととして述べている：「十字架を負ってこそ神の国が来ますようにと祈れる」など。こういう言葉は、池さんの本を読むだけでなく直接接してきた人々の経験を通して感じるのは、自己犠牲の勧めではない。そんなひどい社会の中で、前向きに自分自身の思いと希望を持って、少数者として覚悟して生きる。Cf. 池明観「韓国からの通信」（T・K生。『世界』1973-1988）、

講座の時に、教会で教えられてきた「自分の十字架を背負う」ということに関して、様々な質問・疑問・意見が出されましたので、それらの幾つかを紹介します。²⁶⁸

『境界線を越える旅』（岩波書店 2005）。池明観先生追悼のつどい発起人『池明観先生追悼文集』富阪キリスト教センター、2023。これはまさに、人のいのち・プシュケーを大事にして、平和な世界に向かう生き方ではないでしょうか？　ですから聖書に書かれた「十字架を負う」という言葉は、状況によって主体的な大切さを持つと共に、普遍的な教えとして正当化すべきでないと、私は思います。

268　**参加者の「声」：**

　＊十字架というのは考えようもなく酷い殺し方であり、それは力を持って負わすものであり、十字架を負って来なさい、とイエス様が言うはずないというのに非常に納得がいきました。十字架という言葉を口にし表す時、とても注意して使わなくてはならないと思わされます。

　＊私自身もこの「聖句」をけっこう重荷に感じてきた一人だったなと感じました。私にとっては、これが「イエスの言葉（＝私が守るべき命令）」でないと言っていただけたことが福音のように思えます。

　＊「どんなに貧しい生活でも〝自分自身のいのちそのもの〟を大切に生きようとする共生への呼びかけでは？」との提案・問いかけに賛同します。ただ、共生する為には仲間が必要であり、自分自身が貧しい生活を強いられているということを受けとめ理解したり、それゆえにおかしいよね？　と思う時に、そこに仲間・連帯が生まれると思います。だからあまり自己否定・自己犠牲のイメージはなく、むしろ自分自身も自分の十字架を負う……自分の立たされている状況を理解した時、そこから「自分自身のいのちそのものを大切に生きようとする」力が沸いてきたり仲間との出会いがあったように思います。でも〝自分の十字架を負う〟ということが「苦しみと自己否定が強調されていると受け取れる」…事実、自己否定・自己犠牲のメッセージとして更なる痛みを覚える人がいた・いるという点は忘れてはいけない大切な視点だと思いました。

　＊教会では「十字架の贖い」という信仰告白もしばしば用いられています。そしてこの「十字架の贖い」が往々にして、自分自身は一切動かず変わっていないけれど「すべては十字架の贖いによって恵みをくださいました、ありがとう」みたいなことになっている気もします。いわば自分たちや社会が踏みつけている人たちの苦しみの責任をイエスだけに負わせ、自分たちの立ち位置を変えない開き直りとして「十字架の贖い」が使われていやしないかということです。もしそうだとすれば私はここに差別や抑圧の実態と全く同じやり口があると受け止めます。そしてこのような状況を踏まえた上でなお「十字架を負って私に従いなさい」という信仰的促しが響いているのだとしたら、そこで言う己の十字架・自己犠牲の中身は、誰かを踏みつけ殺すことで成り立っている〈私の安住〉の場所を離れる・立ち位置を変えるということなのではないか？　と。例えば本土の論理から沖縄の

・人はなぜ生きるのか？　それは、真実を知って、「生きていてよかった！」と実感するためではないでしょうか？　そして、外から押し付けられた価値観や社会通念に縛り付けられないで、自分を大事にして、自分らしく生きようとするなら、死ぬときに後悔しない生き方をすることが出来るのではないでしょうか？（山口里子[269]）。

イエスの変貌（マルコ 9:2-13/ マタイ 17:1-13/ ルカ 9:28-36）

　これは、元々ヘブル語聖書に基づいた、イエスの「山上の変貌」の話（9:2-9）。つまり、すでに天的存在とされていたモーセとエリヤが、「イエス＝神の息子」の証人として顕現し、「12 人」の代表3人だけが出来事に参与する形で、ペトロ・ヤコブ・ヨハネの特権を誇示した、イスラエルの顕現物語のキリスト教化です。恐らく初期（エルサレム）教会が創作したものをマルコが編集しました。マルコは、メシアの先駆者として再来するエリヤ（王上 19:1-10）を、既に来たバプテスマのヨハネとして加筆して（9:12+13）、2伝承を結合させました。こうして、イエスは神の「愛される息子」（1:11）であり、変貌をした（終末時に出現する）天的存在だと示します[270]。

　古代ユダヤ文献でもヘレニズム文献でも、人や衣が輝くのは、神性さ・偉大さを現わす象徴。神の力と臨在（存在：presence）で顔が輝き（ダニ 12:3）、衣も白く輝きます（ダニ 7:9）。それと共に、白い衣は殉教も示します（黙 3:5, 18. 4:4. 6:11. 7:9, 13）。そしてヘブル語聖書時代からの理解では、

　現実に立ち位置を変える、異性愛主義の現実から自らの立ち位置を変える、など。
269　山口里子「死ぬときに後悔したくない」（『第 29 回奥羽教区社会問題セミナー講演録』2015.5）。
270　The Jesus Seminar, *Mark,* p.145. デューイ「マルコ」371。川島『十字架への道　イエス』pp.124-126。滝澤『イエスの現場』p.162。

山は神顕現の場所で、下山時は教師が「弟子」たちに説明を与える機会です。「時」が来るまでの沈黙命令も多くあります。さらに神は時に応じて自身と意志を「山」で現わします（出 24:12-18 ［シナイ］、王上 18:20 ［カルメル］. 19:11-18 ［ホレブ / シナイ］. Cf. マタイ 5:1。ただし、「シナイ山」は有名ですが、どこなのかは不明です）。その意味で、神が人々と出会うのは、「中心」（都市）イメージのような所ではなく、山・人里離れた所・「周縁」で、「少数」の人々とのイメージが、持たれていました。「雲」は、隠された神の臨在と啓示を示し、「雲の中からの声」は神の声で、神顕現（エピファニー）物語に使われます（9:7. 出 24:16. ダニ 8:16. マタイ 3:17 など）。そして、神の臨在とされる「（留まる）雲」は、神の女性イメージの１つです（出 13:21. 24:15-18. 33:9-10. 40:34-38. イザ 4:5. エゼ 1:4 など）。[271]

このシーンは、モーセがシナイ山で「十戒」を神から受け取ったシーンと重なり合います（出 24&34 章）:6 日の後（24:16）、山（24:12, 15-18. 34:2-3）、選ばれたグループ（24:1）、輝く顔と肌（34:29-35）、雲（24:15-18. 34:5）、雲の中からの声（24:16）、見た者の怖れ（34:29-30）。さらに「出エジプト」全体との繋がり：幕屋（出 33:7-10. 40:2, 17-22. レビ 23:39-43. 民 1:50-51. 申 16:13. 31:14-15. ヨシュア 18:1. 19:51）、雲が覆う（出 40:35. 知恵 19:7）、「彼（モーセ）に聞け」（申 18:15）。

「私の息子」という神の宣言は典型的な王位任命の形式（詩 2:4-7. サム下 7:8-14 など）。それと共に、（神に）「愛される息子」（9:7）とされる者は、この世で苦難に結びつきます（イザ 42:1-4）。伝承によれば、モーセとエリヤは「神の民」の創立的人物で、両者ともこの世の拒絶の只中でシナイ山で神と出会い、「死（の時・場所）」は不明です（Cf. 申 34:6-7. 王下 2:9-12）。[272]

---

271   Boring, Berger, Colpe eds., *Hellenistic Commentary,* pp107-108. Myers, *Binding the Strong Man,* pp.249-251. The Jesus Seminar, *Mark,* p.145. Carter, *Matthew and the Margins,* Mt, p.350.
　　　ヘブル語聖書では、「雲」だけでなく多様な女性イメージで神が語られています。山口里子『新しい聖書の学び』pp.87-88。
272   Carter, *Matthew and the Margins,* pp.347-349.

そしてバプテスマのヨハネも、この世の権力層に危険視されて殺されました。このことは歴史に生きたイエス自身も、バプテスマのヨハネの元で弟子として学び、覚悟を持って伝道活動を始めたと理解できます（Cf.1:2-11. 6:14-29）。

　マルコ物語では、ここでもペトロはイエスの受難の道を理解せず、仮庵（かりいお）祭のような庵（いおり）を記念に作ることを提案しました。

　イエスの神聖な変貌への恐れの中で、ペトロが再び代表として話しますが、イエスに「メシア」でなく「ラビ」（先生 .9:5）と呼びかけます。マルコでは、イエスに対立して主流ユダヤ・イデオロギーを持っている時に、「ラビ」という呼びかけを使うように編集しています（11:21. 14:45）。ただし、イエス時代の人々にとって、「ラビ」と呼びかけるのは否定的なイメージでは決してないです（マグダラのマリアも、よみがえったイエスに墓で出会った時に、「私のラビ」と呼びかけました。ヨハネ 20:16）。

　マルコは、イスラエルの伝統的宗教がユダヤ教とキリスト教に分離する流れの中で、ユダヤ教の教師ラビを否定的な意味合いに編集したと考えられます。このような背景で、マルコの目的は、①イエスが神から使わされた者であることを明確化。②神からの力を目前にした内輪の（代表とされる）男性「弟子」たちの怖れを再度強調。これに基づいて、③聴衆に「神の子イエス」を「弟子」たちより正しく理解するように問いかけます。[273]

　そんな中でマルコは、ユダヤ教の黙示論的な信仰に基づく、黙示的栄光の表現を使い（16:5. ダニ 7:9.12:3. マタイ 13:43. 黙 3:5. 4:4. 7:9, 13）、「新しい完全な時代をもたらす歴史への神の接近・介入への信仰」を強調します。つまり、この世の終わり（終末）と思われるほど、ローマ帝国支配下の重圧・困窮・苦難のサタンの攻撃的暴力の只中で、神の息子イエスによって、新しい完全な「神の国」の到来が（目に見えずとも）接近しているという理解です。

273　Myers, *Binding the Strong Man*, p.250. デューイ「マルコ」371。

けれども歴史のイエス自身の「神の国」理解は、このようなローマ帝国支配下の苦難の世界で、「神の国はもう既に接近して来ている」「神の国はあなたがたの中に」「神の国は今ここで」の、自分たち自身での包含的「共生」によって表現されていると思われます。[274]

ここにはどんな類似とギャップ（違い）が？　そのような問いかけを受けて、現代に生きる私たちは、忍耐と待望の思いで、キリストの力・神の力にお任せしますか？　それとも自分たちの間で主体的に行動を起こすのですか？　二者択一ですか？　どう考えるでしょうか？[275]

霊につかれた子の癒し

（**マルコ 9:14-29**/ マタイ 17:14-20/ ルカ 9:37-43a）

マルコ物語では、最初の受難予告ユニット（8:27-9:29）が、癒しの「奇跡」（霊につかれた子の癒し）で結ばれ、最後の受難予告ユニット（10:35-52）も癒しの「奇跡」（盲人の癒し）で結ばれます。

ここの話で、霊に取りつかれた少年の症状が２回、異なる仕方で述べられます（9:18, 22）。さらに、群衆は既にイエスの周りにいるのに駆け寄って来ます（9:14, 15, 25）。これは２つの伝承（① 9:17-18.② 9:20-27）をマルコが結合・加筆編集で、いつものように弟子批判強調です（マタイとルカは、病人を癒せない「弟子」たちを嘆いてイエスが癒したという①の話を元に単純化して、②の「不信の信」という、「言葉を中心にしたアポフテグマ」風の話を削除しました）。[276]

274　Liew, "Mark", p.106. 山口里子『新しい聖書の学び』pp.132-134。
275　**参加者の「声」：**
　　　＊神が人と出会うのは、人里離れた山のような場所・周縁の場所というよりも、都市でもどこでも、周縁化された人々が居る所ではないでしょうか？　このことは、何が聖なる所？　の問いに繋がる。立派な聖堂と、ホームレスにされた人々が居る所と、私たちはどのようにイメージするか？　それを考えたい。
276　荒井『著作集』① pp.313, 399。川島『十字架への道』p.127。Tolbert, *Sowing the Gospel*, p.187.

この話で最も顕著なのは、癲癇（てんかん）（epilepsy）の一部と思われる病状の詳細な記述で、マルコ前の口頭伝承で既に長々と述べられていた可能性があります。その上、この癒しの話にはマルコのキリスト論的タイトルも関心も全く無く、セミティズム（セミ系の言語・文化）が含まれていて、オリジナルはアラム語の話だったと理解されます。それでこのテキストの元には、癲癇症状の息子の父とイエスの出会いが、特別に強い印象で記憶された口頭伝承があったと思われます（マタイは、月の影響による症状という、余り使われない言葉「selēniazetai」を使っており、通常そういう記述はマタイが省略するのに、ここでは使われていて、理由は不明です[277]）。

　ここは、マルコの４つの「悪霊払い」（1:21-28. 5:1-20. 7:24-30. 9:14-29）の最後のもの。癒しは「復活」の言語で描かれています（9:26-27. Cf. 5:41-42）：死んでいる（nekros）・死んだ（apothnēskō）・起こす（egeirō）・起き上がらせる（anistēmi）。この話で、悪霊払いの癒しが具体的な「病状」から「治された」ような状況ですが、他と同様に、（医者の治療による）「治す・治される」という表現はなく、「新しいいのちを与えられる」という意味を持つ「復活」の言語で述べられています（「悪霊払い」の癒しについてCf.1:21-28）。

　イエスの言葉や行動の後で、「弟子」たちが家の中でイエスに尋ねる設定は、マルコ物語の中で何度も繰り返され、それは「弟子」たちの無理解に対する弟子批判の特徴で、それと、聴衆が自分たちのほうがイエスを理解していると感じさせる、マルコの教育的話法でも（Cf.4:35-41）[278]。

　なお、２番目の伝承の言葉「信じます。私の不信（ふしん）（apistia 不信・不信頼・不信仰）を助けてください」は、歴史を通してほとんどの人の状態だと受けとめられてきました。「ピスティス」（pistis）は（神に対してでも人に対してでも）「信じること」「信頼すること」です。そもそも元の口頭伝承では、「癒し」には「信頼」こそが不可欠というイメージの可能性大です。口頭

277　Meier, *Marginal 2*, p.653.
278　川島『十字架への道』p.127。滝澤『イエスの現場』pp.166-168。

伝承を基に編集した諸福音書でも、信頼されて仲介者・預言者として働く イエスを通して、神が介入して癒します。そして、「癒し」に限らず、「信 じること・信頼すること」こそが、あらゆることの実現に不可欠な前提だ と理解されます。

　実際、イエスは癒しの際に、「どの神を信じるか？」というような宗教 的・信仰的な問いを相手に対してしません（Cf.7:24-30）。むしろ「信頼」 を持つことにこそ、癒しが実践できるというイメージがあります（例えば、 故郷で人々に信頼を持たれず、癒しは余り出来なかったと記されています。6:5）。[279] ですから、「ピスティス」を聖書で読む時に「信仰」と決めつけず、むし ろ「信頼」と理解するほうが、当時の人々の思いに近づけるでしょう（注 32）。そして現代の私たちの生活でも、根底から信頼を持つ人間関係が、日 常生活にも人生そのものにも大事ではないでしょうか？[280]

＊「ピスティス」の日本語訳について：

　先に述べたように、「ピスティス」は「信・信仰・信頼」などの意味が持た れており、物語によって、「信仰」と決めつけるより「信頼」と理解するほう

279　ウィリアムソン『マルコ』p.270。デューイ「マルコ」371。Tolbert, *Sowing the Gospel,* pp.188-189.
280　**参加者の「声」：**
　　＊賛美歌でイエスを友人 FRIEND として歌ったものを聞くとしっくりこないも のがあったのが、この講座を受講してから、親しみを持って歌うことができるよ うになりました。言葉一つとっても人それぞれの理解、受け取り方が違うのだと 改めて分かりましたし、だからこそ、聖書を批判しながら読むというのが大切な のだと改めて思わされています。私個人としては、イエスに信頼を持ってついて いきたい、知りたいという思いを持っています。
　　＊「ハンセン病者」に対する国の余りにもひどい人権侵害の法律に対して、最 初に国賠訴訟を起こした 13 人の人々は、「国にも誰にでもなんでも不満を持って 文句をつけたがる」とレッテルを貼られ、四面楚歌状況にされた。そんな中で、 第一次原告の 13 人のひとりが「私たちが裁判の原告に立ち上がったのは国を『信 頼』する気持ちがあったからこそ。裁判に反対して原告にならなかったのは、国 だけでなく誰をも『信頼』できなかったからではないか」と言った。何かに信頼 して行動を起こすことで社会も変わっていくという意味で、「信頼」はとても大 切。「*pistis*（信）, *pisteuō*（信じる）」を、「信仰・信条」に縛られることのないよ うにしたい。

が適切と思われています。けれど日本語聖書では一貫して「信仰」と訳されており、これは不適切だと理解されます。ところが日本語訳ではさらに大きな問題があります。ここで情報共有して、考えていただきたいです。

　日本語聖書では、「イエス・キリストのピスティス」という表現だけが別扱^{べつあつか}いされています。つまり、「イエス・キリスト<u>の</u>ピスティス」は、日本語聖書では「イエス・キリスト<u>への</u>信仰」と訳されて来ました。「キリストは神だから、神が神を信仰するのは変だ」という考えを元に、意図的^{いとてき}な誤訳^{ごやく}です。「イエス・キリストのピスティス」という表現は、１〜２回だけなら間違^{まちが}って書かれたと考えることも出来るでしょうが、パウロなどが十数回も度重ねて使っている言葉です（例：ロマ 3:22, 25, 26. ガラ 2:16x2, 20. 3:22, 23x2, 24, 25, 26. エフェ 3:12. フィリ 3:9x2 など）。

　それで、このように翻訳し続けるのは文法的に余りに不適切だと翻訳者たちから問題提起^{ていき}されました。そして、2018 年の日本聖書協会出版の聖書で、「イエス・キリストの<u>真実</u>」と変更されました。「真実」は「ピスティス」より「アレセイア」（*aletheia* 真理・真実）に近い言葉なのに、自分たちの神学的理解に合わせて、イエスの「ピスティス」だけを別の言葉で訳すように変更したのです。これも、「聖書は神の言葉」と宣べつつ、「イエス・キリストは神」という自分たちなりの信仰理解優先の、意図的な「誤訳」に他なりません。私たちは、このような問題についても、きちんと向き合うことが大事だと思います。[281]

第２の受難予告（マルコ 9:30-32/ マタイ 17:22-23/ ルカ 9:43b-45）

　マルコが創作した、第２の「受難予告」です：「人の子は、人々の手に引き渡される。そして（彼らは）彼を殺すだろう、そして（彼は）殺されて、

281　山口里子「キリスト教の『核心』を受け入れなくて『クリスチャン』と言えるか？」p.19。また、パウロの手紙でもキリストを「神」でなく「人」と理解して書かれています。Cf. 笠原義久『新約聖書入門』pp.28-32。そして、最初期のクリスチャンたちが歌っていた「マラナタ」は、イエス・キリストを私たちと同じ人間との理解で表現されています（注 423）。

3日後に起きるだろう（*anistēmi* 起こす . 自動態）」。この話でも、イエスが「教え続けていた。そして言った」のにも拘わらず、「弟子」たちは無理解で恐れているという、マルコの弟子批判の特徴です。

　ただし、「引き渡される」（*paradidōmi* 受動態）という表現で、イエスの師であったバプテスマのヨハネと、イエス自身と、その「弟子」たちの運命が、結ばれています（1:14. 9:31. 13:9）。このことは、ここのテキストとは別に、歴史のイエス自身がヨハネの洗礼を受けて学んだ後で伝道活動を始めたので、彼自身、覚悟を持って活動し続けて来たと理解されています（6:14-29）。[282]

＊マタイでの神殿税の話（マタイ 17:24-27. Cf. 皇帝への税金は、マルコ 12:13-17. マタイ 22:15-22. ルカ 20:20-26）。

　この話と次の話の間に、マタイに神殿税の話があります。そこでイエスは、ペトロではなくシモンと最初に呼びかけました。これは古い口頭伝承で、そう語られたのかも知れません。そしてイエスはこう言います、「地上の王たちは、税金・貢物を誰から取り立てるか？　息子たちからか、他の人々からか？」。ペトロが言います、「ほかの人々からです」。イエスが言います、「では、息子たちは自由だ」。

　つまり神殿税に関して、イエスが会話の中で、「子どもたちは（父に税や貢ぎ物を）納めなくて良いわけだね」と言います。このイエスの言葉はユーモラスな会話を作っています。この話がマタイ福音書に編集して書かれる前にどのような話であったとしても、ここのイエスの言葉はスゴイのではないでしょうか？

　神の子どもたちは、神の恵みによって生かされて感謝していても、親である

282　Carter, *Matthew and the Margin*, p.305. Crossan, *The Historical Jesus*, pp.230-232. 川島『十字架への道イエス』129。デューイ「マルコ」371-373。
　　・「引き渡される・引き渡す」（*paradidōmi*）：1:14. 3:19. 4:29. 7:13. 9:31. 10:33x2. 13:9, 11, 12. 14:10, 11, 18, 21, 41, 42, 44. 15:1, 10, 15。
　　・「起きる・起こす」（アニステーミ *anistēmi*）：1:35. 2:14. 3:26. 5:42. 7:24. 8:31. 9:9, 10, 27, 31. 10:1, 34. 12:23, 25. 13:2. 14:57, 60. Cf.「復活」（アナスタシス *anastasis*）：12:18,23。「起こす」（エゲイロー *egeirō*）：注 49。

神に（それゆえにもちろん神殿に）、税や献げ物を納める義務など無いし、神から求められてもいないという、極めて重大な含蓄（がんちく）です。ユダヤ人たちは、半シケルの神殿税など納入が義務とされていましたが、それをイエスは否定したのです。「神への献げ物」＝「地上の神殿権威者たちへの献げ物」とされた「税金」を、ユダヤ人たちみんなが神の子どもたちであるから、払う義務はないと、イエスは断言しました。

「息子たちは自由」というイエスの宣言は、（神ご自身ではなく、地上の人間たちによって勝手に作られた）神殿と、それに関わる政治・経済・宗教的制度からの独立宣言とも言えます。そのうえで、自分たちが（自分なりに）「自由」に、神への「献げ物」をすること自体は、否定していません。[283]

最初の者・対立しない者・躓（つまづ）かせること
（マルコ 9:33-50/ マタイ 10:42. 18:1-9/ ルカ 9:46-50. 17:1-2）

ここでは、9つの格言を基に3つのテキストが編集されています。①最初の者は最後の者（9:35）。②子どもを受け入れる（9:37）。③支持と対立（9:40）。④1杯の水（9:41）。⑤石臼と海（9:42）。⑥手、足、目（9:43, 45, 47, 48）。⑦火で塩漬けられる（9:49）。⑧塩を塩漬ける（9:50a）。⑨塩と平

283　「神殿税」は、ユダヤ人たちがエルサレム神殿支持として払っていました。しかし CE70 年に神殿破壊された後は、ローマのジュピター神殿に使われるようになりました。このような政治的背景で、マタイの共同体は、この話にどのような思いを持ったでしょうか？　参照：Carter, *Matthew and the Margins,* pp.356-360. Horsley, *Jesus and the Spiral of Violence,* p.282. 山口雅弘『イエス誕生の夜明け』 pp.192-200。山口里子『イエスの譬え話』② pp.28-30, 41-47, 50-51。
　　ちなみに、ここのマタイの話の結末で、イエスはペトロにガリラヤ湖で釣りをするように言いました。そして釣った魚の口に、神殿税用の銀貨がありました（マタイ 17:27）。魚の口の中にあった銀貨は民話のモチーフです。小石のようなものを口に入れる習慣がある魚がガリラヤ湖に居たので、実際にそんなエピソードがあった可能性はあるでしょう。ただし、この魚は、現在の「聖ペトロの魚ティラピア」ではなく、おいしくない「にごい」です。山口里子『食べて味わう聖書の話』p.41-42。

和（9:50b）。[284]

　まず「最初の者」（マルコ 9:33-37/ マタイ 18:1-5/ ルカ 9:46-48）で語られ
ているのは、父権制的ピラミッド構造の、社会通念の逆説。神の国は対等
な奉仕の場所。裕福な家庭では男女の奴隷が、農家では女が担う活動を、
「弟子・仲間たち」の中心とみなされる「12 人」の男性たちがするように
呼びかけられています。奉仕（diakonia. 注 49）とは、階層社会の「弱者」
に（上から目線でなく）仕えることであり、それは「今ここで」神に出会う
所。イエスの共同体は、当然とされる社会秩序に転覆的な選択が必要とさ
れます。[285]

　「幼い子」（paidion ← pais 子ども）は当時の社会では、「かわいい」とい
うイメージよりも、社会的・経済的に最底辺の最も無力で小さな者を象徴
しており、困窮した多くの庶民生活の中で、孤児も捨て子も多く、残酷な
児童労働（じどうろうどう）の現実もありました（Cf.10:46-52）。そして歴史を通して様々な
世界で、「幼な子たち」「弱者・社会の底辺の者たち」は、教会の内外に存
在します。ですから、教会に「属す」かどうかを問わず、困窮・苦痛にあ
えぐ人々が、共感共苦を実感・経験して生きられる社会に向かうことこそ
が、イエスの思いに繋がるでしょう。そしてイエス自身が、社会で最も無

284　The Jesus Seminar, *Mark*, p.149.　ここの「格言」で、最後の 2 つはヘブル語聖
　　書に書かれていますが、その前のものは明確に分かりません。恐らく、様々な民
　　族が混ざり合ったヘレニズム世界で色々な背景からの言葉が混ざり合って知られ
　　ていたのではないかと思います。
285　デューイ「マルコ」pp.371-373.
　　「社会通念の逆説」のような意志・主張は、上層部からだけではなく一般の人々
　　からも、すぐ賛成されたり受け入れられたりするようなものではないでしょう。け
　　れど、社会で当然とされていることに苦しんでいる人々、疑問を持つ人々も、少
　　なくないと思います。それでも、「どうやったら良いのか？　何ができるのか？」
　　と困惑して諦めたり我慢したりしている人々も少なくないでしょう。そういう中
　　で、イエスが「譬え話（パラブル）」で話すことが多かったのは、人々がハッとし
　　て一緒に考えるきっかけを作るようにしたのではないかと、私は理解しています。
　　参照：山口里子『イエスの譬え話』① pp.10-19、② pp.10-13.

力とされた幼児・子どもたちを「腕の中に抱く」(*enagkalizomai* 9:36.10:16)ことは度々あったでしょう。[286]

　ただし、ここの伝承様式は、初期クリスチャン共同体が洗礼を授けた子どもたち（特に孤児たち）の世話をしていた具体的な状況を反映していると、理解されています。つまり、そういう状況で、「12人」という象徴の輪を構成した指導者たちは、子どもたちの世話の意義を軽視して、ぶつかり合いが起きていたようです。それで、ここで言われているのは、「小さい者」の象徴的存在である「子どもたち」を受け入れ奉仕することへの姿勢・実践の重視で、編集されたようです。

　そしてここのテキストでは、歴史のイエス自身に遡る可能性大と思われる言葉が一つあります。それは、異なる伝承を基に書かれたヨハネとマルコが、ほぼ同じに述べており、他のテキストにも繋がりがあるのです：「誠に誠に（アーメン、アーメン）、あなた方に言います。私が使わした者を受け入れる者は誰でも、私を受け入れるのです。そして私を受け入れる者は、私を使わした者を受け入れるのです」（9:37/ヨハネ13:20）。ここでイエスは、神の働きの領域に内外の境界線を設定すべきでないという姿勢を示します。[287]

　次の、「対立しない者」（マルコ9:38-41/〔マタイ10:42〕/ルカ9:49-50）の話は、モーセの話（民11:27-29）を暗示します。そこでは正規に預言者と認められていない者たちが預言活動をしているのをヨシュアは知って、モーセに言います。「主なるモーセ、彼らを禁じてください」。それに対してモーセは「禁じるな」と言い、「あなたがたは妬んでいるのか？」と非

---

286 ショットロフ「神の慈しみと人間の連帯性」p.152。

287 シュスラー・フィオレンツァ『彼女を記念して』pp.231-232。荒井『著作集』① pp.232-233. Myers, *Binding the Strong Man,* p.260. Crossan, *Historical Jesus,* p.268. The Jesus Seminar, *Mark,* pp.149-150.
　　ちなみに、預言者が預言を語る時に、神がこのことを私に語らせるように使わしたという意味で、主語「私＝神」の言葉として語る形式が多かったとも理解されています。Cf. 山口里子『マルタとマリア』pp.109-137。

難します。モーセは、ヤハウェ（いのちの神）の全ての民が預言者として生きることを肯定して、共同体内での対等な包含性を示します。このモーセに繋がる姿勢で、イエスは先の言葉のように、共同体内外に境界線を立てることを問題とします。それは、結局は傲慢と権力の独占主義に繋がり加担することだということです。ところが「弟子」たちが言ったのは、「誰かがあなた（イエス）の名で悪霊を追い出すのを見ました。私たちは彼を止めさせようとしました。なぜなら私たちについて来ていないので」。これは「仕える」「受け入れる」姿勢の逆であり、ここもマルコの弟子批判による戯画化と思われます。

　ここのテキストの中で、イエス自身の言葉の可能性：「私たちに対立しない者は、私たちの側です」（9:40）。これは格言ですが、排他的な姿勢を持つマルコの編集ではなく、イエス自身の開放的・包含的な姿勢を反映していると思われます。ただし、ここのマルコのテキストでは皮肉があります。「弟子」たちは、イエス運動の「内」の者なのに、まさにイエスに対立する姿勢のまま。イエスの「仲間・弟子」と思っている者たちより、「外」の者のほうがイエスの姿勢に沿っていることがあり得ると。ちなみに、当時、異教の「魔術師」（奇跡行為者）たちは、他宗教で敬われた人々や神の名も色々使うことが多かったです。となると、異教の人々のほうが、まさに境界線を越えた実践？！[288]

　「もし誰かが、あなたがたに器の水を飲ませるなら、決してその人の報いを失わないでしょう」という、心を開いて水を提供する言葉に、マルコは「キリストの者だということで」（9:41）に編集（マタイは、「これらの小さい者たちの1人に冷たい器1つ〔1杯〕を飲ませるなら（10:42）」。この言葉に「弟子だということで」と編集して、マルコと同様に境界線を引いています。ルカは、この言葉を削除）。

　水を差し出すのは「もてなし」の精神。壺に水を汲んで運ぶのは、昔から「力無い女」と見なされた女性たちの日々の重労働。イエス運動の「力

288　Myers, *Binding the Strong Man*, p.261-262.　川島『十字架への道イエス』pp.130-132。

ある男」たちは、父権制的な社会通念を乗り越えて、身分・性別の役割の境界線を越えて実践していたのでしょうか？[289]

　ところで「イエスは、慈しみと正義の業(わざ)を行なう者全てを歓迎する」姿勢です。その「弟子・仲間」たちは、癒しと解放の伝道で境界線を築(きず)くべきではなく、偏見を取り除いて並んで働くべきでしょう。このことは、教義(ぎ)・信条(しんじょう)・宗教名にこだわらず「匿名(とくめい)のキリスト教」の肯定に繋がると言われます。ただし、この「匿名のキリスト教」という表現は、「偉大な事」をまずキリスト教に結びつける無自覚さではないかとの問いも持たれています。[290]

　最後の「躓かせること」（マルコ 9:42-50/ マタイ 18:6-9/ ルカ 17:1-2）は、幾つかの独立断片伝承を、「躓かせる」（skandalizō）のテーマでマルコがまとめて編集。体に欠(か)けた所が無い者のみが「浄い」とみなされた社会で、誰

289　「乾燥した荒れ野に取り囲まれているパレスチナの町や村では、水は貴重です。毎日遠くの井戸から汲んでこなければなりません。日中は 40 度を超す暑さもあり、飲み水は素焼きの瓶に入れて冷やします。瓶の表面から水が滲み出て蒸発する気化熱の作用を利用した古くからの生活の知恵です。しかし瓶の容量には限りがありますから、『冷たい水』はことさら貴重です。その貴重な水を『小さな者の一人』に差し出すということは、その人を大事にもてなす気持ちがなければできないことです。本田『続　小さくされた者の側に立つ神』p157。参考：山口里子『マルタとマリア』p.74。『食べて味わう聖書の話』p.16。
　ただ、「冷たい水のもてなし」ということで私が気になるのは、たとえ早朝でも水を入れた重い壺を歩いて運ぶのは、ほぼ女性たち。それを蒸発させて冷たくおいしい水を多く飲んだのは誰たちか？　多くは奴隷でない男性たちでは？　「もてなしの優しい心」を言う時に、そういう女性たちの体の負担や辛さをどれだけ考えて来たでしょうか？　多くの女性たちが早くから背や腰が曲がったり膝を傷めたりした姿をどれだけ考えて来たでしょうか？　こういうことは、「冷たい水」に限らず、色々あると感じます。
　ちなみに、イエス運動の男性「弟子」たちに限らず、イエス自身は、女性の役割といわれる慣習の境界線を越えて、水を汲んで運んでいたでしょうか？　イエスは「もちろん！」と言うでしょうか？　あるいは、「すみません、私も性差別と境界線に不注意でした。ごめんなさい。でも、もしも 20 世紀に生まれたら、私だってもちろんやってますよ！」と言うでしょうかね？
290　Myers, *Binding the Strong Man*, p.262.

かを躓かせるよりも、自分が「不具」(kullos 肢体の曲がった .9:43。chōlos 足をひきずった .9:45) =「不浄」とされる者になるほうが良いと、ここでマルコのイエスは表現しています。そして1世紀に肢体切断は法的な罰として実践されており、傷の治癒に塩と火が使われました。[291]

「手」:盗み・詐欺・(文書)偽造。「足」:強盗・盗みの連続・奴隷の逃走。「目」:姦淫・性的ふしだら。こういう状況で、「あなたの手・目・足があなたを躓かせるなら、それ無しに、いのち（永遠のいのち・神の国）に入る」ほうが良い、「ゲヘナに行く（投げ入れられる）より」(9:43, 45, 47) との言葉です。

「ゲヘナ」は終末の審判を暗示させます（イザ 66:24。古代エルサレム近隣のヒノムの谷の名に由来）。イエス時代、いつも煙が出ていたエルサレムのごみの山を指して言われており、その名は死後の激烈な懲らしめの場と同一に使われました。そして、「体」のメタファーは共同体に良く用いられました。「肢体切除」は、「背教者」の（共同体からの）排除を暗示して、マルコは規律強化の編集です。[292]

ところで、「健全」な体を「清浄」と見る中で、誰かを「つまづかせる」よりも「不具＝不浄」に成るほうが良いということは、どのような意味を持っていたでしょうか？ 当時、障碍者に対するひどい差別・偏見が浸み

---

291 ・「躓かせる」（スカンダリゾー skandalizō）：4:17. 6:3. 9:42, 43, 45, 47. 14:27, 29.

「肢体切断」の法的刑罰の背景には、ハムラビ法典の影響があったと考えられます。ハムラビ法典は、BCE18世紀にバビロニアのハンムラビ王が発布。メソポタミア文明最盛期で、他の民族にも広がりました。「目には目を、歯には歯を」という刑罰は、元々は激しい憎悪の復習を制限するためで、「誰かが他人の目を傷つけたら、傷つけをした人の目を傷つける罰をする。それ以上のことはするべきでない」というような意味でした。ところが、それが復習の正当化にされる状況がありました（出 21:24。レビ 24:20。申 19:21）。そんな中で、マタイ福音書のイエスは、そういうことを避けるように言ったと解釈されています（マタイ 5:38-42/ルカ 6:29-30）。復讐文化について参考：山口里子『イエスの譬え話』②第8章。

292 Myers, *Binding the Strong Man*, p.263.

293 ちなみに、『あたたかいまなざし：イエスに出会った女性たち』（燦葉出版社、1993）などの著者である島しづ子さんから個人的に聞いたことがあります（ご本

込まれていました。そのような中で、この言葉は「不具・不浄＝神の罰」の思い込みを逆転させる意味合いを持ったでしょう。それは良いですが、やはりかなり暴力的な表現で、単純に肯定するべきでないしょう。[293]

　その上、このような言葉は、暴力の正当化に使われる危険も大きいです。例えば、どのような人が、どのような意味で、どのような人を「つまずかせる」のか、「力」を持つ者がそれを決めつけて暴力の正当化に利用可能です。そして実際、人類の歴史で（キリスト教の歴史でも）そのような考え方による残虐行為は、様々な時代・地域で起こされて来ました。現代に生きる私たちはどう考えられるでしょうか？

　ここで最後に書かれた「塩」の言葉伝承（9:50）は、前の部分（9:49）とは別のものです。「塩を持つ＝平和でいる」。ヘブル語聖書で、塩は永遠に続く契約「塩の契約」の象徴で（民 18:19。歴下 13:5. Cf. レビ 2:13b）、塩の分かち合いは仲間・契約関係であることです（「王室から俸給をいただく＝王室の塩を食べる」エズラ 4:14）。この背景には、食事での「塩の分かち合い」があります（「同じ釜の飯を食べる」意味合い）。

　そして、このテキストの中でイエス自身の言葉の可能性：「塩は良い。しかしもしも塩が、塩っぽくなくなったら、何によってそれを味付けるだろう？　自分たちの中に塩を持ちなさい。そして互いに平和で居なさい」（9:50. 元々がアラム語で、ギリシャ語の訳語が妙な表現で多様になったらしいです）。[294]

　マルコで、様々な格言が３つに編集されたテキストから考えると、差別

人の承諾で紹介）。「こんな言葉は、比喩だと思いますが、娘が手足が不自由でしたから、リアルな感じで不愉快で悲しい表現です」と。そういう思いを持つ人は少なくないでしょう。私たちは、こういう問題についても様々な状況の人々のことを考えて、しっかり思い巡らすことが大切だと思います。

294　Myers, *Binding the Strong Man*, p.264.　The Jesus Seminar, *Mark*, p.152.
　　「塩の味が無くなる」について：当時の人々が日常的に使っていたのは塩の塊で、それには土が混ざり合っており、白く光る塩の結晶を摘んで使っていました。こうして使われた後で残る「塩」は、塩が少しだけ混ざった土で、もはや味も無く捨てられました。山口里子『食べて味わう聖書の話』p.43。

的・排他的な社会通念を越えて、平和の道への共存を思い巡らしたいです。

・「分かって欲しいのに分かってくれない」と思っていたら、私たちは繋がれない。むしろさらに傷ついて分断されてしまいやすい。環境も経験も異なる人の間では、本当に分かり合うのは難しいし、1人の人に出来ることは本当に限られている。だから私たちは、まず差別・暴力を無くしたい、人権侵害を認めない社会に向かいたいという基本を共有できるならば、緩やかな繋がり合いを作る。そして、それぞれ自分の足場で闘い続けつつ、出来る範囲で自分とは異なる差別経験と闘う人々からも学ぶ。それは時間の無駄ではなく、むしろ他者の痛みをも知ることで、苦闘しているのは自分たちだけではないことを実感する場になる。さらに、自分たちがはまり込んでいる状況とは異なる視点からの知恵を得る機会にもなる。こうして、共有できる重要な問題には、具体的に協力して闘う。この積み重ねこそが、お互いの痛みに繋がり合い支え合って生きていく道を開く」（シャロン・ウェルチ[295]）。

結婚（けっこん）と離婚（りこん）（マルコ 10:1-12/ マタイ 19:1-12）

ここのイエスの言葉は、歴史のイエス自身が言ったかどうか学者間で意見が分かれています。ただ私は、ここには歴史のイエス自身の考え方・話し方のイメージがあると思います。けれど決めつけずに、学びつつ考えていきたいです。テキストは離縁（りえん）についての問答です。ファリサイ派の人々がイエスに、女を離縁する（10:2, 4, 11, 12）ことは、男に許されるかと尋ね続けます。イエスは、「モーセは何をあなたがたに命じたか？」と問い、彼らは、離縁の証書（しょうしょ）（*biblion* 小書← *biblos* 書）を書くことで、モーセは許可したと言います。

律法では、夫は妻を気に入らなければ離縁して良いとします（申 24:1-

295　シャロン・ウェルチの言葉。山口里子「フェミニスト神学への招待：アメリカ留学体験から（14）：シャロン・ウェルチの倫理学のクラス」（『聖書と教会』1993.1. pp.20-23）。⇒「差別を再生産しない社会・教会に向かう聖書の学び方」。

196　II. エルサレムへの道（8:27-10:52）

4）。女と子どもを男の所有物とみなしたためで、当時の文化では姦通（かんつう）についても（女性の人権に無関係で）、他の男の所有権の侵害（しんがい）と見なされました（申 22:22. シラ 23:22-23）。イエス時代のラビ主流２派の解釈で、ヒッレル派はどんな理由も OK、シャムマイ派は制限を付けた解釈です。

　実際には女性も離婚権を持っていましたが、福音書のファリサイ派の問いは、男には何が出来るかという男中心の視点で、男の権力を女の上で使うことを当然と思っています。このような状況で、イエスは男の特権を無効にしたと理解されます。[296]

　家政論議（かせいろんぎ）は、アリストテレス（BCE384-322）後に、様々な派に広がり、ヘレニズム文化・ユダヤ教も含めて、国の最小単位としての「家庭」で、「父 － 子、夫 － 妻、主人 － 奴隷」の主従関係（しゅじゅうかんけい）が共通の理想的家政理解でした。こうした中で、離婚はほとんどの理由で認められていましたが、離婚が多くなると社会の安定を弱めるという批判もありました。特にエリート層では政治的・経済的力の強化に向けて結婚・離婚・再婚が道具化されていましたが、貧しい村民の間では家族皆でサバイバルに必死で、そのような離婚は滅多（めった）に無かったと理解されています。[297]

　さて、ファリサイ人たちの質問に、イエスはイスラエルの伝統的な対抗（たいこう）質問、つまり問いに対して問いで応答（おうとう）する方法を使いました。そのうえ、微妙（びみょう）な問い方をしています：「モーセは何をあなたがたに命じたか？」。つまり「モーセは何を私たちに命じたか？」ではないです。このことは、「それはあなたたちが命じられたもので、私たちに命じられたものではない」

296　The Jesus Seminar, *Mark,* pp.155-158. Myers, *Binding the Strong Man,* p.264.

297　Horsley, *Text and Tradition,* p.119. Carter, *Matthew and the Margins,* pp.376-381. 基本的には男の離婚権の論議ですが、女が自分から離婚してばかりいるという非難の文献もあります。当時、女が離婚されると、多くが売春者になるしか生きていけないので、そのためにイエスは「離縁」を完全に否定したと理解されてきました。けれど実際には、離婚・再婚の禁止は、女性を守るよりも女性をさらに苦しめる状況にすることも多々ありました（Cf. 山口里子『新しい聖書の学び』pp.160-162。『虹は私たちの間に』pp.138, 141-43）。

として、「神の戒め＝律法」をどのように受けとめるのか、基本的な姿勢への抵抗でもあります。

イエスは、モーセの言葉（申24:1）を異なる解釈で応答するのではなく、その言葉は人々の心のかたくなさのゆえの妥協だとして退けます。心のかたくなさは、イスラエルの神への背きを含蓄します。[298]

その上で、父権制的結婚が当然とされている問いに対して、イエスは申命記でなく創造物語で応答します：「人は父母を離れて妻と結ばれ二人は一体となります。……従って神が結び合わされたものを人が離してはなりません」。この言葉は、当たり前と思われている父権制的な人々の姿勢そのものに対して、根本的に向きを変えることを求めます。神の前で真実な生き方を求める律法の、本質的な精神を無視して、自分に都合の良い字面に従う律法主義に対する「否」です。

イエスは、創造物語で、神が人を本質的にどのように造ったか、性別を持つ「男」「女」をどのような関係に造ったかを想起させます。神は「人が独りで居るのは良くない」と思い、あらゆる動物を造りましたが、人と動物は上下関係で、共に生きる相手には成りません。それで対等な「向かい合う同伴者」（エーゼル・ケネグドー．創2:18, 20）として、もう1人を造りました。その2人の「出会い」が経験された時、男が父母を離れて2人で生活することになりました。「結婚」は父権制家系継承のためではなく、対等に「向かい合う同伴者」という新しい関係で生きることが、人間に大切だと示します。[299]

こうして、ここのイエスの結論は（10:9）、離婚の絶対禁止ではありま

298　Horsley, *Text and Tradition,* p.120. ちなみに、歴史のイエスは、基本的に律法による問いに律法によって答える姿勢を持たなかったと理解されています。それで、ここは後からの編集だと解釈されることがあります。けれど、ここでイエスは単純に律法に対して律法によって答えることではないので、イエス自身の言葉の可能性があるとも解釈されています。私が勝手に思うのは、もしかしてイエスはニヤッと笑って言ったのでは？　皆さんはどう思うでしょうか？

299　シュスラー・フィオレンツァ『彼女を記念して』pp.223-224。Myers, *Binding*

せん。「離縁」（apolusē ← apoluō 解放・離縁する）という法的用語を用いず、「切り離す」（chorizo）という言葉を用います。本来のパートナー関係の一致と平等を、父権制が歪めたことへの対抗表現と思われます。それと共に、正式な結婚関係に限らず、様々なパートナー関係をも思い描いていたのではないかと、想像できます。[300]

---

the Strong Man, p.262. デューイ「マルコ」p.373。

　ただし、このことは「肉親」「血縁家族」を一律に否定・放棄ということとは違います。むしろ父権制的関係・血縁に縛られず、世間の結婚制度などに縛られず、個々人が自由に「向かい合う」関係性を尊重することです。山口里子『新しい聖書の学び』pp.50-52。『虹は私たちの間に』pp.83-102, 274-275。

　ここで、もう一つ分かち合いたい思いがあります。かなり前のことですが、「『母の日』が一年で一番辛い日」と言った女性がおられました。彼女は様々な社会活動をして来られた既婚女性で、出産は持ちませんでした。それで私は彼女に言いました。「あなたは日本中に、あなたを人生の先輩として慕う娘たち・息子たちがいるでしょう。あなたはすごく子沢山のお母さんです。その子どもたちを代表して、赤いカーネーションを私が贈らせていただきます」。彼女は、「そんな風に考えたことはありませんでした」と言って涙ぐんだ目で微笑まれました。

　また、彼女とは全く別に、「母の日」「父の日」などに痛みを持つ人々も少なくないでしょう。例えば、DV、ネグレクト、束縛、その他色々の原因で、肉親を愛せず憎しみから解放されず辛い思いを持ち続ける人々もいるでしょう。こういうこともしっかり考えて、もし教会で「母の日」などを祝うなら、身体的な意味だけでなく色々な意味で捉えたいと思います。そして、私は血縁の兄弟と子を持っていますが、高齢者に成って、血縁・性別を越えて「子どもたち・兄弟たち」のような友人たちを数多く持っており、嬉しいです。そういう方々も少なくないでしょうね（ちなみに「兄弟」という言葉は、古代の中国で性別を越えた「長短」の言葉でしたので、私はその意味で使います）。

300　このことで、**日本の戸籍制度**の問題について、私が20代に言われたことを思い続けています。アイヌ民族や被差別部落の差別解放に関わる人々から、「日本の戸籍制度は差別を根底から支え続ける」と聞いたのです。戸籍制度については、特に多様な少数者の状況に対しても意識を持って考えていくことが必要と思います（例として参考：堀江有里『レズビアン・アイデンティティーズ』pp.209-266）。

　ただし戸籍制度をすぐには変更・廃棄できない現実を考えて、その時から私はせめて「苗字」でなく「名前」で呼ぶようにしました。さらに、「親」などから付けられた名前に強い違和感を持ち苦しむ人々がいると知りました。このこともあって、私は授業・講座などで自分がどう呼ばれたいか名前・ニックネームを自由に選んでもらい、それで呼び合うことをしてきました。ともかく名前は個人のアイデンティティ自体にも繋がり、大切です。

　それで、結婚の時に苗字をどうするかということも、個人の自由を尊重するべき

イエスは時々極端な表現を使い、聴き手をハッとさせて、問題を根底から問い直すことを促します。ここで離婚・再婚の完全禁止と理解されてきた表現は、当然のようにされている父権制的社会文化概念への抵抗姿勢で、結婚そのものの意義・価値を、根底から問い直す促しもあるでしょう。それと同時に、ローマ帝国の強制的な離婚・再婚命令（きょうせい）に対する抵抗の可能性もあります。当時アウグストの法令（ほうれい）（BCE18, CE19）では、男が兵隊・捕虜（ほりょ）にされると結婚は解消され、女は（離婚・夫の死で）半年以内（かいしょう）（後に変更して１年半以内）に再婚が命じられました。このような兵隊増加・軍隊強化のための帝国の法令に対する抵抗姿勢が、ここに含意されていると思われます。[301]

　　＊「結婚しない人＝去勢された男（きょせい）＝男でない男＝ユヌコス」の話：
　マタイは、離婚・再婚の話に続けて、蔑視された「結婚しない人＝去勢された男＝男でない男＝ユヌコス」に関するイエスの話しをします：「全ての人がこの言葉を受け入れる（スペースを心に持つ）わけではありません。ただ、この言葉が与えられている人々以外には。なぜなら、母の胎からそのように産まれたユヌコスたちがおり、人間によってユヌコスにされたユヌコスたちがいます。そして、天の国のために自分自身でユヌコスになったユヌコスたちがいます。これを受け入れる（スペースを心に持つ）ことができる人は、受け入れなさい」（マタイ 19:11-12）。
　ここで話されているのは、「ユヌコス」（eunouchos）の３種：
　①「母の胎からそのように産まれたユヌコスたち」：生まれつき「去勢された男」のように見られた性的少数者（せいてきしょうすうしゃ）の人々。

だと思います。これに関連してアメリカの神学校で素敵な経験をしました。フィンランドの留学生が卒業の時に、結婚式をそこで行いました。アメリカでは自分たちが創作する苗字を持つ自由が法的に認められていたからです。彼らはフィンランド語で「風（霊）の娘」という苗字を創作して、法的に登録したのです。そんなとても素敵な結婚式に招かれて嬉しかったです。どこの国・地方でも、こんな自由な、多様な「結婚（式）」を持てるようになるのが良いなと私は思います。
301　山口里子『マルタとマリア』pp.43-44。

②「人間によってユヌコスにされたユヌコスたち」：売春（ばいしゅん）・奴隷制・戦争（捕虜）などで去勢された人々や、事故などでそのような身体状況になった人々。

③「自分自身でユヌコスになったユヌコスたち」：何かの理由で敢えてこのような在り方を選択した人々（これは、伝道活動のために通常の家父長にならずに生活するイエス運動の男性たちも含めて考えられます。当時の父権制家族では、息子が家父長に成るのが権利・責任でしたが、そのような生き方を捨てたイエス運動の男たちは、イエスを含めて嘲笑された可能性があります）。

ユヌコスたちは皆、当時の父権制社会において性的に周縁化された人々。「男（夫）と女（妻）」・「親と子」に役割が課せられた家族に、ユヌコスの居場所はないです。けれどイエスは、ユヌコスを肯定的に述べます。父権制社会では、ユヌコスは居場所という大切なスペースを持てなくされているが、神から与えられる言葉を受け入れる「スペースを心に持つ」と。この謎めいた言葉はマタイだけに書かれていますが、歴史のイエス自身に遡る言葉であると、聖書学者たちの間では理解されています（残念ながら、マルコとルカには無しです）。[302]

「性的少数者」と見られるような人々は、本当に辛い経験をしてきたでしょう。それと共に、世間の常識に抵抗する生き方をする人々は、いつの世でも悪いレッテル・偏見・差別の対象にされやすいです。イエス運動に参加した人々・繋がりを持とうとした人々は、それを覚悟の上で共に生きる道を選んだのではないでしょうか？[303]

302　山口里子『虹は私たちの間に』pp.235-239。

303　伝統的・父権的な家族関係・生き方に抵抗する姿勢で生きようとすることで、家族の中では衝突を覚悟する必要があると、イエスは述べています（マタイ 10:34-36/ ルカ 12:51-53）。そして、イエス運動の女性たちは、（家族でない男たちと食べて飲んで話すので）「ふしだらな女」「売春者」、男性たちは、（売春者リストを持って近くにいる）「徴税人」、というようなレッテルを貼られていたと思われています。山口里子『虹は私たちの間に』pp244-245, 305, 309。

　　そして、世間から否定的に言われていた言葉「ユヌコス」を、イエス自身が肯

・社会からヘンと思われると知った中学生のころ、孤独を感じるようになりました。キリスト教の高校に進んでからは、「同性愛は創造の秩序に反する罪。神への反逆。許されない」と学びました。社会からも受け入れてもらえず、神からも嫌われていると感じる中で、死ぬことを毎日考えていました。……やがて、キリスト教の中にもいろいろな考えがあることを知るようになりました。……共に考え、「ありのままの私」を愛してくださる神の愛を体感していきましょう（平良愛香）[304]。

定的に身に引き受けたイメージを持って語っています。つまり、「ユヌコス＝去勢された男＝男でない男」を、自分流に肯定的に使うということです。こういうことは、歴史の中で色々あると思います。現代世界での一例は、差別的に見られていた「黒人」の人々が「黒は美しい」と自己肯定を表現しました。ですから、差別偏見で否定的に見られるものを肯定して言うようにしたら、例えば、私は「男でない男」「女でない女」「女でも男でもどちらでもない私自身」と言う人が増えて行ったら、世界を変革して行けるのではないでしょうか？

ちなみに、キリスト教界では「聖書によれば同性愛は罪」と言われて来ました。しかし聖書学で学べば、聖書にはそんなことは書かれていない、むしろ多様な性の在り方の人々が肯定的に書かれています。それで私は、様々な「性的少数者」が友達に成って、人生経験や思いを話してくださったことに感謝して、様々な人々を苦しめる誤解を再生産しないように願って、『虹は私たちの間に：性と生の正義に向けて』を書きました。

元々、最初期クリスチャン共同体は、このようなイエス運動の抵抗姿勢と繋がって、「洗礼宣言」（ガラテヤ 3:26-28）をしました。つまり民族・身分・性別の差別・境界線を越える平等関係を宣言すると共に、伝統的な「男と女」という生き方に抵抗して、それを越えた新しい生き方をする姿勢が表現されています。山口里子『虹は私たちの間に』pp.289-322。

ついでに紹介：キリスト教で結婚の理解も式についても、歴史の流れの中で色々変わって来ました（山口里子「結婚の諸問題」）。ですから、私たちも今後どのような道を開いて行くのか、主体的に考えて行くと良いと思います。ちなみに、教会では結婚を祝福する一方で離婚は否定的に見られる状況があり、離婚した者は辛いという声が少なくありません。こんな中で、「離婚式」「再出発式」「新しい出発の祝福式」というような式も持たれるように成り出しました。これは良いと思います。けれどその一方で、結婚式・離婚式など教会で無しにするほうが良いという意見もあります。それにも私は賛成の思いがあります。色々な人々・状況のことを考えて、こういうことを思い巡らすのは大切でしょう。

Cf. 大嶋果織「結婚式式文：家父長制キリスト教の強固な砦」。

304　平良愛香「LGBT について考える：最初のストーリーから」（平良愛香監修『LGBT とキリスト教』pp.13-20）。

・私は重度の脳性まひと性同一性障害を持つ MTF トランスジェンダー（生物学的な性は「男」だが、性自認が「女」の人）です。……「ありのままの私」を受け入れてくださる神さまの恵みは誰にでも注がれています。その喜びを分かち合える「家族である教会」に自分が通っていることに感謝すると共に、そうした教会が増えていくことを心から願っています（田口ひろこ[305]）。

・「いのちを創られた神」は、私のこの「複雑でわかりにくい」と言われるセクシュアリティも創られたと思っています。わかりやすさと簡単であることばかりを求めるこの社会の中で、自分のアイデンティティの一つであるセクシュアリティが、こうあることは、とても示唆的です。一つ一つの事柄の複雑さと向かい合いながら、これからも歩んでいければと願っています（臼井一美[306]）。

・世間で認められなくても、私はここに生きています。そして神は全てをご覧になって『大変良い』と言われました。私たち全てを "良い" と言ってくださる神をこれからも信頼します（勝山孝[307]）。

・共に過ごせる仲間を見つけたり、居場所を見つけられた人は幸いです（石坂わたる[308]）。

305　田口ひろこ「障害者の LGBT：ダブルマイノリティでも諦めない」（同上 pp.75-82）。

306　臼井一美「パンセクシュアルという在り方：『複雑さ』と向き合いながら」（同上 pp.107-115）。

307　勝山孝「『中性』という性別を生きる：私たち全てを "良い" と言ってくださる神」（同上 pp.207-214）。

308　石坂わたる「LGBT 施策は合意形成から：カミングアウトした政治家が描く社会」（同上 pp.33-40）。

子どもの祝福 （マルコ 10:13-16/ マタイ 19:13-15/ ルカ 18:15-17）

　この話では、人々がイエスに触わって（*haptō*. 注60）欲しくて、幼い子たち（*paidion* [複] 10:13, 14. [単] 10:15）を連れて来たら、「弟子」たちが叱りつけました。それを見てイエスは強く憤りました。

　ところで、叱られた人々は誰なのか、マルコの文法が妙です：「そして（人々が）連れてきた、彼（イエス）に幼い子たちを。彼らに（彼が）触るように。しかし「弟子」たちは彼らを叱りつけた」。つまり原語では、「彼ら＝幼い子たち」という言葉のすぐ後に「彼ら」を叱るので、文法的には叱られたのは「幼い子たち」と受け取られます。それで異写本では、「連れて来た人々を叱った」という表現に変えられています（マタイは、「子たちが連れて来られた〔受身形〕」で、叱られるのは大人たちに編集。ルカは、「子たち」を「赤ん坊」に変えて、叱られるのは赤ん坊でなく大人たちに編集）。

　でも、ともかく叱られた人々は、幼い子たちを日常生活で世話をする母親や姉のような女性たちだった可能性が高いと理解されています。けれど、叱りつけられたのは「幼い子たち」の可能性もあり得るでしょう。[309]

　そして「弟子」たちが叱りつけた時に、歴史のイエス自身が実際に言ったと理解されている言葉は、「幼い子たちを私のところに来るままにさせておきなさい。幼い子たちを決して妨げないように。なぜなら神の国はこのような者たちのもの」。「……ままにさせておく」（*aphiēmi* 未完了形）は、「保護する」ということではなく、人間としての権利を行使する主体者として、解放的な関わりを意味します。イエスは、幼い子たちの人格（人権）をまるごと承認するような姿勢を示して、手（複数形）を置いて祝福しま

309　荒井『著作集』② pp.377-383。「弟子」たちが恐らく母親や姉を叱った（*epitimaō*）は、ペトロの信仰告白の直後に、イエスの十字架への道行きを遮ろうとして、ペトロがイエスをいさめたと同じ（8:32）。今度は「弟子」たちが「女・子ども」へのイエスの接触を遮ろうとして叱った。それに対してイエスは憤った（*agnakteō*）。先の箇所でイエスがペトロを叱った（*epitimaō*; 8:33）より語意が遥かに強いです。

す（*kataeulogeō* ← *kata+eulogeo* 良い言葉をかける。マルコでここだけ）。

つまりこの言葉は、「弟子」たちの輪というテキストの設定を越えて、聴衆全てに対する強い呼びかけ、社会の人々全てに対する、「無力な者」とされている人の人格・人権の尊重・連帯への強い呼びかけだったと理解されます。これは、「今ここで」の神の国に、「下からの連帯」の語りかけです。イエス運動にこれが重要だったことは、共観福音書伝承の中に度重ねて繋がり合って含蓄されていると思われます（マタイは、マルコの10:15を削除、ルカは10:16を削除）。[310]

「子ども」は、父権制構造で最も低い位置で力のない者たち。それは奴隷にされた人々・周縁化された人々・貧しくされた人々に対するイエスの思い・言葉とも重なり合い、子どもたちなしには神の国はないというイメージです。そして、幼い子たちに関するマルコの2話は、「腕の中に抱く」（*enagkalisamenos*）というユニークな言葉で重なり合います（9:36. 10:16）。「触る」は、子どもたちが病気であることを暗示して、マルコで「触わっていただく」は全てイエスの癒しの話で使われます（注60）。

子どもたちは成人男性中心タテ社会において、本当に小さい時から家族の体罰を含めて、様々な主従関係で「教育」され続けていた状況がありました。福音書の子どもたちの癒しの話では、被抑圧状況での病気の暗示があるという理解もされています（会堂司の娘5:41-43。シロフェニキアの娘7:24-30。霊にとりつかれた息子9:14-29）。[311]

現代の世界でも、大人たちのストレスや無自覚で、人権が無視され暴力を受けている多くの子どもたちがいるでしょう。このことに私たちはしっかり意識を持って向き合うことが必須と思います。

310　ここの始まりの言葉は、ベタニアで香油をかけた女性を「弟子」たちが咎めた時に、イエスが高く評価して言った言葉「彼女をするままにさせておきなさい」（14:6）と正確に一致します。シュスラー・フィオレンツァ『彼女を記念して』pp.17-19, 230-231。

311　The Jesus Seminar, *Mark,* p.159. Myers, *Binding the Strong Man,* p.268-268. Carter, *Matthew and the Margins,* p.384. 荒井『著作集』② pp.377-383。滝澤『イエスの現場』p.177。山口雅弘『ガリラヤに生きたイエス』pp.216-217。

・子どもは常に家族内の支配行為の最初の犠牲者。親を批判的に見れず服従して成長する中で、社会的政治的支配構造の悪循環を生んでいく。蔑視と暴力の悪循環を断ち切るには、子ども時代を理想化するのではなく、成長する早期での子どもが持つ無自覚な「憤り」を、理解して取り組む必要がある（心理学者アリス・ミラー）[312]。

・「非行少年は、その人生のどこかで必ず被害者であった経験を有しているため、被害者として発見され、必要な対応がされていれば、加害者にならないですんだ少年たちである。……少年の更生に社会が責任を持つべきである」（後藤弘子）[313]。

失<ruby>失<rt>うしな</rt></ruby>うもの・与えられるもの
（**マルコ 10:17-31**/ マタイ 19:16-30/ ルカ 18:18-30）

「善い先生」（*didaskalos* ← *didaskō* 教える）は、ユダヤ文献では極めて稀です［「善い」：「agathos」（内面・本質の善い・良い）10:17。「kalos」（外観の良い・美しい、9:5)]。この表現と共に、十戒を倫理的に述べる部分は、後からの教会に由来するとも言われます。ただし、このエピソードは、ラディカルな転覆を語るイエスの特徴なので、イエス自身に遡る伝承を基に、マルコが編集・創作したと理解されます。この話はキアスムス構造（交差配列法 .Cf.7:24-30）で語られ、ABC にイエスの「まなざし」を含みます[314]。

A. 永遠のいのちの問い（10:17-22）：（10:21 *emblepō* じっと見つめる）。

312　Alice Miller, *The Drama of the Gifted Child, For Your Own Good.*　→ Myers, *Binding the Strong Man*, pp.268-270. Cf. Alice Miller, *For Your Own Good: Hidden Cruelty in Child-Rearing and the Roots of Violence.*

313　後藤弘子「少年法と特定少年：今回の少年法改正が私たちに突き付けたもの」（『k-peace』2021.8）。

314　The Jesus Seminar, *Mark*, p.166. Myers, *Binding the Strong Man*, pp.271-272.

B. 金持ちは財産を棄てて従えない（10:23-26）：

（10:23 *periblepomai* ← *peri* +*blepō* じっと見まわす）。

C. イエスの言葉（10:27）：（*emblepō* じっと見つめる）

「人間によっては不可能。しかし神によってはそうではない。
なぜなら神によって全ては可能」。

B'.「弟子」たちは財産を棄てて従った（10:28）。

A'. 永遠のいのちの問いへの応答（10:29-31）。

「永遠の生命」（10:17, 30。ヨハネに多い表現）≒「神の国」（10:15, 24, 25）
≒「救われる」（10:26）というイメージが持たれていました。[315]

「神1人の他に善い者はいない」は独立伝承で、イエス自身が言った可
能性もあります。自分を「善い者＝義人」と言えない者は、他者を「罪
人」として差別・蔑視することは出来ません。その上で、人は善い者にな
れないが、神によって肯定されているという理解です。これは、エゴイズ
ムとニヒリズムの超克の思想とも言われます。[316]

「富」については、ヘブル語聖書の時代から色々な見方が混ざり合って
います。まず「富」は、律法順守・神殿奉献で、清浄を守り、徳（慈善行
為）を行なえるもので、「富≒徳≒神の祝福」（自分の力・神の承認）とみな
されていました。ところがこの信仰が、貧困で律法を守れない人々を、汚
れた者・罪人・神の祝福から外された人と見下す、エリート層の傲慢に結
びつきます。

ここでイエスは、この主流の価値観（申 8:11-20. 28:1-14）を退けて、無
力と思い込まされるような人々こそ神は無条件に歓迎すると、逆転の主張
をします。これは「富」自体の否定とは異なります。むしろ、富裕層の傲
慢な神理解の逆転は、歴史に生きたイエス自身の主張に繋がると思われま
す。

それと共に、古代世界では「資源は限られているが全ての人に十分」と
いう世界観の中で、誰かの富の余剰は隣人の欠乏を作り、それは他の人に

315　ウィリアムソン『マルコ』p.296。

316　上村『人と神』pp.148-149, 162。

属するものを奪い取ることと理解されていました。それで金持の富の蓄積<ruby>蓄積<rt>ちくせき</rt></ruby>は搾取によるという考えが、ヘブル語聖書にも、1世紀ユダヤ教にも、ヘレニズム世界にも多く見られます。

　マルコのイエスが述べたリストには、十戒には無い「奪い取るな」が入れられています（マタイとルカは削除）。これは経済的搾取への言及です（Cf. 出 20:17. 申 24:14 . シラ 4:1）。ですから、富んでいる人（plousios 豊かな：物質的・霊的両方に使う表現 10:25）の富は、奪い取ることによるもので、（律法順守を）「全て行なって来た」とは言えないと暗示させて、「奪い取るな」の言葉が付加された可能性もあります。

　そして「多くの財産（ktēma ← ktaomai 利益を得る・勝ち取る）を持つ人」（10:22）が「陰鬱<ruby>陰鬱<rt>いんうつ</rt></ruby>な顔をする」は、ヘブル語聖書での金持への裁きを暗示させます（エゼ 27:35 顔は歪んでいた）。そして「悲嘆<ruby>悲嘆<rt>ひたん</rt></ruby>にくれる」（lupeō 受動態← lupē 悲痛・苦悩・憂い）は、「12 人」がイエスへの裏切りの後で感じるのと同じ言葉です（14:19）。[317]

　一方、「財産（chrēma 必要な物・有用な物；〔複数〕富）を持つ人」（10:23）という言葉は、現代の私たちの「金持」というイメージとは異なる可能性大です。1 世紀の農民世界では、生活に「必要な物」を十分に持つ人々も含まれたと思われます。そんな中で「貧しい人」と翻訳される言葉は、むしろ「困窮者」（ptōchos 乞食、乞食をするところまで追いつめられた人 . Cf. penēs 貧乏人）という言葉です（10:21）。そしてこの言葉は、別のテキストでのイエス自身の言葉と同じです（「困窮者は幸い。神の国はあなたがたのもの」ルカ 6:20）。

　そんな中でイエスは、「多くの財産を持つ人」（マタイ 19:22 においてのみ「青年」）を「じっと見つめて」「彼を愛した」（agapaō ← agapē 愛）と述べられています（10:21）。マルコで、イエス自身が誰か 1 人の人を「愛した」と書かれているのはここだけです（Cf.14:51-52）。[318]

317　Myers, *Binding the Strong Man,* p.273. Carter, *Matthew and the Margins,* pp.388-392. Boring, Berger, Colpe eds., *Hellenistic Commentary.*

なお、「針の穴」について：タルムード（口伝律法）には、似た大げさな表現「象が針の穴を通る」があります。（象はメソポタミアで最大の動物で、ラクダはパレスチナで最大の動物と見られました）。これはユーモラスな表現で、イエス自身が言ったこともあったと思われます。つまり、「最も小さい者」への連帯が「針の穴」を通って神の国に入るということで、金持の救いへの唯一の道は、富の再配分、階級抑圧の撤廃、身分の逆転ということだと理解されます。

　ここでペトロは、「私たちは（hēmeis: 強調）全てを放棄した（aphiēmi 捨て去る・後に措く）」と言いますが、全てではありません。ただし、家族と職業を後に措いてイエスに付いてきたとは言えます（マルコ 1:16-20. マタイ 4:18-22. ルカ 5:1-11）。けれども、ここでイエスが命じることはマルコの編集だと思われます[319]。

　「家族」に関する言葉伝承（10:29-31）について：今、この時機に（kairos ふさわしい「時機」。Cf. chronos は継続している「時間」）、「弟子」として生きるために失うものは、来つつある時代（aiōn）に、100倍のように与えられ、永遠のいのち（zōēn aiōn）を与えられます。

　ここで、権威の象徴である「父」は、失われる者の中に入れられていますが、神の国の家族の中には「父」はいません。つまり神の国（神の統治・領域）は、（血縁に基づく父権制の）「家族」に代わる（逆転させる）、（血縁と無関係の）「新しい家族＝平等な仲間・共同体」として表現されています（Cf.3:31-35）[320]。

　この言葉にマルコは、「福音のため」「迫害と共に」を加筆して、別の伝

318　Myers, *Binding the Strong Man*, pp.272-273.
319　Bailey, *Poet & Peasant and Through Peasant Eyes*, Part 2.p.166. Myers, *Binding the Strong Man*, p.275. Carter, *Matthew and the Margins*, pp.389-392. シュスラー・フィオレンツァ『彼女を記念して』pp.229-232。
　　　ちなみに、この表現が変だと思った写字生たちの中には、らくだ（kamelon）をロープ（kamulon）に書き換えた人々もいました。The Jesus Seminar, *Mark*, pp.162-163.
320　シュスラー・フィオレンツァ『彼女を記念して』pp.229-232。

承「最初の者たち、最後の者たち」も付加（Cf.9:31）。またマルコは、「〜を捨てた者は、神の国で決して受け<u>ない</u>者は誰も<u>ない</u>」と、ダブルの否定表現をします。

・マタイとルカは、マルコを基にしましたが、マタイは「誰もない」を「皆が受け取る」とシンプルに表現。ただ、父権制的な家族のトップの「父」を神の国では無しにされたのに、どちらも「父と母」（マタイ）・「両親」（ルカ）を含めて神の国で与えられるように編集。さらにルカは、「捨てる」者に「妻」を加筆して、「弟子＝男」だけにします。本来、父権制的な家族関係を批判して抵抗したイエスの言葉を、ルカは根本的に破壊して、男だけの弟子集団としてこの世の父権制をさらに強化。このような流れの先に、父権制的ローマ帝国の「家庭訓」をそのまま取り入れたキリスト教の「家庭訓」（エフェ 5:21-6:9. コロ 3:18-22.1 ペトロ 2:11-3:12）の道が開かれていきます。[321]

ところで、神の国は終末時に来るとして理解されて来ましたが、イエスはそれと共に、「今ここで」と理解して、父権制的な上下関係でなく、平等で共に生きる行動を呼びかけます。これに繋がる形で、最初期エクレシア（クリスチャン共同体）が「全ての物を共有して、必要に応じて分け合った」（使 2:44-45）と述べられています。実際には不完全であっても、このような思い・姿勢・在り方が、コミュニズム（communism 共産主義）的なプロジェクトの歴史的・基本的な元であると、言われます。[322]

ここで語られる「家族」「富」「神以外に善い者はいない」「失うもの・与えられるもの」に関して、現代社会に生きる私たちは、個人としても共同体としても、どのように向き合うことが問われているでしょうか？

＊「神によっては全てが可能」と「全能（ぜんのう）の神」について：

---

321 「家庭訓」について：シュスラー・フィオレンツァ『彼女を記念して』pp.357-384. 山口里子『新しい聖書の学び』160-163。Liew, "Mark", p.115.

322 シュスラー・フィオレンツァ『彼女を記念して』p.192。デューイ「マルコ」p.374。Myers, *Binding the Strong Man*, p.276. Boring, Berger, Colpe eds., *Hellenistic Commentary*, pp.118-119.

ここの言葉（10:27）は、絶望から希望に向けてでしょうか？　「神によっては全てが可能」と「全能の神」とは同じでしょうか？　こういうことに、ひとまずマルコのテキスト設定とは別に、考えたいと思います。

　ヘブル語聖書では「全能の神」という言葉はありません。そう訳されている神の名は太古の「エル・シャーダイ」です。「シャーダイ」の語源は「乳房」の可能性大で、豊かな子孫祝福の文脈で述べられていることが多く、「乳房の神」と訳すのがふさわしいでしょう（創 17:1.28:3. 35:11. 48:3-4. 49:25. 出 6:3. 民 24:16. 詩 68:15. ルツ 1:20 など。「シャーダイ：乳房」：雅 1:13. 8:10）。そして、「エル・シャーダイ」を「乳房の神」と理解して呼んできたら、当時の多くの庶民が、赤ちゃんにおっぱいをあげられるように、母親がちゃんと食べて栄養を持てるように、必死に神に願っていた状況を思い巡らす機会をもっと持てたでしょう。こういうことは大切だと思います。

　一方、ヘブル語聖書の中で「全能の神」イメージに繋がる表現は一つだけ：「あなたは全てをできる」（ヨブ 42:2）です。

　私は、かなり前から「全能の神」というイメージを持たず、妙な表現ですが、「無限大の微力な共なる神」と理解してきました。神は、天地創造をするにあたって、「管理・支配力」を放棄し、全く「無力」ではなく、「共に居る力」だけを保持する決意をして、人のいのちにも自然界の全てのいのちにも、永遠に寄り添い共に居続ける無限大の微力な神、そして「いのちの神」として居てくださるという神イメージを持ちます。

　私は、このような神こそ、心底信頼できると感じます。実際、言語を絶するような甚だしい理不尽・不正義の只中で、もがき苦しむ人・いのちを奪われる人を前に、「助ける力を持っているのに助けない」なら、真実な愛・正義・関係が有ると言えるでしょうか？　むしろ、苦しむ人の傍らで一緒に苦しむ神では？　という思いです。

　この理解は、聖書の創造物語が語る神、イエス・キリストの生き方、私たちの人生経験にも繋がると、私は思います。神は人を、「操り人形」でなく、神の「似姿・イメージ」に創造して、尊厳・主体性・自由を持つ人格的存在とし

ていのちを与えました。そして神は人を、「向かい合う同伴者(どうはんしゃ)」として生きる者として、上下の支配従属関係ではなく、対等に向かい合い助け合い「共に生きる者」として幸せな人生を生きるように、世界を与えました[323]。

　そしてイエス・キリストは、病気・障碍・貧困・種々の災(わざわ)いは、その人の罪に対する神の罰という考えを否定し、苦しむ人と共感・共苦し、癒し合うことを望んで共食・共生の生き方をしました。それで人々は、「神、共に居ます」の幸いを実感し、生きる力と希望を与えられ、神の国を部分的にでも「今ここで」実感できる不思議な「微力」が、人々の間に持たれたと理解できます[324]。

　人は、本当に辛く苦しみ孤独の中に居る時、自分を信じてくれる人・分かろうとして寄り添ってくれる人が傍(そば)に居ることは、孤立・絶望から癒し・安心・生きる力をもたらす不思議な「微力」です。人生で一番大事なものは、真に人を生かす「共感・共苦・共に居る・共に生きる」という存在と関係ではないでしょうか？

　けれど人はどんなに頑張っても、共に居る・寄り添うことは、深いレベルで長く持続させることには限界があります。それでも互いに微力を持ち寄って共に生きようとする時、私たちの間には、「無限大の微力な共なる神」が共感・共苦しつつ共に居続けてくださることを実感できるのではないでしょうか？　その神の不思議な「微力」の一端を、人は具体的に担う生き方を共々に出来たら、それは「神と共に生きる」幸いな人生ではないでしょうか？　私は神に対して、「全能」ではなく、このようなイメージを持って信頼します。みなさまは、どう思われるでしょうか？[325]

323　山口里子『新しい聖書の学び』pp.46-53。

324　山口里子『新しい聖書の学び』pp.124-134。『いのちの糧の分かち合い』pp.30-34。

325　山口里子「無限大の微力な共なる神」（2011年の東日本大震災の翌年2012年カトリックの会「神学の宴」で発題＠真生会館）。
　　　実は私はずっと前から、このような神理解をもってきました。けれど率直に言いますと、「神は全能ではないけれど、しっかち寄り添い続けてくださる」と理解しているにもかかわらず、あまりにも苦しいときが続くと「助けてください！助けてください！」と言ってしまいます。神さまも辛いでしょうねえ。皆さまは、いかがでしょうか。

第3の受難予告（マルコ 10:32-34/ マタイ 20:17-19/ ルカ 18:31-34）

マルコ創作によるイエスの「受難予告」は3回続きます。ここのテキストでは、イエスがエルサレムへ先導することに、「弟子」たちは驚き恐れていました。そしてイエスは「見よ！（idou ← horaō 10:33）、私たちはエルサレムに行く」と言って、受難を予告します。「起きる」（anistēmi）は3回とも同じ言葉です（8:31. 9:31. 10:34）。ここは歴史的な出来事・状況とは言えませんが、マルコにとって「受難予告」はイエスを語るのに大切な要素として編集したと思われます。[326]

＊「秘密のマルコ福音書」について：[327]

ここの話（第3の受難予告）と次の話の間に、「秘密のマルコ福音書」には、女性「弟子」たちの話があります。そしてここで述べられている、前マルコ伝承と前ヨハネ伝承に共通する伝承では、イエスがキリストだという最初の認識・アイデンティティ確立に、女性たちが重要な役割を担いました。他にも女性たちが様々に活躍していました（否定的に編集された部分の可能性も）。そんな中で、マグダラのマリアの特別な存在と重要な役割に対して、ペトロの敵対的な行動・言葉が目立ちます（Cf. マリア福音書 17-18. トマス福音書 114. アレクサンドリアのクレメンスの手紙など）。

しかし正典に入れられたマルコ福音書では、この女性たちの話が削除されました。こうして正典福音書の下に埋没した女性たちの存在・役割・活動は、それ以外にもさらに広く述べられていたと思われます。つまり、現代まで残存している様々な文献が指摘するのは、歴史的なイエス運動での女性たちの重要な役割・活躍が広く顕著であったということです。これ

326　デューイ「マルコ」pp.374-376。

327　正典のマルコ福音書の基礎と理解される「秘密のマルコ福音書」（Secret Gospel of Mark）は、「マルコ秘伝」「マルコの長編」とも呼ばれます。Winsome Munro, "Women Disciples: Light From Secret Mark". Morton Smith, *Clement of Alexandria and a Secret Gospel of Mark,* pp.446-452.

は最初期クリスチャン共同体で女性たちが活発だったことに繋がります。

　その一方で、当時は女性預言者グループが活発でした（Cf. 使 2:18. 21:9. 1 コリ 11:5. 黙 2:20. その他、正典外の諸書物）。その中で、なぜ、男イエスを中心にするグループでなく、女性グループの活動に徹しなかったのかという疑問も出されています。その上、父権制社会構造・文化に抵抗して生きたイエスに、なぜ「ダビデの息子」のような男性支配・軍隊主義を含蓄するタイトルを入れたのかという疑問も持たれています（ただし、「ダビデの息子」のタイトルには、当時別なイメージも。Cf.10:46-52）[328]。

　このような問題については必ずしも決めつけられませんが、強い父権制社会の現実で、①イエスの性格・メッセージ・伝道実践が、女性たちの自己肯定・自尊心・主体性に結びつくと共に、②極貧（ごくひん）の女性たちの実質的な必要（恐らく父無し・夫無し・男性の暴力からの逃避などで、子どもたちを含む女性たちのサバイバル）への支援にも繋がり、③「癒されて癒し人になる」生き方も多様に作られていった可能性があるとも、考えられます[329]。

　けれど、マルコ福音書の基盤と言える「前マルコ伝承」や「秘密のマル

328　**女性預言者**について：決めつけることはできませんが、女神・女性イメージの神が居ることに、女性の預言者が多いことに繋がりがあるような感じがあります。特に広く有名で、「エゴー・エイミ（私は私であります）」（注 208）という言葉も使われている女神：イシス（エジプト）、イシュタル（東セム系）、アシュタルテ（西セム系）、シビラ（アジア・ギリシャ・ユダヤ・キリスト系）。「ヤハウェ（女性イメージが強い「いのちの神」）」、「天の女王（注 254）」、「知恵なる神」（イスラエル）。紀元 1 世紀頃まで続いて有名な女神：イシス、アフロディーテ、アテナ、デメテールなど。

　ヘブル語聖書の女性預言者：ミリアム（出 15:20）、デボラ（士 4:4）、預言者イザヤの妻（イザ 8:3）、フルダ（王下 22:14. 代下 34:2）、ノアディア（ネヘ 6:12-14）。他には数々の女性預言者たちが、偽予言者・易者・神霊術者・占い者など非難のレッテルが貼られる（出 22:17. レビ 20:27. 申 18:9-14. サム上 15:23. エレ 14:14. 29:8-9. エゼ 13:1-7, 17-23 など）。ヘブル語聖書外の資料で：サラ、ハンナ、アビガイル、エステル、リベカ。

　キリスト教証言書の女性預言者：寡婦のアンナだけ正当に記され、他は不可視化や悪化の表現：アンナ（ルカ 2:36）。エリサベツとマリア（ルカ 1:5, 41-55）。フィリポの 4 人の娘たち（使 21:9）。コリントの女預言者たち（1 コリ 4:8. 14:1, 12, 39）。ティアティラの女性（黙 2:20-23）。Cf. 山口里子『マルタとマリア』pp.117-135。

コ福音書」にあった、女性「弟子」たちの重要な存在・役割が、正典のマルコ福音書では著しく削除・不可視化されてしまったということに関しては、どのような背景があったのでしょうか？　私たちはマルコ福音書をじっくり読む中で、留意し思い巡らしていくことが必要だと思います。[330]

「大いなる者」対「仕える者」（マルコ 10:35-45/ マタイ 20:20-28）

　ここは、２つの口頭伝承（10:35-37, 40, 42b-45）を基にマルコの編集で、弟子批判と理解されます。まずヤコブとヨハネが栄光と権威を望む願いで始まります。「右と左（に座る）」は政治的権力を暗示します（詩 110:1）。ここで「右と左」は２回使われ、「右」はどちらも同じ言葉（deksios）で、「左」は違う表現（aristeros10:37. euōnumos10：40 =「左」は悪に結びつけられていたので「良い名」という婉曲表現）。そしてイエスの最期の時に、十字架で右と左（deksios+euōnumos）に盗賊がいます（15:27）。

　「私が受けるバプテスマ（浸礼・洗礼）を受けられるか？」という、マルコのイエスの修辞疑問に、ヤコブとヨハネは「出来る」と答えて、全くの無理解を見せます。そしてイエスが「杯を飲む」「バプテスマを受ける」を言う時に、「私が」（egō）という強調表現を両方に使って２度重ねて述べます（10:38x2.10:39x2）。「杯」（10:38. Cf.14:36）は、喜びと救い（詩 23:5; 116:13）と、悲しみと苦しみ（イザ 51:17, 22、哀 4:21、詩 11:6. 75:9）を象徴します。ここでは杯とバプテスマ（浸礼）の並置で、迫害・殉教と報いを象徴します。背後には終末論的世界観（神の力がサタンに打ち勝つ時、大きな試練があるが、それに耐えられれば来たるべき時に報いを得る）があります。

329　シュスラー・フィオレンツァ『彼女を記念して』pp.157-299。シュスラー・フィオレンツァ編『聖典の探索へ』。Horsley, *Jesus and the Spiral of Violence,* pp.232-233. 山口里子『マルタとマリア』pp.77-197。

330　マルコほど強く不可視化されていなくても、他の福音書についても、こういう留意が大切と思います。マタイ福音書について参照：Elaine Mary Wainwright, *Towards a Feminist Critical Reading of the Gospel According to Matthew.* ヨハネ福音書について参照：山口里子『マルタとマリア』pp.17-20. 274-290。

古代奴隷制社会の只中で、マルコのイエスは、「弟子」たちに「全ての人の奴隷に」と言い、イエスに「付いて行く」ことは、全ての人々に「仕える」ことです。ここで示されているのは、リーダーシップは支配することではなく仕えること、そしてイエスのように苦難への覚悟を準備することです。[331]

　「大いなる者」も、「最初の者（一番の者）」も、ローマ皇帝の称号に繋がる言葉です。皇帝カリグラ（37-41 在位）は皇帝崇拝を要求し、40 年にエルサレム神殿に自らの立像（りつぞう）を建立（こんりゅう）させようとした事件があります。悪魔がイエスに要求した「ひれ伏し拝むこと」（マタイ 4:9. ルカ 4:7）は、カリグラが属国王に強要（きょうよう）したことの暗示。皇帝ティトゥス（68-79 在位）は、神殿を中心にエルサレムを徹底的に破壊し、多くのユダヤ人を流民化（りゅうみんか）。マルコの聴衆はこのような状況で話を聞くので、この戒めは権力者批判として機能したと思われます。

　ヤコブとヨハネの権力願望に続くテキストの核心にある言葉は、「大いなる者」（megalos, megas 10:42, 43）対「仕える（者）」（diakonos, diakoneō 10:43, 44, 45）、「最初の者」（prōtos 10:44）対「奴隷」（doulos 10:44）（へいち）の並置です。これは父権制的支配服従の社会構造に挑戦して、それと対照的な、平等な共同体を目指すものです。この言葉の重要性は、共観福音書伝承に 7 重の結合で示され、別伝承のヨハネでも同様に示されています（①マルコ 10:42-44/ ②マタイ 20:25-27. ③マルコ 12:38-40/ マタイ 23:9-11/ ルカ 11:37-52. 20:45-47. ④ルカ 22:26. ⑤マルコ 9:33-37/ ⑥マタイ 18:1-4/ ⑦ルカ 9:48. ＋ ヨハネ 12:25-26. 13:4-5, 12-17）。こうしてこの言葉は、正確ではなくても歴史のイエスに遡ると理解されます。[332]

331　荒井『著作集』② p.397。デューイ「マルコ」pp.374-376。
332　荒井『著作集』② pp.392-394。シュスラー・フィオレンツァ『彼女を記念して』p.231. Schüssler Fiorenza, *Changing Horizons*, p.220.
　　　このような「平等な共同体」の姿勢を持つイエスの伝道活動で、イエス自身も実際に、平等な仲間の 1 人として生きたのでしょうか？　正典福音書では「上に立つ教師」のイメージです。そして私が気になるのは、正典に入れられなかった

父権制社会システムは、独裁者<ruby>独裁者<rt>どくさいしゃ</rt></ruby>を世界の最高の強者にさせ、女性を家庭の従者にさせます。そして妻を２級市民、非婚女性を３級市民と見なします。そんな中で「最後の者たちが最初の者たちに」の改革の最初の具体的な一歩は、現状の社会役割・定義を転覆させて、女性たちをリーダーシップに入れることで、マルコ物語で登場する女性たちは「妻」としてではなく（例外：ヤイロの妻 5:40、ヘロデの非合法的結婚 6:17）、これによって父権制社会への転覆的な物語構成とも言われます。[333]

　・マタイは、ヤコブとヨハネの「願い」を彼ららの「母親」の願いに変えて、弟

　トマス福音書。著者名はディドモス・ユダ・トマス。ディドモス（didymos）はギリシャ語で、トマス（thomas ← tōmā）はシリア語・アラム語で、どちらも「双子」。これは、自分は「イエスの双子ユダ」と象徴的な名乗りだと理解できる表現です（Raymond E. Collins, "Thomas". 荒井献『隠されたイエス』pp.22-23-48-68, 101-102）。「双子」の表現は、根本的にはイエスと対等な身近な兄弟というイメージで著者名を書いたこととも思われます。また、イエスの伝道活動は、始めたのはイエスであっても「弟子・仲間」と見られるような人々と共に活動し、ペトロとの喧嘩のような場面もあります（Cf.1:35-39）。

　また正典に入れられなかった文書では、「教え」より「対話」の形が多くあります。その中でも特にマグダラのマリアとの対話が多いです（『フィリポの福音書』『マリアの福音書』『救い主の対話』など）。そんな中で、なぜイエスがマグダラのマリアを他の人よりも愛するかと尋ねられた時、イエスは、マグダラのマリアが真理の理解者だと応答します。こういうことは後の編集と理解されます。しかしたとえそうであっても、歴史のイエス自身は「教え」ばかりでなく、もっと対等な仲間の１人としての姿勢・関係で、生活していたのではないでしょうか。けれどイエスの死後、段々と英雄・トップにされて行ったのではないかと、私は疑問を持っています。

333　Myers, *Binding the Strong Man,* p.278-281.
　　ただし、マルコ物語には、そもそも女性たちがほぼ登場させられず、まさに男性中心の物語です。ローマ帝国支配下で、どんどん父権制化を進める教会が権力を持つようになる流れで、正典に入れられるために（？）、マルコは父権制的な編集を強化した可能性はあります。

　このことも決めつけられませんが、マルコ著者グループの中でも意見が分かれて、そんな中で必死に工夫して、全体は完全に男性中心の物語にしつつ、弟子批判の強化連続。そして女性の話を不可視化させて、ごくわずかだけ特に貴重な女性の話を挿入したのか（例．5:21-43. 7:24-30. 14:1-11. 15:40-47. 16:1-8）？　そしてイエス逮捕の辺りから、特に女性たちに焦点を当ててマルコ物語を結び、こうして「転覆的」な構成をしたのか？

　また、マルコ著者グループも、始めから、あるいはサバイバルのために、父権制

子批判を避けて「母の愚かさ」に編集しました。そして「全ての人の奴隷」（マルコ 10:44）を、「あなたがたの間で奴隷」（マタイ 20:27）に変えて、イエスの教えを共同体内の倫理として編集するマタイの傾向。ただし、マルコとマタイが「大いなる（偉い）者」「最初の（一番上の者）」を共同体の中に 1 人も認めていないのに、ルカはその存在を認めており、「イエス」の例に倣（なら）って指導権の形態（けいたい）を方向づけるように編集します。そしてルカは、「12 人（弟子）」を「12 使徒」として、男だけとする「使徒」用語を導入して権威付けます。[334]

マルコにとってイエスの生涯は「仕える」模範です。求めに応じて人を癒し、「付いて来る・仲間になる」ように人を招きます。そのような奉仕は、力ある者に従うことではなく弱い者に仕えることであり、自己否定の奉仕ではなく自分らしく生きること自体が奉仕になり、「仕えられ、仕える」人が解放を経験されることになると、示します。それと同時に、そういう生き方によって、この世で払うべきことになる「代価」（だいか）（身代金（みのしろきん）.10:45）も告げます。

「身代金」（lytron ← luō 解く）は、人質・奴隷の解放を保証することを意味した専門用語です。マルコはイエスの死を、他者のために仕える生き方の延長（えんちょう）にある結果の殉教だと、理解します。当時のクリスチャン世界で、政治権力によって処刑されるのは、自分の信念と行動ゆえの殉教で、これは他者を勇気づけ試練の時に信仰を保たせる模範的行為と理解されていました。また、広いヘレニズム世界では、友のために死ぬことは理想でした：「友のために死ねる人が賢人」（ディオゲネス）。「自分がその人のため

的な価値観の染み込みを強くさせて行ったのか？　キリスト教はそれほど早く父権制強化にされて行ったのか？　私は疑問・思いを持っています。そして、こういうことが後のキリスト教史の流れの中で、どのような影響を持ってきたのか？　現代に生きる私たちは、このような背景に対して、どのように向き合うべきか？そういうことも問われているのではないかと、私は思います。

334　荒井『著作集』② pp.395-396。ウィリアムソン『マルコ』p.309。Liew, "Mark", p.109.
　　　最初期の「**使徒性**」理解と、後の変更について：山口里子『いのちの糧の分かち合い』pp.161-165.

にいのちを投げ出すことができる友を持つ」（セネカ）。マルコは、それに繋げてイエスを編集したとの理解もあります。[335]

けれど、それが社会の底辺に置かれた人々にどのような影響をもたらしていったのでしょうか？　特に若い女性たちは、家族などの生計のために自己犠牲をされて来て、その生き方から脱出するよりも忍耐すべきと、思い込まされて来なかったでしょうか？　そして父権制社会構造・女性差別浸み込みの中で、女性たちは経済的自立が困難で、それゆえさらに男性たちによる「ストレス発散」の性暴力が続けられて来なかったでしょうか？　私たちは現代の多様な現場状況にも繋げて、共に深く考えていきたいです。[336]

・買春やポルノに疑問を持たず、自らの性の在り方を顧みることがない、男たちの貧しい「生と性」の現状……過去に目をつぶって、よい未来など築きようがない。（「従軍慰安婦」）辛さんとの出会いは、日本のアジアに対する侵略、植民地支配の問題が、日本人に「加害者」としての「今」を問うていることを改めて教えてくれた（谷口和憲）。[337]

・ここ数年、第二次世界大戦の時に日本軍の「軍隊慰安婦」にさせられたアジアの女性たちが、勇気を出して、次々と真実を語り始めています。何が彼女たちをそうさせているのでしょうか。「……自分たちがこのまま死んで

335　デューイ「マルコ」pp.374-376。Boring, Berger, Colpe eds., *Hellenistic Commentary*, p.121.

336　Cf. 世界経済フォーラム（WEF）によると、2022年度のジェンダー・ギャップ指数は、世界146国の中で日本は116位。政府と国民は、どれほど意識して向き合っているでしょうか。そして、日本より下位の諸国の女性状況にも向き合うことが必要でしょう。
　　　参加者の「声」：
　　　＊犠牲を徳とし美化する危うさは、結局のところ支配構造の温存・強化を招くものだと感じています。戦争しかり。ヤスクニの役割しかり。ではそれとイエスの十字架は何が違うのか？　それとも同じなのか？　などなど、真正面から考えなければならないと思います。

337　谷口和憲『戦争と性をみつめる旅：「加害者」の視点から』（「戦争と性」編集室、2006）pp.248, 233。

いくと誰も証人がいなくなる。歴史の証人として、いったい何が行われていたのか、きちんと真実を語らなければならない」。そういう、やむにやまれぬ思いが彼女たちを突き動かしているのではないでしょうか？　……私たちは、語るべき時に語るべきことを語れる人間でありたい（松本敏之[338]）。

・人身売買は、世界経済のグローバル化による経済格差拡大の中で、貧しい国から豊かな国への移住に伴って生じている。……これらのことを基本的に変えて行くためには、日本国内で男女の役割分業や関係性の見直し、双方の精神的・経済的な自立、そのための社会の慣習や制度の見直しをしていく必要がある。それは世界の、特にアジアの国の一員として、かつての加害の歴史をきちんと見つめ直し、差別意識をなくし、真の多文化共生社会を創っていくきわめて大きな課題と重なってくる（高木澄子[339]）。

・県内で米兵らによる性犯罪がいかに多いか知られていない。被害を受け、苦しみを抱えたまま生きていく女性は今も多いだろう。沈黙を続けている被害者のことを忘れてはいけない（大木清子[340]）。

・「性暴力」の言葉で最初に私が思い出すのは吉武輝子さんです。……突然アメリカ兵たちに取り囲まれて集団レイプされる経験を（14歳で）しました。……「そういう目に遭うのは女が悪い、スキがあったからだ」と言われる時代で、ひとり悩み苦しみ（2度）自殺をはかりました。……（近くの交番の巡査が）「お嬢ちゃん、何があったか知らないけれど、人間の価値は『何があったか』じゃないよ。『これからどう生きるか』で決まるんだよ」と。この言葉を聞いた途端に、涙がどっとあふれ出たそうです。その言葉が胸

338　松本敏之『マタイ福音書を読もう３』（日本キリスト教団出版局、2015）pp.162-163。

339　高木澄子『性差別、人身売買、性暴力：移住労働者への性暴力、性搾取だった「人身売買」』（生活思想社、2021）p.155。

340　大木清子「被害絶えない米兵性犯罪」（神奈川新聞 2019.8.31. Cf.『神奈川・米兵による女性への性犯罪』日本基督教団神奈川教区性差別問題特別委員会、神奈川の女性史掘り起こし活動グループ「港の会」出版）。

に焼きつき、励まされ、「そうか、どう生きるかなんだ」と、ようやく「胸を張って生きていこう」と思えるようになったのです。……「戦争への道を許さない女たちの会」設立、脱原発活動も、最期（80歳、2012年）まで闘い続ける姿勢を貫きました（山口里子）[341]。

・私が希望を見いだしているのは、さまざまな国際会議などで出会う女性たちの存在です。……それぞれの国、地域には各地の慣習に深く根付いた差別の問題が必ずあります。けれど女性たちはそれぞれの場所で諦めずにそうした強固な壁を少しずつ壊すような活動をしてきたのです。どんなに強固な壁でも、必ずどこかから劣化がおこる、変化が起こる。それを信じて活動している女性たちの姿を見ると、ああ、また沖縄でもがんばろうと思えます（高里鈴代）[342]。

盲人バルティマイオスの癒し
（**マルコ 10:46-52**/ マタイ 20:29-34/ ルカ 18:35-43）

イエスたちがエルサレムに近いエリコを通り過ぎた時、盲目の物乞いが、「ナザレ人であるイエス」と聞いて「私を慈しんでください」（*eleeō*.10:47, 48. Cf.5:19）と叫び始めました。すると人々が彼を黙るように叱り続けていました。けれど彼はさらに叫んだら、イエスが呼びかけて願いを尋ね、彼は「見上げること」（*anablepō* アナブレポー）を望みました。そしてイエスが「あなたのピスティス（*pistis* 信・信頼・信仰）があなたを救いました（*sōzō*）」と言って、彼はイエスに付いて行きます。

この盲人バルティマイオスの話は、通常とは異なる数々の特徴を持ちます。マルコ神学を象徴的に表すと共に、イエス伝道の最初期の口頭伝承と

341　山口里子「吉武輝子さんの『どん底力』」（『戦争と性』34 号、「戦争と性」2021 編集室）p.43。

342　高里鈴代「沖縄におけるキリスト者フェミニズムの視点」。

認識される、アラム語の基層とパレスチナの環境を特に示しています[343]：

　①共観福音書で、癒された人の個人名はここだけで、この名はアラム語で、その書き方は通常のマルコの書き方と違います。いつもはアラム語を書いて、後からその意味を述べますが、ここでは逆で、「ティマイオスの息子バルティマイオス」。ですからこの名前の表現は前マルコ伝承で使われていたと思われます。

　「バルティマイオス (Bartimaios)」はアラム語名で「ティマイオスの息子」。「不浄の息子」を意味し得るので、実際の名前でなく蔑視の「あだ名」の可能性があります。一方、ユダヤ人たちがセミ系の名を同音に近いギリシャ名にして使うことは多くありました（ヨハネ 19:25 のアラム語のクロパ *Clōpas* は、ルカ 24:18 のギリシャ語のクレオパ *Cleopās* と恐らく同じ人）。とすると、「不浄」のあだ名が、ギリシャ語「ティマイオス」（*Timaios* ← *timaō* 価値を付ける・正当な価値を認める・尊ぶ）という価値ある意味に結びついています（プラトンの重要な神学的教えで「ティマエオス」という名が象徴的に使用）。

　②アラム語を話すパレスチナ人の表現「ラボーニ」（*Rabbouni*. アラム語で「私の先生」。Cf. ヨハネ 20:16）。

　③「ダビデの息子」というタイトル（ここと 12:35）。1 世紀にユダヤ人たちの間で、「ダビデの息子」の「ソロモン王」が、悪霊に勝つ力を持つ者として、高い評判がありました。これと結びつくイメージで、そのタイトルがイエスに使われたと思われます（いわゆる「ダビデの子孫＝メシア＝キリスト」とは別のイメージです）。

　④話の背景は、パレスチナの詳細な地理とユダヤ慣習を反映します。ガリラヤ人はエルサレムに行く時、通常サマリアを通らずヨルダン川を東側に渡ってペレアの地で南に進み、エルサレムのすぐ手前で川の西側に戻ってエリコに入ります（ただしイエスたちはサマリアを通ってエリコに行ったか

343　Meier, *A Marginal Jew* 2, pp.686-690. Beavis, "From the Margin to the Way", pp.28-38. Wainwright, *Habitat,* pp.176-177. Carter, *Matthew and the Margins,* p.408. Myers, *Binding the Strong Man,* p.282. Tolbert, *Sowing the Gospel,* p.189. Boring, Berger, Colpe eds., *Hellenistic Commentary,* p.122. 荒井『著作集』①p.416。

も知れません）。そしてエリコを通り過ぎてローマ街道で急な坂道を上ります。そこは曲がりくねって岩・洞窟がある荒地で、風が強い道。1世紀には、重税で困窮した農民・土地を奪われた人々の増加で、強盗が増え、ここが一番危険な道でもありました[344]。

そして盲人が居たのは、エルサレムに向かうエリコからすぐ外の道です。エリコ市内では混雑していますが、すぐ外の道はエルサレムに向かう人が必ず通るところです。さらに、多くの人々がエルサレムに行く過越祭の寸前。このように正確な場所・時期、2つのアラム語表現（「バルティマイオス」「ラボーニ」）、古風な表現「ダビデの息子」としての奇跡行為者イエスへの呼びかけ。

⑤ここではイエスの癒しを願う人を叱り続けて妨げるのは、「弟子」たちでなく「多くの人々」（10:48）。マルコの特徴的な弟子批判の表現とは異なり、恐らく元の伝承にあったと思われます[345]。

これら全ての要素が重なって、この話は元々歴史的な出来事の伝承としてあったと判断されます。もしバルティマイオスがエリコ周辺の居住者で、イエスに付いてエルサレムに行ったなら、ユダヤの最初期クリスチャン共同体メンバーの1人で、歴史のイエスの言葉と行為を個人的な思い出として持ち、「生き生きして生き残っている生の声」の情報が最も価値があり、この話が個人名を持って保存された可能性大とも、思われます（注170）。

そして、古代社会において、親を失った（捨てられた場合も）子どもたち

344　ここの**エリコ**は、ヘブル語聖書ヨシュア記の「エリコ」から南南西1.6kmの「ローマのエリコ」で、ヨルダン川・死海にも近く温暖で豊かな土地で、ハスモニアとヘロディア宮殿・浴場、エルサレムのエリート層の邸宅などがありました。「棕櫚の町」と呼ばれるエリコからエルサレムへは、約30kmで海面下250mから約1000m急な登り坂。Cf. 山口里子『イエスの譬え話』②pp.191-197.

345　ちょうどそこにいた人々が「叱り続けていた」という表現は、障碍者を「無力者＝子ども」扱いで叱りつける感じを持ちます。このことは、古代から現代に至っても、たとえ「親切」な思いを持って「助ける」つもりでも、上から目線で、障碍者を子ども扱いにする、無自覚な差別が染み込んでいると、私は痛感します（注258）。

は、故意に身体毀損が行なわれて物乞い役に用いられることが多くありました：視力を奪われたり、手足の骨を折られたり捻じ曲げられたりで、逃げ出すことが出来ず単純労働に使われたのです。このバルティマイオスも、故意に視力を奪われて物乞いをさせられていた者たちの１人であった可能性は少なくないとも、思われます。[346]

　マルコによる編集では、当時「盲目」が最も不幸で罪に結び付けられ差別されていた宗教的・社会的状況で、ここではイエスの最後の癒しで、ピスティスが強調されていると理解されます。

　まず、弟子の代表ペトロは、イエスの本当のアイデンティティに全く「盲目」でしたが、ベトサイダの盲人の癒しが２回で行われた後で、ペトロは部分的に「視野」を得て「イエスはメシア」と見れました（8:29）。

　次に、バルティマイオスの癒しは１回で、「あなたのピスティスがあなたを救った」とイエスが言いました（10:52. Cf.5:34）。そして彼はイエスの「その道」に付いて行きました。まずバルティマイオスは、イエスの存在を「聞いて」叫び求めます。イエスが「あなたは私に何をして欲しいのですか？」と尋ねるのは、「弟子」ヤコブとヨハネにイエスが言った言葉と同じです（10:36）。そこでマルコの編集では、ヤコブとヨハネは地位と特権を望みますが、それとは対照的に、盲目の乞食は「ヴィジョン」を望みました。そしてイエスは、「行きなさい（hupage; 1:44; 2:11; 5:19, 34; 7:29）、

346　W. シュテーゲマン『貧しい人々と福音』p.14。

　　　ちなみに、古代のピラミッド社会で弱者にされた子どもたち・人々のこういう状況に、古代の漢字文化の「民衆」という漢字に繋がりがあります。「民」は、「目」に「針（→）」が刺された字で、逃亡させないために瞳を傷つけられ視力を奪われて単純労働をさせられた奴隷たち。「衆」は、元は「口（イ「邑」：町・城壁）の外で働く耕作者。それが後に「口」が「日」と誤解され、炎天下の農奴と思われるようになりました」（新訂『字統』普及版、白川静、平凡社、pp.845, 865, 425）。この漢字に関して志村真は、「民主主義」は、「民」の現実の重さを背景に、解放の喜びの象徴とも考えられると述べています（志村真「聖書を読む集会」pp.68-76）。

　　　ただしこの本では、ギリシャ語翻訳で「ラオス：民衆」「オクロス：群衆」として使っています（注77）。それで、「庶民」としての言葉が、古代漢字の「民衆」に近いと思います。

あなたのピスティスがあなたを救った」と言います。このように、マルコの癒しの話の肯定的な面の全てが、ここでクライマックスになっていると理解されます。

　けれど先に述べましたが、マルコ物語では、ガリラヤ地方での伝道活動の終わりでベトサイダの盲人の癒し、エルサレムへの旅行の終りでエリコでの盲人の癒しが、語られています。こうしてイエスの伝道活動は、区分_{くぶん}ごとに、目の見えない人が見えるようになる形で結末が編集されています。このような編集は無自覚に障碍者差別の再生産に繋がりますから、しっかり意識して読むことが必要です（Cf.8:22-26）。[347]

　バルティマイオスは、癒しだけでなく「弟子」にも繋げられています。この話は、ヘブル語聖書とイエスの「召命物語」のパターンを持っています。基本的に「癒しの話」は、求める人が行動を起こしてイエスが応答します。一方「弟子召命」の話は、イエスがまず呼びかけて行動します（1:16-20. 2:14）。バルティマイオスは、まず「叫ぶ」（krazō）行動を起こしますが、その次に「呼ぶ」（phōneō）という言葉が３重で（イエス・彼ら・イエス）、イエスのイニシャティブが強調されています。さらに、癒された人に対してイエスが通常の別れの言葉「行きなさい」と言いますが、ここの話ではバルティマイオスが「弟子」になるイメージを持つ表現で「（彼に）付いていきました」（注36）。

　そしてイエスの神聖なアイデンティティを声に出すのは、悪霊以外ではペトロ（8:29）とバルティマイオス（10:47）だけです。ただしペトロが「キリスト」と言った時、イエスが黙っているように彼を諫めました（8:30）。けれどバルティマイオスの時は、イエスではなく、始めに多くの人が黙っているように諫めただけです（10:48）。マルコ物語で「弟子」たちはたいがい無理解で黙っていますが、バルティマイオスは増々叫びました。

　さらに、イエスがエルサレムに向かう時に、「弟子」たちは恐れながら

347　Beavis, "From the Margin to the Way", pp.28-38. Myers, *Binding the Strong Man,* p.282. Meier, *A Marginal Jew* 2, p.686. Carter, *Matthew and the Margins,* p.408. 滝澤『イエスの現場』p.186。

付いて行きましたが（10:32）、対照的にバルティマイオスは、ピスティスで自主的に。第2の受難予告に続く物語は、「最初の者が最後の者に、最後の者が最初の者に」（9:35. 10:31）で囲まれていますが、「弟子」たちは心が固くなって分かっていません（例 .6:52. 8:17-18 など）。けれど対照的にバルティマイオスはピスティスで救われて、イエスに付いて行く理想的な「弟子」として象徴されています。そして「弟子」たちは「誰が救われることが出来るのか」（10:26）と言っていましたが、対照的にバルティマイオスのエピソードでは、イエスは彼に「あなたのピスティスがあなたを救いました」と言います。結果として、バルティマイオスのエピソードは、「癒し」と「弟子召命」の話の要素が深く結合されていると理解されます。[348]

　始めの頃に述べましたが（1:29-34）、イエス運動の癒しは、治療や薬の処方の表現は無しで、神の介入による「徴」として描かれています。イエスは民間の癒し人として描かれており、病気の元になる悪霊などを追放する力を持つ、霊に満ちた癒し人と信頼されていたと思われます。そしてイエスが伝えようとしたのは、「自分自身のピスティスが自分を救う」ということでしょう。

　このピスティスについて、もう少し詳しく思い巡らしたいと思います。盲人バルティマイオスは、身体的に目が見えなくて苦労しているだけでなく、蔑視・差別され続ける生活で自己否定も内面化させられるような人生だったでしょう。それでも、自分は生きてる価値が無いというような絶望感に落ち込んでしまっていなかったので、「癒し人」と知られるイエスに願いを強く求めました。

　ですから、イエスを信頼して、信じて、叫び続けました。最初に彼が度重ねて言ったのは、「私を慈しんでください」。その後でイエスが望みを尋ねた時に、この人が言った言葉は「アナブレポー」（*anablepō*. 見上げる・再び見る .10:51, 52）。それでイエスが、「あなたのピスティスがあなたを救った」と言って、この人は「視力・ヴィジョン」を受け取ったということで

348　Tolbert, *Sowing the Gospel*, pp.190-191. 川島『十字架への道イエス』p.144.

す。ですから、この人は、自己否定をされ続けた中でさえ、たとえわずか
でも自分自身を肯定したい・大切にしたい思いを持っていたからこそ、イ
エスを信頼して希望を求めることが出来ました。それでイエスは、あなた
自身のピスティスがあったからこそあなたを救った、これからもそのよう
に生きていって欲しいと言ったと、私は理解します。もちろん、イエス自
身の力が無関係ではないですが、むしろ心底からの信頼・共感共苦こそが
不可欠でしょう。

　そして私としては、当時世間でも宗教でも最も否定的に見られた盲目の
人が、最初期のクリスチャン共同体に早くに入ったなら、素敵だなと思い
ます。[349]

・障害のある人にとって必要なのは……真の日常社会とのさまざまな接点
があり、そこにこそ、障害のある人もない人も分け隔てなく社会のつくり
手として取り込んでいく力の源があるのだと思います。……外出時にはう
れしくないことも結構起こります。……気持ちが落ち込んでいるときに見
ず知らずの人からまるで小さなこどもに話すような口調で声を掛けられて
ますます情けない気分になったり……。大切なことは、障害のある人にも
自分の希望に近い状況を選ぶ自由があることと、納得して気持ちよく移動
できることと言えるでしょう（高橋玲子）[350]。

349　**参加者の「声」：**
　　・今も障碍ゆえに〇〇出来ないというレッテル・バリアが作られている中で、
決めつけずに一緒に考える１人でありたいと思いました。
　　・「あなたの信頼（信仰）があなたを救った」という言葉の意味について、今ま
でなかなか腑に落ちませんでしたが、自分自身が差別を内面化して自分自身を無
力だと思いこみ、諦めてしまっていたところから、自分や周りの仲間たちと、イ
エスを信頼して、行動を起こしたこと、それが自分自身の解放につながった、と
いうのは、とても分かりやすく腑に落ちました。
　　・「バルティマイオスが信じていたものは何か」について考えさせられました。
罪人として差別されていた社会の中で、自身を肯定し信頼する思いが自分を救う・
解放する、というお話から（被差別部落解放の）水平社の人間宣言も同じだった
のではないかと思いました。
350　高橋玲子「障害のある人々にとっての移動権・交通権：視覚障碍者の立場から」

・私は自分の体の状態を「障害：出来ない」（dis-ability）と言わず、「異なって出来る」（differently abled）と言います。どの人も異なる生き方を破壊せず、どの人も特別な道で「聖」であり、全ての人に敬意を持つのです（ドロスィー・ウィルヘルム[351]）。

・ディスアビリティと人々から言われるか自分たちで言うかに拘わらず、恐らく最も大事なのは、異なる体を持つ者たちがそれぞれのコミットと経験を許容し合って共に生きる再構成で、新しい可能性を開くことです（デボラ・ベス・クレーマー[352]）。

（『国際交通安全学会誌』）。

351　Dorothee Wilhelm, "Roundtable: Women with Disabilities".
352　Deborah Beth Creamer, "Embracing Limits, Queering Embodiment: Creating/Creative Possibilities for Disability Theology".

III. エルサレムで （11:1-13:37）

エルサレム入場

（**マルコ 11:1-11**/ マタイ 21:1-11/ ルカ 19:28-40/ ヨハネ 12:12-19）

　イエスたちはエルサレムに到着します。マルコ物語のイエスの行動は、人里離れた荒野→湖畔の町カファルナウム→ユダヤ支配中心の都市エルサレムへ。エルサレムでの公的活動は、（口頭伝承の語り方の特徴の「３」で）「３日と３訪問」で構成です（11:1-11. 11:12-19. 11:20-33）。

　彼らは、まずエルサレムのすぐ東側の「オリーブの木々の山」（11:1）に面した「ベトファゲ」（Bēthphage. 実が成らないイチジクの家）と「ベタニア」（Bēthania. 憐みの家）の村々に来ます。ベタニアの村はイエスにとって、敵意の都市エルサレムと対照的に、安全な退却場所と描かれています。オリーブ山は、ユダヤ人がメシアの到来を期待していた所です（ゼカ 14:4. ヨセフス『ユダヤ古代誌』20:169）。

　ロバは、イスラエルの聖なる話と共に、１世紀のユダヤ人の生活にも常に登場。農業と運搬用の最も一般的な動物で、安息日に休息させる命令も明白に述べられています（申 5:14. ヨブ 1:3. トビト 10:11）。「ロバ・子ロバ・ロバの子」は、謙虚な姿勢を持つ勝利の入場の表現であり（ゼカ 9:9）、それに基づいて子ロバの話が作られた伝説の可能性大です。けれども、歴史のイエス自身が子ロバに乗ってエルサレムに入り、人々が彼をメシアとして褒め称えたという出来事は、歴史的に完全には否定できないとも思われています。そして他の福音書も勝利の王イメージを強化します。[353]

- マルコとルカは、「子ロバ」１頭を語り、マタイはゼカリヤ引用の形で「ロバと子ロバ」で２頭を語ります。ただ、そこのゼカリヤの言葉は「あなたの王は

---

[353] Wainwright, *Habitat*, pp.176-178. Myers, *Binding the Strong Man*, pp.290-293. 荒井『著作集』① pp.463-464.

へりくだって乗る。ロバに、ロバの子、子ロバにさえも」と訳せて、そのイメージを基にする時、1頭でも2頭でも語れるようです。そしてマタイは、イエスを「柔和な」メシアと位置づけ、「シオンの娘」（エルサレム）も、「あなたの王」も加筆して、神の都に対する約束のメシア到来イメージを強調（マタイ21:4-5）。ルカは、マルコの「人」（11:9）を「王」に替えてイエスのメシア性を強調（ルカ19:38）。ヨハネは、別の伝承が基でも、マタイと同様の編集（ヨハネ12:15）。

エルサレム入場の話は、歴史的より象徴的な話の可能性が高く、マルコのイエスは、透視（とうし）の超能力（ちょうのうりょく）を持った「主」と編集されます（11:2-6）。ただし、「それ（子ロバ）の主人（kyrios）が必要なのです」（11:3）は、子ロバの所有者が必要としていると誤解される表現で、そのゆえに「（人々が）そのままにさせた」という感じです。ここの「必要」（chreia）という言葉は、広く知られたローマの「強制労働」（きょうせいろうどう）（aggareia）で標準的に使われる表現を暗示させます。「アウグスト（＝皇帝）の必要」として「主（kyrios）の必要」と通常言われました。マルコのここの表現は、ローマ帝国の使い方をふざけて真似て、力と勝利の帝国概念を微妙に覆しています。[354]

「弟子」たちは子ロバをイエスに連れて来て、彼らの外着（ヒマティオン．Cf.6:7-13）を上に乗せました。それは、勝利のローマ将校（しょうこう）や王が都市入場の馬に華麗（かれい）な毛布を乗せるのを反映させます。ただし1世紀のローマ世界でその権力の中心では、勝利した王・皇帝の都市入場は、ロバではなく軍馬で、その名誉を称賛する勝利の入場です。

そして「棕櫚（しゅろ）の日曜日」と呼ばれるイエスの「エルサレム入場」は、「勝利」の想起です。けれど「野原から」（葉の付いた枝）という詳細をマルコが入れたのは、「都市エリート」対「地方群衆」の対照のためでしょう。

「ホサナ（hōsanna ヘブル語「救いたまえ」。サム下14:4. 王下6:26. 詩118:25）、

---

354 Leander, *Discourses of Empire*, pp.260-262. 福音書で「強制労働」の言葉（aggreuō）を使用：イエスの十字架の木をクレネのシモンに強制的に運ばせた（マルコ15:21/ マタイ27:32）。「山上の説教」で「1マイルを強制されたら2マイルを」（マタイ5:41）。

主（kyrios）の名において来る人が祝福されます（eulogeō 受動態）ように」という叫びは、伝統的なメシア的シンボル「われらの父ダビデの国」への大いなる期待を象徴的に活用しています。しかしマルコは皮肉に、反クライマックスで終わらせます。つまりイエスは神殿に入って「全てを見回した」だけで、「すでに時間が遅い」と言い、「12人と共に、出て行きました」（この入場シーンに指導者たちが不在で、それで争いも不在とみなされます）。こうして、期待されているダビデ王国と軍隊的勝利者の政治的・戦争的な意味合いを、マルコは抵抗精神の編集で、称賛するより否定する風刺・パロディ（注135）です。これは、政治権力による戦争の勝利自体を肯定・称賛することに対する批判でもあると思います。[355]

そして、ここの「エルサレム入場」の話は（他の多くの話もですが）、これまで霊的世界と政治的世界を切り離して解釈されて来ました。こういうキリスト教の姿勢が、福音書に含蓄されている政治的抵抗をずっと見過ごしにして、植民地主義など種々の権力構造への順応姿勢を再生産してきたと、指摘されています。[356]

それと共に、現代に生きる私たちは、霊的・個人的な事柄と、政治的・社会的構造の課題を切り離さずに、話し合い考え合い行動することが、地球全体のいのちと平和に本当に大切ではないでしょうか？

・「知っているなら伝えよう、知らないなら学ぼう。過去の歴史の事実を今きちんと知る。学ぶということが恐らく戦争への道のブレーキになる」（早乙女勝元[357]）。

355　期待される入場表現：エルサレムを守るヤハウェの入城（ゼカ 14:2-4）、勝利軍のシモン・マカベウスの入城（1 マカ 13:51）、マサダからエルサレムへのメナヘムのメシア的入城（ヨセフス『ユダヤ戦記』2.17.8）などです。Crossan, *Jesus A Revolutionary Biography,* p.128. Myers, *Binding the Strong Man,* pp.294-297. Leander, *Discourses of Empire,* p.129. Wainwright, *Habitat,* p.179. デューイ「マルコ」p.377.

356　Leander, *Discourses of Empire,* p.129.

357　早乙女勝元（NHKTV「あの人に会いたい」2022.10.29）。

・私は、（グランカナリア島の）ラスペルマスにあった小さな広場「ヒロシ
マ・ナガサキ　プラザ」が印象に残っています。なぜならば、その広場に
は、日本国憲法の第九条が書かれた碑があったからです。……「日本国民
は、正義と秩序を基調とする国際平和を誠実に希求し、国権の発動たる戦
争と、武力による威嚇または武力の行使は、国際紛争を解決する手段とし
ては、永久にこれを放棄する。前項の目的を達成するため、陸海空軍その
他の戦力はこれを保持しない。国の交戦権は、これを認めない」。これを見
たとき、日本から遠く離れたこの街の人が、日本人と同じように平和を願っ
ていることを知り、感動しました。私は、世界のすべての国が、この日本
と同じような憲法をもってくれたら、と願わずにはいられません。もし、そ
うなれば、どの国も戦争を始めることはないからです。私は世界平和を希
求します（木村恵子）[358]。

実のならないイチジク
（マルコ 11:12-14, 20-25/ マタイ 21:18-19, 20-22）

マルコはここもサンドイッチ技法で、「実のならないイチジク木」の話
を「神殿批判」の枠として用いました。実りをもたらさぬ不信のイスラエ
ル（特にエルサレム神殿の祭司長や書記）に反対するイエスの預言者的な象徴
行為として編集（エレ 8:13. イザ 28:3-4. ホセア 9:10,16. ヨエル 1: 7,12. ミカ
7:1）。これは、CE70 年のローマ帝国によるエルサレム神殿破壊の事後預
言と言われます[359]。

358　木村恵子『ひと味ちがう地球一周の船旅：平和の種をまきながら』（人間と歴史
　　社、2015）pp.283-284。
　　　ところで私がアメリカ留学中に、世界の様々な国・民族の人々から言われまし
　　た、「日本の平和憲法は素晴らしい貴重な宝物ですね。世界中の国々がそういう
　　憲法を持ったら、戦争は無くなるでしょう。平和憲法を本当に大事にしてくださ
　　い」。
359　荒井『著作集』② pp.406-408。Meier, *A Marginal Jew 2*, p.896. Myers, *Binding*

A. イチジクの木を呪う（11:12-14）

　B.　神殿での怒りの行動（11:15-19）

A'.　枯れたイチジクの木の教え（11:20-25）

　イチジクは、イスラエルが与えられた良い土地のメタファー（隠喩。申8:7-10）。パレスチナで最も実りの多い木で、庶民の日常生活で非常に大切。初めての実は神に献げられ、平和・安全・繁栄の象徴で語られました（エデンの園、出エジプト、荒野、約束の地、ソロモンとマカベウスの統治、メシア時代の到来の物語など）。イチジクの「実がなる」ことは、ヤハウェ（いのちの神）が民を訪問し祝福することを描き、「枯れる」ことはヤハウェの裁きを描きます。

　マルコはこうした背景で、豊かな実がなることが期待される神殿制度が、むしろ「根から」枯れるものだと描きます。ユダヤ教のミドラシュでも同様に確認されます。そしてマルコのイエスによるイチジクの木に対する呪いは、黙示的パラブル（13:28-31）に繋がります。葉が茂った（つまり実がない）イチジクの木は「終わりの時」の徴です（ルカは、別な所で「イチジクの木のパラブル〔ルカ 13:6-9〕」を入れて、ここでは無し）。[360]

　「信じて祈りを求めるなら受け取れる」というような言葉（11:24）は歴史のイエスに近いと思われますが、「山を動かす」というような表現（11:23）はイエスが言ったかどうか不明で、むしろ初期クリスチャンたち

---

the Strong Man, p.297. William R. Telford, *The Barren Temple and the Withered Tree,* pp.161-2, 193-196.

360　Blomberg, *Historical Reliability,* p.131. Myers, *Binging,* p.297. Wainwright, *Habitat,* p.182. ウィリアムソン『マルコ』p.333。シュテーゲマン「批判的論争から敵対関係への移行」p.82。

　　　「**ミドラシュ**」（←ドラシュ研究・調査）：書記やラビと呼ばれる人々によって書かれたユダヤ教の聖書解釈の方法や内容で、大きく分けてハラカーとハガダーの２種類。「**ハラカー**」（法規←歩き方）：成文律法＋口伝立法などを権威の基としてユダヤ共同体成員の正しい「歩き方」を律する教え。「**ハガダー**」（←説話）：非法規的な物語・話を基にした教え。Cf. Myers, *Binding the Strong Man,* p.297.

の間で広く使われていたと思われます。[361]

　これに続く「神に許されるために人を許すように」(11:25) は、「主の祈り」（ルカ 11:2-4. マタイ 6:9-13+14-15) の響きに繋がります。しかしこのマルコ編集による許しの教え方は、抑圧されたあらゆる人々にとって重大な問題と指摘されています。虐待された女性や子どもたちが、暴力状況に我慢して居れ・戻れという勧告としても使われてきたからです（Cf.10:35-45)。

　様々な所・状況で語られた、歴史のイエス自身の言葉も、マルコのイエスの言葉も、具体的な背景に基づくものであることを意識して、普遍的な教えとして決めつけるべきではないと言われています。[362]

神殿での怒りの行動

（**マルコ 11:15-19**/ マタイ 21:12-17 / ルカ 19:45-48/ ヨハネ 2:13-22)

　このテキストに書かれたイエスの言葉は、基本的にイエス自身が言ったという理解も、後から編集された言葉という理解もあります。その一方で、イエスの行動は、歴史のイエス自身の行動が元にあったと理解されています。[363]

　ガリラヤの貧しい庶民たちと同様に、イエスは恐らく一度だけエルサレムに行き、神殿を宗教的・政治的・経済的な抑圧の象徴と見て（と言うか、改めて実感・再確認して）、激しい憤りを持ったと思われます。

---

361 例：マルコ 11:23/ マタイ 21:21. 17:20/ トマス 48. 106。それの繋がり：ルカ 17:5-6. ヨハネ 14:13-14. 15:7, 16. 16:23-24, 26。パウロ（１コリ 13:2）も、正典外も。The Jesus Seminar, *Mark*, pp.177-178.

362 　デューイ「マルコ」p.378。

363 　ここのテキスト全体の参考：The Jesus Seminar, *Mark*, pp.174-175. Crossan, *Jesus A Revolutionary Biography*, p.133. Vermes, *The Religion of Jesus the Jew*, pp.iv-x. 荒井『著作集』① pp.131-133、② pp.398-403。Myers, *Binding the Strong Man*, pp.299-305. Leander, *Discourses of Empire*, p.266. Carter, *Matthew and the Margins*, p.418. デューイ「マルコ」p.378。Liew, "Mark", pp.107-108.

そもそも過越祭は、ユダヤ人たちの先祖が、隷従の地エジプトから自由の地に向かうように導かれた「出エジプト」を記憶する時です。その時期は、多くのユダヤ人たちがエルサレムに巡礼に来て集まり、エルサレムは大混雑の時です。それでローマ帝国の支配層は、植民地支配下のユダヤ人たちが独立を求めて暴動（ぼうどう）を起こす最も危険な時として、最も強く警戒し、多くの兵士たちが神殿の上からも監視（かんし）していました。そんな状況で、エルサレム神殿の庭でイエスが突然荒れた行動を起こしました。

　それで、ユダヤ人たちに対するローマの警戒感・抑圧を強めないように、ユダヤの指導者たちがイエス殺害計画に端緒（たんしょ）を発したことは、歴史的事実と理解されます。その時期は、イエスの公生涯の終わりとするマルコ福音書が史実に近いです。しかしイエスの行動自体の描き方はヨハネ福音書が史実に近いと理解されます。つまりヨハネに書かれたようなイエスの行為の激しさを、マルコは弱めて編集しました（マタイとルカはそれを基に編集）。

　別々の伝承に基づくヨハネとマルコのテキストで最も共通する部分（ヨハネ 2:14-15/ マルコ 11:15b）から想像する伝承の最古層（さいこそう）：「イエスは神殿の前庭で犠牲の動物（牛・羊・鳩）を売る者たちと、両替人（りょうがえにん）たちを見て、縄で鞭（むち）を作り、羊や牛を全て外庭から追い出し、両替人の金をまき散らし、その台を倒し、鳩を売る者のイスを倒した」（Cf. ヨハネ 2:14-16）。

　イエスの行動は、特に貧しい人々への搾取に対する攻撃でした。つまり異邦人の外庭にあった市場で売買する 2 グループを攻撃。①両替人：神殿の抑圧的経済制度の象徴。②「鳩を売る人々」：貧乏人に依拠する神殿経済を象徴。鳩は第 1 に、女性の清浄（レビ 12:6. ルカ 2:22-24）、「ライ病人」の清浄（レビ 14:22）など、特に貧しい弱者に重い負担をかける儀式的義務(イエスは既にそのような人々を周縁化させるシステム自体を否定。Cf.1:41-45. 5:25-34)。[364]

364　**エルサレム神殿**について：エルサレム神殿は BCE10 世紀にソロモン王によって建てられ、BCE6 世紀にバビロニアによって破壊された後、約 50 年後の「バビロン捕囚」後に再建。そしてヘロデ大王は BCE 20 年頃に大規模改築工事を始め、イエスの時代におおむね完成。神殿は、イスラエルの神に対する礼拝と祈りを行なうための第 1 のシステムとして崇高な場所で、人々は神の慈しみへの感謝を表わし、今後の幸いの継続を確認すると、理解されていました（ヘロデ王朝。注 27）。

1世紀のエルサレム神殿は、ローマ皇帝直轄属州ユダヤ自治組織で、宗教・政治・経済の中枢的役割を持ちました。神殿には、ユダヤの全成人に課された神殿税（2分の1シェケル＝2ドラクメ）、10分の1税（地の産物の10分の1、または相当価値の貨幣）、国内外からのおびただしい奉献物、祭りごとに贖われる犠牲動物などが集まりました（代金は、神殿内で通用する古代ヘブル貨幣かフェニキアのティルス貨幣に両替しなければなりません）。それで神殿は、それらの管理や祭儀・大規模修繕などのために何千人もの人々を雇用する、ユダヤ共同体の中心的金融機関の機能を持ちました。

　「大祭司」は、サンヘドリンのトップ（サンヘドリンは71人の議員で大半が貴族で、10数名の「祭司長」の1人が「神殿守衛隊長」で軍事の全権を掌握）。そして、エルサレム神殿に繋がるヘロデ政権者・祭司長たちに富と権力が集中。彼らは、奉献された富を社会的弱者に再分配するシステムを腐敗させ、自分たちが富を占有して大土地所有者に成りました。そして困窮農民から借金の抵当として土地を取り上げ、彼らを小作人・負債奴隷などとして働かせて、不在地主としてエルサレムなどで邸宅生活をしていました。

　そんな中で遠く離れた地方のガリラヤ農民たちは、神殿奉献を強要される現実になっていました。彼らは、政治権力の抑圧に対して批判精神を強く持ち、抵抗の知恵と実践を共有して来ました。宗教組織の抑圧に対しても、批判し抵抗する魂を堅持していた可能性もあります。しかしそれと同時に、ローマ帝国という外国の支配下で、諸民族が混ざった広範なヘレニ

　イスラエルの神は、民を隷従の地エジプトから導き出し、幸せに生きられるように土地を与えたので、慈しみと正義の聖なる神にふさわしい民として、神に感謝して律法を守って生きるように教えられました。土地は本来、神に属すものである以上、そこからの富の一部を神への感謝として献げるのは当然とされました。そうした中で、神の言葉として教えられる戒めは、神への信仰・服従を、実質的に宗教組織への服従に置き換えられていきます（宗教的奉献の義務の合計だけで、一般的農民にとって農業生産の約20％が取り上げられました）。そしてBCE6世紀頃から、各地の奉献物も全てエルサレム神殿に運ばれて再分配。このシステム中央化で、地方が疎かにされ、社会的弱者のための本来の再分配機能が失われていきます。山口里子『イエスの譬え話』② pp.19-51、① pp.29-66。

ズム文化の中で、自分たちの共同体をサバイバルするために、先祖からの信仰・律法順守で守ることが重要な課題とも、理解されていました。

　そのような状況で、先祖からの信仰継承を担う働きは尊重される一方、むしろ困窮した現実では信仰共同体自体の破壊に繋がる危険があると否定的に見られた可能性もありました。こうして、伝統的信仰への根本的批判があると共に、神殿への奉献がきちんと出来ないことは、ユダヤ共同体の義務を果たしていないという罪悪感に繋がり得ます。さらに、拭えない罪悪感・不安は、無自覚に「自分はダメでも、あいつらよりマシ」と思いたくて、自分より「罪人」と見える人々を軽蔑・差別のターゲットにする形で、真の問題を覆うことにもなります。こうして人々の間には、権力層に都合良い分断支配の苦しみがあったと思われます。

　このような問題に直結するイエスの言葉「あなたがたは（全ての民の祈りの家を）強盗たちの巣にしてしまった」（マルコ 11:17/ マタイ 21:13/ ルカ 19:46）は、ヘブル語聖書「引用」を暗示させますが、イエス自身の激しい憤りを表わしていると理解されます：「あなたの家に対する熱情が私を食い尽くしている」（詩 69:10）、「私の家は全ての民の祈りの家と呼ばれる」（イザ 56:7. マタイとルカは「全て」を削除）、「私の名が呼ばれるこの神殿は、お前たちの目には盗賊たちの巣窟となったのか？　私にはそう見える」（エレ 7:11）。

　こういうことでイエスは、神殿そのものを否定するのではなく、本来の役割回復を求めた？　抑圧的不当な社会体制の基盤・強化に成っている神殿体制を転覆させて、新たな共同体再構築を求めた？　そして、「神殿信仰」を捨てることは神への信仰を捨てることでは**ない**と主張？　伝承の最古層には、神殿の存在基盤そのものを揺るがすものだとも、理解されます（Cf.14:58）。

　以上のようなことを考えると、もしイエスが神殿に対してどれほど激しい憤りを持っても、こんな時期に神殿でこんな乱暴な行為をしなかったなら、十字架で処刑されなかったと言われます。つまり、もしそれが、ロー

マルコ福音書をジックリと読む ── そして拓かれる未来の道へ ｜ 237

マ帝国の支配層が最も強く警戒していた過越祭の時で無かったなら、そして、巡礼者で大混雑のエルサレム神殿で「治安妨害」を起こさなかったなら、イエスは逮捕・処刑から逃れられただろうと理解されます。それで、「イエスが十字架処刑されることになったのは、『悪い時（過越祭の時）・悪い所（神殿）・悪いこと（騒動を起こした）』をした悲劇」とも言われます。[365]

　これはその通りだと、私も理解します。イエスがどれほど激しい憤りを持ったかは、分かります。その上で、考えたいことがあります。当時、ローマ帝国支配下で、ユダヤの傀儡政権でもエルサレム神殿でも、ローマの支配層に承認されなければ、「王（＝領主）」にも「大祭司」にも任命されませんでした（Cf. 14:53-15:15）。それによって、神への祈りの場である神殿でさえ、人々をさらに搾取・困窮させ苦しめる状況にされていました。[366]

　こうした状況で、イエスは人々に対して心底から深い共感共苦を持って来たからこそ、権力層に心底憤っていたことでしょう。けれど、考えてみれば、神殿の庭で両替や犠牲動物販売に携わった労働者たちは、支配層ではなく支配下の人々でした。もちろん支配下の人々も、ストレスいっぱいで悪意や暴力を持つ人々もいっぱいいる現実はいつでもあるでしょう。それにしても、ここでイエスが、支配層の人々に対してではなく（これは現実には不可能かも知れませんが）、支配下の人々に荒れた行動をしたのは、私は残念です。これは、実質的には分断支配・分断差別に嵌め込まれて、本

365　Vermes, *The Religion of Jesus the Jew,* pp.iv-x.
　　　もしかして、こんな時期にイエスが是非とも今エルサレムに行くと真剣に強く言った時に、「弟子・仲間」たちが「恐れた」（10:32）のは、イエスの激しい憤りで、何かトンデモナイことが起きるのではないかと、不安と怖れを持ったかも知れないと、私は思います。

366　ローマ帝国支配は、ユダヤの「王」・祭司的貴族層を政治的に利用します。CE 6-41年に、エルサレム神殿の祭司長たちは、政治・経済・社会に関心を向けず、ただ霊的に「ヘブル語聖書に専念」することで、ローマによって選任され地位を保持できました。このような下請け「代行者」としての権力層の在り方は、現代においても、生活困難・飢饉でゲリラの抵抗運動が起きる被植民地支配下の社会に一致すると言われます。James Douglass, *The Nonviolent Coming of God,* pp.90-92.

質的な権力構造の変革に繋がれないのではないでしょうか？

　このことを含めて、「どんなに悲しくつらい思いを持っても、どんなに激しく憤っても、こんなことしなかったら良かったのに！」と、私は悔しい思いを持ちます。皆さまは、どう思われるでしょうか？[367]

367　参加者の「声」：

　＊キリスト教と十字架はセットだという風に思い込んでいた。イエスが十字架につけられなかったほうが良かったって考えたこともなかった。衝撃。具体的に出会うことがないと、考えられていないとつくづく思いました。

　＊権力に対する憤りを結果的に権力そのものではなく末端役割を担っている（？）個々人に怒りという形・暴力を向けたことはどうなのか、ということは問い続けなければならないと思います。しかし踏みつけられ痛みを覚える中で「もう限界」という叫びだっただろうと思います。そうせざるを得なかった結果、十字架へと追いやられて行ったでしょう。ですから残念...という思いは私も拭いきれませんが...。

　＊民衆の力を奪って無力化するという暴力が、「政治」や「宗教」の構造下で行われてきたと思います。そんな構造の中では、「直接的暴力」は、被支配側の最後の行為手段だと思います。現在の私たちは、暴力的な社会構造で、共に生きるために出来ることは何でしょう？

　＊人々の中で「いやしの人」として、あるいは権力への抵抗者として生き続ける「イエス」像は、現実の歴史のどの時点にも、宗教や人種、性別に拘わらず、確かに存在し、私たちが出会っているという確信はあります。思い出すだけでも、沖縄辺野古で、海に引きずり込まれても抵抗運動をやめない人たち、米軍基地に反対しながらも非暴力に徹し、個人としての米兵や自衛隊員に呼びかけ続け、街頭に黙って立ち続ける人たち、「非核市民宣言ヨコスカ」、「ヨコスカ平和船団」の人たち、反戦・平和・反原発活動を続け、住まいを奪われ、帰る故郷を失い家族離散状況に追い込まれる人々と子どもたちに寄り添い、訴訟などの活動を支援する人たち……。マイノリティの声を聴き寄り添う人たち、路上生活者を駅構内や公園から追い出す行政に対して闘い続けている人たち、仕事を奪われ横になるベンチもなくされ、炊き出しに集う人たちに寄り添う人たち……。つまり、困難の中に置いてきぼりにされている人々がいるところには、イエスの面影が見える。でも、聖書の「イエスの十字架への行程」の内実について、まったく想像しなかった、あるいは、考えることを避けてきたのではという、悔恨と感謝のぐちゃぐちゃになった気持ちです。

権威についての問答 （マルコ 11:27-33/ マタイ 21:23-27/ ルカ 20:1-8）

　イエスは再び神殿に入り、エルサレムのサンヘドリンを象徴する人々（祭司長・書記・長老）に対決されます。そして、ここのイエスの言葉（11:29-30, 33）も、イエス自身のそのままの言葉でなく後に編集されたものでしょう。ただ、このような議論は実際にあったとも考えられています（11:32は写本によって「オクロス」か「ラオス」。注 77）。

　歴史のイエスは、自らの行動・発言を、律法によっても神によっても正当化せず、自らの責任において行動し発言しました。イエスは「何の権威」と問われた時に、いわゆる答えを拒否して、問いに対する対抗質問を使うユダヤの伝統的・典型的なパターンで応答しました（Cf. 12:13-17）。

　サンヘドリンの指導者たちは、自分たちのことを、「天から」正当化されている神殿を「地上で」代表する権威と見なしていました。そこでイエスは、「天から」「人から」に、バプテスマのヨハネの宣教の例で対置させます。ヨハネが政治権力によって殺されたことを踏まえた、挑戦的な問いです。ですから、ヨハネに関するこのイエスの言葉は、ここのテキストのコンテキスト（状況）とは別に、イエス自身の思いに繋がり得ると理解されます（Cf. 1:14-15）。[368]

　現代の私たちも、正しく当然とされる「権威」・「正当」についても、根本的なところから考えて生きることが必要ではないでしょうか？

ぶどう園の小作人たちの譬え話
（マルコ 12:1-12/ マタイ 21:33-46/ ルカ 20:9-19/ トマス 65）

　福音書に数々あるイエスの譬え話は、伝統的に「主人＝神／キリスト」

368　The Jesus Seminar, *Mark,* pp.178-179. 荒井『著作集』① pp.134-135。Myers, *Binding the Strong Man,* pp.306-307.

として解釈されて来ました。この譬え話も、「主なる神の息子イエス・キリスト」を拒絶する不法・傲慢な「農民たち」は、神の裁きで断罪され退けられると解釈されてきました。しかしウィリアム・ヘルツォグの研究で、福音書に書かれる前の、歴史のイエスがガリラヤ農民に語った元々の譬え話では、「主人＝神」のようなイメージとは全く異なると示されました。その後、イエスの譬え話の解釈に大変化が起こされて来ました。私もそのようにして学んできました。[369]

　ヘブル語聖書時代から、「ぶどう園＝イスラエル」「所有者＝神」で、ぶどう園の管理をイスラエルの指導者たちに委ねるという比喩(ひゆ)が伝統的に使われてきました。そんな中でCE1世紀後期に福音書著者たちが編集した話は、ぶどう園の「主人＝神」から送られた「息子＝キリスト」と解釈された可能性はあるでしょう。けれど、CE30年頃にイエスがガリラヤで農民たちに語った時は、どのようなイメージだったでしょうか？　イスラエルには多様な神観があり、イエスは伝統を尊重しつつ選択的(せんたく)・創造的に継承(けいしょう)する姿勢を持っていました。[370]

　この話は、まず「ある人がぶどう園を作り、垣根(かきね)を巡らし、酒舟(さけぶね)を掘り、見張り塔(とう)を建てる」と始めます。それは、「ある人」本人ではなく、男女

369　William R. Herzog II, *Parables as Subversive Speech,* pp.98-113. Luise Schottroff, *The Parable of Jesus,* pp.15-24.
　　　この譬え話については、私は既に書きましたから、ここでは短くまとめて述べます。Cf.『イエスの譬え話』①第1章。
370　教会では、神やキリストを「主」と呼ぶことが圧倒的に多く、「主人＝神」として譬え話を読むことにも慣らされています。それで「主（人）」にばかり敬意を持って注意を向けることが習慣化されています。こういうことが、ピラミッド社会の下層に生きる人々に対する敬意と注意がきちんと向けられず、その人々の尊厳・生活・労働が軽視される姿勢を強めて来ていると考えられています。そして様々な解放の神学が（注2）、ピラミッド社会の下層に置かれている人々やその状態にしっかり向き合うためには、神を「父」「主」と無意識に習慣的に呼び続けることを止めて、意識的に多様な呼びかけを用いるように提言しています。山口里子『新しい聖書の学び』pp.78-103。『いのちの糧の分かち合い』pp.50-70。

の奴隷たち・小作人たちが労働をして、「主人」のぶどう園を作ったのです。このことは当時の聴衆には、すぐ実態を思い浮べられる日常の光景です。けれども現代の私たち、特に都市生活者の多くは、そういう労働者の実態を思い描かず、無知・無関心になり易く、注意が必要と思います。

ぶどう園を作る作業は、昔から基本的に変わっていませんでした：「良く耕して石を除き、良いぶどうを植えた。その真ん中に見張り搭を立て、酒舟を掘り、良いぶどうが実るのを待った」（イザ 5:2）。しかしここでは最初に（開墾する）「良く耕して石を除き」という言葉無しです。まず「垣を巡らす」は、周囲の貧しい農民たちの敵意・盗難に対する「垣」が必要だったことを暗示します。

当時、ガリラヤ農民たちは、ローマ帝国の税金・ヘロデ政権の税金・エルサレム神殿税という３重の税金で、多くが負債に苦しみ実質的に収入の約 1/2 〜 2/3 が取られてしまう状況になっていました。そのような暴力的・絶望的な経済状況で農民一揆・抵抗運動が何度も起きましたが、軍隊の力で鎮圧されました。こうして多重負債で抵当として先祖伝来の土地を奪われ、「自営農民→小作人→日雇い労働者・負債奴隷→乞食」の暴力のスパイラルが再生産されました。

一方、ごく一握りの特権層のユダヤ人たちは、ローマ貴族層と同様に、貧農たちから借金抵当として土地を奪い、小作人や負債奴隷の労働搾取で富裕になり、ユダヤ人たちの間でも経済格差が大きく作られました。大土地所有者たちは、農民たちから奪った土地を合併し広くして（開墾不要で）、ぶどう園を作ります。自営農民が生活用に作る穀物生産よりも、ぜいたく品・輸出品になるワインで収益が多いからです。それで農民たちには、ぶどう園の主人に対する憎悪・敵意がかなり強かったです。ガリラヤ農民たちは、イエスの譬え話の始まりの短い一言を聞いただけで、この背景状況をすぐ思い浮べたでしょう。

「主人」から送られる「家臣」は奴隷たちで、単なる代行者ですが、農民たちには、遠方にいる不在地主の「主人」はほぼ見えない存在で、「家臣」は度々接する非情な「搾取者」と見え、蓄積された憎悪や敵意は、目

の前の「家臣」たちに向けられます。

　そして農民たちは、相続人である息子を殺せば「相続財産は我々のものになる」と思いました。実際、一定期間相続権が主張されない土地は「所有者無し」と見なされて、所有を最初に主張した者が承認される可能性が有りました。小作人たちは、元々自分たちから奪われた先祖伝来の土地を、不在地主から奪い返すことを企てたと考えられます。

　小作人たちは、１番目の奴隷家臣を「殴り」、家に帰らせます。２番目は「頭を傷つけた、そして辱めた（レイプした）」。最後に来た「主人の息子」を殺してぶどう園の外に「放り出した（遺体を野獣・鳥がむさぼり食うよう放置した）」。暴力のエスカレートの描写は、とてつもなく強大な暴力システムの中で、貶められ、いじめぬかれて来た農民たちに、「仕返し」の疑似体験を提供した可能性もあるでしょう。一時のストレス解消？

　「さて、このぶどう園の主人はどうするだろうか？」は、聴衆を冷酷な現実に引き戻します。公的な制裁で踏み潰され、以前にも増して「合法的」に冷酷・卑劣な抑圧がもたらされるでしょう。そうして、聴衆の心に問いかけを残します。神から土地を与えられた「相続人」として、何か他の道はないのだろうか？　と。

　歴史のイエス自身が語った譬え話を聞いた農民たちにとって、ぶどう園の主人は神をも知らぬ傲慢・非情な人間そのものです。「主人＝神」の解釈は、思いもよらないでしょう（私たちは、イエス自身びっくり仰天の誤解をしてきました？）。

　怒り・憎しみが今にも爆発しそうで、いつ暴力行為に走っても不思議ではない状況にいた農民たちには、この話はどのような経験になったのでしょうか？　特に、小作人労働をしつつ、家族の食事・衣服・世話のために知恵を絞り工夫を凝らして必死に働いて生活していた貧しい女性たちにとっては？　そして病人・障碍者たちには？

　それらを踏まえて私たちは、現代世界における不公正・犠牲のシステム、暴力のスパイラルを再生産させ続ける状況に抵抗する、様々な人生経験を持つ人々と共に思い巡らし繋がり合い、共に新しい道を切り拓くことを真

剣に考え行動することが、問われているのではないでしょうか？[371]

皇帝税と神殿税（マルコ 12:13-17/ マタイ 22:15-22/ ルカ 20:20-26）

　ここの始まりは、「（彼らは）使わします。ファリサイ派とヘロデ派のある人々を、彼（イエス）に。彼を言葉で罠にかけるために」。この表現では、「使わした」のは誰か不明です。そして、皇帝税納入について、神の道で許される（exesti 合法・正当・許容される）のかどうかを、イエスに問います。

　マルコはここで、ローマ帝国の「皇帝税」を述べる時に、「ケーンソス（kēnsos）」という言葉を誤用しています（12:14）。これは税金自体ではなく、ローマの「税金」のための「登録」を意味する言葉です。それで「登録」を、「カエサル」（ローマ皇帝）に「与える」（didōmi 12:14 x 3）というのは妙な表現です（マタイは、「kēnsos のコイン」と修正＝ 22:19。ルカは、「phoros〔被征服民が征服者に納める税〕」と正しい用語に修正＝ 20:22）。

　ローマ帝国では、皇帝アウグストゥスの時代から 2 つの主な税金形態が使われました：「直接税」（tributum/phoros：土地と人頭税）と「間接税」（vectigal/telos：販売・使用・通行税）。多くの場合、私的に雇われた徴税人が集めます。マケドニア戦争でのローマ帝国勝利（BCE2 世紀）以来、ローマ市民は直接税免除で、植民地支配下の者たちの税の重荷が増えました。それも、現金支払いが義務付けられて、物々交換を基本に生活して来た農民たちの負担がさらに厳しくなりました。

　「ファリサイ派とヘロデ派の者」は、ここでもマルコの不適切な編集です（注 225）。ヘロデ派はローマ皇帝崇拝を公言するガリラヤ領主ヘロデ・アンティパスの支持者集団で皇帝税容認でした。サドカイ派も与党的立場で容認。しかしファリサイ派は野党的な立場で皇帝税納入に反対表明。[372]

---

371 「**犠牲のシステム**」について：山口雅弘『ガリラヤに生きたイエス』pp.243-264。
　　Cf. 荒井献・本田哲郎・高橋哲哉『3:11 以後とキリスト教』pp.150-153。

372 荒井『著作集』② pp.411-418。Leander, Hans, *Discourses of Empire*, pp.276-

税金問題で罠にかける問いを、マルコは聞き手が分かっていると推測したでしょう。重税で農民の土地が奪われて盗賊が増えていたような状況で、イエスがどちらの側を取る応答も危険です。皇帝税を拒否すれば反逆者と見られます。神殿税に協力すれば、民衆の信頼・支持を失うことになります。

　そんな中で、イエスは機知に富んだ謎めいた応答をします。まず、デナリオン銀貨を持って来させて見せます（つまりイエスはお金を持っていないイメージも見せます）。ここで持って来られたデナリオン銀貨は、元はラテン語で書かれた物がギリシャ語に移して作られた物の可能性大です。そこには表面と裏面で「神的アウグストゥスの子、皇帝にして最高神官なるアウグストゥス……」（ラテン語）→「崇高なる神の子、崇高なる皇帝にして大祭司なる……」（ギリシャ語）の「肖像」（eikonos）と「刻銘」（epigraphi）があります。

　それを見せて、イエスは言います：「皇帝（カエサル）のものは皇帝に、そして（kai：そして／けれど：and/but）、神のものは神に返しなさい」（マルコ12:17/ マタイ22:21/ ルカ20:25/ トマス100）。これはイエス自身の言葉と理解されています。

　「返しなさい（apodidōmi）」は、負債の返済・償還の用語で、「あなたが負っている者に返済せよ」です。それで、「あなたがたが自分の存在をローマ皇帝に負っているのならば、その負債を皇帝に。自分の存在を神に負っているのならば、その負債を神に償還したら良いでしょう」との意味合いです。そこでは、「神への負債＝神殿に納める物」という理解を基に、皇帝税と神殿税について問われていたと思われます。

　一方、イエスにもファリサイ派にも共通するユダヤ人たちの基本的な理解は、全てのものは実は神に帰属するということでしたが、これは「神への負債⇒エルサレム神殿に納入」という解釈を決めつけない理解です。つまりイエスは、税金払いを直接に肯定も否定も明白に述べません。支配体

278. 本田『小さくされた者の側に立つ神』pp.115-116。

制を前提にする質問に対して応答を拒否して、むしろ彼らの問いを彼ら自身の主体性に問い返したのです（トマス福音書の語録100「皇帝のものは皇帝に、神のものは神に渡しなさい。しかし、私のものは私に渡しなさい」では、「私のものは私に」の加筆。これは、「皇帝のもの」「神のもの」両方を相対化して、さらに、人は神のイメージに造られた者で「奴隷」ではないと言う、人間の尊厳・主体性の主張に繋がる可能性を持つと理解されます。これはトマスによる編集の言葉であっても、イエス自身の生き方に繋がるのではないかとも思われます）。[373]

こうして、植民地支配下で生きるユダヤ人たちの会話として、色々な解釈可能な含蓄のある表現と理解されます。「皇帝に返す皇帝税」と、「神に返す神殿税」を、両方とも払うべき？　神と皇帝を上下に見るなら、皇帝税を否定して神殿税を肯定？　それとも「神へのもの＝神殿税」という規定自体に抵抗して、「皇帝税」も「神殿税」も否定？　「結局、全ては神のもの」で、私たちは支配層の「奴隷」ではないと？　どうでしょうか？

・納税問題に対するイエスの答えは、宗教、政治、経済と生活のすべてにかかわる社会の抑圧と差別の構造の変革を要求するものでした。……（政治が）あらゆる角度から人間生活の全般に影響を及ぼすものである以上、人間解放、社会構造の福音化において、政治に対する働きかけを避けて通ることは考えられないことです（本田哲郎）。[374]

復活問答 （マルコ 12:18-27/ マタイ 22:23-33/ ルカ 20:27-40）

このテキストでは、イエスの所にサドカイ派たちが来て、レビラート婚（こん）の関連で「復活（anastasis.12:18, 23. Cf. 注 282）は決して無い」と、彼に

373　The Jesus Seminar, *Mark*, p.334. Myers, *Binding the Strong Man*, pp.311-314. Leander, *Discourses of Empire*, pp.135-138. 272-275. 荒井『著作集』① pp.136-140、② pp.411-418。デューイ「マルコ」pp.378-379。滝澤『イエスの現場』p.197。山口里子『イエスの譬え話』② pp.41-47。しかし後にパウロは、税金支払いを義務と課して教えます（ロマ 13:6-7）。

374　本田『小さくされた者の側に立つ神』pp.130-131。

言って尋ね続けました。

　サドカイ派（祭司長、長老、祭司的・信徒的貴族層）は、ほとんどがエルサレムに住む上流階級で、祭司で金持の大土地所有者（不在地主）。祭司としての報酬と、所有地で働いた小作人から受ける報酬で二重に利益を得ていました。それで父権制家族の富と遺産相続（いさんそうぞく）の保全（ほぜん）は重大な関心事です。

　レビラート婚（申 25:5-10）は、夫を亡くした妻を夫の兄弟が結婚するものです。強固な父権制社会で、兄弟の前妻の生存を守る面ももちますが、父権制家族の所有財産の維持が目的です。サドカイ派は、こうした父権制的な財産維持のために、レビラート婚の律法を特に重視します。それで、復活の時に、どの女性が誰に属すかという問題が起きるので、復活信仰を否定します。そうした考えの中で、夫と子のない貧しい女性には無関心で、死後の世界でも女性は誰かに「属する」との思い込み・決めつけをもっています。[375]

　そこで彼らにイエスは言い続けました。この話でイエスの名はここだけですが、このイエスの言葉はイエス自身の語り方ではありません。つまり歴史のイエスは、自分の考えを述べる時に聖典などを引用・根拠にしません。けれどここでは「書かれた物」（ヘブル語聖書）を用い、ユダヤ教指導者たちとの論争を前提にしたアポフテグマ（言葉を中心に構成した話）様式です。そして後のキリスト教指導者とユダヤ教指導者の律法解釈の正当性をめぐる論争を反映しています（「神対人の戒め」:7:6. LXX イザ 29:13.「離縁」：10:2. 申 24:1/ 創 1:27, 2:24.「復活」：12:18-27. 申 25:5-6. 出 3:6.「第 1 の戒め」：12:28. 申 6:4-5. レビ 19:18.「ダビデの子メシア」：12:35-37. 詩 110:1）。

　さらに、ここでのサドカイ派の質問様式は、相手をばかにし嘲笑する形で、ユダヤ教伝承で「無作法」（ぶさほう）と呼ばれるものです。これに対してマルコのイエスは、「まちがっている」（*planaō* 受動態：道から外れてる .12:24, 27）で、そっけなく答えます。神の「世界」では「天の使いたちのようである」は、性的なことでなく、もはや地上で定められた結婚（制度・在り方）は存

375　シュスラー・フィオレンツァ『彼女を記念して』pp.223-225. Myers, *Binding the Strong Man*, pp.314-315. デューイ「マルコ」p.378。

在しないということです。ここの問答の設定・言葉は編集されたものですが、父権制的価値観に抵抗する歴史のイエス像に繋がると理解されます。[376]

「アブラハム、イサク、ヤコブの神」の句は、土地と子孫の神の契約、そして人々への神の誠実さを呼び起こすものです（出 33:1. レビ 26:42. 申 1:8; 6:10. 歴上 16:16-18 など）。しかし、神に与えられたいのちと力は父権制システムでないのに、皮肉にも3人の家父長名で述べられています。こうして共観福音書は、歴史のイエスが抵抗した父権制社会構造・システムを、無自覚に（？）再生産していると指摘されています。[377]

最も重要な戒め（マルコ 12:28-34/ マタイ 22:34-40/ ルカ 10:25-28）

ここでは、先にサドカイ派とイエスが議論している（suzēteō 一緒に探し求める）のを聞いて、書記たちの1人が、「全ての最初である戒め」を尋ねました。それでイエスは応答しました（12:28, 29, 34）：「（あなたは）愛するだろう」（agapaō ＝ shall love で命令の意味の未来形＝ 12:30, 31。不定詞＝ 12:33x2）。

ここでのイエスの応答は聖典の組合せで、歴史のイエス自身の言葉ではないと認識されています（申 6:4-5. レビ 19:18. 後者はガラテヤ 5:14 で引用されていますが、イエスに帰属されていません）。これは最初期教会のもので、イエスと同時代の有名なラビ・ヒッレルによる律法解釈を肯定して述べています。そしてこれは元来別々の伝承が使われて、言葉が異なっています。

・「心（kardia）の全て、魂（psychē）の全て、精神（dianoia 理性）の全て、力（ischus 強さ）の全てから」（12:30）。

・「心（kardia）の全て、理解（sunesis 知性）の全て、力（ischus 強さ）の全てから」（12:33）。

---

376 The Jesus Seminar, *Mark,* p.185. Myers, *Binding the Strong Man,* pp.316-317. ウィリアムソン『マルコ』p.356。

377 Myers, *Binding the Strong Man,* p.316. Carter, *Matthew and the Margins,* p.443.

マルコのイエスの言葉では、神と隣人への愛が全ての戒めの中で最高（12:31）。書記の言葉では、隣人愛が祭儀規定より上位（12:33）。ここのイエスは、書記の問いに対して、聖典の「シェマー」（神に聞く）の第1戒（申 6:4-5）と第2戒（レビ 19:18）を結合して、「これより大事な戒めは他にない」と宣言します。こういう別々の伝承の結合はマルコか前伝承か不明で、イエス自身の言葉ではないですが、彼自身の基本的な理解・教えの総括（そうかつ）だとも思われます（マタイは、律法全体を根底で支える戒め。ルカは、愛の戒めを「永遠のいのち」に至る原理にする、ルカに特徴的な個人倫理。Cf. ラビ・アキバは第2戒を偉大な普遍的根本命題と述べ、フィロンは第1戒と第2戒を基本的教えと述べています）[378]。

ダビデの息子についての問答

（**マルコ 12:35-37**/ マタイ 22:41-46/ ルカ 20:41-44）

　ここのテキストで日本語訳は「メシア」と書かれていますが、原語は「キリスト」で、あとは「キリスト」の意味で主語を使っていません（12:37x2）。そして群衆は「（彼に）聞き続けていました、喜んで」です。この話も、歴史のイエス自身に遡らない、後の伝承です。

　①イエス自身は基本的に、「癒し」を自分から提供でなく応答して行なうように、「討論」も恐らく同様に、自分から「教える」のではなく応答して行なったと理解されます（イエスが「教える」という表現はマルコ編集の特徴の一つ）。

　②初期クリスチャンたちの流れの1つだったヘブル語聖書からの「ダビ

378　The Jesus Seminar, *Mark*, pp.186-187. デューイ「マルコ」p.379。荒井『著作集』① pp.346-348。
　　「隣人」や「隣人を愛する」ということについて、ここのテキストとは別に、ルカ福音書で「サマリア人の譬え話」（ルカ 10:30-36）に書かれている。歴史のイエス自身が語ったこの話は、律法・信仰・行動・社会問題に関して根底からの問いかけが、なされていると理解される。Cf. 山口里子『イエスの譬え話 2』第8章。

デの息子」（によるダビデ王朝再建）ヴィジョンのキリスト論を（イザ 11:1-
5. 詩 2:8-9. 110:1. Cf. 使 2:34-35. ヘブ 1:13. 10:12-13. 黙 12:5. 19:15）、マルコは
少し引用しますが否定的です。つまり、「メシア＝キリスト」が王家の血
統ならば、キリストはユダヤ階層社会の頂点に位置づけられて、支配層肯
定のキリスト論に成るゆえに、マルコは否定的に編集したと理解されます
（マタイとルカは、全体として「ダビデの息子」キリスト論に肯定的と否定的な両
面があると理解されます）。[379]

書記たちへの非難
（**マルコ 12:38-40**／ ルカ 20:45-47. Cf. マタイ 23:1-36／ ルカ 11:37-52）

　マルコは再び書記に対して非難します。書記と言われる人々にも色々な
人がいるのに、一律にして書き続けているので、不適切です。ただ、基本
的にはエルサレム神殿のほうに居る書記たちの多くが、傲慢な姿勢が強い
と理解されています。このテキストで、「第 1 の席」（首座）と「第 1 の椅
子」（リクライニング食卓の名誉席）の言葉は、名誉欲・貪欲・偽善的姿勢を
象徴します（マタイは、Q 福音書を基に書記とファリサイ派を組み合わせて長々
批判。Cf. 注 225。ルカは、マルコと Q の両方を基に別々の所に挿入）。
　そして、（ピッタリでなくても）歴史のイエス自身が言った言葉の可能性
も、考えられています：「書記たちに気をつけなさい。人々が望んでいる
長い衣を着て歩き回り、市場で挨拶して、ユダヤ教会堂で第 1 の席、晩餐
でリクライニングの第 1 の椅子に居ます。（彼らは）寡婦たちの家々を食い
尽し、見せかけで長い祈りをしています。この人々は、より多くの裁きを
受けるでしょう」。[380]

379　The Jesus Seminar, *Mark,* pp.187-188. *Boring, Berger,* Colpe eds., *Hellenistic
　　 Commentary,* pp.129-131. デューイ「マルコ」p.379。

380　The Jesus Seminar, *Mark,* pp.189-190. 川島『十字架への道イエス』p.162。デュー
　　 イ「マルコ」p.379。Liew, "Mark", p.111.

寡婦の献金 （マルコ 12:41-44/ ルカ 21:1-4）

マルコは、「寡婦」（chēra）の言葉で、前の書記非難の話と寡婦の献金の話を結びつけました。マルコの編集による、神殿での最後のエピソードは、神殿祭儀への義務で困窮させられている寡婦の話。エピソードの始めに、イエスは神殿の「献金箱」の反対側に（kateanti 反対・対立側に）座って、注意深く見続けていました。

ここで「献金箱」（gazophulakion ← gaza ペルシャ語「財宝・宝物」+phulakē「財宝・罪人などの保管個室」12:41, 43）として述べられているのは、献金入れではなく保管室なので、不適切な表現です。マルコはこれを知らずに、ここの状況とは別の伝承を使った可能性があります（ルカは、この不適切な言葉を、「金持が保管室に贈物を投じた」と編集 . 21:1）。

女性の庭の柱廊（コロネード）に、13 のトランペット型の献金入れが置かれていました。献金者は額を述べて献金を投げ入れます。その全てが、開かれたドアを通して人々に見られ聞かれました。マルコは極端な対置で表現：「多くの金持ちたちが多くを投げ入れ続けていた。そして 1 人の困窮した寡婦が来て、 1 クァドランスであるレプトン 2 つを投げた」。レプトンは最小単位のコイン（ 1 デナリオンの 1/128）。結局、この女性の「全て」を、神殿は奪ったということになります。[381]

「貧しい者は富んだ者より敬虔にささやかな物を神に捧げる。それしか持っていない生活での犠牲の献げ物は、富んだ者の立派な物より神の前に正しい」というような話は、ユダヤ教・ヘレニズム文化・仏教にも多く見られます。マルコは、そのような伝承を基に編集したと考えられます。ユダヤ律法は、孤児たちと寡婦たちの保護を呼びかけており、神殿は、ユ

381　The Jesus Seminar, *Mark,* p.190. Elizabeth Struthers Malbon, "The Poor Widow in Mark and her Poor Rich Readers", pp.112-116. トルバート「マルコ」pp.461-462. Myer, *Binding the Strong Man,* p.321. 荒井『著作集』① pp.366-367。

ダヤの民のものであるべき所で、神殿税・貢物・税金の再分配の場として、寡婦のような困窮者の必要に応じる提供をすることが倫理的に求められていました（申 14:29）。ところが、神殿は寡婦たちを保護しないどころか搾取しています。つまり敬虔称賛の表現で、社会的に弱く低い階級にされた人々がさらに搾取され、高い階級がさらに利益を受けるのです。[382]

このような状況で、イエス自身が言った可能性があると思われる言葉：「アーメン、あなたがたに（私は）言います。その困窮した寡婦は、投げ入れた全ての人より多くを、献金入れに投げ入れています。なぜなら全ての人々は、彼らの有り余っているところから投げ入れました。しかし彼女は、彼女の欠乏の中から持っている全てを投げ入れました。彼女の生命（いのち）（bios）全てを」（12:43-44）。

この言葉は、称賛どころか真正面からの非難で、敬虔と教えられることの悪を明らかにする憤り・嘆きです。彼女にそのような行為をさせる動機（どうき）と状況を作った宗教的価値観・システムを断罪しています。困窮した寡婦が、持っている全てを差し出すことは、実質的に自死（じし）の行為です。このことは現実には、女性の献げ物が他の困窮者に貢献（こうけん）することにならず、腐敗システムに貢献するのみになります。イエスは腐敗した神殿の再分配システムを批判して、その崩壊を預言することになります（13:2. エレ 7:1-20）。けれどこれは、イエスの「反ユダヤ姿勢」ということでなく、自分がユダヤ人であるという意識を持っているからこその、批判・抵抗姿勢とも言われます。[383]

しかし、その困窮した寡婦がそうした自死の行為を、どのような思いを持ってやったのでしょうか？　私たちは、女性たち自身の「記憶」、女性

382　The Jesus Seminar, *Mark*, pp.189-190. Elizabeth Ellis, "Mary McLeod Bethune（1875-1955）". Myers, *Binding the Strong Man,* pp.320-321.

383　The Jesus Seminar, *Mark,* p.190. Addison G. Wright, "The Widow's Mites", p.262. 川島『十字架への道イエス』p.163。シュスラー・フィオレンツァ『彼女を記念して』pp.191-192. 滝澤『マルコの世界』p.205。Elsa Tamez, *Jesus and Courageous Women,* p.viii. Kwok Pui-Lan, "Making the Connections", p58.

たちによって語り伝えられた「記憶」をそのまま持っていません。寡婦が、自己犠牲で全てを「喜捨(きしゃ)」したのか？　何が、彼女にそのような選択(せんたく)を行なわせたのか？　彼女はシステムに順応(じゅんのう)・妥協(だきょう)したのか？　あるいは、人生の最後に根底からの怒りを持って抗議をしたのか？

　父権制社会の価値観や編集によって、女性が一律(いちりつ)に固定観念(こていかんねん)の中に閉じ込められて決めつけられないために、様々な女性自身の声・思い・姿勢にしっかり注意を向ける意識が必要だと、問われています。[384]

・「宗教・文化対立による戦争は、民衆同士の殺し合いを誰が裏で操って軍隊・国家権力強化に利用しているのかを見抜かなくては、解決しない。……経済市場の暴力、国家の暴力、女性への暴力は繋がっている」(松井やより)。[385]

384　Elis, Elizabeth, "The Poor Widow".
　　ちなみに、「寡婦」がテーマの「裁判官と寡婦」の譬え話（ルカ 18:2-5）があります。そして、福音書著者が編集した前に口頭伝承で語られていた、歴史のイエス自身に近い話の解釈が持たれています。それは、不当に窮状に陥れられた寡婦が、諦めず断固として闘い続けたことで正義を得てサバイバルしたという話だったと。これを私が講座などで紹介した時に多くの「声」が出されました。例：「裁判官と寡婦の話で……これまでの伝統的な解釈が、いかに父権制社会の中で強者の論理に立ったものかに気付かされる。イエスのオリジナル・メッセージとの真逆性に漠然とし、イエスの言葉にあらためて神の息吹を感じる。……現代の不正・不条理なシステムが覆う社会、様々な暴力が潜む社会の中で、私たちは何を思いめぐらし連帯行動に繋げて行けばいいのか。大きな勇気とチャレンジ」。「数十年間、『裁判官＝神』のメタファーと寡婦への祈りの勧めがしっくり来なかった。今回の学びで、ようやく雲が晴れて光が射した感じ。もしかしたらイエスも、『2000年経ってやっと私が意図したメッセージを受け取ってくれる人たちが現れた。嬉しい！』と？」。Cf. 山口里子『イエスの譬え話②』pp.159-190.「フェミニスト神学：私の授業・講座での学び合い」。

385　松井やより：Yayori Matsui, "Violence Against Women in Development, Militarism, and Culture".　ちなみに、松井やよりさんは、朝日新聞記者として与えられた特権を最大限に活用して、アジアをはじめ世界中の貧しい人々・暴力を受けている人々に具体的に寄り添いサポートする人でした。同じく記者の本田勝一さんがこう言いました：世界中の苦しんでいる女性たちや子どもたちの所に取材に行くと、どんな辺地でも彼女は必ずもうそこに入り込んで綿密に取材し支援活動をしていたと。そして彼女は、「軍需物資」とされて戦地に「輸送」された「従軍慰安婦」問題で、女性国際戦犯法廷（東京で 2000.12、オランダのハーグで 2001.12）を起こした女性たちの１人です。そして急に癌で亡くなり（2002.12.27. 68 歳）、

・プロヴァン（『哀歌』の注解者）は……現代のキリスト教神学と信仰実践に対して、『極めて危険な宗教』と題し告発するのです。……神の恵みからこぼれ落とされていったかのように見える人々の訴えは、現代に生きる私たちがきく声でもあり……哀歌は、不義による苦悶、絶望の極みにある現代を生き残ろうとする人々が、魂の底から微弱な振動によって起こすノイズではないでしょうか？」（渡辺さゆり）[386]。

＊「知恵なる神ソフィア」について：

ここで、3福音書にある「書記非難」の話（マルコ 12:38-40/ マタイ 23:1-36/ ルカ 20:45-47）と「神殿崩壊」の話（マルコ 13:1-2/ マタイ 24:1-2/ ルカ 21:5-6）の間に、マルコとルカでは「寡婦の献金」の話（マルコ 12:41-44/ ルカ 21:1-4）があります。一方、マルコには無く、マタイとルカには、イスラエルの「知恵なる神」がエルサレムを嘆くテキストがあります：「エルサレム、エルサレム、預言者たちを殺し、自分に使わされた人々を石で打ち殺す者よ、めんどりが雛を翼の下に集めるように、私はあなたがたの子らを何度集めようとしたことか。だが、あなたがたは応じようとしなかった」（マタイ 23:37-39/ ルカ 13:34-35. Cf. ルツ 2:12。イザ 31:5）。

マルコはここだけでなく福音書全体で、女性の姿で思い描かれる神に関する伝承は入れず、イエスの伝道活動で共に働いた女性たちの伝承は入れず、自己犠牲の貧しい弱者としての寡婦イメージの話だけを入れました（12:41-44）。マルコのそうした編集が、「女性」たちを下位・受け身に位置づけるだけにしていないかという疑問も持たれています。

世界中から感謝と悼む声が届きました。けれど日本のマスコミは無視しました。彼女は、死の前に英語と日本語で「遺言」を世界の友人たちに E メールで送りました。彼女が呼びかけたのは、自分の国の暗い歴史にもきちんと目を向け、国家暴力を見過ごしにせず、社会の「いと小さき者」たちの側に立ち、平和な世界に向かって生ききるということです（Cf. 松井やよりさんの「遺言」2002.10.14）。私たちは彼女に感謝して学び行動したいと願います。

386　渡辺さゆり「訳者あとがき」（『哀歌』（イアン・W. プロヴァン著、渡辺さゆり訳、ニューセンチュリー聖書注解、日本キリスト教団出版局、2021）pp.187-189。

このことを考えて、「知恵なる神ソフィア」について少し学んでおきましょ
う。[387]

イエスの生涯についての伝承に見られる最初期の記憶は、彼を「知恵なる神
ソフィア」の使者・預言者として理解されていました。つまり最初期の「キリ
スト論」は、実は「ソフィア論」と言えます。

聖書には、神が様々な名前やイメージで語られており、その一つが、真実の
知恵を持って生きるように教え導く「知恵なる神」（ヘブル語：ホクマー。ギリ
シャ語：ソフィア）です。BCE 1 世紀、イエス時代の前から、古代エジプトの
知恵なる神であった「イシス」が地中海周辺のヘレニズム世界で最も人気で有
名な神として広く知られるようになっていました。これに対抗するかのよう
に、ユダヤ人たちの間では、ヘブル語聖書時代以来のイスラエルの知恵なる神
のイメージが大きく広げられました。CE 1 世紀、イエスがイスラエルの知恵
なる神ソフィアの預言者として人々に受けとめられたことには、そのような
背景の影響もあったと思われます。

多くの聖書学者たちが、諸福音書の前伝承のほとんどの流れ（特に Q、マタ
イ、ヨハネ）に、知恵なる神の教えが見出されることを確認し、イエス自身の
伝道活動の中に、イスラエルの知恵なる神の伝承を察知して来ました。

・「私のところに来なさい。全て労苦し重荷を負っている人々よ、私はあな
たがたに休息をあげましょう。私のくびきの荷は軽いからです」（マタイ
11:28, 30。Cf. 箴 3:13-18. 9:1-6. シラ 6:23-31. 51:23-26）。

・「貧しい人の訴えに耳を傾け、穏やかにそして柔和に応えなさい。不当に
扱われている人を加害者の手から救い出しなさい。勇気を持って決断しな

387　シュスラー・フィオレンツァ『彼女を記念して』pp.210-212. *Jesus Miriam's
Child*, pp.67-96, 131-162. Robert E. Goss, "John", pp.550-551. エリザベス・シュス
ラー・フィオレンツァ『知恵なる神の開かれた家』pp.17-29, 168-207。山口里子
『新しい聖書の学び』pp.93-96。『マルタとマリア』pp.127-128, 166-168。『虹は
私たちの間に』pp.296-304, 311-315。『いのちの糧の分かち合い』pp.25-30。『イ
エスの譬え話』① pp.154-158、② pp.109-114。『食べて味わう聖書の話』pp.47-
48。

さい。……知恵なる神は、彼女に従う子らを高め、追い求める人を助けます。知恵なる神を愛する人は、いのちを愛する人」（シラ 4:8-9,11-12）。

・「あなたは全ての人に憐れみ深い。あなたは何でもお出来になるからです。あなたは人々の罪を見過ごされます。人々が回心するように。なぜならあなたは存在する者を全て愛し、お造りになったものを何１つ嫌われません。……あなたは全てのものをいとおしまれます。なぜなら全てはあなたのもの。いのちの神、あなたはいのちを愛されます」（知恵 11:23-26）。

・「だから知恵なる神も言っています。『私は預言者や使者（使徒）たちを使わしますが、人々はその中のある人々を殺し、ある人々を迫害するのです』」（ルカ 11:49。Cf. ルカ 13:34. マタイ 23:37）。

・「初めにロゴス（言葉）がありました。ロゴスは神と共にありました。ロゴスは神でした。……万物はロゴスによって成りました。……世はロゴスによって成りましたが、世はロゴスを認めませんでした。ロゴスは自分の民のところに来たのですが、民は受け入れませんでした。しかしロゴスは自分を受け入れた人、その名を信じる人々には神の子となる資格を与えました。……」（ヨハネ 1:1-18。ヨハネは、当時広く知られていた「ソフィア賛歌」を土台に、「ソフィア」〔女性名詞〕を「ロゴス」〔男性名詞〕に置き換えて、「知恵なる神ソフィア」の受肉者としての、イエスの生涯の物語を始めました）。

イエス自身も、自分を知恵なる神ソフィアの「子・使者・預言者」であると理解していたと思われます。ソフィアの使者として、イエスは「すべて重荷を負い、労苦している者」に呼びかけ、彼らに休息と平安（シャローム）を語ります。ソフィアは、「軛」を負いやすく荷を軽くするように招きます。貧しく重荷を負っている者・不正に苦しんでいる者・除け者を、神は招き続けるということを、イエスは告げ知らせるので、イスラエルの子らを慈しみ深いソフィアなる神のもとへと集めるために使わされた預言者たちの長い系列と継承の中に、イエスは立ちます。

けれどそれゆえに、イエスの師バプテスマのヨハネが受けた迫害と同様に、イエスも迫害を受けることになります。それは、ソフィアなる神の預言者としての働きに対する、この世の権力層による暴力の結果です（Cf.6:14-29）。ソフィアなる神は、贖いも犠牲も求めない神です。イエスの死は、神の意思でなく、ソフィアの預言者として、社会で重荷を負わされ蔑まれた人々を招き入れようとすることで、権力層から襲われることになります。

このような、イエスが知恵なる神ソフィアの預言者と理解された、最初期のイエス・ソフィア伝承を想起させる部分が、マルコには無しです。そしてイスラエルの知恵なる神ソフィアを想起させるイエスの言葉を、マルコは福音書全体で完全に削除です。

その後キリスト教は、男中心タテ社会構造の父権制的な歴史の流れの中で、神を「父」「主」と呼び続けました。こうして、ヘブル語聖書時代からも、イエスの師のバプテスマのヨハネでも、イエス運動・最初期クリスチャン共同体でも、女性イメージで思い描かれていた神理解を、ほぼ完全に忘却の彼方に放棄しました。つまり、社会的弱者にされた人々にとって大切な、贖いも犠牲も求めず、重荷を負う人々を慈しむ神理解・歴史理解が、不可視化・歪曲化されて来たと言えます。ですから、多重層の抑圧・差別の父権制的社会構造の変革には、政治・経済的なピラミッド構造・システムの克服と共に、内面化された父権制的な宗教的・精神的ピラミッド構造の克服が必須ではないでしょうか？ このことを心に留めておきたいです。

「小黙示録」（マルコ 13:1-37/ マタイ 24:1-44/ ルカ 21:5-33）

マルコ福音書は、14 章から受難物語に入るので、その前に 13 章でマルコ自身の終末観を挿入します。これは物語の流れを妨げますが、マルコはイエスの最後の教えとして話を構成します：①早い徴（3-8）、②「弟子」たちの迫害（9-13）、③エルサレムの崩壊（14-23）、④宇宙の崩壊（24-31）、⑤結びの戒め（32-37）。

ここはユダヤ黙示文学（イザ 13:10. エゼ 32:7. ヨエル 2:10, 31. ダニ 7:13-14）のキリスト教化（13:5-27）で「小黙示録」と呼ばれます。死に直面したイエスが「弟子」たちに与える最後の遺訓という形で、この文学類型はユダヤ教と初期キリスト教会において良く知られていました（申 29-30. ヨシュ 24:1-24. サム上 12. エチオピア語エノク 9:1-19. ヨベル 7. 12 族長の遺訓 . モーセの昇天 . ルカ 22:21-38. ヨハネ 13-17. 使 20:18-35. 2 テモテなど）。それをマルコは独自に、イエスの再臨が期待される終末に方向づけて、受難物語の前に置きました。実は、他の福音書著者たちも含めて、それぞれ自分たち自身の終末観を「イエスの教え」として示しています。実際は、歴史のイエス自身は「終末観」に否定的だったのにも拘わらずです。[388]

　まず、「弟子」たちは神殿の壮大さを称賛します。約 1 世紀間の神殿改築で、大きく立派で金で覆われ、日が昇る時には太陽のように直視できないほどにまぶしく輝き、遠くからは白い雪に輝く山のように見えました。地方からの巡礼者たちが圧倒されて、ヨセフスも感嘆を表しています（『ユダヤ戦記』5.5.6）。けれど神殿建築などのために重税が課せられて、民衆の怒りも大きくありました。イエスも激しい怒りを持ち、「弟子」たちとは全く反対の見方で、神殿の崩壊を預言して「警告」します。

　マルコか前伝承は、クラウディウス帝（在位 41-54 年）時代の大飢饉（使 11:28）、61 年の小アジアの大地震、神殿崩壊をもたらしたユダヤ戦争（CE66-70）を考えていたと思われます。この戦争は「ゲリラ革命運動」ともいわれて、ローマ帝国に抵抗して起こされ、予想外の広がりで、制圧者が軍を再編成するため一旦退きました。それでユダヤ人の一部は、これが長年望んできた「神の介入」と信じて、ダビデ的メシア王国再建の期待を持ちました（歴下 15:6. イザ 8:21. 13:13. 19:2）。そして革命・ローマ反逆への更なる参加呼びかけを強めましたが、結局は再編成されたローマ軍に

388　The Jesus Seminar, *Mark*, pp.192-193. Paul Achtemeier, *Mark*, pp.102-103. 荒井『著作集』① pp.199-206。川島『十字架への道イエス』p.163。デューイ「マルコ」p.379。Boring, Berger, Corle eds., *Hellenistic Commentary*, pp.133-177. Blomberg, *Historical Reliability*, p.185.

よって神殿も都市も焼かれてしまいました。この歴史的な切迫状況が、13章に反映していると考えられています。

このユダヤ戦争前後の出来事が、マルコ（13:3-8）とヨセフスで驚くほど関連しています：①人々を惑わせる偽の預言者、②神殿の破壊・焼け落ち、③エルサレムが店々も家々も焼かれた後の飢饉（ヨセフス『ユダヤ戦記』6:285-287, 300-309. 6:250-266. 5:21-26）。

神殿はローマ軍に火で焼かれました。ヨセフスは「焼け落ち」と書いていますが、マルコは石が崩れ落ちて「崩壊される」（13:2）と表現（それでマルコは70年に起きた神殿崩壊前に創作したとの解釈もありますが、決めつけられないです）[389]。

「陣痛」は一般的な終末の比喩表現。本当に激しく辛い痛み（戦争・飢饉・災害など）の後には、新しい希望の時が来るのです。だから絶望しないで「終わりまで耐えている人々は、救われるでしょう」と。家族内の分断は黙示的な表現ですが（ミカ7:6）、これはイエス時代にも1世紀クリスチャンたちの間にも、現実に起きていました。

「するべきでない所に立っている破壊者の忌むべきこと」：シリア人がエルサレム神殿の祭壇の上に異教の祭壇を立てた（Ⅰマカ1:54. 6:7）。皇帝カリグラがエルサレム神殿に自分の像を建てさせようとした（ダニ11:31. 12:11）。ローマ軍司令官ティトゥスが神殿破壊の際に至聖所に立ち入った。そういう出来事の想起と思われます。

緊急避難・忍耐の懇願：平らな屋根の上は、村人が見張りや眠る場所。持ち物を用意する時間が無いというのは戦時難民の経験。「妊娠の女」

389　The Jesus Seminar, *Mark*, pp.195-196. Myers, *Binding the Strong Man*, pp.322-334. Sellew, Gospel of Mark, p.44. 荒井『著作集』② pp.392-394。川島『十字架への道イエス』p.165-167。

　　　神殿を輝かせた金は、恐らくローマ帝国が完全支配した金山（小アジア、ギリシャ、マケドニア、エジプト、イベリア半島など）からと考えられます。また、神殿破壊には、石壁を石の大砲で破壊し、棒の先に油を含ませた布を燃やして大砲で放って城壁の上にばら撒き、火が神殿だけでなく市街地に拡がりました。そして神殿の宝庫から戦利品を持ち出してから城を破壊したようです（Wikipedia）。

「授乳している女」は、災難時に不幸。「冬」は激しい雨で旅が困難。

　偽のキリスト・預言者への警告は、モーセの警告（申 13:2-4. ダニ 12:1 など）の想定ですが、マルコ自身の時代の混乱を描写して忍耐を求めたとも思われます。このテキストの基には、3 つの別々の言葉が集められていると思われます［①マルコ 13:21-25/ マタイ 24:23-25+11-12）。② Q/ ルカ 17:23-24, 37/ マタイ 24:26-28）。③トマス 3:1, 113:2-4, 51:2/ ルカ 17:20-21]］。

　これらの中で、トマスに書かれたイエスの神の国の言葉が、イエスに遡る言葉に近いと思われます：「それは、見守る（待ち望む）ことでは来ない。それは、ここを見よとかあそこを見よと言えない。むしろ、父の国は地上に拡がっている。そして人々はそれを見ない」（トマスは「神の国」をいつも「父の国」と表現）。そしてこれはトマス編集の言葉ですが、終末思想を否定するイエス自身の神の国理解が暗示されていると思われます。

　「人の子が雲の上に」は、宇宙的大災難のイメージで聖書の預言書・黙示にあり、離散の神の民が集められる望みは、聖書で広がっています（申 13:21-23. イザ 11:11, 16. 13:10. エゼ 39:25-29. ゼカ 10:6-12. トビ 13:13. ダニ 7:26. ヨエル 2:10. 3:4-5 など）。

　「いちじくの木」は、ユダヤ人にとって約束の地の豊かな祝福と平和の象徴でした（申 8:7-8. 王上 5:5. 雅歌 2:11-13. ヨエル 2:22）。新しい時代の描写もありますが（ミカ 4:4）、これは典型的な黙示イメージではありません。

　「門番」の見張り役を、ローマでは 4 つの時間区分（夕方、夜中、雄鶏、夜明け）で作られていました。それを担うのは、男女の奴隷たち。区分を越えて夜中にずっと見守り続けることも日常的にあり、その上、日中も他の人々と同様に働かされたりして、眠ってしまうと責められたりしていました。ここのテキストで 3 回も命じられる「目を覚ましていなさい」は、奴隷たちの厳しい経験のイメージを持ちます。けれどこの警告は、「どれほど辛くても、もう間近だから頑張るように」との思いが根底にあると思われます。「旅立つ人」「帰って来る主人」は、死んで甦り天に昇って終末の時に再臨するイエス・キリストの隠喩で、再臨はいつでも起こり得ると

いう勧めと解釈されます。[390]

　こうして述べられたマルコの終末観は、「小黙示録」「終末論」「世界の終わりの危機直面」として、時代状況で様々に異なる解釈・議論がされて来ました。それらの幾つかを紹介します。[391]

・まず、終末論の重要性は、「パルウシア」（*parousia* 到来← *pareimi* 来て居る。「キリストの臨在・再来」）の遅延への失望の中で、原始教団の典型的「中間時の倫理」（イエスの復活と再臨との中間の時に信徒たちの果たすべき倫理）だという解釈が、広く持たれてきました。[392]

・その後、この仮説は歴史的に不適切と見なされました。つまり当時の人々は、ローマ帝国植民地支配下の酷い状況で、まさに今が終末時だと思っていたでしょう。見張りへの要求は、直ちに来るパルウシアへの期待を示し、天も地も含めて境界線を超えた神の領域への期待・懇願。これは「抵抗の文学」。この世の崩壊で、神に選ばれた者たち・イエスに従う者たちは迫害されるけれど、その後に神の介入によって敵は滅ぼされ、選ばれた者たちは救われるという憧れの表現。絶望状況で希望を与える書き方でもあるという解釈です。[393]

390　The Jesus Seminar, *Mark,* pp.197- 205. シュスラー・フィオレンツァ『彼女を記念して』pp.442-443。Changing Horizons, pp.254-255. Myers, *Binding the Strong Man,* pp. 335-336, 342-343. Schottroff, *The Parable of Jesus,* p.125. Tat-siong Benny Liew, "Tyranny, Boundary, and Might".
　　　私がアメリカ留学した時に、倫理学の教師ケティ・ジュネバ・キャノンが、「門番」のことを話しました。アメリカの奴隷時代の「黒人」である祖父母の家族が「門番」だったので、家族が交代しながらでも、夜にきちんと眠れない人生。それが本当に辛いことだったと。

391　Dietmar Newfeld, "Apocalypticism: Context". Edith M. Humphrey, "Will the Reader Understand? Apocalypse as Veil or Vision in Recent Historical-Jesus Studies".

392　荒井『著作集』① pp.196, 260-261。

393　Mary Ann Tolbert, "When Resistance Becomes Repression: Mark 13:9-27". Schottroff, "Working for Liberation".

・そしてこれは「反植民地主義文学」とも呼ばれます。植民地支配そのものが複雑な現象を引き起こします。明確な言語表現は政治的に危険なので、本当の権力を怒らせない工夫が作られます。例として、マルコの非難の矛先は、帝国的大権力よりも地方の指導者。ローマ支配層に近いピラトやヘロデは弁護されて、代わりに女性ヘロディアやファリサイ派・祭司長・エルサレム権威者たちがスケープ・ゴートにされる書き方です。[394]

・ただし歴史的には、このような厳しい状況でも、多くの人々、特に庶民たちは、実際にローマへの反逆を呼びかけると共に、エルサレム特権階級に対しても闘っていました。ですから、「反逆者たち」のマルコの描き方がフェアかどうか疑問視されています。むしろマルコは、誰とも一緒に立とうとしない性格で、自分の立場の孤立を知りつつ、様々な人々に対して非難が強く、隠喩で記しているとも思われます（13:13）。[395]

・こうした中でマルコは、差し迫った黙示的時代という政治的ヴィジョンで、権威・悪・ジェンダーをどう描いているかとも問われています。ここの教えの最後に、マルコのイエスは、自分の新しい家族として、主人が家臣奴隷たちに権威を与えて、門番に様々な仕事を命じる行動を取ります。そのパラブル（譬え話）は、起きて目覚めているようにという警告で始まり終わる上下関係構造と、懲らしめの恐れが前提モデルです。これはまさに、ローマ帝国支配者たちと同様に、マルコのイエスは権力構造の頂点にいて、下に居る者たちを支配し権力を振るうのです。

　そもそもマルコ物語で、先にイエスは、そのような行為を「弟子」たちに禁じ、それとは異なる平等関係の持ち方をモデルとして示します

394　Tolbert, "When Resistance Becomes Repression" p.336.
395　Myers, *Binding the Strong Man,* p.353.

が（10:43-45）、マルコのイエスは自分が禁じた行為を自分自身がやっているのです（3:14-15. 6:7, 9）。他でもイエスは、父権制的家族の拠点にいる「父」を、信仰による新しい家族から除外していますが、それでもマルコのイエスは、神が新家族の「父」であることを繰り返し思い起こさせます（8:38. 11:25. 13:32. 14:36）。

こうしてマルコ物語では、父権制は根本的に挑戦されずに、正当な継承のイメージで留まる危険を持ちます。つまりマルコ物語は、抵抗の文学・反植民地主義文学の要素を持ちつつ、ローマ帝国主義・父権制構造を再生産させる要素も共有していると指摘されています。[396]

・このようなマルコ物語は、現代のコンテキストでは、弾圧の文学になると言われます。神は自分たちの側におり、自分たちだけが正しく、同調しない人々は敵だという解釈が、宗教的右派に強いです。そして自分たちの支配権力を堅固にして、敵を滅ぼすことを正当化。

聖書正典が権威を持つ書物である限り、現代の読み手にどのような影響を持つか、倫理的視点が必要です。たとえ、古代において周縁化され抑圧された人々に希望と力を与えようとしたメッセージであっても、歴史を学んで来た私たちは、神による復讐や人間のパラノイア（妄想）を決して正当化してはならないです。[397]

・また、近代のファンダメンタリストたちが、爆弾を神の裁きと同一視して、核戦争の世界の終わりを「義人の救済」と見ました。それに対してリベラリズムは、核時代と「同期しない道」を選びましたが、政治・社会問題に対してしっかり向き合う姿勢を持たず、そこで描かれる神は「議論しない紳士」にされたと批判されました。
・このような神理解に対抗して、父権制社会のタテ構造を根底に持って維持する「父なる神」信仰を乗り越えるのが、メアリー・デイリーの

---

396   Liew, "Tyranny, Boundary, and Might". "Mark", pp.106, 114, 127.
397   シュテーゲマン「批判的論争から敵対関係への移行」。Tolbert, "When Resistance Becomes Repression", pp.337-346.

神学です。これは精神と肉体、霊と物質、超越と内在の分断・断絶を、ラディカルに再統合する、女性イメージの神のシンボルです。

・そして今、世界のサバイバルを考えるエコ・フェミニスト神学では、神のサバイバルも、人のいのち・世界のいのちのサバイバルも、自然界のサバイバルに直結。自然とは、地球と人間存在を含めてそれに制限されない全てのもの。そしてサバイバルはいのちが満ちることであり、宇宙と生きる者たちの連帯そのものに繋がっています。[398]

398　Susan B. Thistlethwaite, "God and Her Survival in a Nuclear Age".
　「エコ・フェミニズム」（Ecofeminism）について：この言葉は「エコロジー」と「フェミニズム」の合成語。「エコロジー」（ecology）と言う言葉は「家庭」（oikos）の在り方と地球環境との間には相関関係があるという認識に基づき、人間生活を取り巻く環境の質に関する科学を展開して、エレン・スワロー（Ellen Swallow, マサチューセッツ工科大学で最初の女性大学生）が 1892 年に造語しました。そして「エコ・フェミニズム」は、軍国主義に象徴される男支配社会と環境危機（過剰人口、自然資源の破壊など）には相関関係があるという認識に基づき、男指導の革命では地球を救えないという主張から、フランソワーズ・ドゥ・オーボンヌ（Francoise d'Eaubonee）が 1974 年に造語しました。さらに、フェミニスト神学者ローズマリー・ラドフォード・リューサー（Rosemary Radford Ruether）が、エコ・フェミニズムの思想を展開し、男支配による家庭と社会における女性の労働搾取の社会構造を根本的に改革すること、そして地域共同体を基本にした経済システムを形成することの必要性と、これによってこそ望ましい地球環境が保持されることを説きました。
　一方、レイチェル・カーソン（Rachel Carson）は『沈黙の春』（Silent Spring, 1962 年）で、鳥たちが鳴かなくなった春という出来事を想定して、農薬などの化学物質の危険性を訴えました。当時の認識の全てが正確とは言えないこともあり、すぐさま激しい批判を受けましたが、その後で理解が進み、現代の環境運動の原動力になったと評価されるようになりました。
　このように、地球環境の質と女性の教育や生活の質との関連性に早くから気づき、警告や提言をしてきたのは女性たちです。しかしまさしくそのゆえに、その主張に対して真剣な注意を向けられず環境問題への対処が遅れました。それだけでなく、エコロジーに関する論文が数多く出されるようになっても、早期の女性たちの洞察や貢献が無視されて、男性の論文だけが参考文献に取り上げられて覚えられていることが圧倒的に多いです。学問・教育の世界におけるこうした男中心の姿勢もフェミニズムが問題にするものの一つです。
　参　照：Ellen Swallow: The Woman Who Founded Ecology. Mary Daly, Gyn/Ecology: The Metaethics of Radical Feminism. Rosemary Radford Ruether, New Women New Earth, 204-211.

現代社会は、まさに文字通り、世界の終わり・地球破壊の危機に直面していると言えるでしょう。この現実に私たちは、どのようなヴィジョンを持って生活していくでしょう？　マルコの小黙示録を読む時、私たちはこういう様々なことに真剣に向き合うことが問われているのではないでしょうか？

・「市民の小さなグループが本気で何かをする時、疑いなく世界が変わります。まさにこのことだけが本当に世界を変えてきたのです」（マーガレット・ミード[399]）。

・「危機を乗り越え、人間の歴史的責任を果す鍵は『分かち合い』にある」（神野直彦[400]）。

　他にも：Arne Naess, "The Shallow and the Deep, Long-Range Ecology Movement: A Summary" (*Inquiry* 16, 1973, pp.95-100). Robert Clark, *Ellen Swallow: The Woman Who Founded Ecology* (Chicago: Follett, 1973). Carolyn Merchant, "Earthcare, Women and the Environmental Movement" (*Environment* 23/5, 1981). Leonie Caldecott and Stephanie Leland eds., *Reclaim the Earth: Women Speak Out for Life on Earth* (London: The Women's Press, 1983). Ynestra King, *What Is Ecofeminism?* (New York: Ecofeminist Resources, 1989). Judith Plant, *Healing the Wounds: The Promise of Ecofeminism* (Toronto: Between the Lines, 1989). Karen J. Warren, "Feminism and Ecology" (*Environmental Ethics* 9, 1989, pp.3-20). Mary Ann Hinsdale, "Ecology, Feminism, and Theology" (Word & World 11/2, 1991, pp.156-164). Carol J. Adams ed., *Ecofeminism and the Sacred* (New York: Continuum, 1993). これらのまとめとして：Satoko Yamaguchi, "A Brief Historical Delineation of Terms and Thoughts Related to Ecofeminism". 　最近は、日本でもエコ・フェミニスト神学に関心を持たれるように成り、これが豊かに展開されることを期待しています。

399　Margaret Mead, "Never doubt that a small group of thoughtful committed citizens can change the world; indeed it's the only thing that ever has" Email of Jane Redmont to Episcopal Divinity School, Cambridge, Mass, 2002.6.

400　神野直彦『「分かち合い」の経済学』（岩波新書、2018）pp.v, 196。

・生存権を保障する憲法 25 条の精神からは、住む家がないほど困窮状態にある野宿者こそが生活保護を適応されるべきです。生存権の保障や基本的人権の尊重という立場から福祉事務所の職員と現場で激論を交わしました。大きく潮目が変わったのは、2006 年の餓死事件と 2008 年のリーマンショックとその影響で派遣切りによって多くの若者が路上生活を余儀なくされたことです。その支援で「年越し派遣村」が立ち上がり、生活保護の即時決定も行われるようになりました。最近では、生活保護制度は恩恵ではなく権利であることも強調されています。生活保護制度の真の意味は、人間の「生」を無条件で保障し、肯定することです。……主権者である私たちはどのような社会を望んでいるのでしょうか（浜崎眞実[401]）。

・憲法を守り、希望ある未来を子どもたちに手渡したい。日本は戦争で無数の命を奪い、また失った。私たちは二度と戦争の加害者にも被害者にもなってはならないと決意して、平和憲法を大切にしてきました。……かつて、グァム島をはじめ太平洋の島々に侵略した日本軍は、住民への拷問や虐殺を繰り返してきました。私は『語られてこなかった』話、無数の『知らされてこなかった』話を住民から直接聞き、このことを歴史の闇に埋もれさせてはならない……。今、何かしなければ一生後悔する。かけがえのないものを守りたい（清水靖子[402]）。

・日本は今、一歩一歩戦争に向かって落ちていっている。第二次世界戦争の時もそうであった。気づいた時には、「戦争が廊下の奥に立っていた」（渡邊白泉）という状態になっていて、戦争を止めることは誰にもできなかった。今、日本に生きている多くの人も戦争など望んでいないであろう。しかし、武力で国を守ろうとする道を進むなら、いずれ日本も戦争に巻き込まれる（小出裕章[403]）。

401　浜崎眞実「『許されているかどうか』と『求められているのは何か』：外国人労働者の現実と向き合うために」（神奈川カトリック労働者運動 ACO 会。2021.10）。

402　清水靖子「改憲阻止に熱帯林保全、脱原発も不正義とたたかうシスター」（『週刊金曜日』1217 号、2019.1.25）44-45。

・世界がものすごいスピードで変化している。……地球規模の気候変動は「これまでに経験がない」くらいにまで振幅を大きくし、激しくなった。地球環境は明らかに悪い方向へ向かっているようだ。……求められるのは、人と人との和解、人と生き物との和解、人の地球との和解。神さま、私たちに和解の知恵を与えてください（桃井和馬[404]）。

・「気候的正義」（climate justice）は今日、キリスト者が信仰のゆえに果たすべき社会的責任の一つである。……国際社会は2015年、「気候的正義とジェンダー公正の不可分性」という新たな地点に到たちした。それにもかかわらず、同年発布されたLS（ラウダート・シ）は、①気候的危機の影響がジェンダーによって不均衡である事実を見逃し、②性別二元論に立脚し、③女性たちを現実から乖離させてロマンティックに表象し、④生殖中心の家族主義を支持して、女性たちの身体にかかわるリプロダクティブヘルス＆ライツを否定し、⑤異性愛規範を提示して、さまざまなSOGI（性的指向と性自認）を生きる人々を退けている。……日本社会に暮らす私たちにとって、自己保身とは無縁といえるほどのエコフェミスト神学の批判的精神に学ぶところが大きい（藤原佐和子[405]）。

403　小出裕章「原発が原爆になる：サボリージャ原発占拠と日本の改憲」（『季節』2022.9. 季節編集委員会）。

404　桃井和馬『和解への祈り』（日本キリスト教団出版局、2018）p.3.

405　藤原佐和子「エコフェミスト神学の現在地：『ラウダート・シ』とカトリック女性たち」（『福音と世界』特集「環境といのち：わたしたちの現在地」2020.5）30-35。

IV. 受難物語（14:1-15:47）

イエスを殺す計画と、女性の香油注ぎ

（マルコ **14:1-11**/ マタイ 26:1-16/ ルカ 7:36-50. 22:1-6/ ヨハネ 11:45-12:8）

マルコ福音書では、ここから「受難物語」が始まります。この最初の話も、サンドイッチ技法です。神殿関係者たちがイエスを殺す企てと、「弟子」のユダがイエスを（ユダヤ当局に）引き渡す企てという、2 つの敵対行為の話（14:1-2, 10-11）に挟んで、対照的な女性の香油注ぎの話（14:3-9）が語られます。

まず、祭司長たちと書記たちの、イエスを殺す企てです。彼らは、「出エジプト」を想起するユダヤ人の特別な祭りである、過越祭（*pascha* アラム語パスカ：過越しの祭・食事・屠られる羊）と、除酵祭（*azuma* ← *a* 否定 +*zumē* パン種。パスカに続く 1 週間）の時には、民衆の暴動が決して起きないようにと、話し合いました。[406]

もう一つのイエスへの敵対行為は、ユダが引き渡す企てです。この話はマルコの編集ですが、「裏切り」と見なされるユダの行為は、史的事実と理解されています。彼は、良い時機（*eukairōs* ← *eu* 良い +*kairos* 時機）に引き渡すのです。[407]

---

[406] ユダヤの伝統的な祝祭の中で特に重要なのは、過越祭、五旬節、仮庵祭の三大巡礼。過越祭の食事は、春のニサン月（3/4 月）15 日（春分の日）の夕べに祝われ、その日から 1 週間はパン種無しのパンを作ったことを記憶する除酵祭。五旬節は、元来小麦の収穫を感謝する祝いでしたが、シナイ山における律法授与の記念日と成り、過越祭から 50 日目（使 2:1. 1 コリ 16:8）。仮庵祭は、秋のエタニム（9/10 月）15 日（秋分の日に近い満月）から 1 週間で、元来ぶどう、いちじく、オリーブなどの収穫を祝う祭りでしたが、出エジプトの荒野の天幕生活を記念して 7 日間の天幕生活（ヨハネ 7:2）。参考：川島『十字架への道イエス』p.170。

こういう敵対的な話に挟まれたのが、女性の香油注ぎの話です。まずイエスが食事で横たわっていると、女性がアラバスター（雪花石膏）の壺をへし折って、高価な純粋な（*pistikos* ← *pistis* 信頼・信仰。元はアラム語で香油のベースに使われたピスタチオの可能性）、スパイクナルド（*nardos* ヘブル語系「甘松香」）の香油（*muron*）を（上から）注ぎかけます（カタクレオー *catacheō*。Cf.「カタキスマタ」：〔上から注ぐ〕贈り物。「カテキズム」：教理問答）。すると、困窮者たちに与えるべきだと、彼女に何人かは怒って鼻を鳴らし続けていました。しかしイエスは直ちに言いました、「彼女をするがままにさせておきなさい」。

　この話は、正典の４福音書全てに書かれており、共通項が４つあります。①女性がイエスに香油。②ベタニアでの食事の時。③女性が非難される。④イエスが女性の行為を支持・称賛。これは、早くから民間で広く語り継がれてきたもので、歴史のイエス自身の出来事に遡ると理解されます。[408]

407　・「**過越・過越祭・過越の食事・過越の子羊**」（**パスカ** *pascha*）：14:1, 12x2, 14, 16。

　　・「**受難する・苦しみを受ける**」（**パスコー** *paschō*）：5:26. 8:31. 9:12。

　　「**イスカリオテのユダ**」について：ユダは一般的に「裏切り者」と解釈されていますが、『ユダ福音書』（恐らく２世紀記述）によると、ユダは師イエスの指示に従ってユダヤ当局に「引き渡し」、それは肉体を「犠牲」にしてイエスの霊魂を解放して、「真の私」「完全なる人間」に成るイエスの予告を信じた行動。この福音書と共に他の文献・図像などの分析では、「裏切り者か寵愛された弟子か？」のように様々な解釈が持たれます。「黒い鳥」（悪魔）がユダの口に入る絵や、「聖ユダ」（SANTVS JVDAS）彫刻もあり、悪のイメージ確立は中世末期以後です。参考：荒井献「『ユダの福音書』と『マリアによる福音書』の接点」。『ユダとは誰か：原始キリスト教と「ユダの福音書」の中のユダ』。エレーヌ・ペイゲルス＆カレン・L・キング『「ユダ福音書」の謎を解く』。

　　ちなみに『ユダ福音書』には、イエスが笑った面白い言葉があります（2:1-8）。「弟子」たちが神妙な儀式をして祈っているのを見たイエスが笑いました。「なぜ？」と聞かれると、自分たち自身の意志ではなく型通りの儀式・祈りを行ない、そういうもので神がほめたたえられることになると思ってるからと、イエスは応えました。

408　シュスラー・フィオレンツァ『彼女を記念して』pp.17-19. Robert Holst, "The Anointing of Jesus". デューイ「マルコ」p.380。Liew, "Mark", p.128. 諸福音書で編

古代イスラエルでは、預言者が王の任命式で頭に香油を注ぎ、「油注がれた者」（ヘブル語「メシア」＝ギリシャ語「クリストス」）として、神から選ばれた「王＝指導者」と認められます。それゆえ、この女性はイエスがキリストだと最初に認識し、預言者的象徴行為でイエスを「メシア＝キリスト＝王」に指名したのです。これは、植民地支配下のユダヤ人たちにとって、政治的に大胆で危険な話です。

　そこでマルコとマタイは、民間で広く知られたこの話を編集して、女性がイエスの頭に油注ぎをしたことの預言者的象徴行為の政治性をぼかして、埋葬の塗油のイメージで伝統的な女性の役割に矮小化しました（そしてマタイは、「彼女をするがままにさせておきなさい」を削除。さらにルカは、物語の早い段階に移行して、油注ぎを「頭」でなく「足」に変えて政治性を完全に削除し、女性を性的な罪と愛のイメージに結びつけました。ヨハネは、「頭」を「足」に変えますが、その女性の行為を弟子性モデルとして、イエスの洗足行為に結び付ける編集）[409]。

　「油注がれた者＝メシア／キリスト＝王」という古代からの長い伝統の中で、この女性は、なぜ、地位・権力・お金もないイエスがキリストだと認識したのでしょうか？　イエスの生き方を見て気づいた？　「私たちは、神の国へと導く指導者は王だと思い込んできた。しかし真の指導者は権力構造の頂点に立つ王ということではない。むしろ、小さくされたいのちを大切にして共に生きる人々の輪を作っていく、この人こそ神から使わされた真の指導者キリストなのだ」と？　彼女は、「イエスは、このような生き方のゆえに権力による死の危険が迫っている」と察知して、「この時を逃してはならない！」という思いでキリスト指名の象徴行為を行なったと思われます。

　　集された、女性を非難したのは：「ある人々」（マルコ、男性形＝標準形）、「弟子たち」（マタイ、男性形＝標準形）、「ファリサイ人」（ルカ、1人の男性）、「ユダ」（ヨハネ、1人の男性）。つまり男性イメージが強いです。
409　山口里子『マルタとマリア』pp.249-252。

けれど、この女性が思い切って決断して行動すると、すぐ非難されました。しかしイエスは直ちに彼女を支持・称賛しました。「するがままにさせておきなさい」と言う言葉は、「許容する・解き放つ・するに任せる」という意味です（*aphiēmi*. Cf.10:14）。そしてイエスは、彼女の真実な理解を受けとめて宣言しました：「アーメン、しかし（私は）あなた方に言う。どこであろうと、福音が宣べ伝えられる世界の全てに、彼女が行なったことも彼女を記念して語られるだろう」（「女性」14:3、「彼女」14:4, 5, 6x2, 9x2）。

　こんなことを言われた人は誰もいません。しかしその女性預言者は、物語の中では一言も発言せず、キリスト教の歴史の中では、無名のままで無視されて来ました。

　ちなみに、これはエルサレムに近い（約700m 風下の）、ベタニア（憐みの家）の「ライ病人」の家で持たれた食事の時です。当時「ライ病」は不浄と見られ、ベタニアはそのような人々が多く住む所でした（注58）。そしてイエスは、死の危険を感じた人生の最後の時を、「ライ病人」たちの路地にある家で食事を共にすることを選びました。そのような、特に不浄視された所でイエスはこの女性と出会い、「美しいこと」を「私に」してくれたと言います。この素晴らしい女性預言者を、福音を宣べ伝える世界で、貴重な歴史記憶として、「記念して語り伝える」のは大切でしょう。[410]

　マルコの女性登場人物（流血の女性・シロフェニキア女性・香油注ぎの女性）は、人々から非難・攻撃されます。けれど結局イエスは出会いを通して肯定・称賛します。世間の慣習・常識に抵抗して主体的に行動する時、人は誰でも非難されやすいです。それも、従順が女らしい美徳（びとく）とされてきた女性たちは、特に激しく中傷（ちゅうしょう）されやすいです。このような慣習を越えるイエスのジェンダー視点が、女性たちをひきつけたのでしょうか？　そういう差別・偏見を乗り越えて、覚悟を持って自分らしく行動を起こして生きよ

410　シュスラー・フィオレンツァ『彼女を記念して』p.17.　トルバート「マルコ」p.463. 山口里子『いのちの糧の分かち合い』pp.82-92。Cf. 荒井献『荒井献著作集③』pp.219-221。ウィリアムソン『マルコ』p.393。荒井英子『弱さを絆に』pp.135-155。

うとする女性たちとの出会いの中で、イエス自身も気づかされ学ばされていったのではないでしょうか？　そしてイエス運動には、そのような経験をした女性たちが少なくなかったのではないでしょうか？

　だからこそ、当時ローマ帝国支配下の抵抗運動は、指導者が処刑された後は全て消滅したのに、イエス運動だけが継承されたのでしょうか？　それは、こういう女性たちの勇気・知恵・行動によるものだったのではないでしょうか？　マルコ福音書だけではありませんが、こういう歴史的に非常に大事な女性たちの生き方・行動が、キリスト教においてほぼ完全に無視されてきました。これこそ、私たちは意識を持って、歴史的記憶（きおく）を回復していきたいと願います。

・私たち女性は、過去の歴史によって、また、男性的視点で作られた枠に捕らわれない、勇気と自覚を持たねばなりません。新しい時代へ向かって、女性が出来ることは何でしょう。大きな責任と、すばらしい使命が私たちに今、委ねられている気がします（一色義子[411]）。

・抑圧状況に居る女性たちの真実の解放を目指す聖書の学びは、「批判的意識」を高める重要性を強調して学ぶ（南アフリカ女性の聖書の学びグループの言葉[412]）。

・沈黙は共犯。性的差別解消には、不公平と闘うこと、行動を起こすこと。歴史から学んで記憶して語り合う。被害者女性に必要なのは「自分との和解」自己肯定・尊厳の回復。戦争との闘いとは、相手を自分と同じ人間と見ないということに対する闘い。被爆した木のように、私たちも「人間性」という根を守り残せば、再び芽が出て大きな木が育っていく。「希望」はここにあります（デニス・ムクエゲ[413]）。

411　一色義子『水がめを置いて』p.92。
412　Mlika Sibeko & Beverley Haddad, "South African Women's Reading".
413　デニス・ムクエゲ Denis Mukwege 婦人科医（「沈黙は共犯」TV『心の時代』2021.2.14）。

「過越の食事」

（**マルコ 14:12-31**/ マタイ 26:17-35/ ルカ 22:7-34/ ヨハネ 13:21-38）

「過越の食事」の話には、その用意と「弟子・仲間」たちと一緒の食事の話（マルコ 14:12-21/ マタイ 26:17-25/ ルカ 22:7-14/ ヨハネ 13:21-30）、聖餐式の由来（マルコ 14:22-26/ マタイ 26:26-30/ ルカ 22:15-20）、ペトロの否認予告（マルコ 14:27-31/ マタイ 26:31-35/ ルカ 22:31-34/ ヨハネ 13:36-38）が含まれています。ここを含めて、「受難物語」の中で述べられているイエスの言葉は、実際のイエス自身のものではなく、ほとんどが物語の流れで創作されたと認識されています。

マルコは初めに、「除酵祭の第1日」を「過ぎ越しの子羊を屠る日」と説明します（14:12）。［ユダヤ人から見ると、この説明は不正確です。除酵祭の第1日はニサン月の15日で、過越祭の食事と重なりますが、神殿での過越の子羊が屠られるのはその前日（準備の日14日．出 12:5）。ただし日付は、ユダヤ人は日没から始まる伝統で、ローマ人は朝から始まるので、朝から日没直前まで同じ日に重なります。マルコはユダヤ伝統に無知なのか、異邦人読者にこう説明したのか、不明です］[414]。

マルコのイエスは、「過越しの食事」（*pascha*）の用意について「弟子」たちに尋ねられた時、都市に行って、水がめを運んでいる人を見つけて、彼に付いて行くように言います。そうすると家長（*oikodespotēs*）が大きな客間に用意をしてくれていると。ここのテキスト「過越の食事の用意」は「エルサレム入場」と同様に、イエスが「透視」の超人として描かれる技法が使われています。

ただし、ここでの話し方は、実際にあった出来事とも理解されます。つまり権力抵抗の動きに、共同体の地下ネットワークによる隠れ場所の前準

414　荒井『著作集』① p.470。川島『十字架への道イエス』p.173。

備が暗示されています。「水がめを運ぶ男性」は、知る人だけ知る「合図」です。当時、水がめを運ぶのは女性の仕事でした。混み合う市内では、注意をして「水がめを運ぶ男性」を探す人だけが、見つけることが出来ます。その人は、「弟子」たちを安全な「上の階」（屋根裏部屋・中二階）に導きます。そのうえで、そこでの食事は、エジプトからの逃走時の、オリジナルな「過越の食事」（出 12:11）のイメージに結び付けられます。[415]

　その食事で横たわっている時に、マルコのイエスは予告します。「12人の１人によって人の息子（人間・自分）は引き渡されるだろうと。これは、「（聖書に）書かれたように」、敵によるだけでなく、信頼していた友からも受ける「義人の受難」（詩 41:10/ ヨハネ 13:18）を示唆します。そして、イエスはパンを祝福して（*eulogeō*）、（ぶどう酒の）杯を感謝します（*eucharisteō* → *Eucharist* 聖餐）。そして彼らに与えました。これは、出エジプトの荒野での「供食」を思い起こさせます。その後で賛美を歌って（*humneō*）、オリーブ山へ出て行きました。

　これらは両方とも「パンとぶどう酒」で述べられる伝統的ユダヤ教の感謝の祈りを示します。「汝はほむべきかな、おお主、われらの神、世界の王よ、パンを地から生ぜしめる者、汝はほむべきかな、おお主、われらの神、世界の王よ、ぶどうの実を造られるかた」（ミドラッシュ）。[416]

　聖餐式の由来の１つとされる、ここの過越の食事は、ユダヤ人が「種なしパン」と「屠った子羊の血」で出エジプトの出来事（特に出 12:1-13）を記念します。それが、十字架で引き裂かれるイエスの体と滴る血とに等置（とうち）されて、「多くの（人々の）ために」（14:24. マタイでは「罪の許しのため」26:28）流される「契約の血」（14:24. 出 24: 8）であると、されてきました。さらに、それは終末論的に解釈され、イエスが神の国の到来と共に再臨のキリストとして聖宴（せいえん）を開き、そこで「新しく飲むその日までは」ぶどう酒を飲まないと、イエスが言います。つまり、神と人との契約関係（人間の

415　Myers, *Binding the Strong Man*, pp.360-361.
416　荒井『著作集』① p.472。ウィリアムソン『マルコ』p.402。

救い）を成立させるイエスの死を記念する聖餐式は、ユダヤ教の過越祭のキリスト教化で、イエスによって制定されたという、教会の創作です。

　しかし、「体」と「血」の組み合わせは、紀元1世紀の聞き手には、犠牲や神への贖罪ではなく、殉教のイメージです（Cf.10:35-45）。マルコのイエスは、「私の記念としてこのように行ないなさい」とは命じていません（マタイはマルコを基に。ルカは「パウロ伝承〔Iコリ11:23-25〕」に連なります）。[417]

　マルコでは、過越の食事でイエスが「弟子」たちに自分の死の預言をします。ヨハネでは、イエスと「弟子」たちの最後の食事は、過越の食事でも制度的な食事でも象徴的なイエスの死の記念でもないです。トマスもQ（⇒ルカ）も同様です。しかしマルコもヨハネも、過越の食事に象徴的に結び付けています。イエスの死後に、あるクリスチャン・グループが、イエスが実践した開かれた共食の伝承と最後の食事の伝承を結び付けて、儀式的な創作をしたと考えられます。

　それでも、最後の別れの食事の歴史性は認証されています。過越の食事は、家族の会食の象徴ですから、当然、女性たちも一緒に食べていたはずです。そして、このように共食することは、（血縁によらない）「新しい家族＝代替家族」の象徴です。けれど皮肉にもマルコ物語では、「代替家族」の「弟子」たちはイエスの苦しみに無理解です。マルコは「12人」と「弟子」たちを区別して述べますが、結果的に機能・使命で区別無しで書かれています（11:11,14. 14:12, 14, 17）。

　それでここの言葉「アーメン、ぶどうの実から作ったものを私はもはや飲まないだろう、神の国で新しく飲む日まで」は、マルコ版もルカ版も、

417　荒井『著作集』① p.470。川島『十字架への道イエス』p.173。ウィリアムソン『マルコ』p.403。デューイ「マルコ」p.381。Myers, *Binding the Strong Man*, p.362.
　　「**最後の晩餐**」に関して：山口里子『食べて味わう聖書の話』pp.65-69。
　　「**聖餐式**」に関して：聖餐式の由来と理解されているのは、①イエスの、「罪人」たちとの日常的な食事。②群衆との奇跡の食事。③「最後の晩餐」と呼ばれている食事。④復活のイエスの「弟子」たちとの食事。Cf. 山口里子『いのちの糧の分かち合い』pp.196-218。「聖餐：世界のディスカッションから考える」。

イエスが「弟子」たちと終わりの祝宴で再会することも、特別な仲間関係の回復のような意味もありません（マタイは、この無視された面を変更しようと、「あなたがたと共に」を付加します＝ 26:29）。ここから見えるのは、第 1 世代クリスチャンたちには、後のキリスト論・救済論・終末論のような考え方はなく、神の国の未来の到来こそを期待し信じていたと理解されます。[418]

　食事の後で、マルコのイエスはヘブル語聖書を引用：「私（神）は羊飼いを打つでしょう。そして羊たちは散らされるでしょう」（ゼカ 13:7）。そして、「しかし（神が）私を起こされること（egeirō 受け身。注 49）の後で、（私は）あなたがたの先に行くでしょう」と、ガリラヤでの再会を表現します。これはマルコに固有なガリラヤ志向の編集です（14:28. 16:7）。ただし「躓く」（14:27, 29）と「否認する」（14:30. 31）が 2 回ずつ繰り返され、弟子集団の中心的地位を持つペトロへの非難が強調されます。こうして、マルコによる過越の食事の話は、イエスにとって大切な最後の食事の話ですが、近しい「弟子」たちとの否定的なイメージに編集されています（ただし、ペトロへの非難の強調は、マルコだけでなく、初期教会で主導権を握るペトロを批判・否定する人々によって作られた話の一部だとの可能性も、考えられています）。[419]

　けれども考えてみると、恐らく歴史のイエス自身は、エルサレムで身の危険を直感するような状況で、まさに権力に抵抗する地下ネットワークの「新しい家族」のような人々に、安全な隠れ場所と食事が用意されて、仲間と共に食事することが出来たのではないでしょうか？　このことをイエスの「最後の食事」として、共に想起したいと私は思います。

418　Schüssler Fiorenza, *Changing Horizons,* pp.227-228. 山口里子『いのちの糧の分かち合い』pp.201-204。Crossan, *Jesus A Revolutionary Biography,* 129. Meier, *A Marginal Jew* 2, pp.302-309.

419　The Jesus Seminar, *Mark*, p.215.

・「抵抗は友を呼ぶ」（瀬長亀次郎）[420]。

ゲツセマネの祈りと逮捕

　　（**マルコ 14:32-52**/ マタイ 26:36-56/ ルカ 22:39-53/ ヨハネ 18:3-12）

　彼らはゲツセマネに行き、イエスはひどく恐れて悩み（14:33）、私の魂（プシュケー．注101）は死ぬほどひどく悲しいと言って（14:34）、1人で先に進んで地の上に倒れて、祈り続けていました（14:35）。けれど「弟子」たちは眠っていました。その後で、ユダと、祭司長・書記・長老たちから（送られた）群衆が、イエスの所に来ました。そしてユダが「キスする」（phileō 愛する・キスする）ことで、イエスが逮捕され、皆が彼を捨てて逃げました（14:53）。

　ゲツセマネ（ヘブル語「ガト・セマニム：油搾り器」に由来）は、オリーブ山の西の麓で、西にケデロンの谷を隔ててエルサレムがあります。かつてはオリーブの木の農場であったと推測されます。「ゲツセマネの祈り」は、史実である可能性はありますが、祈りの内容は伝わらなかったはずで、イエスの祈りの言葉は後の創作と認識されます。「アッバ」（Abba 私の父．14:34）は、マルコでここのみですが、神へのこの呼びかけは、古代からユダヤ人たちの間で、非常に辛い時に神に助けを願う祈りで使われていました。ここで、イザヤの「苦難の義人」（イザ 53 章）のイメージに繋がって、イエスの深い恐怖と苦しみが暗示されます。

　「イエスの逮捕」の話で、史実として推定できるのは：①イエスが逮捕された。②その時に、イエスに付いて来た者たちが見捨てて逃げ去った。

420　瀬長亀次郎の言葉。大脇雅子「名古屋高裁で逆転勝訴：高江への機動隊派遣は違法」（『女のしんぶん』2021.11.25）で引用。
　　　ちなみに私は学生キリスト教友愛会で沖縄学習をして 1966 年にグループで沖縄に行きました。琉球大学に宿泊して学生たちと交流し、沖縄の基地反対と日本復帰を共に運動し続けると話し合いました。しかし、思いがけなく基地を置いたまま「日本復帰」とされました（1972.5.15）。その後も闘いが続けられ 50 年経っても基地のひどい状況が続いており、悔しい思いです。

それ以外は、受難預言（14:21）と躓き預言（14:27）の成就という、伝説的動機で創作されました。[421]

　・マタイで書かれた言葉「剣を取る者は皆、剣で滅びる」（マタイ 26:52b）は、対ローマ・ユダヤ戦争の敗北を背景にマタイ作成。だが、それに先立つ「剣を元の所に収めなさい」（マタイ 26:52a. ヨハネ 18:11）は前伝承に遡る可能性があると思われます。

そして「弟子」たちが逃げ去った後で、どうしてもイエスから離れることが出来ず最後まで残っていた1人の若者（neaniskos）がいました。そしてまさに自分も捕まりそうになり、捉まれた亜麻布（sindōn 精製した上質の麻布。セム語系）を残して、裸（gymnos）で逃げます。

マルコ福音書では、若者が亜麻布を残して逃げた後で、イエスの墓で現れたイメージがあります(16:5-8)。これは弟子共同体の再生の可能性を象徴しているという解釈もあります。[422]

それとは別に、若者伝承は福音書に複数の繋がり合いの断片が見つけられており、愛し合うイエスと若者の隠された伝承が、実際の歴史的な背景にあると考えられています。

　Cf. マルコ秘伝＆マルコ 10:17-22. 若者（neaniskos ← neos）・じっと見つめる（emblepō）・愛した（agapaō）・裕福。

　Cf. マルコ秘伝＆マルコ 14:51-52. 若者（neaniskos ← neos）・裸（gymnos）・亜麻布（sindōn）。

　Cf. マルコ秘伝＆ヨハネ 11-12（ラザロ）. 共に横たわる（sunanakeimai）・愛した（agapaō）。

421　川島『十字架への道イエス』p.179。荒井『著作集』① 479-484。デューイ「マルコ」p.382. Mary Rose D'Angelo, "Abba and 'Father'". ちなみに、ゲツセマネでイエスが祈っている時、男たちは眠り、女たちは目を覚まして祈りつつそこに居る絵が残っています（フラ・アンジェリコ「ゲツセマネの祈り」、フィレンツェのサン・マルコ修道院。E. モルトマン＝ヴェンデル『イエスをめぐる女性たち』p.69）。

422　Myers, *Binding the Strong Man*, p.369.

こうした、当時の人々にとって性的な愛情関係のイメージが暗示される伝承は、正典の背後に埋没されていった可能性が高いと理解されています。このようなものに関しては、少なくとも、イエスと若者に関するものも、イエスのコイノーノス（koinōnos. 同伴者・伴侶・パートナー）と呼ばれたマグダラのマリアに関するものもあります。

　つまりイエスの伝道活動の時には、イエスは性的な感情・愛情も持っていたと知られて伝えられていました。それなのに後のキリスト教では、そういうイエスの「生と性」の人間性のイメージが拒絶・排除されて行きました。

　けれど実際に歴史に生きたイエスは、1人の人間として、ジェンダーを越えた性的な愛情も友情も、色々な仲間関係も持って、辛い思いも癒されて、温かい思いも分かち合って、恐れと覚悟の思いも持ちながら、生きたのではないでしょうか？　だからこそ、イエス運動の人々も、最初期クリスチャンたちも、庶民の1人であるイエスが、神を信じて「弱者」にされた人々と共に必死に生きたから、私たちも神を信じて少しでもやれることをやって、一緒に生きていこうとしたのではないでしょうか？

　こういうことも含めて、（4世紀末頃から作成・展開されて来た）伝統的な「教義」を基に教えられて来た「イエス・キリスト」のイメージを決めつけず、思考停止に陥らずに、深く考えていくのが大事だと思います。[423]

423　山口里子『虹は私たちの間に』pp.267-273.「キリスト教の『核心』を受け入れなくて『クリスチャン』と言えるか？」。
　　最初期のクリスチャンたちは、イエス・キリストは私たちと同じ人間と理解していました。「キリストは神」という**キリストの神格化**は、4世紀末に起こされました（Cf. Frances Young, *The Making of the Creeds*. Marjorie Hewitt Suchocki, "Trinity". Sallie McFague, *Models of God*. Elizabeth A. Johnson, *She Who Is*. Davis Christie-Murray, *A History of Heresy*）。
　　ちなみに、クリスチャンたちの間で良く歌われていた「マラナタ」という言葉があります。アラム語に由来して、「主よ、来たりませ」と訳されることが多い言葉ですが、この「主よ」という「マラ」は、神としての「主」（アドナイ）とは区別して、人間に対して使われる言葉でした。「マラナタ」という表現はパウロの文書でも「黙示録」でも引用されており、クリスチャンたちの間では、疑いもなく

・若者は亜麻布一枚以外何も着ておらず、その布を兵隊たちに握られ捕まりそうになって裸で逃げ去った。兵士たちは笑いこけた？　クィアーたちは、本当の恐怖の瞬間に、その思いに注意は向けられず冷笑されるだけのことを、しばしば経験する（アルハウス・リード）[424]。

サンヘドリンの裁き・ペトロの否認・ピラトの裁き

（マルコ 14:53-15:15/ マタイ 26:57-27:26/ ルカ 22:54-23:25/ ヨハネ 18:13-19:16）

　マルコはここもサンドイッチ技法で編集して、イエスへの２つの尋問の話（14: 55-65+15:1-15）の間に、ペトロへの質問の話（14:66-72）を挿入します。そして２つの対照的場面を設定：①イエスは上の部屋で高い地位の

イエス・キリストは自分たちと同じ人間として理解されていたのです。

　「マラナタ」について、まずウイルヘルム・ブセット（1865-1920）が、ユダヤ人キリスト教徒たちはイエスを礼拝の対象にしていなかったと主張したことで、強く批判されました。ブセットの死後、その彼への批判に対抗して（更なる文書資料に基づき）、ジークフリート・シュルツ（1836-1963）は、ブセットの主張をサポートして、「マラナタ」の意味を最初に発表しました：アラム語の「マラ」はギリシャ語の「キュリオス」と通常同義として使われ「主」と訳されるが、同じ意味では無かった。アラム語を話す人々は、人間に対して「マラ」を使い、神に対する「アドナイ」とは区別していたと。なお、「マラナタ」「Maran atha（アラム語）⇒ Maranatha（ギリシャ語）」は、"Come, oh Lord" とも "Our Lord has come" とも理解できます（1 コリ 16:22、黙 22:20b）が、元のアラム語は後者の意味が強かった可能性もあります。[Siegfried Schulz, "Maranatha und Kyrios Christos." ヘンドリック・ボアズ『新約聖書神学とは何か』] pp104-106。

　　参加者の「声」：
　　＊人間が神格化されていくことは、キリスト教と無縁ではないどころか、むしろローマ帝国支配下で段々作られていったということについて、丁寧に考えていくことが大切だと感じました。悪意あるカルトを批判する自分たちが、実は同じ論理や構造にどっぷり浸かっていやしないか？　それに対する自己批判・内省をキリスト教会が持たない限り、人間が作った伝統的教義などを「神格化」し、思考停止・行動停止していくことは、無自覚であれ繰り返されるのだろう、とも。

424　Alhous-Reid, "Mark", p.524

ユダヤ人男性たちに尋問され、ペトロは下の中庭で低い地位の奴隷女性に質問されます。そして②イエスは真実の姿勢で死の宣告を受け、ペトロは嘘で自分の命を守ります。

　ここの話で、歴史的な事実として推定されるのは、ペトロが最終的にイエスを否認したことです。それと共に、歴史のイエス自身の言葉の可能性大は、「私は（egō 強調）、手で造られたこの神殿を滅ぼすだろう。そして、手で造られない別のものを建てるだろう」（14:58.「3日の内に」の言葉は無しと思われます。Cf. 使 6:14）。つまり、歴史的に古い Q とマルコの別々の伝承で示されるのは、歴史のイエスは、神殿・祭司長制度に対抗する預言者的な言葉を繰り返し発したということです。そこで象徴的なのは、「手で造られた」対「手で造られない」という対照的な認識です（トマス 71. ヨハネ 2:14-22. マタイ 26:61. 使 6:14）[425]。

　夜中にサンヘドリンで法廷（ほうてい）が開かれたというのは、ラビ文献の法廷手続きに合いません。当時、サンヘドリンは（日本語では「最高法院」と訳されていますが）、ローマ帝国植民地支配下で実質的に何も力を持っていない「地方法廷」（しっこうけん）で、死刑執行権もありませんでした（ルカ 22:66 は、翌朝に移

425　The Jesus Seminar, *Mark,* pp.220-223. Myers, *Binding the Strong Man,* p.375. Horsley, *Jesus and Empire,* p.97. 荒井『著作集』① pp.490-492。トルバート「マルコ」pp.466-467.
　「**神殿崩壊**」のイエスの言葉は、神殿の存在基盤そのものを揺るがす最古層の伝承の繋がりがあります（Cf.11:17）。ルカは、ここの「神殿崩壊」のイエスの言葉を福音書で削除しましたが、キリスト教史上で最初の**殉教者ステファノ**の話で書いています：「あのナザレの人イエスは、この場所（エルサレム神殿）を破壊し、モーセが我々に伝えた慣習を変えるだろう」と述べたということで訴えられたと（使 6:14）。この言葉は余りにラディカルだったので、ルカは政治的考慮で「偽証」という形で記入した可能性がありますが、これは基本的に歴史的事実に近かった可能性が高いと理解されています。そしてステファノは、次のようにも言っています：「神のために家を建てたのはソロモンでした。けれども、いと高き方は人の手で造られたようなものにはお住みになりません」（使 7:47-48）。これはソロモンの神殿建築を批判した預言者ナタンの言葉にも繋がります（サム下 7:5-7）。このようなステファノの「証言」は、神殿に対するイエスの考えを深く理解した言葉だと思われています。そしてこの「証言」をした後で、ステファノは（ユダヤの伝統的な処刑法）石打ちの刑で殺されました（使 7:54-60）。

して編集。ヨハネは、サンヘドリンの場面無し)。

　ただし大祭司の邸宅で、サンヘドリンのメンバーの少数が集まって緊急に開かれた非公式の予備尋問程度のものは、有った可能性が考えられます。それで、このような予備尋問をしたうえで、ローマ総督に引き渡したのは史実と理解されます。

　当時の裁判は、本質的な有罪・無罪の証拠確認のためではなく、降格儀礼（こうかくぎれい）と呼ばれます。つまり支配権力・システムに逆らった者に対する身分剥奪（はくだつ）と辱めで、被告人（ひこくにん）の主張・行動全てを否定し、その人を信頼する人々を嘲り、希望を破壊し、権力への恐れを強化するためのものです。これは「見せかけ裁判」で、支配者の目的を効果的に表示する政治的劇場です。「証人たちは何を言うべきか事前に指導されます。それでも、ここのテキストでは「偽証」（ぎしょう）が不一致です。マルコで「偽証」（14:56, 57）という言葉が使われるのは、イエスを政治的メシア（キリスト）ではないとする護教的編集と思われます（ルカは、さらに強い護教的関心から、不利なサンヘドリン尋問を全て削除[426]）。

　サンヘドリン裁判の中心点は、人が造った神殿を壊して聖なる所を再建すると、イエスが言ったこと。これは大祭司・祭司長たちを激怒させ、放置しておけなかったと理解されます。さらに、「立派な聖なる神殿」に感嘆し、ローマ支配下でユダヤ信仰の中心的聖所と思っていた人々も、大規模再建・改装企画に不満や距離を持ちつつ必死に従事し続けた何千人もの労働者たちも、これを破壊するということには腹立った可能性があるという見方もあります。

　マルコは、イエスを「苦難の義人」と重ねて編集し、イエスはしたたかに殴られて「預言せよ」などとも言われます（**14:55**←詩 37:32. **14:56**←詩 37:12. 31:19. **14:57**←詩 35:11. **14:60**←詩 38:14-15. 39:10. イザ 53:7. **14: 61**←イザ 53:12. **14:65**←イザ 50:6）。しかし、たとえ神殿破壊の言葉でユダヤ人たちがイエスに対して憤ったとしても、ユダヤ人の１人が、ローマの政治

426　荒井『著作集』①p.490。Myers, *Binding the Strong Man*, p.370. Herzog, *Parables as Subversive Speech,* pp.215-222.

犯としてローマ人によって十字架で処刑されることを、ユダヤ人たちが支持したり、ユダヤ人を繰り返し非難したりするようなことは、史実でないと理解されています。[427]

　古代大衆文学では、あらゆる登場人物の真の正体が終幕場面(しゅうまく)で明るみに出されます。ここで大祭司の「女中」（paidiskē ← pais 少女・召使・奴隷）の場面は、それに類似する編集です。そしてペトロは、アクセントの強い方言でガリラヤ人だとばれて、蔑みが含まれて責められます。ペトロは自分も逮捕されるのを恐れて「イエス否認」をしましたが、これ自体は歴史的事実と理解されています。ただしマルコでは、イエスを「知らない」と「嘘」をついたペトロが、実は皮肉にも、イエスが何者であるかを「本当に知らない」ことが繰り返し語られる編集になっています。[428]

　ユダヤ権力とローマ権力の２つの裁判は、大祭司とピラトの場面で、問いと返事の順序を逆転させつつほぼ並行で、判決を嘲り、拷問(ごうもん)が続く編集です。この並行は、植民地機関の両方が関わっていることを強く示唆して、パロディ（注135）・皮肉・カリカチュア（戯画）の政治漫画のようです。
　ローマ帝国の支配・管理は、各民族の貴族・権力者（神殿大祭司など）の協力を使い、権力者の引退・交替も定期的に行使して安全を確保します。帝国状況を知る当時の人々は誰でも、弱くて決断力の無いローマ総督などというイメージのパロディには、一瞬(いっしゅん)でも笑ってしまったはずです。ポンテオ・ピラトは、ローマ帝国の利益のためには苛酷(かこく)・冷酷(れいこく)・暴力管理で有名でした。そしてローマ総督が、大祭司の任命も解任(かいにん)も行なう権利を持っていました。
　ピラトは、イエスの活動が政治的な脅威(きょうい)を持つ性格のものである可能性を認識したと思われますが、それがいつなのかは決められません。ただ、ピラトはそれを強く意識して行動したのか？　あるいは、イエス処刑で

427　Herzog, *Parables as Subversive Speech,* pp.215-217. 荒井『著作集』① p.490。Myers, *Binding the Strong Man,* p.377.

428　トルバート「マルコ」p.466. Myers, *Binding the Strong Man,* p.377.

ローマ支配力の現実を見せつけ、祭司長たちをさらに意のままに使おうとしただけなのか？　これも決めつけられないようです［ちなみに、ローマ総督ポンテオ・ピラト（在任 CE26-36）と大祭司ヨセフ・カイアファ（在任 CE18-36）は、長年連携して来ました。ピラトは前任の次に最長期で、カイアファは最長期で、2 人が同時に辞任になったのは、ローマの上層部から問題視された可能性があると言われています⁴²⁹］。

　植民地支配組織は、庶民の支持が高い不満分子を排除したい時に、2 つの対策を行ないます：①拘束(こうそく)は密(ひそ)かに行なう。②庶民の支持が同等と思われる人物と交換して、暴動を避(さ)けるように「中性化」の感じを作る（歴史的にそのような交換がどれほど行なわれたか明確ではないですが、歴史家ヨセフスがイエス時代の 1 例を述べています）。しかしイエスとバラバの話は、全体が護教目的で作成されたとも考えられます。

　マルコの編集では、②の交換は、ローマ総督・神殿の祭司長たち・ユダヤ群衆の全体が一緒に働いたことになります。これは、カリカチュアと現実の組み合わせで、植民地支配の両組織が、イエスを最も転覆的な危険者と認識して行動したと、描きます。

　・ルカは、ユダヤ支配者が群衆を煽動した（マルコ 15:11.Cf. マタイ 27:20）ということを避けて、群衆がイエスを納税義務の拒否(きょひ)のゆえに告訴したとします（Cf. 使 2:36-38. 3:11-19）。ルカのイエスは、ローマ当局には無害な存在で、群衆がイエスに敵対的だと、強い護教姿勢で編集。

　マルコの話での、イエスとバラバの根本的な違いは革命の行動の種類です。イエスは非武装の預言者であり、バラバ（「父の息子」の意味）は武装的反逆者・刺殺(しさつ)をするシカリ派（15:7「反逆・暴動」・「反逆者」）。ここでマルコは、大衆が支配階級の企みに操られている限り、支配の継続が保障されると描きます。そしてマルコの編集で、祭司もシカリ派も時に応じて協力し、イエスだけが社会権力にとって本当の脅威だとします⁴³⁰。

429　Myers, *Binding the Strong Man*, p.377.

イエスの処刑に関して、ローマ帝国の歴史記録に示されているのは、イエスの十字架に付けられた「札」（罪状書き）に書かれたのは、「ユダヤ人の王」（マルコ 15:26/ マタイ 27:37/ ルカ 23:38/ ヨハネ 19:19）。これはピラトの尋問と重なり合います。「札」の言葉を決めたのはピラトで（ヨハネ 19:19）、彼の尋問もピラトの資料にありますが、イエスが自分を「王」と言った記録は、どこにも無いです。

　サンヘドリンでも、ピラトの所でも、「あなたはメシア（＝ユダヤ人の王）か？」という尋問に対して、イエスは直接の返答をしませんでした。どちらの尋問でもイエス自身が言った、史実に近い可能性が考えられる言葉は、「あなたが言う」です（「あなたが言う : su legeis ＝マルコ 15:2/ マタイ 27:11/ ルカ 23:3」・「あなたが言った : su eipas ＝マタイ 26:64」・「あなたがたが言う : humeis legete ＝ルカ 22:70」）。

　ただしマルコ 1 か所のみ、それとは異なった微妙な表現があります。イエスが「私は私である（ego eimi）」と言います（14:62）。これはマルコのキリスト論強調のための編集で、こんなのは不適切と思われて異写本が多くあります。[431]

　ここの話で、きちんと注意を向ける大切なこと：護教的文学編成の話でも、イエスに死刑判決をして処刑したのはユダヤ人でなくローマ人です。福音書に描かれるイエスの新しい教えに対するユダヤ権力者たちの敵対行動は、ローマ帝国支配下の政治状況で、マルコ（と諸福音書著者たちの）編集による虚構です。ところが後のキリスト教は、聖書物語を歴史的事実として解釈して来て、イエスの死はローマの処刑という歴史的事実よりも、ユダヤ人たちの敵意のゆえだというイメージで読んで来ました。それで、反ユダヤ主義の染み込みと歴史的大悲劇が起こされました。このことをしっかり学び、こういう誤解・偏見を再生産し続けないように、意識と行動は不可欠でしょう。[432]

430　Myers, *Binding the Strong Man,* pp.370-371. 荒井『著作集』① pp.490-491。

431　荒井『著作集』① p.492。Myers, *Binding the Strong Man,* p.376.

432　シュテーゲマン「批判的論争から敵対関係への移行」。参照：山口里子『新しい

イエスの処刑死

（マルコ 15:16-39/ マタイ 27:27-54/ ルカ 23:26-47/ ヨハネ 19:2-3, 17-30）

　マルコは、イエスの最期の日を、先に述べた黙示的な譬え話「門番」の見張り時間に合わせて作成（Cf.13:35）：夜明けの時刻（AM6）にピラトに引き渡され、第 3 の時刻（AM9）に十字架につけられ、第 6 の時刻（AM12）に暗闇が覆い、第 9 の時刻（PM3）に息絶え、夕暮れの時刻（PM6）に降ろされて埋葬されて（15:42）、最後の墓のシーンは 3 日後の夜明け。そしてガリラヤでの新しい始まりの約束を残します。[433]

　ピラトの死刑判決後、兵隊たちはイエスを官邸の中庭に連れて行き、「部隊の全て」を招集。「部隊」（speira）は、ローマ軍隊「レギオン」（legion 歩兵 5-6 千人、騎馬隊 120 など。Cf.5:1-20）の 1/10 で、約 600 人の派遣兵士たちで、マルコの大げさな表現。

　兵士たちが気ままにイエスの体に着せたり脱がせたり唾を吐いたりして無力さを見せつける行為。厳格な軍隊訓練に服従する者たちが、降伏させられた者たちに対して向けるレイプ・殺傷など野蛮な激しい暴力をします。これは階層社会で、低身分で服従生活を強いられる人々が、自分たちが気ままに出来る時に、弱者の立場に置かれた人々に対して暴力をすることと繋がると言われます。

　イエスは、皇室の紫をイメージさせる、安価な紫の衣を着せられ、茨の冠をかぶらされて、「ユダヤ人たちの王、バンザイ」と言われます。これは「カエサル（皇帝・征服者）、バンザイ」（軍隊の挨拶）のパロディです。

聖書の学び』pp.135-139。

433　Myers, *Binding the Strong Man*, p.358.
　　「**十字架**」という言葉をキリスト教で使い続けて来ましたが、実際は「十字」の形だけに限らず、「T 字」「I 字」などの形もあり、「晒し柱」と言うほうが適切でしょう。でも、「十字架」の形でもあり得るので、今はひとまずこの表現を使います。Cf. 山口雅弘『ガリラヤに生きたイエス』pp.62-65, 227-262。

イエスは、市内から処刑場ゴルゴタに行進させられます（アラム語「頭蓋骨」。エルサレムの壁の外だけれど場所は不明）。教会は「ヴィア・ドロロサ」（Via Dolorosa ラテン語「嘆きの道」）を敬虔な苦悩に結び付けて来ました。けれど歴史的現実は？　ローマ帝国の勝利の行進で、敗れた「軍人」が見世物にされて残酷に引きずり回されたことが多くの文書に残されています[434]。

　「キレネのシモン」が十字架を負うことを強制されたのは、拷問の後でイエスが余りに弱くて背負うことが出来ないと見られたからと思われます（十字架上で驚かれるほど早く死んだようです）。「キレネのシモン」は、キレネ人と述べられている人で、断定はできませんがアンティオキア教会員に成ってルキオと呼ばれた人とも思われます（使 6:9; 11:20; 13:1）。通行人・傍観者のような人の名を述べられるのは通常ではないことです（名前について：注170）。
　マルコ物語の皮肉：「シモン（ペトロ）」は「野（agros. 地方・田舎）」から来て、イエスの「弟子」たちの中心に。「エルサレム入城」では、群衆が「野」から枝を持って来てイエスを称えました（11:8）。けれどヴィア・ドロロサで、イエスの十字架を背負ったのは弟子「シモン」でなく通行人「シモン」。「12 人」はどこにもいません[435]。

　「イエスの十字架刑」の出来事に関して、史実と想定されること：①人々はイエスをゴルゴタに連れて行く。②「イエスを十字架につける」。③「イエスは息をひきとった」。それ以外は、「苦難の義人」に擬して編集されています（**15:23**←詩 69:22. **15:24**←詩 22:19. **15:29**←詩 22:8. **15:34**←詩 22:2）。イエスの死は終末の象徴的出来事として表現されています（**15:33**←出

434　Black, "Mark", p.1949. Myers, *Binding the Strong Man,* pp.379, 384. Leander, *Discourses of Empire,* p.291. Cf. Althaus-Reid, "Mark", pp.517-518.
　　　皇室の紫の衣と、奴隷の紫の衣について：Ivoni Richter Reimer, *Women in the Acts of the Apostles,* pp.102-105. 山口里子『マルタとマリア』pp.67-68.
435　Myers, *Binding the Strong Man,* pp.384-385. 田川『書物としての新約聖書』p.211.

10:22. **15:35** ←王下 2:9-10. **15:36** ←詩 69:22. **15:38** ←出 26:31-37. 歴下 6:1-2,
18-21)。日中の３時間の闇は、太陽が暗くなること・暗闇で、終末暗示（アモ 8:9）。神殿の幕は、聖なる者の臨在を象徴で、辺りが暗くなり神殿の幕が裂けたのは、神の介入の徴です。[436]

　祭司長たち・書記たちは、イエスを侮り責めることで、「キリスト、イスラエルの王」という表現を使います。しかし十字架上の「札」では、「ユダヤ人の王」という表現が使われています。これは、自分たちはイスラエルの神の民として「イスラエル人」というアイデンティティを持つ人々に対して、それを無視して「ユダヤ人」と呼ぶ、蔑みの意味合いを持つ皮肉の言葉とも思われます（15:2, 9, 12, 18, 26）。[437]

　十字架上で差し出された、「没薬を入れたワイン」は、鎮痛剤と思われます（箴 31:7）。その後での、イエスの叫び「エロイ・エロイ・ラマ・サバクタニ」（わが神、わが神、なぜ私を見捨てたのですか）は、アラム語で、マタイはヘブル語「エリ・エリ・レマ・サバクタニ」に編集。この言葉が、「エリヤが来る」（マラ 3:23. 4:5、シラ 48:1）という誤解を生んだ可能性も考えられます。[438]

　この叫び（詩 22:2）は、歴史的な事実と決めつけることは出来ません。遠くから見つめていた女性たちも（15:40-47）、明確には聞こえなかったで

436　The Jesus Seminar, *Mark,* pp.27-229。荒井『著作集』① p.508。May & Metzger eds., *The New Oxford Annotated Bible,* p.1237。ウィリアムソン『マルコ』p.437。Myers, *Binding the Strong Man,* pp.389-390.

　　　神殿のどの幕が裂かれたのか？　至聖所と聖所を分ける幕（出 26:31 など）か、神殿自体と前庭を分ける幕（出 26:37 など）か？　百人隊長が見えるのは、内側でなく外側の幕と考えられます（Carter, *Matthew and the Margins,* p.536）。ただ私としては、もし見えるならそうでしょうが、ゴルゴタの丘からそれを見えるのかどうか疑問です。いずれにせよ、この話は創作編集で、現実的でなく象徴的な語り方と理解されます。

437　Sellew, "Mark"。Myers, *Binding the Strong Man,* p.386。Liew, "Mark", p.110。イスラエル人・ユダヤ人について：山口里子『マルタとマリア』pp.25-27。

438　Cf. デューイ「マルコ」p.383。Jane Schaberg, *The Resurrection of Mary Magdalene,* pp.278-280.

しょう。けれど詩篇 22 は本当に苦しい時の祈りとして有名ですから、実際のイエスが最期にこの言葉を叫んだと、人々が理解したとも思えます。もしそうでしたら、これは信仰放棄の絶望の叫びでしょうか？　それともこれは絶望の中で、神に向けて本気で思いを叫ぶ信仰でしょうか？　詩篇 22 は、この言葉の続きで、生まれる前から見守る「産婆」イメージの神に、「私から遠く離れないでください」（22:10-12, 20）と祈ります。それで私は、歴史のイエス自身が最期に絶望的な苦しみを持って、詩篇 22 の始まりの言葉を叫んで、その後は声を出せなくても心の中でその祈りを続けていたのではないかと想像します。このことは、たとえ絶望の中でも心底から神に叫ぶのは、自分の辛い思い・怒りを率直に神にぶつけて怒鳴って、それでも（それこそ）、神への信頼を放棄しないということではないかと思います。[439]

　みなさまは、どう思われるでしょうか？

　そしてイエスが息を引き取った時、「彼の反対側（*eks enantias*）で、傍に立っていた」百人隊長が見て言いました、「本当に、この人は神の息子であった」と。ここのマルコの表現は、百人隊長が「傍」に居ても、実は「反対側」という皮肉の暗示もあり、信仰表現と決めつけられません。[440]

　ちなみに、社会に良い変化が生まれない一番の原因は孤立と阻害だと、マルコは思っているとの理解があります。つまり、そういう思いを持つマルコの編集で、マルコのイエスは、神の意志を行なう新しい家族を描き（3:31-35）、「弟子」たちをペアで派遣しますが（6:7）、孤立した個人として生きて死にました。自分の家族から誤解され否定され（3:20-21）、故郷か

439　山口里子『新しい聖書の学び』pp.98-99。

440　後のキリスト教伝統では、百人隊長の言葉（15:39）をマルコのクライマックスの信仰告白と解釈され、このローマ兵を帝国的キリスト教の代表と見なして、ロンギヌス（Longinus）という名前を与えて聖人にしました。古代ローマでは、百人隊長と弟子たちは、領土生まれの者たち（ユダヤ人は徴兵除外）で、ローマ兵たちの多くは「パレスチナ人」と「外人」たちでした。Leander, *Discourses of Empire,* pp.139-143.

ら拒絶され（6:1-6）、「弟子」たちからも誤解され拒絶され（4:41. 6:51. 8:14-21, 31-33. 9:32-34. 10:32, 35-37, 41. 14:10-11, 32-46, 51-52, 66-72）、最期の言葉は「わが神、わが神、なぜ私を見捨てたのですか」（15:34）という孤立した荒涼な者だと。

そしてマルコ物語で、誠実な人は皆、孤高の人として描かれていると言われます：悪霊に取りつかれたゲラサの人（5:1-20）、12年もの流血の女性（6:25-34）、ベタニアでイエスに香油を注いだ無名の女性（14:3-9）など。マルコ物語の世界では、変化を起こす人々は全て避けがたく孤立します。裏切りは常にあり（13:5-6, 12, 21-22）、皆に嫌われます（13:13）。さらに人間の移り気と頼り無さも：バプテスマのヨハネは慕われた預言者だったのに、突然囚人になり処刑死（1:4-5, 14. 6:14-29）。損失への恐れと益への欲も：ヘロデは面目を失いたくなくてヨハネを処刑（6:26）。ペトロは命を失うことを恐れて約束を覆してイエスを否認（14:31, 66-72）、他の「弟子」たちも同じ理由で誠実さの誓いに反して裏切り逃走（14:31, 50-52）。富んだ青年も富を失うことを恐れてイエスを去った（10:22）と。つまりマルコのイエスは、まさに孤立した人だったとの理解が、マルコ物語の編集にあります。[441]

確かにマルコのイエスには、そのようなイメージもありますが、私は、そもそもマルコ自身が孤立感を強く持った人ではないかという印象を持ちます。もしそうであれば、その背景にはどのようなことがあったのでしょうか？　私たちは、そういうことにも注意を向けて福音書を読むことが必要ではないでしょうか？

もう一つ注意すべき重要なことがあります。イエスの処刑死に関して、福音書では現代の贖罪論のようなものは全くありません。伝統的教義と言われる贖罪論が展開されて来たのは、キリスト教が誕生してから千年以上経ってからです。こういうことも、その背景状況も、しっかり考えるべきと思います。[442]

441　Liew, "Mark", pp.120-122.

・神はモーセに「私はあなたとともにいる」（出 3:12）と言い、抑圧された イスラエルの民に向かって、繰り返し「私はあなたがたとともにいる」と 言われます。……（「ために」ではなく）「ともに」というあり方こそ、神の 本来の姿勢であり、私たちにも求められている生き方だと言えるでしょう。 ……しかし、ひとたび「ともに」という関わりに突き進むと、がぜん、社 会の目は厳しくなります。弱い立場の人々の痛みと同時に、怒りをも共感 するため、言葉にも行動にもあいまいさがなくなり、体制が秘める問題の 核心に触れてくるからです。社会正義の実現を求めることになるからです。 ……イエスが神の国実現のために実践された働きは、ここにあったと言え るでしょう。社会的な弾圧の極み、「十字架の死」がこれを示しています （本田哲郎[443]）。

・「誰がイエスを処刑したか？」「何がイエスを殺したか」の問いをテキスト とは別に考える。それは帝国主義システムだ：ユダヤ人たちを犠牲化し、 ローマ人たちを犠牲化し、神の霊をも犠牲化するシステム（エリス・リヴキ ン[444]）。

・「イエスが教えたのは神の国の到来であったが、やってきたのは教会で あった」（アルフレッド・ロワジー[445]）。

442　「**贖罪論**」に関して：「贖罪」については、ヘブル語聖書時代からイエス運動の時 代に続いていた理解が、11-13 世紀の十字軍が「聖戦」として正当化される中で 出された理解によって、大きな変化が起きました。そしてそれが展開されて作ら れた「贖罪論」の教理が、現代に繋がります。これについて：山口里子『新しい 聖書の学び』pp.143-146。キリスト教の『核心』を受け入れなくて『クリスチャ ン』と言えるか？」。Delores S. Williams, "Atonement". Cf. 青野太潮『十字架の神 学の成立』pp.460-481。『どう読むか新約聖書』pp.120-137。現代の「贖罪論」・ 「犠牲の論理」・「犠牲のシステム」の繋がりについて参考：荒井献・本田哲郎・高 橋哲也『3.11 以後とキリスト教』pp.197-209。

443　本田哲郎『続　小さくされた者の側に立つ神』p.27。

444　Ellis Rivkin, "What crucified Jesus?"。

445　アルフレッド・ロワジー（1857-1940）。フランスのカトリック司祭、聖書史家。

・「イエスさまは、私たちの罪のために〈十字架にかかって〉死んでくださった」という、ひろく広まっている一般的な語り方は、新約聖書のどこを捜しても見出すことはできません。「十字架」が「贖罪」と結合して語られる個所は、皆無なのです（青野太潮[446]）。

・「伝統的には、神の愛を伝えに来てくださった神の子イエス・キリストが十字架に付けられたことについての理解としては、次のような表現がよく聞かれます。〈イエスは死ぬためにこの世に来られた。〉〈私の罪のために、身代わりになって十字架を受けてくださった。〉〈十字架での死によって、人間は神に許され贖われた。〉いいんですか!?　平気ですか!?　いったいどんな神を私たちは信じているのか、が問われているのです。ある人の言葉をお借りして言いますと、『愛する神』と『（人類の贖罪のための供え物として）イエスを罰する神』との間の矛盾に気づかなければ、それは不注意というものです。もしかしたら、多くの信仰者はその矛盾に気付き、悩みましたが、他に選択肢がないだろうと思って、伝統的な神学に流されてしまってきました」（リディア・ハンキンス[447]）。

・「ガリラヤに生きたイエス」の実像とキリスト論化されて宣教の対象になる「キリスト」との「乖離（かいり）」を明らかにする試みは、学問的な追及に留まらず、現在の私たちにとって「キリスト教」の在り方を問い直す大切な課題になるでしょう（山口雅弘[448]）。

　　バチカンより破門され、著作は禁書処分（深井智明『神学の起源：社会における機能』新教出版 2013。p.38）。

446　青野太潮『どう読むか、新約聖書』p.121。

447　南部バプテスト連盟宣教師リディア・ハンキンス（青野太潮『どう読むか、新約聖書』p.147-148）。

448　山口雅弘『ガリラヤに生きたイエス』p.96。

・宗教は、暗闇の中から真実と救いを求める人々の魂の叫びに応答することが期待される。それゆえ自分の宗教に批判的に臨み、社会のゆがみを下支えせず、「弱者」の人生を大切にする課題がある。……過去の歴史から学び、戦争に利用されない宗教の未来を考えて、現在を生きたい（山口里子）。[449]

見つめていた女性たち

（**マルコ 15:40-47**/ マタイ 27:55-61/ ルカ 23:48-56/ ヨハネ 19:25-27）

　マルコでは、イエス逮捕で男「弟子」たち皆が逃げて、ペトロが否認もした後で、イエスが処刑されました。それで、イエスは仲間たちから完全に棄（す）てられて死んだイメージがありました。けれどここのテキストで、そうではなかったと感じられます。以下、原語のギリシャ語をなるべく直訳します。

　「けれど女性たちが居て、遠くから見つめていました（*theōreō* 見つめる、じっと見る、熟視する、識別する）。その女性たちの中に、マグダラのマリアと、小ヤコブのマリアと、ヨセの母と、サロメ」（15:40）。「彼女たちは、（イエスが）ガリラヤに居た時に、彼に付いて来続けて（*akoloutheō*. 未完了形）、彼に仕え続けて（*diakoneō*. 未完了形）、他の（女性たち）多くも、エルサレムへ彼と一緒に上って来ました（*sunanabainō*）」（15:41）。「そして既に夕方になって、その時は安息日の前日である準備の日でした」（15:42）。そして、影響力のある議員アリマタヤ出身のヨセフが、ピラトにイエスの体（*sōma*）を求め、ピラトは百人隊長にイエスの死を確認させて、ヨセフに遺体（い　たい）（*ptōma*）を与えました。「彼（アリマタヤのヨセフ）は亜麻布（*sindōn*）を買って、彼（イエス）を降ろして、亜麻布に包んで、岩から切り開かれた墓（*mnēmeion* 記念になる物・墓場）の中に置いて、墓の入り口に石を転がしました」（15:46）。「それで、マグダラのマリアと、ヨセのマリアは、置かれた所を見つめ続けていました（*theōreō* 未完了形）」（15:47）。

449　山口里子「贖罪論の克服から共生へ」。

マルコは、「受難物語」全体を、「ベタニアの女性」（14:3-9）と「ガリラヤの女性たち」（15:40-47）の2つの話で大きくサンドイッチ型に包み込んでいます。そこに挟まれているのは、イエスを（権力層に）引き渡し、否認し、逃げ去った男性「弟子」たち。すなわち男性「弟子」たちと女性たちを対照的に描き分けて、弟子批判強化の編集です[450]。

　マルコは、イエスの死後に初めて、女性「弟子」たちが始めからずっとイエスと共に「奉仕」（伝道活動）し続けていたことを一言だけ伝えます（15:41）。それまでは、イエスと共に伝道活動をしたのは男の話ばかりで、女性は全く見えない存在にされていました。

　マルコは、福音書の初めに「弟子召命」で4人の指導的な男性「弟子」たち（ペトロ、アンデレ、ヤコブ、ヨハネ）を登場させます（1:16-20）。そして福音書の終わりに4人の女性「弟子」たち（マグダラのマリア、小ヤコブの娘か妻のマリア、ヨセの母マリア、サロメ）を登場させます（15:40）。4人でなく3人の男性（ペトロ、ヤコブ、ヨハネ .14:33）と、3人の女性（マグダラのマリア、小ヤコブとヨセの母マリア、サロメ）という見方もあります。語り部の特徴「3」の影響が古い伝承かマルコの編集かは決められません。

　ただし、マルコで書かれた女性たちの名前は（15:40）、他の福音書より古い伝承を反映していると理解されています。それぞれの福音書の個人名の違いは、多くの女性たちの中で、そこの共同体で良く知られていた名前が選ばれた可能性もあります（注170）[451]。

・マタイは、「大勢の女たち、その中にガリラヤから来たマグダラのマリア、ヤコブとヨセの母マリア、ゼベダイの子らの母」（27:55-56）。ルカは、「イエスを

450　荒井『荒井献著作集③』pp.227-232。滝澤『マルコの世界』239。
451　パレスチナでは女性たちの名前の約50％が、マリア［マリアンメ］かサロメ。男たちの名前の約40％がヨハネ、シモン、ユダ、エレアザル、ヨナタン、マタイの可能性。ちなみに、男たちのアイデンティティは基本的に出身地に基づいて示されますが、女たちは家族の男名に基づかれます。しかしマグダラのマリアは出身地に基づかれます。彼女は家族を全て失っていたのかもしれません。
　　シュスラー・フィオレンツァ『彼女を記念して』pp.446-447。Corley, "Slaves". Richard Bauckham, "The Eyewitnesses and the Gospel Traditions", pp.30, 49.

知っていた全ての人たちとガリラヤから来た女たち」(23:49)。「マグダラのマリア、ヘロデの家令クザの妻ヨハナ、スサンナ」(8:2-3)。ヨハネは、「母、母の姉妹、クロパの妻マリア、マグダラのマリア」(19:25)。

マルコ福音書は、イエスの処刑死を見つめていた女性たちを、「弟子」たちとしての３つの動詞で特徴づけています。①ガリラヤでイエスに「付いて来た（アコルーセオー）」は、「弟子」グループへの召命と決断とを特徴づけます（1:18, 8:34, 10:28. 15:41）。②イエスに「奉仕した（ディアコネオー）」は、伝道活動全体を意味します（1:31, 10:43, 15:41）。③エルサレムにイエスと「共に上って来た（スンアナバイノー）」は（15:41）、ガリラヤからエルサレムに上って来た女性「弟子」たちに使われており、ここ以外では、「復活の主」に出会って証人になった人々に用いられるだけです（使13:31）。従って彼女たちは、「使徒的証人」の特徴として伝えられているのです。つまり、イエスの処刑死を最期まで「見る」（「証人」である）女性たちを、「弟子」そして「使徒的証人」にされたとしての特徴づけで、述べられています（ルカは、最初の「使徒的証人」を、男だけの「12 人」にして編集＝使 1:21-26）。[452]

マルコの編集は、最も重要なことを最後に強烈に述べると理解されています。イエス逮捕時に、男性たちは全員イエスを棄てて逃げ去りました。けれど女性たちだけは、政治的に極めて危険な中で（多くの女性たちも十字架刑で殺されていた状況で）、イエスの処刑死でもその後でも共に留まって、復活の最初の目撃者・証人に成ります。そもそもマルコ物語の世界では、「男性・独裁者」を社会の強者にさせて「女性」を家庭の従者にさせる帝国的父権制社会システムが、象徴的に転覆されるとも受けとめられます。つまり、「最後の者が最初の者に」の改革の具体的な最初の一歩は、「女性」がリーダーシップを実践すること。そのためには、まず固定化された社会役割の転覆が必要で、これをマルコ物語は実現しているという見方も

452　シュスラー・フィオレンツァ『彼女を記念して』pp.447-449。

あります（ルカは、男性「弟子」たちが皆逃げたという部分を削除し、イエスの処刑場面を見ていた人々の中に「すべてイエスを知っていた者」すなわち男性「弟子」たちも居たとのイメージに編集＝23:49）[453]。

　アリマタヤは、恐らくユダヤ北西の町ラマタイム（サム上1:1.1マカ11:34）。けれど、アリマタヤのヨセフは恐らく「富裕な地主」（パピルス記述）で、サンヘドリンの議員。サンヘドリンは、ヘブル語聖書時代からの慣習として、処刑死されたような人を埋葬していて、イエスと共に磔刑死された2人も同じように埋葬したとも理解されます。それにしても、ひどい冷酷なローマ総督ピラトに依頼するのは勇敢な行動と理解され、「ピラトとイエスの友人」と書かれている文献もありますが、この歴史性は不明です（ペトロ福音書2:3-5a. 6:21-24）。

　また、ピラトがイエスの死を確認したのは、後にクリスチャンたちが、イエスは死なずに蘇生したのに「復活した」と偽ったとされることに対する、防備の編集とも言われます（Cf. マタイ27:62-66）。また、「空の墓」・「復活」は、その死体を墓から盗み出して作り出されたクリスチャンたちの虚構だということが、ユダヤ教ラビ文献にあるので（Cf. マタイ28:13）、これに対する護教として編集されたとも思われます。

　ともかくアリマタヤのヨセフは、イエスを大急ぎで埋葬したイメージで書かれています。遺体を布で「巻く」（eneilēsen 15:46）は、囚人を網で拘束するのと同じ表現。ユダヤ人として、安息日に入る夕方に、安息日を穢さないように急いだと解釈もされます。墓に「置いた」（tithēmi 15:46過去形。15:47.16:6受動形）は、処刑死された人の埋葬習慣の暗示です（申21:22-23）。こうした埋葬の1年後に、遺体の骨が家族の墓に入れられる可能性が大きくあります（ルカは、隠れ信者の優しさで、遺体が野生動物に晒されないように引き取って埋葬したイメージ＝23:50-53。ヨハネは、別の福音書の伝承に依拠して、アリマタヤのヨセフとニコデモを結び付けた可能性の解釈＝19:38-42）[454]。

453　Miller, Robert J. ed., *The Complete Gospels,* p.51. Myers, *Binding the Strong Man,* pp.280-281. 滝澤『マルコの世界』p.239。

一方、十字架刑での遺体は、埋葬のために家族に与えられる可能性があるけれど、歴史的には、イエスの遺体が十字架上に残されたままか、浅く掘られた所に埋められて土と石で覆われ、鳥や犬たちに食べられた可能性もあり、後のクリスチャンたちがイエスの尊厳と護教の目的で話を創作したとの解釈もありました[455]。

　ただし上記のように、イエスの遺体が処刑場の近くの犯罪人の墓に埋葬されたことは歴史的に可能性大と考えられます。そうでなかったら、女性たちの墓への訪問・経験も、後の完全な作り話になるでしょう。けれど、イエス復活への最初の出会い、イエス運動継承、キリスト教誕生への重要な事柄が、女性たちだけの行動として後の教会で創作されるとは考えられません。むしろ、女性たちの歴史的な実際の行動こそが口頭伝承で広く知られたゆえに、男性中心の福音書物語の中に書き残されたと思われます[456]。

　諸福音書に編集された受難物語は、実は早くから一まとまりの伝承形成があったと理解されます（未確定ですが多分 14:1-15:47）。これは、イエスの死後に女性たちの「嘆(なげ)きの歌」が基盤になった可能性があります。

　ヘブル語聖書では、伝統的に女性たちによって生み出され伝達されて来た歌が、後にエリート男性たちによって編集・記述されたものが多いです（出産の歌・命名スピーチ・知恵のスピーチ・勝利の歌・嘆きの歌など）。女性のジャンルの中でも、「勝利の歌」「嘆きの歌」は特に重要なもの。自分たちの政治的評価・批判を力強く説得力を持って表現する長い歴史があり、その意味で共同体の伝承形成に参与してきました。

　「嘆きの歌」（神への呼びかけ、苦境の訴え、死者を記憶しその苦痛に同情、敵

454　Schaberg, *The Resurrection of Mary Magdalene,* pp.280-281. Carter, *Matthew and the Margins,* p.539. S. Safrai et al., The Jewish People, pp.773-787. Corley, "Women and the Crucifixion and Burial of Jesus".Black, "Mark". Myers, *Binding the Strong Man,* pp.394-396. 荒井『著作集』① pp.512-513。

455　Crossan, *Jesus A Revolutionary Biography,* pp.152-157.

456　Myers, *Binding the Strong Man,* pp.395-396. 山口里子『新しい聖書の学び』pp. 135-141。

への嘲り、助けなかった仲間・同民族の男性たちへの非難、遺族のための神への祈り）は、イエスの死の時でも女性たちに歌われ、受難伝承の端緒（たんしょ）に成ったと思われます。ただし処刑された犯罪人のために「嘆きの歌」を公的に歌うことは危険で、女性たちは自分たちの集まりの場所で密かに作って歌ったと想像できます。そして、自分たちに出来る最善の仕方でイエスを描いたと考えられます。

　福音書は、女性たちが「嘆きの歌」を歌う姿を全く描きません。プロを含めた女性たちのすごく大きな嘆きの叫びが、死者の霊を呼び起こす（死者を蘇生させる）力を持つと思われていたので、イエスの「復活」と関連づけられるのを避けたかった可能性大と思われます。そして諸福音書の受難物語は、伝統的な女性たちの「嘆きの歌」と、男性たちが語る（特に戦死者などのための）公的記念礼拝での「賛辞（さんじ）」（ユーロジー）を、混合して編集されたと理解されます。[457]

　ところでマルコは、「マグダラのマリア、ヤコブとヨセの母マリア、サロメ」は、イエスのガリラヤ伝道の初めから一緒に旅をしたと述べました。また、歴史のイエス自身が「徴税人と罪人たち」と横たわって食事していたことで責められたとも述べました（マルコ 2:14-17. Q［ルカ 7:34]）。

　これらが暗示するのは、マグダラのマリアやサロメなどは、労働女性・雇われ女性・奴隷・逃亡奴隷（とうぼう）の可能性が高いとも考えられています。困窮した女性たちは、生きるために様々な商売をしていました：小店主・肉屋・宿屋・織物屋・ウェイトレス・靴作り・売春者・葬儀屋・音楽者・漁師。地方では、農場で夫と働きつつ、商売や家での宿屋。町・都市では、小ビジネス。そんな中でエリート層からは、下層の女性たちは「ふしだ

457　S. D. Goitein, "Women as Creators of Biblical Genres". Brenner & Dijk-Hemmes, On Gendering Texts, pp.3-32. Elaine Mary Wainwright, Shall We Look for Another?, p.101. Corley, "Women and the Crucifixion and Burial of Jesus". "Lamentation and Gospel". Miriam Sawicki, Seeing the Lord, pp.267-275. シュスラー・フィオレンツァ『彼女を記念して』p.105. Mary Rose D'Angelo, "The Concrete Foundation of Christianity". 山口里子『マルタとマリア』pp168-170, 187-189。

ら」「売春者」の固定観念で見られていました。

　もちろん、イエス伝道活動に参加・協力した女性たちには様々な人々がいて、一律に決めつけるべきではありません。けれど社会の底辺で抑圧・差別される中で癒されて、サバイバルする繋がりを持ち、苦闘（くとう）して抵抗して生きた女性たちは、少なくなかったと思われます。

　また、マグダラのマリアは悪霊に取りつかれていたと言われていますが（ルカ 8:2-3）、神の聖なる霊や、悪魔の汚れた霊に取りつかれるのは、預言者の力とも結びつけられていました。そして世間の常識から外れて生きたイエスが、「悪霊払い」をしたと思われるだけでなく、「悪霊に取りつかれた＝気が狂った」とも思われていました（ヨハネ 8:48. マルコ 3:20-21）。ですからマグダラのマリアもナザレのイエスも、預言者的な霊的な力を持っていたゆえに、「気が狂った」人と思われていた可能性が高いとも思われます[458]。

　このような状況で、父権制的ピラミッド社会の下層で共に生きようとするイエスも、その伝道活動に参加した様々な人々も、たとえ非難・蔑視されても、ひどい暴力に襲われても、決して諦（あきら）め絶望せず、神を信頼して「共生（きょうせい）」の道を歩み続けたのではないでしょうか？

　こういう学びを通して、現代に生きる私たちは、ピラミッド社会でひどく苦しめられる様々な人々の現場にどう関わるのか、そして、歴史を通して継続されているその抑圧システム・構造に対する根底からの変革にどう関わっていくのか、問われているのではないでしょうか？

・「無知と無関心は新たな差別を生む」（砂金（いさご）直美）[459]。

458　Corley, "Slaves".

459　砂金直美 弁護士「旧優生保護法の問題点：国に謝罪と補償を求めて」（『女のしんぶん』2021.11.25）。

・人が「生きていて良かった！」と実感するのは、結局は、欠けだらけの弱いありのままの自分を受け入れてくれる、肯定してくれる、人々との関係、自分らしく生きようとすることを支え合える人間関係の中で、ではないでしょうか？（山口里子[460]）。

・不安や恐れにさらされているこの時こそ神さまに信頼して、知恵と助けのうちに冷静に判断し行動したいものです。またこの状況の中でさらに見えなくされている存在、かき消されている叫びがあることを忘れないでいたいと思います（米本裕見子[461]）。

460　山口里子「真実を知って生きたい」（ハニルチャーチ礼拝メッセージ. 2014.3.16）。

461　米本裕見子「女性連合のひろば」（『世の光』no.858. 2020.4）p.50。

V. 復活 （16:1-8）

イエスの復活

（マルコ 16:1-8/ マタイ 28:2-8/ ルカ 24:1-12/ ヨハネ 20:1-10）

　安息日が終わった時（土曜 18:00）の後で、日曜の早朝に、マグダラの
マリアを始めガリラヤ女性たちが墓に行ったと理解されます。そこに「白
い衣（stolē）の若者」（天的使者・天使）が居て、言いました。イエスは起
こされて（egeirō 受動態。注49）、ここにいません。ガリラヤに先に行くか
ら、弟子たちに言うように。女性たちは、震え（tromos 福音書ではここ 16:8
のみ）と忘我（ekstasis. 注67）で、墓から逃げ出し、「誰にも何も言いませ
んでした。恐れ続けていた（phobeomai 自動態・未完了形）から（gar）」。

　「恐れる」は、一般的に多く使われますが、神の驚くべき力への印象で
もあります（注140）。マルコは最後に、「恐れていたから」という言葉で
唐突に物語を打ち切ります（ギリシャ語では接続詞「ガル（なぜなら）」が最後
の言葉で奇異。そこへの続き 16:9 からは、4 世紀以後の付加）。この突然の妙な
終わりは、マルコの文学手法で、読者の関心を改めてガリラヤでイエスと
の出会いに向けて、福音書の始まりから再読するように求めます。これは、
「プロローグ」（序幕）としての「エピローグ」（終幕）とも理解されます。[462]

　マルコは、墓に行ったのはガリラヤの女性たちだと告げて、女性たちが
物語の命綱になります。「弟子」たちの代表として述べていた3人の男性
「弟子」たち（ペトロ、ヤコブ、ヨハネ）に代えて、3人の女性たちを本当
の「弟子」たちとして逆転させます。ただし、マルコの編集では、女性を
模範として描く時には、女性たちを肯定するためでなく、男性への教訓を

462　Black, "Mark, p.1951. Myers, *Binding the Strong Man*, p.399. 川島『十字架への
　　道イエス』p.195。荒井「『プロローグ』としての『エピローグ』」。

強化するためとも思われます。そもそも結局、物語の最後には、男性「弟子」たち皆が逃げたように、女性「弟子」たちも恐れて逃げました。マルコ全体で見られる皮肉のパターンと言われます。[463]

　ここのマルコの３ポイントは、①男性「弟子」たちと同様に、女性「弟子」たちも失敗。②唐突な終りは、より良い行動を聴衆に呼びかける。③「つまずき」（失敗）は、「弟子」として終止符とは限らないと示唆。女性たちは「何も言わなかった」が、結局は沈黙を破って語り伝えたからこそ、この出来事が知れ渡ることになった。だから、失敗する自分たちにも再起があると、聴衆に伝える。[464]

　ヘブル語聖書の時代から、「遺体が見つからないこと＝昇天」を意味するユダヤ教伝承があります（王下 2:16-17. 創 5:24. ヨブ遺訓 39:8-40:4. レビ遺訓 8:18-19）。イエス時代の広いヘレニズム世界でも、個人だけでなく傍に居る人と一緒に、幻覚・幻視による夢・ヴィジョンで「昇天」を実感します。それと共に、実際に身体的にも「昇天」が起こされたと広く信じられていて、多くの諸文献があります。これは未来の希望と現在の経験、不公正な社会による喪失・死から「死の超越」「正義への解放」の思考と行動に繋がると理解されています。

　イエス運動は、権力構造に明白・直接に攻撃せず、庶民の間で異なる世界・未来を思い描く実践をしました。これは、ローマ帝国とユダヤ傀儡政権と神殿体制による支配への、政治的・経済的・社会的・神学的課題に結びつく抵抗です。このような動きは、多様な「神の国運動」（ユダヤ教、バ

463　Schüssler Fiorenza, *Changing Horizons,* pp.227-228. Myers, *Binding the Strong Man,* p.396-398. デューイ「マルコ」p.384。Schaberg, *The Resurrection of Mary Magdalene,* p.278.

464　トルバート「マルコ」p.469. デューイ「マルコ」pp.384-386。荒井『荒井献著作集③』pp.233-256。
　　実際、福音書の編集では他の様々な箇所を含めて、女性たちの発言は排除され「沈黙」にさせられています。しかし女性たちは、この驚くべき出来事を、どんなに否定・非難されても勇気を持って「発言」したからこそ、歴史的に新しい道が開かれて行ったでしょう。ですから、福音書の話で女性たちが何も発言していないような印象を持つ時、このことをしっかり意識して読むことが大切でしょう。

プテスマのヨハネ運動、セラピュータイ、散在するゼーロータイなど）とも根底で繋がりを持ちます。

　そして「（イエスは）起こされて、ここには居ない」の言葉（16:6/ マタイ28:6/ ルカ24:6/ ヨハネ20:9）は、イエスは、もはや墓の中に（遺体として）居ない（absence）のです。むしろイエス自身は、実際に生きて生活・活動したことの継続・未来に向かう所に居る（presence）と言うことです。これはつまり、真実の「意味」を語ろうとする口頭伝承の象徴的な語り方の話で、「昇天・顕現⇒空の墓」の諸伝承を基に、マルコは編集したと思われます。[465]

　女性たちは、墓から逃げ去りました。処刑された者の墓で発見されることは、追従者とみなされて逮捕される大きな危険があります。ローマ帝国は、処刑者の墓で仲間が集合することを警戒して、監視もしていました。しかし女性たちは、いのちを脅かす恐れにもかかわらず、処刑を見つめ続けて、埋葬も見届けて、犯罪者の墓に行きました。そうして、イエス「復活」を最初に体験し、それを伝えるように言われました。これは、（マルコは明確に言わずに編集しましたが）最初の「使徒」としての行動を起こすように言われたということです。

　その後で、彼女たちは「沈黙」しました。当時、沈黙は、その人々だけに知らされた神秘的啓示の秘密という理解がユダヤ教伝承にもあり、公の人々に対する沈黙は、特定の個人・グループへの打ち明けとは別です。ただしマルコでは、「誰にも何も言わなかった」として、そのような沈黙とは異なるイメージで編集されます。けれども歴史的には、女性たちは実際に最初の「使徒たち」として行動しました。それで実際、女性たちによる最初の「復活」の「良き知らせ」（good news = gospel）がどんどん伝わっ

465　Boring, Berger, Colpe eds., *Hellenistic Commentary,* pp.162-163, 180. 荒井『著作集』① p.517。Schaberg, *The Resurrection of Mary Magdalene,* pp.255-257. 286-297. シュスラー・フィオレンツァ『知恵なる神の開かれた家』pp.220-223。
　　・「**セラピュータイ**」や「**ゼーロータイ**」について：Cf. 山口里子『マルタとマリア』pp.59-60, 180。山口雅弘『よくわかる新約聖書の世界と歴史』pp.73-82。

ていったのです。

　聖書学で、最初期の伝承から認識されてきたことは、女性たちは歴史的にはイエス運動の始まりから参加し、民族の境界線を越える重要な役割も果たしました。そしてイエスの逮捕で男たちが1人残らず逃げ去った後で、留まっていた女性たちは、幻視・忘我体験と理解されるような「復活」を体験し、「神は、イエスの生き方を正しいと立証なさった」と確信しました。それで女性たちは、神によって（新しいいのちに）「起こされた」イエスの運動を、継続する希望と力を与えられ、まさに決定的な役割を担ったのです。

　そもそも、このような女性たちの歴史的な実際の体験が無かったら、そして単なる作り話だったら、彼女たちの「記憶」はずっと継続・維持されなかったでしょう。ですから、日曜の朝に墓で何かが実際に起きたことを示していると、理解されます。実際マルコでも、イエスを理解せず捨てて逃げた「12人」と対照的なのは女性「弟子」たち。この対照が示唆するのは、女性たちがイエス運動の重要な「弟子」たち・最初の「使徒」たちで、神の「新しい家族」におけるイエスの後継者だと、クリスチャン共同体で認識されていたと理解されます。[466]

　イエス逮捕の後で男性「弟子」たちが皆、逃げ去ったので、女性たちは、散り散りになってエルサレム周辺に居た弟子・仲間・友人たちを寄せ集めたと思われます。恐らく福音書で歴史的にも象徴的にも描かれた、ベタニアのマリアとマルタとラザロ、ベタニアでイエスに香油を注いだ女性預言者、「過越しの食事」の隠れ家を提供した家の主人と、水がめを運んだ男性、ニコデモ、「愛しておられた弟子」、エルサレムに家を持っていた「ヨ

466　シュスラー・フィオレンツァ『彼女を記念して』pp.217, 450-451。トルバート「マルコ」p.469。Carolyn Osiek, "The Women at the Tomb". Wainwright, *Towards a Feminist Critical Reading*, p.304. Schaberg, *The Resurrection of Mary Magdalene*, p.101. 山口里子『新しい聖書の学び』pp.135-147, 188-195。山口雅弘『ガリラヤに生きたイエス』pp.270-289。

ハネ・マルコの母」などのような人々。その後で故郷ガリラヤに帰った女性たちは、「地下ネットワーク」（Cf. 14:12-31）を活かして運動を継続させたでしょう。その中でもマグダラのマリアは、最も困難・恐怖の状況で、卓越した指導力を発揮しました。

　当時、ローマ帝国支配下で数々の抵抗運動が起きましたが、指導者の処刑後に継続できたのはイエス運動一つだけで、まさに歴史的に比類のない奇跡と言われます。ですから、女性たちこそがイエス処刑死の正真正銘の証人であり、イエスの復活の最初の証人として、オリジナルな歴史的記憶と最初期伝承に近く繋がっています。それはまさに、傑出した女性たちの口頭伝承が豊かにあったからこそ、それを完全に無視することは出来ずに、諸福音書の編集の中にも記されたと理解されます。[467]

　・マタイは、「女性たちは、恐れながらも大喜びで、急いで……「弟子」たちに知らせるために走って行きました」（マタイ 28:8）。ヨハネは、マグダラのマリアは「弟子」たちの所に行って「私は主を見ました」（ヨハネ 20:18）と告げ知らせたと明記。ルカは、福音書でも使徒行伝でも、マグダラのマリアとガリラヤの女性たちの貢献を削除（「女性たちは……墓から帰って、11 人と他の人皆に一部始終を知らせた。……しかし使徒たちには、この話がまるで馬鹿げたことに思われて、女性たちのいうことを信じなかった」（ルカ 24:11）。そして、教会が始まるのはペトロとパウロの男性使徒たちの貢献のみ。女性たちの貢献は物質的貢献のみ（ルカ 8:3）。

　古代ユダヤ教では、女性は証人の資格が無いとされていました。「女性たちからは何の証拠も承認されるべきでない。軽率で向こう見ずの性だから」（ヨセフス）。また、ヘレニズム世界における 2 世紀のキリスト教批判者ケルソスは、「空の墓」の話の信憑性を「半狂乱の女性たちから来たも

467　シュスラー・フィオレンツァ『彼女を記念して』pp.217-218. *Jesus Miriam's Child*, pp.120-121. Schaberg, *The Resurrection of Mary Magdalene*, p.278. デューイ「マルコ」pp385-386。山口里子『いのちの糧の分かち合い』pp.121-165.『新しい聖書の学び』pp.139-147, 188-195。

の」として無視しました。そのような文化的環境で、「空の墓」の話が正典の４福音書の全てで書き残されたのは、驚くべきことと言われます。[468]

　それにしても、当時の社会では、女性たちがどれほど大切なことを述べても信用できる証言と受け取られなかったのです。このことは、当時とその地域に限らず、いかに社会構造が女性たちの恐れ・沈黙・失敗を再生産させてきたかを、探索（たんさく）すべきでしょう。どれほど多く、権力層の思考や世間の常識に沿わない女性たちの話・証言・行動が、一般社会だけでなくキリスト教の中でも、軽視・蔑視・無視されてきたでしょうか？　変革に必要なのは意識向上（い しきこうじょう）と言われています。[469]

　ですから、様々な政治・社会・文化的な背景を考慮して、マルコだけでなく諸福音書の物語・編集の限界も越えて、弱者とされ蔑視・無視された「女性」だけでなく、全ての周縁（しゅうえん）に追われた人々が、「見えなくされない」「沈黙の中に閉じ込められない」「誰か他の人々への教育の道具にされない」社会や生き方を構想・構築するのは、まさに必要不可欠でしょう。それと共に、聖書全体の中でも、世界の歴史を通しても、神の意志を受けるのは、エリート層よりも周縁化された人々が圧倒的に多いと思う人々も、少なくありません。[470]

　現代に生きる私たちは、聖書を読む時、キリスト教を思う時、こういうことをしっかり心に留めて学び合うことが大事でしょう。そして話し合い、思い巡らし合っていくことが、様々な人々のいのち・生活を尊重する新しい幸せな道を拓いて行くために、本当に大切ではないかと深く思わされます。

468　Phyllis Williams Kumorowski, "Mary Magdalene". Cf. Josephus, Antiquities, 3.219. Origen, Contra Celsum, 2.59.

469　Carter, *Matthew and the Margins,* p.544. Victoria Phillips, "The Failure of the Women Who Followed Jesus in the Gospel of Mark", pp.224-226. 233-234. Goss, "Luke". エリザベス・シュスラー・フィオレンツァ『石ではなくパンを』pp.126-134。

470　Thomas Bohache, "Matthew", p.515.

・イエスの死を遠くから見守っていた女性たちのように、私たちは現代の殉教者たちを弔う。けれど全ての被抑圧者・周縁化された人々に、神の復活は用意されている（ワレン・カーター[471]）。

・イエスの体に実際には何が起きたのかについては、これらの話は語らずに終わっています。……その代わりに「空の墓」は、不正義によって肉体的・霊的に殺された人々に名誉を帰する共感共苦の実践に、価値を置き称賛します。……イエスの闘いは処刑と死で終わらなかったことを、これは断言します。墓は空なのです！……まさに今日この時に困窮させられ、飢え、獄に入れられ、拷問され、殺されている人々のサバイバルと正義のための闘いの中にこそ、「よみがえらされた方」は居ますと言うのです。「生きている方」は、去ってしまうのではなく、先に、前へと進むのです。諸福音書の女／性たち、そして彼／女たちと共に歩む私たちは、そのように聞かされています（エリザベス・シュスラー・フィオレンツァ[472]）。

・私のお墓の前で泣かないでください。そこに私はいません。千の風になって、あの大きな空を吹きわたっています（新井満[473]）。

・イースターは、神がイエスをクィアにした時。……これは神が、あらゆる時に政治的な殉教の死を正当化する現状維持に挑発して、あらゆる形で差別に連なる抑圧に対して「ノー」と言う時のことです（トーマス・ボハーチェ[474]）。

471　Carter, *Matthew and the Margins,* p.544. Cf. Liew, "Mark", pp.128-130.

472　シュスラー・フィオレンツァ『知恵なる神の開かれた家』pp.222-223。「女／性」と訳した元の英語は「wo/men」で、女性だけでなくジェンダーを越える表現であると共に、女性を不可視化させる男中心の人間の表現を避ける意図を持っています。

473　新井満訳「千の風になって」（A Thousand Winds. 詩：作者不明。2001）。

474　Bohache, "Mattew", p.516.

・私たちは、自分の弱さを痛感しつつ、思いと志を多くの人々と共有し合い、繋がり合い、今日を明日に向かって生きていきたいと思います。そのために「夢と希望」を抱き、「あきらめない」生き方を続けていきたいと願います（山口雅弘）[475]。

・球根の中には花があり……すべての暗闇の中に夜明けがあり、あなたと私に希望がもたらされる。過去は神秘を内に秘めて未来へと向かう、その時が来るまでそれは隠され、ただ神だけが知っている。私たちの終わりの中に始まりがある。私たちの時の中に無限がある。私たちの疑いの中に信仰がある。私たちの命の中に永遠がある。私たちの死の中に復活があり、最後に勝利がある（ナタリー・リース）[476]。

・「あなたの前にいつも道が開かれますように。風があなたの背中を後押ししてくれますように。太陽があなたの顔を暖かく照らしますように。雨があなたの行く所にいつも優しく降り注ぎますように。そして私たちが再び会う日まで神さまがあなたをその手のひらで包んでくれますように」（著者不明）[477]。

475 　山口雅弘『ガリラヤに生きたイエス』p.310。

476 　ナタリー・リース（1930-92）「約束の讃美歌」清水和恵訳（Cf. 日本語讃美歌 21-575「球根の中には」）。

477 　「アイルランドのおわかれの言葉より」ロバート・ウィットマー（Robert Witmer）翻訳。

主な参考文献

・青野太潮『十字架の神学の成立』ヨルダン社、1989。

・------『どう読むか、新約聖書：福音の中心を求めて』ヨベル新書 064、2020。

・荒井英子『ハンセン病とキリスト教』岩波書店、1996。

・------『弱さを絆に：ハンセン病に学び、がんを生きて』荒井献編、教文館、2011。

・荒井献『荒井献著作集①イエス　その言葉と業』岩波書店、2001［初出：『イエスとその時代』岩波新書、1974(pp.1-168)。『イエス・キリスト（下）』講談社、2001(pp.169-561)］。

・------『荒井献著作集②イエス・キリストと現代』岩波書店、2002［初出：『イエス・キリスト（上）』講談社、2001(pp.1-156)。『問いかけるイエス』日本放送出版協会、1994 (pp.157-505)］。

・------『荒井献著作集③パウロ、マルコ、ルカ』岩波書店、2001［初出：『日本カトリック神学会誌』3 号、日本カトリック神学会、1992(pp.211-232)。『季刊　哲学』12 号、哲学書房、1991 (pp.233-256)。その他］。

・------『隠されたイエス：福音書のイエス・キリスト　⑤トマスによる福音書』講談社、1984。改訂・増補版『隠されたイエス』講談社学術文庫、1994。

・------「プロローグとしてのエピローグ：マルコ福音書 16 章 7-8 節によせて」（『哲学』vol.V-1 1991）。

・------『ユダとは誰か：原始キリスト教と「ユダの福音書」の中のユダ』岩波書店、2007。

・------「『ユダの福音書』と『マリアによる福音書』の接点」（『日本フェミニスト神学・宣教センター通信』No.43. 2007）pp.1-9, 12-14。

・荒井献・本田哲郎・高橋哲哉『3・11 以後とキリスト教』ぷねうま舎、2013。

・一色義子『水がめを置いて：イエスと出会った女性たち』キリスト新聞社、1996。

・ウィリアムソン、L.『マルコによる福音書』現代聖書注解、山口雅弘訳、日本キリスト教団出版局、1987。

・ウェインライト、エレイン「マタイによる福音書」（エリザベス・シュスラー・フィオレンツァ編『聖典の探索へ：フェミニスト聖書注解』日本キリスト教団出版局、1994/2002）479-309。

・上村静『イエス：人と神と』fad 叢書、2005。

- 大嶋果織「結婚式式文：家父長制キリスト教の強固な砦」（『日本におけるキリスト教フェミニスト運動史：1970年から2022年まで』富坂キリスト教センター編、山下明子、山口里子、大嶋果織、堀江有里、水島祥子、工藤万里江、藤原佐和子共著、新教出版社、2023）186-199。
- 笠原義久『新約聖書入門』新教出版社、2000。
- 川島貞雄『十字架への道イエス：福音書のイエス・キリスト　②マルコによる福音書』日本キリスト教団出版局、1984。
- 志村真「聖書を読む集会」（『第11回部落解放全国会議：「出会えない関係からの解放を求めて」報告書』日本基督教団部落解放センター、2020）68-76。
- シュスラー・フィオレンツァ、エリザベス『石ではなくパンを：フェミニスト視点による聖書解釈』山口里子訳、新教出版社、1992。
- ------『彼女を記念して：フェミニスト神学によるキリスト教起源の再構築』日本キリスト教団出版局、1983/1990。
- ------『知恵なる神の開かれた家』日本語版共訳・監修：山口里子、新教出版社、2005。
- シュスラー・フィオレンツァ、エリザベス編『フェミニスト聖書注解：聖典の探索へ』日本語版共訳・監修：絹川久子・山口里子、日本キリスト教団出版局、1994/2002。
- シュテーゲマン、エッケルハルト「批判的論争から敵対関係への移行：初期キリスト教とユダヤ人との関係について　マルコ福音書2:1－3:6の解釈」（W. ショットロフ＆W. シュテーゲマン編『いと小さき者の神：社会史的聖書解釈』佐伯晴郎・大島衣共訳、新教出版社 1979/1981）57-90。
- シュテーゲマン『貧しい人々と福音：社会史的聖書解釈入門』（佐伯晴郎訳、新教出版社、1982）。
- ショットロフ、ルイーゼ「神の慈しみと人間の連帯性：ぶどう園の労働者のたとえ」（W. ショットロフ＆W. シュテーゲマン編『いと小さき者の神：社会史的聖書解釈』佐伯晴郎・大島衣共訳、新教出版社 1979/1981）117-160。
- ショットロフ、ルイーゼ ＆ ウォルフガング・シュテーゲマン「安息日は人のためにある：マルコ福音書2：23－28の解釈」（W. ショットロフ＆W. シュテーゲマン編『いと小さき者の神：社会史的聖書解釈』佐伯晴郎・大島衣共訳、新教出版社 1979/1981）91-116。
- 平良愛香監修『LGBTとキリスト教：20人のストーリー』日本キリスト教団出版局、2022。

・高里鈴代「沖縄におけるキリスト者フェミニズムの視点」(『日本におけるキリスト教フェミニスト運動史：1970年から2022年まで』富坂キリスト教センター編、山下明子、山口里子、大嶋果織、堀江有里、水島祥子、工藤万里江、藤原佐和子共著、新教出版社、2023）114-125。

・田川建三『書物としての新約聖書』勁草書房、1997。

・滝澤武人『イエスの現場：苦しみの共有』世界思想社、2006。

・------『マルコの世界：イエス主義の源流』日本キリスト教団出版局、2001。

・デューイ、ジョアンナ「マルコによる福音書」(エリザベス・シュスラー・フィオレンツァ編『聖典の探索へ：フェミニスト聖書注解』日本キリスト教団出版局、1994/2002）357-387。

・土岐健治『初期ユダヤ教と聖書』日本キリスト教団出版局、1994。

・ドッド、C. H.『神の国の譬』室野玄一＆木下順治共訳、日本基督教団出版部、1935。

・トルバート、メアリー・アン「マルコ福音書」(ニューサム＆リンジ編『女性たちの聖書注解：女性の視点で読む旧約・新約・外典の世界』新教出版社、1992/1998）449-469。

・ニューサム、C・A/S・H・リンジ編『女性たちの聖書注解：女性の視点で読む旧約・新約・外典の世界』荒井省三・山内一郎日本版監修、加藤明子・小野功生・鈴木元子訳、新教出版社、1998。

・ペイゲルス、エレーヌ＆カレン・L・キング『「ユダ福音書」の謎を解く』山形孝夫・新免貢訳、河出書房新社、2013。

・堀江有里『レズビアン・アイデンティティーズ』洛北出版、2015。

・本田哲郎『釜ヶ崎と福音：神は貧しく小さくされた者と共に』岩波書店、2006。

・------『小さくされた者の側に立つ神』新生社、1990。

・------『続　小さくされた者の側に立つ神』新生社、2000。

・モルトマン＝ヴェンデル、E.『イエスをめぐる女性たち』新教出版社、1982。

・山口里子『新しい聖書の学び』新教出版社、2009。

・------『イエスの譬え話1：ガリラヤ民衆が聞いたメッセージを探る』新教出版社、2014。

・------『イエスの譬え話2：いのちをかけて語りかけたメッセージは？』新教出版社、2017。

・------『いのちの糧の分かち合い：いま、教会の原点から学ぶ』新教出版社、2013。

・------「キリスト教の『核心』を受け入れなくて『クリスチャン』と言えるか？」

（『日本フェミニスト神学・宣教センター通信』no.120. 2019.12）1-23。

・------「結婚の諸問題」（『キリスト教礼拝・礼拝学事典』日本キリスト教団出版局、2006）102-106。

・------「差別を再生産しない社会・教会に向かう聖書の学び方」（『第14回日本基督教団部落解放全国会議 in 関東教区「SAYAMA の解放～さらなる広がりへ～」2020.12.13）pp.80-96。

・------「贖罪論の克服から共生へ」（日本中東学会第36回年次大会 ONLINE 公開講演会テーマ『人類共生と宗教』。2020.11）。

・------「聖餐：世界のディスカッションから考える」（『聖餐の豊かさを求めて』山口雅弘編著、新教出版社、2008）139-170。

・------『食べて味わう聖書の話』オリエンス宗教研究所、2018。

・------「同性愛やセクシュアル・マイノリティってキリスト教ではどう考えられるの？」（『そうか！なるほど!! キリスト教』荒瀬牧彦・松本敏之監修、日本キリスト教団出版局、2016）110-111。

・------『虹は私たちの間に：性と生の正義に向けて』新教出版社、2008。

・------「フェミニスト神学：私の授業・講座での学び合い」（『日本におけるキリスト教フェミニスト運動史 1970年から2022年まで』富坂キリスト教センター編、新教出版社、2023）175-185。

・------「フェミニスト神学から：山口里子 x 本田哲郎」（『本田哲郎対談集：福音の実り・互いに大切にしあうこと』浜矩子・宮台真司・山口里子・M. マタタ、オリエンス宗教研究所、2016)105-152。

・------「フェミニスト神学のイエス研究」（『イエス研究史：古代から現代まで』大貫隆・佐藤研編、日本キリスト教団出版局、1998）352-376。

・------『マルタとマリア：イエスの世界の女性たち』新教出版社、2004。

・山口雅弘『イエス誕生の夜明け：ガリラヤの歴史と人々』日本キリスト教団出版局、2002。

・------『ガリラヤに生きたイエス：いのちの尊厳と人権の回復』ヨベル新書076、2022。

・------『よくわかる新約聖書の世界と歴史』日本キリスト教団出版局、2005。

・------「訳者あとがき」（M. ディベリウス著、H. コンツェルマン改訂増補『牧会書簡注解』山口雅弘訳、教文館、2021）382-388。

・Achtemeier, Paul J., *Mark*. Proclamation commentaries. Philadelphia, PA: Fortress, 1975.

- Ahn Byung-Mu, "Jesus and the Minjung in the Gospel of Mark"(R.S. Sugirtharajah ed. *Voices from the Margin: Interpreting the Bible in the Third World*. NY: Orbis, 1991)85-104.
- Allison Jr, Dale C. "The Continuity between John and Jesus" (*Journal for the Study of the Historical Jesus*. Vol. 1.1, 2003) 6-27.
- Althaus-Reid, Marcella. "Mark" (*The Queer Bible Commentary*. Guest, Goss, West, Bohache eds., SCM, 2006)516-525.
- Anderson, Janice Capel, "Feminist Criticism: The Dancing Daughter", (*Mark & Method: New Approaches in Biblical Studies,* Janice Capel Anderson & Stephen D. Moore eds., Minneapolis: Fortress, 1992) pp.135-160.
- Bailey, Kenneth E., *Poet & Peasant and Through Peasant Eyes: A Lieterary-Cultural Approach to the Parables in Luke,* Combined Edition, Grand Rapids, Michigan: William B. Eerdmans, 1983.
- Bauckham, Richard, "The Eyewitnesses and the Gospel Traditions" (*Journal for the Study of the Historical Jesus*. Vol.1.1., 2003) 28-60.
- Beavis, Mary Ann, "From the Margin to the Way: A Feminist Reading of the Story of Bartimaeus", *JFSR* vol.10-2. 1998, pp.19-39.
- Black, Clifton C., "The Gospel according to Mark" (*The Harper Collins Study Bible,* eds.: Wayne A. Meeks etc., London: Harper Collins, 1993)1915-1952.
- Blomberg, Craig L., *Historical Reliability of the Gospels,* Second Edition, Downers Grove, Illinois, InterVarsityPress Academic, 2007.
- Bohache, Thomas, "Matthew" (*The Queer Bible Commentary*. Guest, Goss, West, Bohache eds., SCM, 2006) 487-516.
- Borg, Marcus J., *Jesus A New Vision: Spirit, Culture, and the Life of Discipleship*. San Francisco: Harper San Francisco, 1987.
- Boring, M. Eugene, Klaus Berger, Carsten Colpe eds., *Hellenistic Commentary to the New Testament*. Nashville: Abingdon, 1986.
- Brenner, Athalya, & Fokkelien van Dijk-Hemmes, *On Gendering Texts: Female and Male Voices in the Hebrew Bible*. Leiden: E. J. Brill, 1993.
- Brooten, Bernadette J., *Women Leaders in the Ancient Synagogue: Inscriptional Evidence and Background Issues,* Brown Judaic Studies 36, Chico, California: Scholars, 1982.
- Byung-Mu, Ahn, "Jesus and the Minjung in the Gospel of Mark"(R.S. Sugirtharajah ed. *Voices from the Margin: Interpreting the Bible in the Third World*. NY: Orbis, 1991)85-104.

- Carter, Warren, *Matthew and the Margins: A Sociopolitical and Religious Reading.* Maryknoll, New York: Orbis, 2000.
- Cohen, Shaye J. D., "Menstruants and the Sacred in Judaism and Christianity" (*Women's History and Ancient History,* ed. By Sarah B. Pomeroy. Chapel Hill, N.C.: The University of North Carolina Press, 1991) 273-299.
- Collins, Raymond E., "Thomas" (*ABD,* 1992) 6.528-529.
- Connolly, Michele A., "Women Bold with Authority" (*Reading Ideologies: Essays on the Bible & Interpretation in Honor of Mary Ann Tolbert.* Tat-siong Benny Liew ed., Sheffield: Sheffield Phoenix, 2011) 31-44.
- Corley, Kathleen E., "Lamentation and Gospel: Women's Voices in Passion Tradition". Unpublished manuscript, used with permission.
- -----, "Slaves, Servants and Prostitutes: Gender and Social Class in Mark" (*A Feminist Companion to Mark.* Amy-Jill Levine ed., Sheffield: Sheffield Academic, 2001) 191-221.
- -----, "Women and the Crucifixion and Burial of Jesus: 'He Was Buned: On the Third Day He Was Raised'" (*Forum* New Series 1/1, 1998) 181-225.
- -----, *Women & the Historical Jesus,* California: Polebridge, 2002.
- Creamer, Deborah Beth, "Embracing Limits, Queering Embodiment: Creating/Creative Possibilities for Disability Theology", *JFSR* vol.26-2, 2010, pp.123-127.
- Christie-Murray, Davis, *A History of Heresy,* Oxford: Oxford University Press, 1976.
- Crossan, John Dominic, "Itinerants and Householders in the Earliest Jesus Movement" (*Whose Historical Jesus?,* William E. Arnal & Michel Desjardins eds., Canadian Cataloguing in Publication Data, Waterloo, Ontario: Wilfrid Laurier University Press, 1997) 7-24.
- -----, *Jesus A Revolutionary Biography,* San Francisco: Harper SanFrancisco, 1994.
- -----, *The Essential Jesus: Original Sayings and Earliest Images,* San Francisco: HarperSanFrancisco, 1994.
- -----, *The Historical Jesus:* The Life of A Mediterranean Jewish Peasant. San Francisco: HarperSanFrancisco, 1991.
- Daly, Mary, *Gyn/Ecology: The Metaethics of Radical Feminism.* Boston: Beacon, 1978. 9.

- D'Angelo, Mary Rose, "Abba and `Father': Imperial Theology and the Jesus Traditions." *Journal of Biblical Literature* 111. 1992. pp.611-630.
- -----,"The Concrete Foundation of Christianity: Re-Membering Jesus" (*Proceedings of the Catholic Theological Society of America* 49, 1994) 135-146 .
- Douglass, James W., *The Nonviolent Coming of God*. Maryknoll, New York: Orbis Books, 1991.
- Dube, Musa W., *Postcolonial Feminist Interpretation of the Bible,* 2000.
- Ellis, Elizabeth, "Laura Bridgman (1829-1889)". (*The Storyteller's Companion to the Bible*. Dennis E. Smith & Michael E. Williams, eds., Nashville: Abingdon, 1999) 61-64.
- ------, "Mary McLeod Bethune (1875-1955)". (*The Storyteller's Companion to the Bible*. Dennis E. Smith & Michael E. Williams, eds., Nashville: Abingdon, 1999) 81-84.
- ------, "The Woman with a Hemorrhage" (*The Storyteller's Companion to the Bible*. Dennis E. Smith & Michael E. Williams, eds., Nashville: Abingdon, 1999) 53-58.
- Fontaine, Carole R., "Roundtable: Women with Disabilities: A Challenge to Feminist Theology", *JFSR* vol.10-2, 1994, pp.108-114.
- Fossum, Jarl, "Son of God", *Anchor Bible Dictionary* 6, pp.128-137.
- Freyne, Sean, "Galilean Questions to Crossan's Mediterranean Jesus" (*Whose Historical Jesus?*, William E. Arnal & Michel Desjardins eds., Canadian Cataloguing in Publication Data, Waterloo, Ontario: Wilfrid Laurier University Press, 1997) 63-91.
- ------, *Galilee From Alexander the Great to Hadrian 323BCE to 135CE: A Study of Second Temple Judaism,* Edinburgh: T&T Clark, 1980/1998.
- ------, "Hellenistic/Roman Galilee"(*ABD,* 1992).
- Goitein, S. D., "Women as Creators of Biblical Genres" (*Prooftexts* 8, 1988) 1-33.
- Good, Deirdre J., "Son of God", *Dictionary of Feminist Theologies,* Letty M. Russell & J. Shannon Clarkson eds. Louisville: Westminster John Knox Press, 1996, p.267.
- Goodenough, Erwin R., *Jewish Symbols in the Greco-Roman Period*. Jacob Neuesner ed., Prinston, NJ: Prinston University Press. 1988.
- Goss, Robert E., "Luke" (*The Queer Bible Commentary*. Guest, Goss, West,

Bohache eds., SCM, 2006)526-547.

- ------, "Matthew" (*The Queer Bible Commentary*. Guest, Goss, West, Bohache eds., SCM, 2006)487-516.
- ------, "John" (*The Queer Bible Commentary*. Guest, Goss, West, Bohache eds., SCM, 2006)548-565.
- Grassi, Joseph A. *Loaves and Fishes: The Gospel Feeding Narratives*. Collegeville, Minnesota: The Liturgical Press, 1991.
- Hearon, Holly and Antoinette Clark Wire, "'Women's Work in the Realm of God' (Mt. 13.33; Lk. 13.20, 21; *Gos. Thom.* 96; Mt. 6.28-30; Lk. 12.27-28; *Gos. Thom.* 36)" (The Lost Coin: Parables of Women, Work and Wisdom. Mary Ann Beavis ed., Sheffield: Sheffield Academic, 2002)136-157.
- Herzog II, William R., *Parables as Subversive Speech: Jesus as Pedagogue of the Oppressed*. Louisville, Kentucky: Westminster/John Knox, 1994.
- Holst, Robert, "The Anointing of Jesus: Another Application of the Form-Critical Method" (*JBL* 95, 1976)435-436.
- Horsley, Richard A., *Jesus and Empire: The Kingdom of God and the New World Disorder,* Minneapolis: Fortress, 2003.
- ------, *Jesus and the Spiral of Violence: Popular Jewish Resistance in Roman Palestine,* San Francisco: Harper & Row, 1987.
- ------, *The Liberation of Christmas: The Infancy Narratives in Social Context,* 1989.
- ------, *Text and Tradition in Performance and Writing,* Biblical Performance Criticism Series 9. Oregon: Cascade, 2013.
- Humphrey, Edith M., "Will the Reader Understand? Apocalypse as Veil or Vision in Recent Historical-Jesus Studies" (*Whose Historical Jesus?* William E. Arnal & Michel Desjardins eds., Canadian Cataloguing in Publication Data, Waterloo, Ontario: Wilfrid Laurier University Press, 1997) 215-237.
- Johnson, Elizabeth A., *She Who Is: The Mystery of God in Feminist Theological Discourse*. New York: Crossroad, 1993.
- Kawabata, Tai, "A martyr's memory heals old wounds: Bible-translator William Tyndale brings Catholics, Protestants together" (*The Japan Times,* Sept., 22, 2002).
- Kim, Kyung Eui & Sook Ja Chung ed., "Why did I touch Jesus' Clothes?" (*Jesus' Story & Migrants' Stories,* Seoul, Korea: Women's Center for Migrant Workers, 2013) 81-88.

- Koester, Helmut, *Introduction to the New Testament 2: History and Litereture of Early Christianity*.
- Kraemer, Ross Shepard, "Hellenistic Jewish Women: The Epigraphical Evidence" (Society of Biblical Literature Review, 1986)183-200.
- Krause, Deborah. "Simon Peter's Mother-in-Law: Disciple or Domestic Servant? Feminist Biblical Hermeneutics and the Interpretation of Mark 1.29-31" (*A Feminist Companion to Mark*. Amy-Jill Levine ed., Sheffield: Sheffield Academic, 2001)37-53.
- Kumorowski, Phyllis Williams, "Mary Magdalene" (*The Storyteller's Companion to the Bible*. Dennis E. Smith & Michael E. Williams, eds., Nashville: Abingdon, 1999) 90-95.
- Kwok, Pui-lan, *Discovering the Bible in the Non-Biblical World*. Maryknoll, NY: Orbis Books, 1995.
- ------, "Making the Connections: Postcolonial Studies and Feminist Biblical Interpretation" (*The Postcolonial Biblical Reader*, R. S. Sugirtharajah ed. Malden, MA., 2006) 45-63.
- Leander, Hans, *Discourses of Empire: The Gospel of Mark from a Postcolonial Perspective*. Atlanta: Society of Biblical Literature, 2013.
- Levine, Amy-Jill, "Hermeneutics of Suspicion" (*Dictionary of Feminist Theologies*, Letty M. Russell & J. Shannon Clarkson eds., Louisville: WJK, 1996)140-141.
- ------, "Introduction" (*Feminist Companion to Matthew*, Amy-Jill Levine with Marianne Blickenstaff eds., Sheffield: Sheffield Academic Press, 2001) 13-23.
- ------, "Second Temple Judaism, Jesus, and Women: Yeast of Eden" (*Biblical Interpretation* 2/1, 1994) 8-33.
- Liew, Tat-siong Benny, "The Gospel of Mark" (*A Postcolonial Commentary on the New Testament Writings*. Fernando F. Segovia and R. S. Sugirtharajah eds., T&T Clark, 2007)105-132.
- ------, "Tyranny, Boundary, and Might: Colonial Mimicry in Mark's Gospel" (*Postcolonial Biblical Reader*. R. S. Sugirtharajah ed. Malden, MA., 2006) 206-223.
- Lewis, Ioan M., *Ecstatic Religion: An Anthropological Study of Spirit Possession and Sharmanism*, Baltimore: Penguin Books, 1971.
- Malbon, Elizabeth Struthers, "The Poor Widow in Mark and her Poor Rich

Readers" (*A Feminist Companion to Mark.* Amy-Jill Levine with Marianne
Blickenstaff eds., Sheffield: Sheffield Academic Press, 2002) 111-127.
- Malina, Bruce J. & R. L. Rohrbaugh, *Social-Science Commentary on the
Synoptic Gospels.* Minneapolis: Fortress, 1992.
- Marcus, Joel, *Mark 1-8: A New Translation with Introduction and
Commentary,* New York: Doubleday, 2000.
- Matsui, Yayori, "Violence Against Women in Development, Militarism, and
Culture" (*In God's Image,* 10/4, 1991 Winter, pp.22-28).
- May, Herbert G. and Bruce M. Metzger eds., *The New Oxford Annotated
Bible:* The Holy Bible, New York: Oxford University Press, 1973.
- McFague, Sallie, *Models of God: Theology for an Ecological Nuclear Age.*
Philadelphia: Fortress, 1987.
- McKnight, Scot, "Calling Jesus Mamzer" (*Journal for the Study of the
Historical Jesus,* Sheffield: Continuum, 2003)73-103.
- Meeks, Wayne A., "Moses as God and King." (Jacob Neusner, *Religions in
Antiquity,* Leiden: E.J.Brill, 1968) 354-371.
- Meier, John P., *A Marginal Jew: Rethinking the Historical Jesus. vol.2: Mentor,
Message, and Miracles.* NY: Doubleday, 1994.
- Miller, Alice, *For Your Own Good: Hidden Cruelty in Child-Rearing and the
Roots of Violence.* New York: Farrar, Straus, Giroux, 1983.
- ------, *The Drama of the Gifted Child.* New York: Basic Books, 1981.
- Miller, Robert J. ed., *The Complete Gospels: Annotated Scholars Version,*
Sonoma, California: Polebridge, 1992.
- Munro, Winsome. "Women Disciples: Light from Secret Mark" (*JFSR* 8-1,
1992) 47-64.
- Myers, Ched, *Binding the Strong Man: A Political Reading of Mark's Story of
Jesus.* Maryknoll, NY: Orbis, 1988.
- Neusner, Jacob, "Varieties of Judaism in the Formative Age" (*Jewish
Spirituality: From the Bible through the Middle Ages,* ed. Arthur Green,
New York: Crossroad, 1986) 171-197.
- Newfeld, Dietmar, "Apocalypticism: Context" (*Whose Historical Jesus?*
William E. Arnal & Michel Desjardins eds., Canadian Cataloguing in
Publication Data, Waterloo, Ontario: Wilfrid Laurier University Press, 1997)
212-214.
- Osiek, Carolyne, "The Women At the Tomb: What Are They Doing There?"

Ex Auditu 9 (1993) 97-107.

- Osiek, Carolyne & David L. Balch, *Families in the New Testament World,* Louisville, Kentucky: Westminster John Know, 1997.
- Perkins, Pheme, "Patched Garments and Ruined Wine: Whose Jolly? (Mk2.21-22; Mt.9.16-17; Lk.5:36-37)" (*The Lost Coin: Parables of Women, Work and Wisdom,* Mary Ann Beavis ed., London・New York: Sheffield Academic, 2002), 127-135.
- Phillips, Victoria, "The Failure of the Women Who Followed Jesus in the Gospel of Mark", (*A Feminist Companion to Mark.* Amy-Jill Levine with Marianne Blickenstaff eds., Sheffield: Sheffield Academic, 2001) 222-234.
- Pilch, John J., *The Cultural Dictionary of the Bible,* 1999.
- Reid, Barbara E., *Parables for Preachers: The Gospel of Luke, Year C,* Minnesota: The Liturgical, 1999.
- ------ *Parables for Preachers: The Gospel of Mark, Year B,* Minnesota: The Liturgical, 1999.
- Reimer, Ivoni Richter, *Women in the Acts of the Apostles: A Feminist Liberation Perspective.* Translated by Linda M. Maloney, Minneapolis: Fortress, 1995.
- Rhoads, David. "Social Criticism: Crossing Boundaries" (*Mark & Method: New Approaches in Biblical Studies.* Janice Capel Anderson & Stephen D. Moore eds., Minneapolis: Fortress, 1992) 135-161.
- Ringe, Sharon H., "A Gentile Woman's Story, Revisited" (*A Feminist Companion to Mark.* Amy-Jill Levine with Marianne Blickenstaff eds., Sheffield: Sheffield Academic, 2001) 79-100.
- Rivkin, Ellis, "What crucified Jesus?" (*Jesus' Jewishness: Exploring the Place of Jesus within Early Judaism, ed. James H. Charlesworth,* New York: Crossroad) 226-257.
- Robinson, James M., Helmut Koester, *Trajectories through Early Christianity.* Philadelphia: Fortress. 1971.
- Ruether, Rosemary Radford, *Christianity and the Making of the Modern Family: Ruling Ideologies, Diverse Realities.* Boston: Beacon, 2000.
- ------, *New Woman New Earth: Sexist Ideologies and Human Liberation.* New York: Seabury, 1975.
- Ruether, Rosemary Radford ed., *Women Healing Earth: Third World Women on Ecology, Feminism, and Religion.* Maryknoll, NY: Orbis, 1996.

- Saldarini, Anthony J., "Pharisees" (*Anchor Bible Dictionary*. David Noel Freedman, et al eds., New York: Doubleday, 1992) 5.289-303.
- ------, "Scribes" (*Anchor Bible Dictionary*. David Noel Freedman, et al eds., New York: Doubleday, 1992) 5.1012-1016.
- Salrai, S., and M. Stem, with D, Flusser and W. C. van Unik, eds., *The Jewish People in the First Century*. Assen: Van Gorcum, 1976. [S. サフライ /M. シュテルン編、長窪専三ほか訳『総説・ユダヤ人の歴史：キリスト教成立時代のユダヤ的生活の諸相．上』新地書房、1989]
- Sanders, E. P., *Judaism: Practice and Belief, 63BCE-66CE*. London: SCM Press, 1992.
- Sawicki, Miriam, *Seeing the Lord: Resurrection and Early Christian Practices*. Minneapolis, Minn.: Fortress, 1994.
- Schaberg, Jane, "A Feminist Experience of Historical-Jesus Scholarship" (*Whose Historical Jesus?*, William E. Arnal & Michel Desjardins eds., Canadian Cataloguing in Publication Data, Waterloo, Ontario: Wilfrid Laurier University Press, 1997) 146-160.
- -----, *The Illegitimacy of Jesus: A Feminist Theological Interpretation of the Infancy Narrative,* San Francisco: Harper & Row, 1987.
- -----, *The Resurrection of Mary Magdalene: Legends, Apocrypha, and the Christian Testament*. New York: Continuum, 2002.
- Schottroff, Luise, *Lydia's Impatient Sisters: A Feminist Social History of Early Christianity*. Foreword by Dorothee Soelle. Trans. Barbara and Martin Rumscheidt, Loisville, Kentucky: Westminster John Knox, 1995.
- -----, *The Parable of Jesus*. Trans. Linda M. Maloney, Minneapolis: Fortress, 2006.
- -----, "Working for Liberation: A Change of Perspective in NT Scholarship" (*Reading from this Place 2,* Fernando F. Segovia & Mary Ann Tolbert eds., Minneapolis: Fortress, 1995) 183-193.
- Schurter, Dennis D., "Jesus' Ministry with People with Disabilities: Scriptural Foundations for Churches' Inclusive Minnistry." *JRDR* 14 (1994) 33-54.
- Schüssler Fiorenza, Elisabeth, *Changing Horizons: Explorations in Feminist Interpretation*. Minneapolis: Fortress, 2013.
- -----, *Discipleship of Equals: A Critical Feminist* Ekklesia-logy of Liberation. New York: Crossroad, 1993.
- -----, *Empowering Memory and Movement: Thinking and Working Across*

Borders. Minneapolis: Fortress, 2014.

- -----, *Jesus Miriam's Child, Sophia's Prophet: Critical Issues in Feminist Christology*. New York: Continuum, 1994.
- Scott, Bernard Brandon, *Here Then the Parable: A Commentary on the Parables of Jesus*. Minneapolis: Fortress, 1989.
- Sellew, Philip, "Gospel of Mark" (*The Complete Gospels*, ed. Robert J. Miller, Calif.: Polebridge, 1992)13-52.
- Sibeko, Mlika & Beverley Haddad, "South African Women's Reading"(*Semeia* 78, 1997) 83-92.
- Smith, Abraham, "Like a Sage Over Troubled Water: The Politics of Space and the Characterization of Jesus in Mk 4.35-41" (*Reading Ideologies: Essays on the Bible and Interpretation in Honor of Mary Ann Tolbert,* Tatsiong Benny Liew ed., Sheffield: Sheffield Phoenix, 2011) 106-137.
- Smith, Dennis E. & Michael E. Williams, eds., *The Storyteller's Companion to the Bible: New Testamentt Women,* vol. 13., Nachville, Abindon, 1999.
- Smith, Morton, *Clement of Alexandria and a Secret Gospel of Mark*. Cambridge, Mass.: Harvard University Press, 1973.
- Suchocki, Marjorie Hewitt, "Trinity" (*Dictionary of Feminist Theologies,* Letty M. Russell & J. Shannon Clarkson eds. Louisville: Westminster John Knox Press, 1996) 304-305.
- Tamez, Elsa, *Jesus and Courageous Women,* NY: Women's Division, United Methodist Church, 2001.
- Tatum, W. Barness, *John the Baptist and Jesus: A Report of the Jesus Seminar,* Westminster: Polebridge, 1994.
- Tayler, Joan E., *The Immerser: John the Baptist within Second Temple Judaism,* Grand Rapids: Eerdmans, 1997.
- Telford, William R., *The Barren Temple and the Withered Tree*. Sheffield: JSOT Press, 1980.
- The Jesus Seminar, *The Gospel of Mark: Red Letter Edition, The Jesus Seminar Series*. Robert W. Funk with Mahlon H. Smith eds., Sonoma, California: Polebridge, 1991.
- Thistlethwaite, Susan B., "God and Her Survival in a Nuclear Age", *JFSR* 4-1, 1988, 73-88.
- Tolbert, Mary Ann, *Sowing the Gospel: Mark's World n Literary-Historical Perspective*. Minneapolis: Fortress, 1989.

- -----, "When Resistance Becomes Repression: Mark 13:9-27" (*Reading from This Place, volume 2: Social Location and Biblical Interpretation in Global Perspective.* Fernando F. Segovia & Mary Ann Tolbert eds., Minneapolis: Fortress, 1995) 331-346.
- Vaage, Leif E., "Recent Concerns: The Scholar as *Engage*", pp.181-186.
- Vamosh, Miriam Feinberg, *Daily Life at the time of Jesus,* Israel: Concordia Publishing House, 2001.
- Vermes, Geza, *The Religion of Jesus the Jew.* Minneapolis: Fortress, 1993.
- Veyne Paul, ed., *A History of Private Life. I. From Pagan Rome to Byzantium,* Cambridge, Mass., Harvard University Press, 1987.
- Vorster, Willem S., "Gospel, Genre", *Anchor Bible Dictionary* 2, pp.1077-1079.
- Wainwright, Elaine Mary. *Habitat, Human, and Holy: An Eco-Rhetorical Reading of the Gospel of Matthew.* The Earth Bible Commentary Series 6, Sheffield: Sheffield Phoenix, 2016.
- -----, *Shall We Look for Another?: A Feminist Rereading of the Matthean Jesus.* Maryknoll, N. Y.: Orbis Books, 1998.
- -----, "The Matthean Jesus and the Healing of Women" (*The Gospel of Matthew in Current Study: Studies in Memory of William Thompson, S. J.,* ed. David E. Aune. Grand Rapids, Mich.: Eerdmans, 2001), 74-95.
- -----, *Towards a Feminist Critical Reading of the Gospel According to Matthew.* Berlin/New York: Walter de Gruyter, 1991.
- -----, *Women Healing/Healing Women: The Genderization of Healing in Early Christianity.* London: Equinox, 2006.
- Wilhelm, Dorothee, "Roundtable: Women with Disabilities: A Challenge to Feminist Theology", *JFSR* vol.10-2, 1994, pp.104-108.
- Williams, Delores S., "Atonement" (*Dictionary of Feminist Theologies,* Letty M. Russell & J. Shannon Clarkson eds. Louisville: Westminster John Knox Press, 1996) p.18.
- Wire, Antoinette Clark, "The God of Jesus in the Gospel Sayings Source" (*Reading from This Place 1: Social Location and Biblical Interpretation in the United States,* Fernando F. Segovia and Mary Ann Tolbert eds., Minneapolis: Fortress, 1995) 277-303.
- Wright, Addison G., "The Widow's Mites: Praise or Lament?: A Matter of Context." *CBQ* 44/2 (1982) 256-265.

- Wright, N.T., *New Testament and the People of God,* vol.1. Minneapolis: Fortress, 1992.
- Yamaguchi, Satoko, "A Brief Historical Delineation of Terms and Thoughts Related to Ecofeminism" (New York Theological Seminary, Integration Seminar, 1997).
- -----, "From Dualistic Thinking toward Inclusive Imagination" (*Mapping and Engaging the Bible in Asian Cultures: Congress of the Society of Asian Biblical Studies 2008 Seoul Conference,* Eds.: Yeong Mee Lee & Yoon Jong Yoo, Korea: Christian Literature Society of Korea, 2009)53-71.
- -----, "Re-Membering Jesus: A Post-colonial Feminist Remembering" (*Post-Christian Feminisms: A Critical Approach,* eds.: Lisa Isherwood & Kathleen McPhillips, Hampshire: Ashgate, 2008)179-199.
- Young, Frances, *The Making of the Creeds.* Libdib: SCM, Philadelphia, Trinity Press International, 1991.

あとがき

　始まりの注（8頁）に述べましたが、この本の土台になったのは二つの公開講座です。特に、日本クリスチャン・アカデミー関東活動センター＆早稲田奉仕園共催公開講座では、2011年から私が継続させていただきました。初期は私の諸著書をテクストにして、2018年度からは「マルコ福音書をジックリと読む」になりました。

　主催者の戒能信生さん（日本クリスチャン・アカデミー関東活動センター運営委員長、千代田教会牧師）、古賀博さん（早稲田教会牧師）、西川嗣夫さん（早稲田奉仕園職員）が続けて支持・参加してくださいました。片岡平和さん（早稲田奉仕園職員）も度々手伝ってくださいました。

　また、毎回の講座で短い音楽黙想を始まりに持ってきました。会場ではCDを使っていましたが、コロナ禍でインターネット（ZOOM）講座になってから、東海林悦子さん（フランス在住のハープ奏者）がハープ演奏データをメールで贈ってくださいました。みなさまに深く感謝します。

　このマルコ講座は6年間かけたので、途中から参加した方々から、「始まりから学びたいので、里子さん本を書いて欲しい」と度々求められました。そんな折りに安田正人さん（ヨベル社長）が私の本を「出したい」と言われました。それで私は覚悟して本を書くことを決断しました。このことにも感謝です。また、私の本の表紙を何度も担当してくださった長尾優さんが、今回も素敵な表紙を作ってくださり、感謝です。

　さらに、私の長年の講座に参加し続けて率直な疑問・意見を出してくださった方々も多く、とてもありがたかったです。その中で、私のこの本の原稿を読んで様々な修正・提案などをいただくように依頼して、承認・実践してくださったのは以下の方々です：牛田匡さん、小笠原公子さん、勝山考さん、橘秀紀さん、玉置千鶴子さん、浜崎真実さん、林弘恵さん、山

家誠一さん。この方々の貴重なご意見は私自身深く学ばされて感謝です。それらをしっかり盛り込むことは出来ませんが、読者の方々に考えていただくように少しだけでも取り入れさせていただきました。

　こうして、このような本に関心を持つ方々が、仲間たちと一緒に読み、話し合い、学ぶ機会が持たれると嬉しいです。この繋がりを持ちつつ、ほんの小さなことでも自分らしくやれることをやって、明るく拓かれる未来の道へ共に歩むことを心から願います。

　ちなみに、私は 2023 年になって思いがけなくひどい体調不良になり続けました。こんな中でも主催者の方々も参加者の方々も優しいご配慮をいただき感謝しています。連れ合いの雅弘は毎日寄り添い続けてくれて、感謝です。

　最後に一言。私はここを中心に色々な授業・連続公開講座で講師として働かせていただいてきました。そこで私は「教える」よりも自分が学んだ情報を共有するようにして来ました。こうして参加者の方々と話し合い、まさに皆さまから広く深く教えられ、人生を豊かにしていただいてきました。本当に感謝です。

　読者のみなさまも、つらい時も楽しい時も、色々な人生の豊かさを味わって生きていくことを、心から願っています。

　　　2023 年 5 月 7 日

　　　　　　　　　　　　　　　　　　　　　　　　　　　山口里子

山口里子（やまぐち・さとこ）

1945 年生まれ。日本聖書神学校に学ぶ。1988 年よりハーバード大学神学部とエピスコパル神学校（EDS）で学び、1996 年に EDS より博士号取得。ストーニーポイント・センター常駐神学教師、ニューヨーク神学校・ニューアーク神学校講師を経て帰国。2000 年から 2019 年まで日本フェミニスト神学・宣教センター共同ディレクター。恵泉女学園大学、聖心女子大学、聖公会神学院、日本聖書神学校、農村伝道神学校などで講師を歴任。

著書：*Mary and Martha : Women in the World of Jesus,* Orbis Books, c2002.
『マルタとマリア　イエスの世界の女性たち』新教出版社、2004.
『虹は私たちの間に　性と生の正義に向けて』新教出版社、2008.
『新しい聖書の学び』新教出版社、2009.
『いのちの糧の分かち合い　いま、教会の原点から学ぶ』新教出版社、2013.
『イエスの譬え話 1　ガリラヤ民衆が聞いたメッセージを探る』新教出版社、2014.
『イエスの譬え話 2　いのちをかけて語りかけたメッセージは？』新教出版社、2017.
『食べて味わう聖書の話』オリエンス研究所、2018、ほか。

共著：『解放の神学　女性からの視点』一色義子、山口里子、島しづ子、富山妙子、弘田しずえ、小久保喜以子共著、燦葉出版社、1991.
『聖餐の豊かさを求めて』一山口雅弘編著、新教出版社、2008.
『日本におけるキリスト教フェミニスト運動史 1970 年から 2022 年まで』富坂キリスト教センター編、山下明子、山口里子、大嶋果織、堀江有里、水島祥子、工藤万里江、藤原佐和子共著、新教出版社、2023、ほか。

訳書：エリザベス・シュスラー・フィオレンツァ『彼女を記念して　フェミニスト神学によるキリスト教起源の再構築』日本基督教団出版局、1990.
E.S. フィオレンツァ『石ではなくパンを　フェミニスト視点による聖書解釈』新教出版社、21 世紀キリスト教選書、1992.
シュスラー・フィオレンツァ編『フェミニスト聖書注解　聖典の探索へ』絹川久子と日本語版監修、日本キリスト教団出版局、2002.
シュスラー・フィオレンツァ『知恵なる神の開かれた家』上沢伸子、吉谷かおる、大森明彦共訳、新教出版社、2005、ほか。

マルコ福音書をジックリと読む
――そして拓かれる未来の道へ

2023 年 7 月 1 日　初版発行

著　者 ── 山口里子
発行者 ── 安田正人
発行所 ── 株式会社ヨベル　YOBEL, Inc.
〒 113-0033 東京都文京区本郷 4-1-1-5F
TEL 03-3818-4851　FAX 03-3818-4858
e-mail : info@yobel. co. jp

印刷所 ── 中央精版印刷株式会社
装　幀 ── ロゴスデザイン：長尾　優

配給元―日本キリスト教書販売株式会社（日キ販）
〒 162 - 0814　東京都新宿区新小川町 9 -1
振替 00130-3-60976　Tel 03-3260-5670
© 山口里子, 2023 Printed in Japan
ISBN978-4-909871-83-1 C0016

山口雅弘

ガリラヤに生きたイエス

いのちの尊厳と人権の回復

新書判・三三六頁・一六五〇円

大貫　隆

［古代キリスト教史］

ヨハネ福音書解釈の根本問題

ブルトマン学派とガダマーを読む

四六判上製・二四〇頁・一九八〇円

青野太潮

［最初期キリスト教史］

どう読むか、聖書の「難解な箇所」

「聖書の真実」を探究する

再版出来！　新書判・二八八頁・一三二〇円

どう読むか、新約聖書

福音の中心を求めて

4版出来！一三二〇円

関川泰寛

［教父思想史・牧師］

キリスト教古代の思想家たち

教父思想入門

新書判・三〇四頁・一六五〇円

金子晴勇

［ヨーロッパ思想史］

キリスト教思想史の諸時代

［全7巻 別巻2］

I ヨーロッパ精神の源流［重版］／II アウグスティヌスの思想世界
／III ヨーロッパ中世の思想家たち／IV エラスムスと教養世界／V
ルターの思索／VI 宗教改革と近代思想／VII現代思想との対決
別巻1 アウグスティヌスの霊性思想［第8回配本・編集中］
別巻2 アウグスティヌス『三位一体論』の研究［第9回配本・編集中］

キリスト教思想史の諸時代Ⅶ——現代思想との対決

新書判・平均二七二頁・一三二〇円

本巻で7巻完結！

info@yobel.co.jp　Fax 03-3818-4858　http://www.yobel.co.jp/